Norbert Schröer · Oliver Bidlo (Hrsg.)

Die Entdeckung des Neuen

Wissen, Kommunikation und Gesellschaft.
Schriften zur Wissenssoziologie

Herausgegeben von

Hans-Georg Soeffner
Ronald Hitzler
Hubert Knoblauch
Jo Reichertz

Wissenssoziologinnen und Wissenssoziologen haben sich schon immer mit der Beziehung zwischen Gesellschaften, dem in diesen verwendeten Wissen, seiner Verteilung und der Kommunikation (über) dieses Wissen(s) befasst. Damit ist auch die kommunikative Konstruktion von wissenschaftlichem Wissen Gegenstand wissenssoziologischer Reflexion. Das Projekt der Wissenssoziologie besteht in der Abklärung des Wissens durch exemplarische Re- und Dekonstruktionen gesellschaftlicher Wirklichkeitskonstruktionen. Die daraus resultierende Programmatik fungiert als Rahmen-Idee der Reihe. In dieser sollen die verschiedenen Strömungen wissenssoziologischer Reflexion zu Wort kommen: Konzeptionelle Überlegungen stehen neben exemplarischen Fallstudien und historische Rekonstruktionen stehen neben zeitdiagnostischen Analysen.

Norbert Schröer
Oliver Bidlo (Hrsg.)

Die Entdeckung des Neuen

Qualitative Sozialforschung
als Hermeneutische
Wissenssoziologie

VS VERLAG

Bibliografische Information der Deutschen Nationalbibliothek
Die Deutsche Nationalbibliothek verzeichnet diese Publikation in der
Deutschen Nationalbibliografie; detaillierte bibliografische Daten sind im Internet über
<http://dnb.d-nb.de> abrufbar.

1. Auflage 2011

Alle Rechte vorbehalten
© VS Verlag für Sozialwissenschaften | Springer Fachmedien Wiesbaden GmbH 2011

Lektorat: Katrin Emmerich

VS Verlag für Sozialwissenschaften ist eine Marke von Springer Fachmedien.
Springer Fachmedien ist Teil der Fachverlagsgruppe Springer Science+Business Media.
www.vs-verlag.de

Umschlaggestaltung: KünkelLopka Medienentwicklung, Heidelberg
Gedruckt auf säurefreiem und chlorfrei gebleichtem Papier
Printed in Germany

ISBN 978-3-531-17240-8

Inhaltsverzeichnis

Einleitung: Das ‚abduktive Subjekt' in Wissenschaft und Alltag

Oliver Bidlo, Norbert Schröer

Dass die Hermeneutische Wissenssoziologie heute als ein Paradigma dasteht, das die Erforschung der im Selbstverständlichen verborgenen und der sich historisch stets verändernden wirklichkeitskonstitutiven Wissensbestände fundiert und anleitet (Soeffner 1989; Schröer 1994; Hitzler/Honer 1997; Reichertz 1997; Hitzler/Reichertz/Schröer 1999), ist auch ein Verdienst der sozial- und kommunikationswissenschaftlichen Arbeiten von Jo Reichertz. Aus Anlass des 60ten Geburtstags von Jo Reichertz im Dezember 2009 richtete die Sektion Wissenssoziologie der DGS an der Universität Duisburg-Essen eine Tagung zu dem Thema „Die Entdeckung des Neuen. Qualitative Sozial- und Kommunikationsforschung als Hermeneutische Wissenssoziologie" aus. Die Beiträge dieser Tagung sind in diesem Band versammelt.

1. Jo Reichertz – ein hermeneutischer Wissenssoziologe

Jo Reichertz hat – wissenschaftlich einsozialisiert in die hermeneutisch-wissenssoziologische Wirklichkeitsrekonstruktion durch Hans-Georg Soeffner – stets zum strukturanalytisch orientierten Flügel der Hermeneutischen Wissenssoziologie gezählt (Reichertz 1986, 1991, 2009). Stilbildend war hier sicherlich auch die von ihm durchaus konfrontativ geführte Auseinandersetzung mit der auf Ulrich Oevermann zurückgehenden Objektiven Hermeneutik, in der dann die konzeptionelle Grenze zwischen einer Objektiven und einer Hermeneutischen Wissenssoziologie sichtbar wurde (Reichertz 1986, 1994; 2000). Mit seinen im Kern handlungstheoretischen Analysen stellte Jo Reichertz sich stets der Frage, in Anbetracht welcher gesellschaftlichen, kulturellen und sinnhaften Voruslegungen Menschen handeln und welche Handlungschancen ihnen jeweils zur Verfügung stehen. Im Zentrum standen dabei immer die strukturalen Handlungsprobleme, die den Subjekten auferlegt sind, aber eben auch die Spielräume für die Subjekte, Stellung zu beziehen, zwischen vortypisierten Lösungen wählen oder neue, gesellschaftlich erst zu etablierende Lösungen kreieren zu können. Es ging ihm von Anbeginn an darum zu verstehen, warum Menschen handeln, wie sie handeln (Reichertz 1988; Soeffner/ Reichertz 2004).

Charakteristisch für die Hermeneutische Wissenssoziologie im Anschluss an Hans-Georg Soeffner ist nun der Anspruch, sich dem Verstehen der sozialen Wirklichkeit selbst reflexiv zuzuwenden. Denn wer die Strukturen und Arbeitsweisen alltäglicher Deutung nicht kennt, ist weder imstande, alltägliche Deutungen zu kontrollieren noch sie in aufklärerischer Absicht zu überschreiten (Soeffner 1989 : 51ff). Jo Reichertz hat in seiner Auseinandersetzung mit den zeichen- und erkenntnistheoretischen Schriften von Charles S. Peirce die erkenntnislogischen Grundlagen der Konstruktion neuen Wissens für die Qualitative Sozialforschung aufgearbeitet, ihr zugänglich und für sie fruchtbar gemacht (u.a. Reichertz 1991, 2003). Dass heute nahezu jeder Qualitative Sozialforscher im deutschsprachigen Raum zumindest ein grobes Verständnis von dem ‚abduktiven Schlussmodus' besitzt und sich etwas unter einem „abduktiven Blitz" vorzustellen vermag, ist wohl zuerst das Verdienst von Jo Reichertz.

Für ein Verständnis seines Werkes sind seine Studien zur Abduktion zentral. In ihnen kommt die Haltung zum Ausdruck, aus der Jo Reichertz seine viel-fältigen und fruchtbaren Forschungen betrieben hat. Es ging und es geht Jo Reichertz darum, aus der Haltung einer methodisch eingesetzten Skepsis posi-tivem Wissen gegenüber, aus einer – wie Jo Reichertz es ausdrücken würde – „abduktiven Haltung" heraus, die Erkenntnis der Konstitutionsbedingungen von sozialer Wirklichkeit und damit die Entzauberung gesellschaftlicher Wirklich-keitskonstruktionen voranzutreiben.

Daher nahm die von der Sektion Wissenssoziologie durchgeführte Tagung aus Anlass des 60. Geburtstages auch beim von ihm entwickelten Abduktions-verständnis ihren Ausgang. Im ersten Teil der Tagung wurde die Hermeneutische Wissenssoziologie als methodologischer Rahmen und ihre erkenntnislogische Fundierung in der Logik der Entdeckung des Neuen (Abduktion) thematisiert und erörtert. Vor diesem Hintergrund wurden dann im zweiten Teil die thematischen Felder, denen sich Jo Reichertz vorrangig gewidmet hat – Analyse von Kommunikation, Interaktion und Mediengebrauch; Unternehmenskommu-nikation; polizeiliche Aufklärungsarbeit und Innere Sicherheit; Selbstverständnis der Kommunikationswissenschaft – aufgegriffen und debattiert. Diese Grobglie-derung der Tagung wurde für diesen Band übernommen.

2. Die Tagungsbeiträge: Abduktion in Wissenschaft und Alltag

Thomas S. Eberle beleuchtet in seinem Beitrag „Abduktion in phänomenologischer Perspektive" mögliche phänomenologische Anknüpfungs- und Abgren-
zungspunkte zur Entdeckung des Neuen im Peirce'schen Sinne und eruiert – im
Anschluss an Husserl und Schütz – Aspekte, die die Phänomenologie zur
Abduktionsproblematik beitragen kann. Dabei ist der erkenntnistheoretische und
alltagspraktische Ausgangs- und Kulminationspunkt für eine abduktive Haltung
und für die Entstehung von Neuem das erkennende und rekonstituierende
Subjekt.

Oliver Bidlo diskutiert in seinem Beitrag im Anschluss an Peirce dann die
Frage nach dem Neuen und der Kreativität. Für Peirce liegt die Kreativität in der
Evolution, in der Prozesshaftigkeit begründet. Er überschreitet eine rein
mechanistisch-deterministische Sichtweise, indem er den Zufall in Anlehnung an
evolutionstheoretische Sichtweisen in sein Konzept implementiert. Und in
diesem Zusammenhang ist es letztlich nur die Abduktion, die – im Gegensatz zur
Deduktion und Induktion – den Spalt zwischen Gegebenem und Nicht-
Gegebenem, zwischen dem Alten und Neuen überwinden kann und so das Neue
ermöglicht.

Eng mit dem Phänomen des Neuen ist die Überraschung verbunden. Sie ist
das Einbrechen des Unerwarteten, sie durchbricht das routinierte Denken und
Handeln des Alltags und schafft so neue Handlungsoptionen. In überraschenden
Situationen muss man improvisieren, müssen Verhältnisse neu eingeschätzt,
Wissen *aufs Spiel* gesetzt werden. Reiner Keller fragt zum einen nach der
Tauglichkeit von Überraschungen als einer Leitorientierung für das Forschen und
für das wissenschaftliche Arbeiten. Zum anderen verdeutlicht sein Beitrag „Zur
Dringlichkeit von Überraschungen", wie schmal und spezifisch die Korridore in
der wissenschaftlichen und soziologischen Forschung werden können.

Dass Improvisation nicht nur menschlich ist, sondern als Methode der
empirischen Sozialforschung eine Anwendung in der Wissenschaft finden kann,
zeigt Ronald Kurt in seinem Beitrag. Menschen stehen in ihrem Alltag ständig
vor neuen oder unvorhersehbaren Situationen, die dazu herausfordern, zu
improvisieren, um Orientierung in der Situation zu finden. Improvisation ist
damit nicht nur eine Kompetenz, die sich in den Künsten wiederfindet, sondern
die fest im Alltag verankert ist. Mehr noch, sie kann auch in der Wissenschaft
eine wichtige Rolle einnehmen. Dass die Improvisation – wenn sie grundlegender Teil des menschlichen Alltags ist – ein Kernbegriff der Kulturwissenschaften sein müsste, hebt Kurt hervor. Er plädiert für einen *improvisational turn*
in den Kulturwissenschaften und entwirft ein Profil einer improvisatorischen
Sozialforschung.

Norbert Schröer vertritt in seinem Beitrag „Not macht erfinderisch. Zur sozialen Praxis ‚instinktiver Abduktionen'" die These, dass die Entdeckung des Neuen nicht allein von einer methodisch kontrollierten Datenanalyse abhängt. Die methodisch saubere Durchführung einer Sequenzanalyse reiche im Normalfall wohl eher nicht aus, um zu neuen Einsichten zu kommen. Ausschlaggebend sei in vielen Fällen der Wille, sich unbedingt zu einem neuen Wissen durchringen zu wollen. Und ein solcher Wille werde eben im Forschungsalltag eher nicht intrinsisch, als vielmehr über den jeweiligen und kontingenten sozialen Druck von außen aufgebaut. Letztlich gehe es auch hier um die Sicherung des materiellen Überlebens und um die der sozialen Anschlussfähigkeit.

Wie bringt das Individuum eigentlich Neues hervor? Vorrangig – es mag auch andere Möglichkeiten geben – entsteht Neues im Akt des Handelns – so die These von Hubert Knoblauch in seinem Beitrag „Alfred Schütz, die Phantasie und das Neue". Daran anschließend spürt er der Frage nach, wie man die Entstehung des Neuen aus dem Handeln genauer erklären kann und zwar für das *Ich*. Mit dieser auf das Subjekt bezogenen Perspektive folgt Knoblauch einer protosoziologischen Perspektive auf das Handeln, wie sie von Alfred Schütz entworfen wurde und die die Phantasie als eine Quelle für das Neue ausweist.

Andreas Ziemann systematisiert in seinem Aufsatz „Handlung und Kommunikation – eine situationstheoretische Reformulierung" das jüngere wissenschaftliche Werk von Jo Reichertz' „Kommunikationsmacht". Er entlehnt von dorther die Begriffseinheit ‚Situation-Kommunikation' – in Abgrenzung zu ‚Akteur-Situation' – als analytischen Ausgangspunkt für die Beschreibung gesellschaftlicher Ordnung wie auch Veränderung und fokussiert schlussendlich auf den Einbruch des Unvorhergesehenen, Unerwarteten, Nicht-Intendierten in alltagsweltliche Situationen, welche die Erwartungslogiken und mithin auch alle (theoretischen) Annahmen einer individuell vorentworfenen Situationsbedeutung und eines intentionalen Rahmungssinns unterlaufen. Exemplarisch diskutiert und verdeutlicht wird dies anhand zweier Filme von Michael Haneke.

Hans-Georg Soeffner zeigt in seinem Beitrag „Zwischen Krieg und Frieden" im Anschluss an Kants Überlegungen zu einem friedlichen Weltbürgertum und der anthropologischen Feststellung, dass der Mensch sowohl einen Hang zur Vergesellschaftung als auch zur Vereinzelung habe, wie aus diesem Antagonismus ein produktiver Widerspruch werden kann. Gerade in der Auseinandersetzung zweier Parteien – die immer konstitutiv für etwas Neues ist – kann sich das vermittelte Dritte schieben. Dieses vermittelte Dritte stellt in der modernen, pluralistischen Gesellschaft immer häufiger der fiktive mediale Dritte dar, der Weltöffentlichkeit suggeriert und über die Distribution von Bildern und Informationen immer häufiger als Schiedsrichter angerufen wird, der darüber entscheidet, wer sich der Unterstützung der Weltöffentlichkeit in Form des medialen Dritten sicher sein darf.

Christoph Maeder und Achim Brosziewski widmen sich in ihrem Beitrag „Ethnosonographie: Ein neues Forschungsfeld für die Soziologie?" dem sich neu in der Soziologie aufspannendem Feld der Ethnosonographie. Sie erforschen dort die Sphäre des Akustischen, die Welt der Soundscapes, Geräusche, Klänge und Töne. Denn Sprache ist immer auch eingebettet in solche akustische Figuren. Darüber hinaus verdeutlicht der Beitrag, wie man sich in einem neu konstituierenden Forschungsfeld bewegt und es (explorativ) erkundet.

Ronald Hitzler und Michaela Pfadenhauer untersuchen anhand der Analyse der Fernsehserie „Dr. House" welchen Logiken die Schlussfolgerungen und Diagnosen dort folgen, wie sich die diagnostische Gewissheit einstellt. Ist Dr. House ein moderner Sherlock Holmes? Entscheidet er also nur auf der Grundlage des Idealtyps des hypothetischen Schließens oder lassen sich auch abduktive Schlussfolgerungen ausmachen?

Talkshows verheißen dem Publikum, Neues zu offenbaren. Und das Publikum wartet in den seriellen Formaten der Talkshows auf Überraschendes und Unbekanntes. Damit wird das Neue und Unbekannte ein konstitutiver Teil von Talkshows, den es für die Programmplaner bzw. Redaktionen einzuplanen und zu integrieren gilt. Das Neue bringt Anschlussmöglichkeiten für das Handeln in einer (überraschenden) Situation hervor. Andreas Dörner und Ludgera Vogt zeigen in ihrem Beitrag „Inszenierung und Kontingenz", dass nicht nur inszeniertes Neues in Talkshow dargeboten wird, sondern dass durch (gewollte oder ungewollte) kommunikative Kollisionen Irritationen entstehen können, die formatspezifische Diskursroutinen durchbrechen und dadurch Unerwartetes produzieren. Denn nur so kann die fortwährende Neugierde des Publikums bedient werden, was aber zugleich einen Unbestimmtheitsaspekt in das Format bringt, den es z.B. durch Improvisationsgeschick aufseiten der Moderatoren auszugleichen gilt.

Der Beitrag von Harald Dern und Christa Dern „Kontigenz in der Fallanalyse" wirft den Blick auf den Umgang mit unsicherem Wissen in der polizeilichen Praxis. Gerade dort wird auf nüchterne und pragmatische Weise mit dem Unbekannten umgegangen, muss das Neue – verstanden als das noch Unbekannte – im Rahmen der kriminalistischen Ermittlung überführt werden in sicheres Wissen. Gerade in der polizeilichen Ermittlungsarbeit haben sich diesbezüglich Praktiken, Methoden und Verfahren ausgebildet, Unsicherheit zu reduzieren und sich dem Unbekannten und Neuen auf Basis vorhandener Fakten und vorhandenem Wissen zu nähern.

Wenn in den Medien über die Integrationsprobleme von Jugendlichen mit muslimischem Hintergrund gesprochen wird, werden zumeist einfach Stereotypen herangezogen, wobei der Blick meist auf das ‚Andere' fällt. Joachim Kersten untersucht im Rahmen einer Einzelfall- und Felddarstellung einige der Fragen der Integration und legt eine engere Perspektive auf das Problem „Gewalt in der Familie". Dabei zeigt er die Wichtigkeit von interkultureller Kompetenz gerade für Polizeibeamte auf, die erst dadurch für kreative und neue Lösungen und der Bearbeitung von Integrationskonflikten offen werden.

Das Neue als das Andere dient immer auch dazu, Altes und Vorgegebenes zu beeinflussen und zu verändern. Hierfür dient die Beratungsindustrie als ein gutes Beispiel. Unternehmen und Institutionen holen sich den *Anderen* – in gewisser Hinsicht ein Subjekt mit abduktiver Haltung – ins Haus, um so durch einen fremden Blick auf neue Ideen, Strukturen oder Abläufe zu kommen und sich neu orientieren zu können. Beratung ist in modernen Gesellschaften mittlerweile in allen Gesellschaftsbereichen vorgedrungen. Ulrike Froschauer und Manfred Lueger untersuchen in ihrem Beitrag „Das Unmögliche ermöglichen: Zur ‚rationalen' Konstruktion ‚irr-rationaler' Beratungsallmacht", wie und warum Beratung funktioniert und wie Beratung als rationales Konstrukt entworfen wird.

Sylvia Wilz untersucht Headhunter bei ihrer Arbeit, ihre Auswahlprozesse, ihre Funktion für die beratende Organisation und die herzustellende Passung der Kandidaten für dieselbe. Dabei folgt der Personalberater auf der einen Seite sachlichen und rationalen Vorgaben und Orientierungen, auf der anderen Seite besteht die Aufgabe des Beraters auch scheinbar darin, ein Ritual zu inszenieren, in dem es nicht nur um die fachlichen Qualifikationen geht, sondern durch das der Kandidat erst in eine Verfassung gebracht wird, die ihn für eine bestimmte Position qualifiziert. Damit wird der Auswahlprozess des Headhunters zu einer besonderen Form des Kommunizierens und Entscheidens.

3. Alltagsabduktionen und das handelnde Subjekt

Lässt man die auf der Tagung vorgetragenen und in diesem Band versammelten Beiträge Revue passieren, dann ist eine weitgehende Akzeptanz und Bestätigung des von Jo Reichertz im Anschluss an Ch. S. Peirce entwickelten Abduktionskonzepts erkennbar. Zwar diskutiert Thomas Eberle, ob ein in den phänomenologischen Konstitutionsanalysen von Husserl und Schütz abgesichertes Abduktionsverständnis nicht tragfähiger sei als ein in dem Peirce'schen Begründungsfundament (das dreistufige Wahrnehmungskonzept) verankertes. Dabei geht es Eberle aber eher um die Frage einer angemesseneren Grundlegung als um eine Infragestellung des abduktiven Konzepts als solchem. Oliver Bidlo erinnert daran, dass es in dem Konzept von Reichertz letztlich um eine

Überwindung der mechanistisch syllogistischen Sichtweise gehe. Und in den Beiträgen von Reiner Keller, Ronald Kurt und Norbert Schröer werden methodologische Fragen einer abduktiven Forschungslogik erörtert (Dringlichkeit von Überraschungen; Improvisation als Methode des Verstehens; ‚Instinktive' Abduktion als Folge einer existentiellen Sorge des Forschers um seine Anschlussfähigkeit) und das auf Reichertz zurückgehende Abduktionskonzept so ausdifferenziert.

Eine weitergehende Betrachtung der zusammengetragenen Beiträge zeigt dann aber, dass sich viele der Analysen – von den Veranstaltern nicht unbedingt intendiert aber natürlich akzeptiert – eigentlich gar nicht mit der Entdeckung des Neuen (in wissenschaftlichen Analysekontexten) beschäftigen. Sowohl die theoretischen Beiträge von Hubert Knoblauch und Andreas Ziemann als auch die empirischen Analysen beziehen sich auf die Bedeutung der abduktiven Haltung beim alltäglichen Handeln, wenn man so will auf die Abduktion erster Ordnung. Es geht dann auch nicht mehr in erster Linie um die Entdeckung des Neuen. Im Zentrum steht vielmehr die Beschreibung der kreativen Entwicklung neuer Handlungsoptionen, neuen Orientierungswissens, neuer Anschlussfähigkeiten. Lässt man sich von diesen ‚abweichenden' Tagungsbeiträgen zur ‚Abduktion im Alltag' weitergehend inspirieren, so drängt sich als nicht intendierte, aber theorierelevante Folge der Tagung die Frage nach der sozialtheoretischen Stellung des ‚abduktiven Subjekts' auf! Hierzu nun noch einige, die Tagungsthematik allerdings überschreitende Gedanken.

Die angesprochenen Beiträge verweisen mehr oder weniger nachdrücklich darauf, dass das Subjekt und miteinander interagierende Subjekte im Alltag in dem Maße eine abduktive Haltung einnehmen, in dem in Situationen für sie etwas Unerwartetes, mit dem zuhandenen Orientierungswissen nicht mehr ohne weiteres Zuverrechnendes geschieht (oder geschehen soll). Das Subjekt ist dann im Alltag (mal deutlicher, mal undeutlicher) mit einer Situation konfrontiert, die ihm in typischer Auffassungsperspektive nicht oder zumindest in Teilen nicht vertraut ist, die es irritiert und zu der es eine Haltung (er)finden muss, um Handlungsfähigkeit wiederherzustellen. Dieses Handlungssubjekt ist eingebettet in historisch gesellschaftliche Vorauslegungen, es steht in Anbetracht einer nachhaltigen Irritation unter Handlungs- und Lösungsdruck und ihm ist es auferlegt, ‚aus sich' eine Lösung herauszutreiben, die ihm selbst so noch nicht bekannt ist, mit der es sich selbst überrascht (Musil 1978: 111ff). Es ist zur Improvisation, zur Kreativität und in eine abduktive Haltung hineingedrängt. Historisch gesellschaftlich eingebettet, ist es überdies biographisch gebunden und sozialstrukturell platziert, also perspektivisch verortet: Es steht in einer Situation, in der es darum geht, Handlungsfähigkeit (wieder) herzustellen, und ohne dass es genau weiß, mit welchen Mitteln das geschehen kann. Es tut, was es kann, ohne mit letzter Sicherheit zu wissen, was es kann – und es ist so weder zentriert noch souverän!

Wenn das im Alltag aus einer situativen Not heraus um eine abduktive Haltung ringende Subjekt auch kein zentriertes, sich souverän und umsichtig selbst entwerfendes Subjekt ist, so fällt ihm für die Aufrechterhaltung des Alltags – auch das wird mit den Tagungsbeiträgen deutlich – doch eine tragende Rolle zu. Der Alltag benötigt ein Subjekt und das interaktive Zusammenspiel von Subjekten, damit die erforderlichen und hoffentlich anschlussfähigen situativen und dann weiter reichenden Neuorientierungen entworfen werden können (Joas 1992: 10f). Das Subjekt als der dezentrierte Schöpfer ist die Bedingung der Möglichkeit zur situativ immer wieder erforderlichen modifizierten Herstellung von Anschlussfähigkeit.

Solche Überlegungen zur subjekttheoretischen Fundierung von ‚Alltagsabduktionen' haben auf der Tagung noch nicht im Zentrum gestanden. In der Nachbetrachtung kommt es uns allerdings so vor, als werde diese Klärung gerade im Zusammenhang mit einer Erörterung abduktiver Schlussverfahren im Alltag von den Tagungsbeiträgen angeregt: Zum einen wird man nur mit einer solchen Klärung den Stellenwert von Abduktionen im Alltag für die Konstruktion der sozialen Wirklichkeit untermauern können. Und im Gegenzug dürfte dann die Erörterung des sozialtheoretischen Stellenwerts von Alltagsabduktionen einen tiefenscharfen Blick auf die Bedeutung des Subjekts für die Konstruktion von sozialer Wirklichkeit erlauben – ein für die Hermeneutische Wissenssoziologie konstitutiver Blick.

Vor dem Hintergrund des aktuellen Subjekt-Diskurses (prägnant zusammengefasst in Poferl 2009: 141ff) wird deutlich, dass in der Hermeneutischen Wissenssoziologie das Verständnis von den die soziale Wirklichkeit personal tragenden Subjekten doch noch recht uneindeutig und auch verschwommen ist: Ausgehend von der ‚phänomenologischen Voraussetzung der Intersubjektivität', von der gesellschaftlichen Vorausgelegtheit des thematischen Wissens, von der sozialen Verteilung des Wissens und von der Verinnerlichung des jeweiligen Wissens durch die Subjekte im Sozialisationsprozess (Knoblauch 2004) wird das Subjekt dann neben- und hintereinander (a) als eher souverän zu diesem vorausgelegten Wissen Stellung Beziehender (Hitzler, Reichertz, Schröer 1999: 11f; Hitzler 1999, Schröer 2009), (b) als gegenüber den Strukturen der von ihm mitgetragenen sozialen Wirklichkeit eher ‚blinder' insouveräner Veränderer (Schröer 1997), (c) als in nicht bewussten Entscheidungen vorgegebene soziale Konstruktionen akzeptierender situativer Feinjustierer (Reichertz 2009; 169ff; 192) oder (d) als in den Kontingenzen des Handelns verstrickter Improvisateur (Kurt 2009: 193ff) beschrieben. Die Sicht auf das Subjekt ist theorieintern also heterogen: eher interaktionistische stehen neben eher strukturalistischen

Akzenten und einmal wird das Subjekt eher souverän, ein anderes Mal eher insouverän gefasst. Die Erörterung des Stellenwerts von Alltagsabduktionen könnte ein Anlass sein – so unsere Überlegung –, hier Klärungen herbeizuführen. Es würde Sinn für die Hermeneutische Wissenssoziologie machen, bei entsprechenden Klärungen des Subjektverständnisses, über den eigenen Tellerrand hinauszuschauen und Überlegungen und Konzepte des Poststrukturalismus in der Folge Foucaults hinzuzuziehen. Diese Idee ist nicht neu, hat doch schon Reiner Keller ein entsprechendes Integrationsmodell ausgearbeitet: die Wissenssoziologische Diskursanalyse (2004, 2005). Auch Keller stellt fest, dass, die nahezu reflexartig vorgetragenen Abgrenzungen Foucaults u. a. von einem bewusstseinsphilosophischen Subjektverständnis hier eher belanglos sind. Die Hermeneutische Wissenssoziologie ist im Anschluss an Weber gleichfalls und immer schon von einem historisch gesellschaftlich eingebetteten Subjekt und insofern von einem historisch dezentrierten Subjekt ausgegangen. Interessant sind poststrukturalistische Theoreme hier in Bezug auf eine subjektanalytische Betrachtung eher wegen ihrer anschlussfähigen makroanalytischen Dimension (s. Keller), aber auch in Bezug auf Feinheiten der strukturellen Beschreibung ‚abduktiver Alltagssituationen'.

Aus der speziellen Wissenssoziologie Foucaults heraus wird deutlich, dass die historisch gesellschaftliche Konstitution des Subjekts erst einmal die Konstitution einer historisch relativen Subjektformation ist. „Beleuchtet werden die Formationen, Formierungen und Technologien des Selbst, seine diskursive und praktische Erzeugung und Führung im Rahmen von Selbstverhältnissen und spezifischen Subjektivierungsweisen sowie die variierenden Formen der Beziehung zu sich selbst" (Poferl 2009: 247; Foucault 1989). Diese Konstitution von Subjektformationen wird in der Hermeneutischen Wissenssoziologie bislang eher beiläufig zur Kenntnis genommen. Im Vordergrund standen – etwas kurzschlüssig – direkt die thematischen Prägungen, denen dann eher selbstverständlich die etablierte Subjektformation unterlegt wurde. Aus einer handlungstheoretischen Perspektive ist dann zwar problematisch, dass Foucault es entschieden ablehnt, eine systematische Bedeutung des dezentrierten Subjekts für die Veränderung diskursiver Praktiken zu konzedieren. Seines Erachtens ist die Bewegung des Diskurses in den Praktiken selbst angelegt (Foucault 1994). Die kulturwissenschaftliche Subjektanalyse von Reckwitz schließt sich hier an (Reckwitz 2008). Das Subjekt befindet sich bei ihm in einer Objektstellung und wird in die Selbsttechnologien lediglich „eintrainiert". Dass die Theoriebildung aber auch hier noch im Fluss ist, deutet sich mit der „poststrukturalistischen Handlungstheorie", wie sie von Moebius im Anschluss an Derrida vertreten wird, an.

Moebius reklamiert nämlich, wie das historisch gesellschaftlich formatierte Subjekt auch aus einem poststrukturalistischen Verstande als Handlungsakteur aufzutreten vermag, und zwar „beispielsweise (dann wenn; d. A.) die diskursive Ordnung der Subjektposition in Frage gestellt (ist; d. A.), so dass sich die Subjektposition in einer unentscheidbaren Position befindet, dann besteht die Möglichkeit zu entscheiden" (Moebius 2005: 139). Eine solche Entscheidung fällt dann aber, so Moebius, ohne eine Entscheidungsvorgabe, sonst wäre sie keine echte Entscheidung mehr: Die Entscheidungssituation ist ‚eigentlich' unentscheidbar. Das Subjekt steht unter dem Druck, sich entgrenzen zu müssen. Es hat sich in den Modus der Passivität zu versetzen, denn nur so vermag es, eine Neues generierende Entscheidung zu fällen. Die Entscheidung tritt ein und überrascht auch das Subjekt. Moebius deutet hier in Anschluss an Derrida u. E. nichts anderes an als die Struktur einer ‚abduktiven Situation' und die ihr unabdingbar zugrunde liegende abduktive Haltung.

Hinreichend angedeutet ist, so hoffen wir, an welchen Punkten sich im Rahmen einer von der Tagung vielleicht angestoßenen Debatte um ein angemessenes Subjektverständnis eine Auseinandersetzung zwischen der Diskursanalyse und der Hermeneutischen Wissenssoziologie zum gegenseitigen Vorteil lohnen könnte. Am Ende würde dann für eine Hermeneutische Wissenssoziologie eine ineinandergreifende Klärung des Subjektbegriffs stehen können, bei der dann drei Ebenen berücksichtigt sein sollten:

- die Ebene der phänomenologischen Lebenswelt,
- die Ebene der historisch-gesellschaftlichen Subjektformationen und
- die Ebene des abduktiv, kreativ die soziale Wirklichkeit tragenden und sie immer wieder aufs Neue integrierenden und so verändernden handelnden Subjekts

Literatur

Foucault, M. (1989). Sexualität und Wahrheit 2. Der Gebrauch der Lüste. Suhrkamp Verlag: Frankfurt am Main
Foucault, M. (1994). Die Ordnung des Diskurses. Suhrkamp Verlag: Frankfurt am Main
Hitzler, R./Honer, A. (Hg.) (1997) Sozialwissenschaftliche Hermeneutik, Opladen: Leske + Budrich
Hitzler, R. (1999). Konsequenzen der Situationsdefinition. Auf dem Wege zu einer selbstreflexiven Wissenssoziologie. In: R. Hitzler/J. Reichertz/N. Schröer (Hg.): Hermeneutische Wissenssoziologie. Standpunkte zur Theorie der Interpretation. Konstanz: 289-308

Hitzler, R./Honer, A (Hg.) (1997) Sozialwissenschaftliche Hermeneutik. Opladen: Leske + Budrich

Hitzler, R. /Reichertz, J./Schröer, N. (Hg.) (1999). Das Arbeitsfeld einer hermeneutischen Wissenssoziologie. In: Dies. (Hg.) Hermeneutische Wissenssoziologie. Standpunkte zur Theorie der Interpretation. Konstanz: 9-16

Joas, H. (1992). Die Kreativität des Handelns. Suhrkamp Verlag: Frankfurt am Main

Knoblauch, H. (2004). Subjekt, Intersubjektivität und persönliche Identität. Zum Subjektverständnis der sozialkonstruktivistischen Wissenssoziologie. In: M. Grundmann/R. Beer (Hg.). Subjekttheorien interdisziplinär. Diskussionsbeiträge aus Sozialwissenschaften, Philosophie und Neurowissenschaften. Münster

Keller, R. (2004). Diskursforschung. Eine Einführung für SozialwissenschaftlerInnen. Opladen: Leske + Budrich

Keller, R. (2005). Wissenssoziologische Diskursanalyse. Grundlegung eines Forschungsprogramms. Wiesbaden: VS Verlag für Sozialwissenschaften

Kurt, R. (2009). Indien und Europa. Ein kultur- und musiksoziologischer Verstehensversuch. Bielefeld: transcript

Moebius, St. (2005). Diskurs – Ereignis – Subjekt. Diskurs- und Handlungstheorie im Ausgang einer poststrukturalistischen Sozialwissenschaft. In: R. Keller/ A. Hirseland/W. Schneider/W. Viehöver (Hg.). Die diskursive Konstruktion von Wirklichkeit, Konstanz: 127-148

Musil, R. (1978). Der Mann ohne Eigenschaften. Rowohlt: Reinbek bei Hamburg

Poferl, A. (2009). Orientierung am Subjekt? Eine konzeptionelle Reflexion zur Theorie und Methodologie reflexiver Modernisierung. In: F. Böhle/ M. Weihrich (Hg.) Handeln unter Unsicherheit. Wiesbaden: VS Verlag für Sozialwissenschaften: 231-265

Reichertz, J. (1986). Probleme qualitativer Sozialforschung. Zur Entdeckungsgeschichte der objektiven Hermeneutik. Suhrkamp Verlag: Frankfurt am Main

Reichertz, J. (1988). Verstehende Soziologie ohne Subjekt? Die objektive Hermeneutik als Metaphysik der Strukturen. In: KZfSS 2/1988: 207-222

Reichertz, J. (1991). Aufklärungsarbeit. Kriminalpolizisten und Feldforscher bei der Arbeit. Stuttgart

Reichertz, J. (1994). Von Gipfeln und Tälern – Bemerkungen zu einigen Gefahren, die den objektiven Hermeneuten erwarten. In D. Garz/K.Kraimer (Hg.). Die Welt als Text. Zur Theorie, Kritik und Praxis der objektiven Hermeneutik. Suhrkamp Verlag: Frankfurt am Main: 125-152

Reichertz, J. (1997). Plädoyer für das Ende einer Methodologiedebatte bis zur letzten Konsequenz. In: T. Sutter (Hg.). Beobachtung verstehen – Verstehen beobachten, Opladen: Leske + Budrich: 98-133

Reichertz (2000). Objektive Hermeneutik und hermeneutische Wissenssoziologie in: U. Flick/E.v. Kardorff/I. Steinke (Hg.) Qualitative Sozialforschung. Ein Handbuch. Rowohlt: Reinbek: 514-523

Reichertz, J. (2003). Die Abduktion in der Qualitativen Sozialforschung. Opladen: Leske + Budrich

Reichertz, J. (2009). Kommunikationsmacht. Was ist Kommunikation und was vermag sie? Und weshalb vermag sie das? Wiesbaden: VS Verlag für Sozialwissenschaften

Reckwitz, A. (2008). Subjekt. Bielefeld: transcript

Schröer, N. (Hg.) (1994) Interpretative Sozialforschung. Auf dem Wege zu einer herme-
neutischen Wissenssoziologie. Opladen: Leske + Budrich
Schröer, N. (1997). Strukturanalytische Handlungstheorie und subjektive Sinnsetzung.
Zur Methodologie und Methode einer hermeneutischen Wissenssoziologie. In. T.
Sutter (Hg.) Beobachtung verstehen, Verstehen beobachten. Opladen: Leske +
Budrich: 273-302
Schröer, N. (2009). Interkulturelle Kommunikation. Essen
Soeffner, H,-G. (1989). Auslegung des Alltags – Der Alltag der Auslegung. Suhrkamp
Verlag: Frankfurt am Main
Soeffner, H.-G./Reichertz, J. (2004). Das Handlungsrepertoire von Gesellschaften
erweitern. Hans-Georg Soeffner im Gespräch mit Jo Reichertz (65 Absätze). Forum
Qualitative Sozialforschung/Forum: Qualitative Social Research (Online Journal)
5(3), Art. 29 verfügbar

TEIL I DIE MÖGLICHKEIT DES NEUEN

Abduktion in phänomenologischer Perspektive

Thomas S. Eberle

Peirces Abduktion ist berühmt geworden als Verfahren zur *Entdeckung des Neuen*. Die Phänomenologie hat sich bisher nicht sonderlich für dieses Thema interessiert, ihr ging es vielmehr um eine Konstitutionsanalyse des unbefragten Bodens der Lebenswelt, jenes Sinnfundaments also, das wir stets als selbstverständlich gegeben voraussetzen. Eine phänomenologische Konstitutionsanalyse müsste eigentlich jene Sinnschichten freilegen, in denen sowohl das „Alte" als auch das „Neue" konstituiert werden. Neues kann es nur auf der Grundlage von Altem geben. Was soll denn so anders sein, ob man Altes rekonstituiert oder Neues konstituiert? Konstituiert sich „Neues" etwa auf genuin andere Weise als „Altes"?

1 Die Entdeckung des Neuen

1.1 Was ist „neu"?

Das Thema des vorliegenden Bandes, *Die Entdeckung des Neuen*, wirft unweigerlich die Frage auf, was denn eigentlich als „neu" gelten darf? Googelt man das Stichwort „neu", stößt man auf eine Vielzahl neuer Regelungen und Bestimmungen: veränderte Regeln, andersartige Prozeduren, modifizierte Formulare usw. Als „neu" wird oft das bezeichnet, was „anders" ist – anders als das, was vorher war. Eine Änderung bisheriger Routinen wird von den Teilnehmenden eines Settings wohl oft als „neu" empfunden – zumindest von jenen, die sich nicht daran erinnern, dass man eventuell das als „neu" Propagierte schon mal früher institutionalisiert hatte, und daher nicht erkennen, dass man jetzt offenbar zu jener „alten" Lösung zurückkehrt. Solches kann man etwa bei manchen Hochschulreformen beobachten, auch etwa bei größeren Unternehmen, die beispielsweise in zyklischen Bewegungen von Zentralisierung auf Dezentralisierung umstellen, nach wenigen Jahren aber wieder auf Zentralisierung, später wieder auf Dezentralisierung usw. Die „Entdeckung des Neuen" wird dann unter der Hand zur „Wiederentdeckung des Alten". Was als „neu" gilt, hat also einerseits mit der lokalen Logik eines konkreten sozialen Settings und seinem Bezugssystem zu tun, und andererseits mit der Zeitspanne des aktualisierten kollektiven Gedächtnisses. Lokal kann auch etwas als „neu" gelten, das andernorts bereits üblich ist. Ein beträchtlicher Teil dessen, was lokal als „neu" gilt, wurde dort nicht neu erfunden, sondern ist das Resultat eines sozialen Verbreitungsprozesses, also einer Wissens- und Innovationsdiffusion. Jede Orts- oder Vereinsgeschichte bietet hierzu reichliches Anschauungsmaterial: Oft werden da Personen heroisch für Neuerungen gefeiert, die andernorts schon gang und gäbe waren.

Es mag für die historische Forschung reizvoll sein, jenen Ort und Zeitpunkt aufzuspüren, wo Neues erstmals in Erscheinung getreten ist. Vielleicht empfiehlt es sich auch, in diesem Kontext zu unterscheiden zwischen „Entdeckung" und „Erfindung". Seit dem 16. Jh. meint „ent-decken" „Unbekanntes, Verborgenes auffinden" (Duden Bd. 7, 1989: 157), was sich in zeitnahen Formulierungen wie der „Entdeckung der Neuen Welt", den „großen Entdeckern" und den „Entdeckerreisen" äußert. Meistens wurde aber etwas „ent-deckt", das – zumindest im naiven Realismus des Alltagsdenkens – schon vorher da war, sei es Amerika, sei es ein bislang unbekannter Planet, seien es die Aborigines in Australien. Die Unterscheidung „bekannt/unbekannt" verweist unweigerlich auf bestehende Wissensbestände und damit auf soziale Bezugsrahmen: Was den einen unbekannt ist, mag anderen bereits bekannt sein. Dass Kolumbus in Europa als „Entdecker Amerikas" gepriesen wurde, bezeichnete Sorokin bekanntlich als „Christoph Columbus Complex" – es hatten dort ja seit Urzeiten bereits viele Generationen von Menschen gelebt, denen ihr Land hinlänglich bekannt war. Die menschliche Kulturgeschichte ist aber nicht nur eine Geschichte der Entdeckungen, sondern auch eine Geschichte der Erfindungen. Wenn es nicht um die „Entdeckung" von bislang Verborgenem, sondern um die *Kreation* von Neuem geht, ist „Erfindung" wohl das treffendere Wort. Interessanterweise erzählt uns die Geschichtsschreibung, dass es Erfindungen gab, die unabhängig voneinander zeitgleich an verschiedenen Orten gemacht wurden (z.B. die Erfindung der Grenznutzenlehre in der Ökonomie von Menger in Wien, von Pareto und Walras in Lausanne sowie von Jevons in Cambridge um 1870 herum). Die Forschung hat in diesem Zusammenhang natürlich immer mit einer unvollständigen Quellenlage zu kämpfen, aber es wird wohl unbestritten sein, dass man – zwar nicht im Einzelfall, aber grundsätzlich und zumindest *common-sensically* – „Neues" identifizieren kann, das zu einem bestimmten Zeitpunkt der Kulturgeschichte und an einem bestimmten Ort zum ersten Mal auftrat.

Neues kann also nicht nur entdeckt, sondern auch erfunden werden. Im Alltagsdenken ist die Unterscheidung von Entdeckung und Erfindung fest verankert, wenn sich die semantischen Felder dieser Begriffe an den Rändern auch überlappen. In einer konstruktivistischen Perspektive wird die Unterscheidung allerdings problematisch. So können beispielsweise für Watzlawick (1981) nur die Naturwissenschaften entdecken (nämlich die Wirklichkeit erster Ordnung), während die Menschen ihre sinnhafte soziale und kulturelle Wirklichkeit stets „erfinden" (Wirklichkeit zweiter Ordnung). Verzichtet man auch auf die Unterscheidung zwischen Wirklichkeit erster und zweiter Ordnung und betrachtet man jede sinnhafte Wirklichkeit als konstruiert, so erweist sich die Unterscheidung von „alt" und „neu" ebenso als Konstruktion. Die für uns entscheidende Frage ist dann, ob wir sie – gemäß der Unterscheidung von Alfred Schütz – als eine Konstruktion erster Ordnung behandeln, also als Typisierung des Alltagsdenkens und damit als unseren Forschungsgegenstand behandeln, oder ob wir sie als Konstruktion zweiter Ordnung, also als Bestandteil des wissenschaftlichen Begriffsapparats verwenden. Diesen Entscheid bewusst und mit Bedacht zu fällen, scheint mir wesentlich, da die Unterscheidung von „alt" und „neu" unweigerlich mundane Geltungssetzungen impliziert, die nicht unreflektiert in die wissenschaftliche Perspektive mit aufgenommen werden sollten.

1.2 Verfahren zur Entdeckung bzw. Erfindung von Neuem

Wie entsteht Neues? Darüber existiert bereits eine ausgedehnte Forschungs- und Ratgeberliteratur, sei es über die Bedingungen und die Förderungsmöglichkeiten menschlicher Kreativität, sei es zum Innovationsmanagement von Unternehmen. In dieselbe Richtung zielt der neuere Trend in der Organisationsforschung, die „reflective practices" in professionellen Feldern und Organisationen zu erforschen, was in den (verschiedenartigen) Konzepten von „Reflexivität" auf theoretischer Ebene eine interessante Entsprechung findet. Der große Teil der Publikationen übernimmt die alltagsweltliche Unterscheidung von „alt" und „neu" unreflektiert, ein beträchtlicher Teil besteht in Ratgeberliteratur mit schwacher empirischer Basis, nur ein kleiner Teil erforscht die Kreation von Neuem empirisch und versucht daraus Erkenntnisse für Kreativitäts- und Innovationsförderung zu generieren. In einer groben Systematik können folgende Ebenen unterschieden werden:

a)   Auf der *organisationalen Ebene* geht es darum, Neuerungen der verschiedensten Art einzuführen: Produkt- und Prozessinnovationen, technische und soziale Innovationen, Organisations- und Kulturveränderungen usw. Ein verbreitetes Verfahren ist erstens, von der Konkurrenz zu lernen, um im Wettbewerb bestehen zu können. Neues kann zweitens auch von Unternehmen anderer Branchen gelernt und analog auf die eigene Firma übertragen werden; die Betriebswirtschaftslehre fördert gezielt die Verbreitung solcher Kenntnisse (vgl. etwa den „best methods" Hype der 1990er Jahre). Drittens kann ein Unternehmen auch gezielt eigene Innovationen entwi-

ckeln und versuchen, sich am Markt als Innovationsführer zu etablieren. In
diesem Fall kommt es nicht umhin, organisationale Bedingungen zu schaffen, welche kreativitätsfördernd und innovationsgenerierend sind.

b)   Die klassischen Kreativitätstechniken leiten an, die Ideenfindung auf *indi-
vidueller Ebene* zu entfalten. Spätestens seit den 1950er Jahren, nämlich seit
der von Alex F. Osborns entwickelten Methode des „Brainstormings" gehört es zum Allgemeinwissen, dass kreative Leistungen auch auf der *sozialen Ebene* gefördert werden können. Das Brainstorming soll ja gerade deshalb so erfolgreich sein, weil ein regelgeleiteter Gruppenprozess in kurzer
Zeit wesentlich mehr Ideen generiert als ein Einzelner dies könnte: Jede
einzelne Ideenäußerung kann zahlreiche neue Assoziationen bei den Anderen auslösen und einen wahren Schneeballeffekt auslösen. Inzwischen ist
die Menge von Kreativitätstechniken fast unüberschaubar geworden, es gibt
eher intuitive, assoziationsgeleitete Verfahren neben logisch-systema-
tischen, und solche für Individuen als auch solche für Gruppen, und von
beidem zahlreiche Mischformen.[1]

Kreativitätstechniken und „optimale" organisationale Bedingungen können die
Erfindung bzw. Entdeckung von „Neuem" zwar begünstigen, aber nicht garantieren. Sie bilden also keine hinreichenden, ja vielleicht nicht einmal notwendige
Bedingungen. Viele Erfinder erzählen, die entscheidende Idee sei ihnen in irgendeiner Alltagssituation zugefallen, auf dem Klo, im Tram oder beim Tennis-
spielen. In der Alltagswelt halten sich denn auch hartnäckig Begriffe wie „genia-
ler Einfall", „zündende Idee", „göttlicher Funke" als auch die Sozialfigur des
„Genies", auch wenn diese Termini im wissenschaftlichen Diskurs allesamt bereits seit dem 19. Jahrhundert als obsolet gelten. Dem Alltagsverstand jedoch
leuchtet ein, dass es Akteure gibt, die „mehr" oder „genialere" oder „kreativere"
Einfälle haben als andere, und dieser Topos wird in zahlreichen heroisierenden
Erzählungen von großen Erfindern, Künstlern und Wissenschaftlern auch kulti-
viert und perpetuiert.

---

1   http://www.creajour.de/methodisches/technikglossar/index.html

2 Abduktion nach Peirce

2.1 Abduktion als logische Operation

Auf diesem Hintergrund überrascht es, dass Charles Sanders Peirce die Entdeckung von „Neuem" auf ein logisches Verfahren zurückführte: die Abduktion. Ist die Erfindung bzw. Entdeckung von „Neuem" letztlich eine Frage der Logik? Kann man abduktives Schließen auf dieselbe Art und Weise erlernen wie induktives oder deduktives Schließen? Bräuchten Kreative statt einem Kit von Kreativitäts-Tools vielmehr ein Training in Logik?

Peirce, der sowohl von Russell (1959: 276) als auch von Eco (1989: x-xi) als „größter amerikanischer Denker" gepriesen wurde, hat sich als Philosoph wie auch als experimenteller Wissenschaftler eingehend mit der Logik wissenschaftlicher Forschung befasst. Sein Werk ist vielschichtig und war in dauernder Entwicklung begriffen, und so überrascht es nicht, dass sich viele Peirce-Interpreten untereinander nicht einig sind. Divergierende Auffassungen gibt es auch in Bezug auf die hier interessierende Abduktion, und zwar insbesondere bezüglich der Frage, ob es sich dabei um eine *logische* Operation handle.

Dieser Ansicht ist zumindest der frühe Peirce, dessen Frühphilosophie mit folgenden Prämissen beschrieben werden kann (Reichertz 2003: 27):

- „Es gibt nur *eine* Art erkennenden Denkens.
- Erkenntnis ohne vorhergehende Erkenntnis ist unmöglich.
- Der Erkenntnisprozess im Organismus kann als syllogistischer Prozess aufgefasst werden.
- Das Erkenntnisvermögen ist Ergebnis der Evolution der menschlichen Gattung."

Erkenntnis baut mit anderen Worten nicht nur ontogenetisch, sondern auch phylogenetisch auf vorangegangener Erkenntnis auf. Und es gibt nur *eine* Art erkennenden Denkens, und diese kann syllogistisch beschrieben werden. Peirce, der sich vor allem für Kreativität interessiert, schließt die Möglichkeit von Intuition aus – es gibt keine non-diskursive, vorprädikative Unmittelbarkeit. *Erkenntnis ist stets diskursive Erkenntnis und daher ein Prozess gültigen Schließens* (Reichertz 2003: 26). So beschreibt Peirce bereits 1868 drei idealtypische logische Schlussverfahren – Deduktion, Induktion und Hypothesis – und führt den Nachweis, dass die Entdeckung von Neuem weder durch Deduktion noch Induktion möglich ist, sondern allein durch Hypothesis (später spricht er von Abduktion). Alle drei Schlussverfahren beschreibt er in Form von Syllogismen, also als Dreischritt bei dem von zwei bekannten Größen auf eine unbekannte geschlossen wird: bei der Deduktion als Anwendung allgemeiner Regeln auf besondere Fälle, bei der Induktion als Schluss von Fall und Resultat auf die Regel und bei der Hypothesis als Schluss von Regel und Resultat auf einen Fall (Peirce 1976: 230ff. – zit.n. Reichertz 2003: 28). Peirces Illustration der drei Schlussverfahren durch sein berühmtes Bohnenbeispiel wird noch heute von all jenen zitiert, welche die Abduktion als eine *logische* Operation ausweisen wollen.

Mit dem Begriff Abduktion bezeichnet Peirce später jenen Prozess, durch den Neues entdeckt wird und Hypothesen generiert werden. Die moderne Wissenschaftstheorie verbannt diesen Prozess in den Bereich der Psychologie oder Wissenssoziologie. Damit verpasst sie es gemäß Génova (1997: 117), die Bildung von Hypothesen und die Entwicklung wissenschaftlicher Theorien als *logisches* Problem zu begreifen. Genau dies leiste aber Peirces Untersuchung abduktiven Schließens. Nubiola (2005: 123ff.) spricht in seiner Peirce-Interpretation entsprechend von der „*Logik* der Überraschung (logic of surprise)": Weder das Aristotelische Staunen noch der Cartesianische Zweifel genügen als Ausgangspunkt für wissenschaftliche Forschung, den entscheidenden Anstoß geben nach Peirce vielmehr Überraschungen. Ein überraschendes Faktum, das im Rahmen der eingespielten Glaubenssysteme und Ordnungsschemata nicht plausibel erklärt werden kann, erfordert einen Bruch mit bisherigen Überzeugungen (habits of belief) und eine neuartige Erklärungsweise, die das Faktum rational verständlich (reasonable) macht. Abduktionen haben nach Nubiola (2005: 126) daher immer eine – und immer dieselbe! – logische Struktur:

> „The surprising fact, C, is observed;
> But if A were true, C would be a matter of course,
> Hence, there is reason to suspect that A is true."

Abduktion als logisches Verfahren zur Generierung von Hypothesen und neuen Theorien ist eine bestechende Idee. Nachdem Popper streng zwischen der Logik der Entdeckung und der Logik der Rechtfertigung unterschieden hatte und nur letztere, in Form deduktiver Theoriesysteme und des Testens von Hypothesen, für wissenschaftstheoretisch legitim hielt, gab es im szientifischen Wissenschaftsverständnis nur noch die Deduktion, und sowohl die Entstehung neuer Ideen als auch induktive Verfahren wurden als nicht- oder vor-wissenschaftlich abqualifiziert. Mit den interpretativen Forschungsansätzen und der davon inspirierten qualitativen Sozialforschung erlebte die Induktion seither eine gewisse Renaissance, und die (lange unbeachtete) Abduktion ersetzt die eingespielte Dichotomie nun durch eine *dreistufige Erkenntnislogik:* Die Abduktion sucht nach (neuen) Theorien, die Deduktion nach Voraussagen, die Induktion nach Fakten:

„Besteht die erste Stufe des wissenschaftlichen Erkenntnisprozesses in der *Findung einer Hypothese* mittels Abduktion, dann besteht die zweite aus der *Ableitung von Voraussagen* aus der Hypothese, also einer Deduktion, und die dritte in der *Suche nach Fakten*, welche die Vorannahmen ‚*verifizieren*‘, also einer Induktion. Sollten sich die Fakten nicht finden lassen, beginnt der Prozess von Neuem, und dies wiederholt sich so oft, bis die ‚*passenden*‘ Fakten erreicht sind“ (Reichertz 2003: 96).

Wie jedoch kann man Abduktion als methodisches Verfahren erlernen, so wie man deduzieren und induzieren lernt? Geht es beim Generieren neuer Hypothesen tatsächlich um ein logisches Schließen? Die Antwort auf diese Frage hängt von den philosophischen Prämissen ab, mit denen man operiert. In Bezug auf Peirces Frühphilosophie wurden sie oben schon dargelegt. Wer davon ausgeht, dass Intuition unmöglich ist und Erkenntnis nie vorprädikativ, sondern nur prädikativ und diskursiv sein kann, kommt wohl zwangsläufig zur Auffassung, dass Abduktion – so wie Deduktion und Induktion – ein Schlussverfahren darstellt und als Syllogismus beschreibbar ist. Die entscheidende Frage ist jedoch, ob abduktives Schließen lediglich *ex post* als logischer Syllogismus rekonstruiert wird, oder ob es bereits *als Prozess* in Form einer logischen Operation abläuft. Auch für Proponenten der logischen Form von Abduktionen ist Logik allein nicht ausreichend: In der Praxis erweise es sich als schwierig – so Nubiola – Logik mit dem wirklichen Leben zu verbinden. Der Sprachphilosophie des 20. Jh. sei es primär darum gegangen, für die Logik einen Kontext zu liefern. Auch sie reiche jedoch nicht aus – Peirce gehe es darum herauszufinden, wie die *wirklichen* Prozesse bei Menschen ablaufen, die neue Ideen entwickeln und neues Wissen entdecken (Nubiola 2005: 117). Peirce beschrieb, wie sich abduktive Vermutungen wie Blitze einstellen, als plötzliche Einsichten. Sie geschehen dauernd, im Alltagsleben wie im wissenschaftlichen Forschungsprozess, und weisen dabei eine erstaunliche Effizienz auf: Menschen mutmaßen nicht einfach drauf los, sie würfeln nicht, sondern sie raten erstaunlich erfolgreich. Diese beobachtbare Effizienz ist ihrerseits erklärungsbedürftig. Peirce spricht von einer „instinktiven Fähigkeit“ (CP 6.476, 1908), und da diese gleichzeitig rational ist, schlägt Ayim (1974: 42) vor, sie einen „rationalen Instinkt“ zu nennen. Nach Nubiola (2005) sieht Peirce, wie sein Vater Benjamin, den Menschen durchwirkt vom göttlichen Geist, von Gott dem Schöpfer, und so beschäftigte er sich auch mit der „Abduktion von Gott“ (vgl. Nubiola 2003). Peirce deutet diesen Instinkt aber auch evolutionstheoretisch-pragmatisch und damit säkularer (allerdings letztlich nicht weniger metaphysisch): „man's mind must have been attuned to the truth of things in order to discover what he has discovered. It is the very bedrock of logical truth“ (CP 6.476, 1908).

2.2 Die abduktive Haltung nach Reichertz

Es ist das Verdienst von Jo Reichertz (1991, 2003), sorgfältig herausgearbeitet
zu haben, dass Abduktion bei Peirce weit komplexer ist als bloß eine logische
Operation. Abduktionen lassen sich nicht durch ein operationalisiertes Ver-
fahrensprogramm willentlich herbeizwingen, sondern sie ereignen sich blitzartig,
und sie richten sich nicht nach den Gesetzen der formalen Logik (Reichertz
2003: 58). In einer instruktiven Liste stellt er die vielen Bestimmungen der Abduktion im Werk von Peirce zusammen, insoweit sie für die sozialwissenschaftliche Forschung relevant sind (60). Gleichzeitig kritisiert er all jene, die
den Abduktionsbegriff einseitig rezipieren und ihn dadurch ausdünnen: Erstens
die Auffassung, es handle sich bei der „Abduktion um eine streng logische Operation" (61); zweitens jene Formulierungen, die besagen, „Abduktion würde
Überraschendes *erklären* und Unverständliches *verstehen* lassen" (62) und
abduktive Schlussfolgerungen würden „die *beste* bzw. die *wahrscheinlichste*
Erklärung liefern" (63). Stattdessen skizziert er einen „idealtypischen *Handlungstypus* als Ausdrucksgestalt einer abduktiven Haltung (...): der abduktive
Schlussfolgerer ist neugierig, er beobachtet viel und intensiv, stets bereit, sich
überraschen zu lassen" (66).
      Wie kommt Reichertz zu diesem Ergebnis? Erstens zeigt er auf, dass Peirce
im Laufe der Werkentwicklung immer wieder neue Begriffe einführt und alte
völlig anders verwendet. Im Unterschied zu seinem frühen Aufsatz, in dem er
Induktion und Hypothesis als kenntniserweiternd charakterisiert, schreibt der
späte Peirce diese Funktion allein noch der Abduktion zu. Damit grenzt er sie
gegenüber der „Hypothesis" in seinen früheren Arbeiten deutlich ab: „allein die
Abduktion ist kreativ" (Reichertz 2003: 44). Die Abduktion steht nun am Beginn
des Erkenntnisprozesses und führt zum Finden einer Hypothese, die anschließend getestet wird. Zweitens entdeckt Reichertz, dass Peirce abduktives Schlussfolgern bereits auf vorprädikativer Ebene wirken sieht. Reichertz (2003: 44-52)
folgend, möchte ich diesen Aspekt etwas vertiefen.
      „Die Erfahrung", sagt Peirce (1976: 353), „ist unsere einzige Lehrerin". Er-
kenntnis ist nicht ohne Wahrnehmung möglich, und Peirce entwirft daher eine
Wahrnehmungstheorie. Erkenntnis ist auch nicht ohne Kommunikation möglich,
und so entwickelt er auch eine Zeichentheorie. Durch Zeichensysteme entwickelte sich in der Evolution das Erkenntnisvermögen der menschlichen Gattung, und über Zeichen schließt sich gegenwärtige Erkenntnis auch an vorangegangene Erkenntnis an. Erfahrung ist mit Wahrnehmung und Kommunikation
eng verbunden. Reichertz zufolge unterscheidet Peirce den Wahrnehmungsinhalt
(percept) vom Wahrnehmungsurteil (perceptual judgment) und entwirft *beide* als
abduktive Schlüsse. Ohne abduktives Schlussfolgern besteht der menschliche

Blick aus einem leeren Starren (vacant staring) auf eine ungeordnete Mannigfaltigkeit von Farben und diffusen Formen; erst ein Wahrnehmungsurteil konstruiert eine Ordnung und lässt beispielsweise eine Azalee in voller Blüte sichtbar werden. Wahrnehmungsinhalte sind Bilder, Wahrnehmungsurteile dagegen Texte. Die „percepts" bilden die (wahrgenommene) Realität, während Wahrnehmungsurteile Propositionen zu solchen Wahrnehmungsinhalten sind. Zwei Schritte sind nun zu unterscheiden: Wie konstituieren sich die „percepts", und wie kommt man vom Vorprädikativen zum Prädikativen?

Peirce führt dazu drei Ebenen ein: Firstness, Secondness and Thirdness. Auf der ersten Ebene unterscheidet er Empfindung (feeling) und Sinneseindruck (sensation). Beide sind dem Organismus als Ergebnis der Evolution der Gattung einfach gegeben. Während „feeling" vollkommen unstrukturiert ist, leistet „sensation" eine erste Strukturierung, indem sinnliches Unterscheidungswissen (Farbe, Härte, Größe etc.) an die Empfindung herangeführt werden. Auf der zweiten Ebene konstituiert sich das „percept" als Reaktion des Menschen auf „feelings" und „sensations". Die „percepts" bilden die Realität, den unhintergehbaren Ausgangspunkt aller menschlichen Erkenntnis. Dahinter gibt es keine andere „Welt". „Percepts" strukturieren wesentlich genauer als Sinneseindrücke, sie enthalten Figuren und Gestalten, und obwohl hier bereits begriffliches Unterscheidungswissen der Gesellschaft zum Tragen kommt, bleiben sie vorsprachlich. Überraschend ist hierbei, dass der Wahrnehmungsinhalt, das „percept" als „Ergebnis eines Schlusses" (46) verstanden wird – ja sogar als Ergebnis eines „abduktiven Schlusses" (45), den „(d)ie Natur … ohne Beteiligung menschlichen Bewusstseins" (47) vorgenommen hat. Wenn Abduktion immer „kreativ" zu Neuem führt, liegt offenbar nur dann ein *abduktiver* Schluss vor, wenn das „percept" neuartig ist, also etwas zum ersten Mal „so" wahrgenommen wird.

Wie kommt man nun von der zweiten Ebene zur dritten Ebene: von den vorprädikativen Wahrnehmungsinhalten zu den prädikativen Wahrnehmungsurteilen, vom Unbegrifflichen zum Begrifflichen, vom „Bild" zum Text? Peirce führt hier den neuen Begriff „percipuum" ein, mit dem er den Schritt vom Wahrnehmungsinhalt zum Typus bezeichnet: Die „percepts" werden nicht mehr in ihrer konkreten Einzigartigkeit wahrgenommen, sondern als Typus. Wenn ein konkretes „percept" nicht zu den überlieferten Typen von „percepts" passt, löst es Überraschung aus und wird als „neu" registriert. Dies ist nach Peirce bereits ein Wahrnehmungs*urteil,* also ein prädikativer Zugriff auf den Wahrnehmungsinhalt und damit der Beginn diskursiver Erkenntnis. Insofern ein „percept" überrascht, lädt es zu einem kreativen Schluss, also zu einer Abduktion, ein. Peirce versucht mit seiner Wahrnehmungstheorie also zu plausibilisieren, dass das Neue nicht ein körpereigener Prozess ist, sondern *von außen* kommt und beim Akteur kreative Schlussfolgerungen auslöst. Reichertz betont, dass diese „Schlussfolgerungen" nicht als bewusste Akte menschlicher Vernunft anzusehen sind, sondern dass damit alle bewussten und subbewussten Entscheidungen gemeint sind. Gleichzeitig formuliert er unter Rückgriff auf Wittgenstein, Mead und Piaget diverse Vorbehalte gegenüber der Peirce'schen Wahrnehmungstheorie, die er insgesamt für „zu idealistisch" (52) hält.

3   Abduktion in phänomenologischer Perspektive

3.1 Die phänomenologischen Ansätze von Peirce und Husserl

Im Folgenden versuche ich den Beitrag zu eruieren, den die Phänomenologie zur Abduktionsproblematik beitragen kann. Gerade die Ausführungen zur Wahrnehmungstheorie legen nahe, dass es zwischen den Projekten von Peirce und Husserl deutliche Affinitäten gibt. Trotzdem finden sich bisher nur wenige Forschungsbeiträge, welche die Gemeinsamkeiten und Unterschiede der beiden Ansätze herauszuarbeiten versuchten (Spiegelberg 1956; Mullin 1966; Stjernfeldt 2007; Petrilli 2010). Der bedeutendste stammt von Herbert Spiegelberg, der entdeckte, dass auch Peirce den Begriff „Phänomenologie" verwendete, und dies zum Anlass nahm, die beiden „Phänomenologien" miteinander zu vergleichen. Peirce benutzte den Begriff allerdings nur für kurze Zeit und ersetzte ihn bald durch andere Begriffe, unter denen „phaneroscopy" der bekannteste geworden ist. Spiegelberg fand eine interessante Passage in einem Brief von Peirce an William James, wo er diesem seine Position skizzierte: Was er „Phänomenologie" nenne, sei eine Wissenschaft, aber radikal verschieden von Psychologie, sie klammere Fragen der Gültigkeit und Ungültigkeit ein und bilde nicht nur die Grundlage der Philosophie, sondern auch der Logik (Spiegelberg 1956: 168). Diese Charakterisierung trifft derart präzise auf Husserls Phänomenologie zu, dass Spiegelberg herauszufinden versuchte, ob der Eine vom Anderen Kenntnis hatte. In beiderlei Richtungen kam er zu einem negativen Ergebnis: Obwohl beide sich ausgiebig mit Logik befassten und deren Fundierung schließlich in der Phänomenologie suchten, war keiner der beiden je mit dem Anderen in Berührung gekommen.

Neben den überraschenden Übereinstimmungen zwischen den beiden Ansätzen gibt es allerdings auch deutliche Differenzen. So verfolgten beide ein unterschiedliches Erkenntnisinteresse: Husserl strebte nach einer Erkenntnistheorie, die schließlich die „Krisis der Europäischen Wissenschaften" (Husserl 1954) beheben wollte, indem deren (vergessene) Fundierung in der Lebenswelt mittels transzendentalphänomenologischer Konstitutionsanalysen aufgewiesen wurde. Die Krise bestehe darin, dass das Ideenkleid wissenschaftlicher Theorien für wahres Sein genommen werde, obwohl es lediglich eine Methode sei (1954: 52). Die Phänomenologie soll nun den Sinn menschlichen Daseins durch eine Analyse von dessen Geltungsmodi erschließen und die Wissenschaften systematisch in der Lebenswelt verankern (1954: 171). Peirce hingegen war – so Spiegelberg (1956: 169) – primär an einem Kategoriensystem interessiert, welches das gesamte Wissensuniversum zu ordnen erlaubte. Was Peirce „Phänomenologie" nannte, hat er nie wirklich systematisch entfaltet und weiterentwickelt. Seine Wahrnehmungstheorie wirkt im Vergleich zu Husserls phänomenologischen Untersuchungen denn auch wenig elaboriert. Das möchte ich im Folgenden näher erläutern.

Ein grundlegender Unterschied zwischen Peirce und Husserl besteht im erkenntnistheoretischen Ausgangspunkt. Husserl (1950, 1971, 1976, 1991) stützt sich auf Brentanos Konzept der Intentionalität und setzt seine Analysen beim *ego-cogito-cogitatum* an. Phänomene sind daher immer Bewusstseinsphänomene, d.h. sie konstituieren sich durch synthetische Akte eines subjektiven Bewusstseins. Dieses ist aber immer intentional auf etwas bezogen, also ein Bewusstsein-von-etwas. Im Gegensatz zu Descartes gibt es kein blosses *ego cogito,* sondern das Erkennen, das *cogitare,* ist immer auf ein *cogitatum,* ein Erkanntes bezogen. Wahrnehmungs*inhalte* lassen sich daher – im Unterschied zu Peirce – nie von den Wahrnehmungs*akten* trennen. Die Wahrnehmungsinhalte können sich zwar durchaus auf Gegenstände in der so genannten „Außenwelt" beziehen – doch ist dies für Husserl irrelevant: Mit der *epoché* klammert er die Geltungssetzungen explizit ein – ob es sich also um „real existierende" oder „nur eingebildete" Dinge handelt, ist unerheblich. Husserl interessiert sich allein für die Konstitutionsanalyse von Phänomenen – und zwar von Phänomenen jeglicher Art. Denn real oder nicht – Phänomene haben vieles gemeinsam. Jedes Phänomen bildet beispielsweise immer eine *noetisch-noematische Einheit.* Wenn sich ein Phänomen verändert, kann dies zum einen durch die *noesis,* durch die noetischen Bewusstseinsakte bedingt sein: Ein Phänomen gewinnt zum Beispiel schärfere Konturen, indem ich mich ihm mit größerer Aufmerksamkeit zuwende als zuvor. Die Veränderung eines Phänomens kann zum anderen aber auch darin begründet sein, dass sich das *noema* verändert, das heißt dass sich –vereinfacht ausgedrückt – der wahrgenommene „Gegenstand" selbst wandelt. Wenn ein wahrgenommenes Phänomen also beispielsweise verschwommen und undeutlich ist, kann dies aufgrund der noetisch-noematischen Einheit sowohl darin liegen, dass ich nur flüchtig und oberflächlich hingucke, als auch darin, dass das Wahrgenommene gar nicht deutlicher gesehen werden kann (weil es zum Beispiel im Nebel steckt). Oft interessiert einen das nicht weiter – das Phänomen erscheint mir einfach so, wie es mir erscheint. Durch Variationen meiner Zuwendung kann ich aber auch (mehr oder weniger systematisch) erproben, welche Modifikationen noetischer Natur sind und welche im *noema* selbst begründet sind.

Indem Husserl die unmittelbare Anschauung – das *ego-cogito-cogitatum* – zum Ausgangspunkt und die Gegebenheitsweisen der Phänomene zum Gegenstand seiner Analysen macht, kann er die Aporien der Peirce'schen Wahrnehmungstheorie vermeiden. Ontologische Schichten unterschiedlicher Priorität, wie *firstness, secondness and thirdness,* sind wenig erhellend – warum auch soll das Eine vor dem Anderen kommen? Stattdessen untersucht Husserl die Prozesse der Sinnkonstitution im subjektiven Bewusstsein und erkennt, dass selbst sinnlich wahrgenommene Phänomene sich nicht nur sinnlich (nach Farben, Gerüchen, Tönen usw.), sondern auch sinnhaft konstituieren. Husserl unterscheidet Erfahrung und Urteil, also den vorprädikativen Bereich der inneren Anschauung und das prädikative Urteil (x = p). Phänomene konstituieren sich als sinnhafte schon auf der vorprädikativen Ebene, nicht erst dank eines Wahrnehmungsurteils, wie bei Peirce. Welches Phänomen sich im subjektiven Bewusstsein jeweils von anderen abhebt, hängt vom attentionalen Blickstrahl des Betrachters ab, mit anderen Worten von seinem jeweiligen Interesse. Jedes Phänomen ist dabei von einem äußeren Horizont umgeben – die Gestaltpsychologie operierte analog mit dem Schema Figur/Hintergrund, und heute würde man statt von „Horizont" eher von „Kontext" sprechen –, der zu den Rändern hin immer undeutlicher wird. Den Gesamthorizont bildet der nicht-hinterfragte Boden der Lebenswelt, also die als selbstverständlich vorausgesetzten Wissensbestände und Glaubensüberzeugungen.

Husserl erkannte, dass Phänomene auch einen inneren Horizont haben, d.h. man „sieht" immer mehr als der Wahrnehmung gegeben ist, das Wahrgenommene weist über sich hinaus, oder anders ausgedrückt: Im Wahrgenommenen wird Anderes, Nicht-Wahrnehmbares „appräsentiert". Betrachtet man ein Haus von der Vorderseite, sieht man nur eine Fassade, doch appräsentiert die Fassade gleichzeitig die Rückseite des Hauses, auch wenn letztere im Augenblick nicht wahrgenommen werden kann – man sieht von Anfang an ein „Haus" und nicht nur eine „Fassade". In seinen detaillierten phänomenologischen Untersuchungen versucht Husserl detailliert nachzuweisen, dass solche „Appräsentationen", die er auch „analogische Apperzeptionen" nennt, nicht Ergebnis eines *Schlusses* sind, wie bei Peirce, sondern auf passiven Bewusstseinssynthesen beruhen. So kann eine aktuelle Wahrnehmung in passiver Synthesis auch eine Erinnerung oder eine Phantasievorstellung „wecken" oder „hervorrufen", wodurch zwei getrennte Phänomene sich als Einheit konstituieren, ohne dass das Bewusstsein in Form von Schließungsprozessen aktiv beteiligt wäre. Appräsentative Paarungen speisen sich selbstverständlich aus der Erfahrung – dass unsere Städte aus Häusern und nicht aus bloßen Fassaden bestehen, hat sich immer wieder bestätigt.

Die Unterscheidung von Erfahrung und Urteil bzw. von vorprädikativer und prädikativer Ebene ist in Husserls Phänomenologie zentral (Husserl 1985). Wahrnehmung vollzieht sich in phänomenologischer Perspektive – im Unterschied zu Peirce – nicht nur auf der diskursiven, sondern auch auf der nondiskursiven Ebene, und entsprechend sucht Husserl – anders als Peirce – Universalien nicht nur auf der prädikativen, sondern auch auf der vorprädikativen Ebene. Prozesse der Typisierung sind nicht an Sprache gebunden, sondern finden als passive Vorkonstruktion des Realen bereits präreflexiv statt – vor jeglicher Symbolisierung oder begrifflicher Explikation. Damit setzt sich die Phänomenologie markant von sprachphilosophischen Ansätzen ab, die letztlich alles auf Sprache zurückführen und semiotisch erklären wollen. Srubar (im Druck) hat minutiös aufgezeigt, dass einerseits Sinnbildung im Prozess hybrider Kommunikation mit Objekten durchaus asemiotischen Charakter haben kann und dass es andererseits auch auf intersubjektiver Ebene asemiotische Kommunikationen sehr bedeutender Art gibt, wie er an den Beispielen von Gewalt und Sexualität überzeugend illustriert. Im Unterschied zu den semiotischen Ansätzen erlaubt die Phänomenologie, auch sinnbildende Prozesse präsemiotischer bzw. asemiotischer Art zu analysieren.

Reichertz ist in seiner Werkexegese zum Schluss gekommen, dass die „abduktiven Blitze“, wie sie der späte Peirce beschrieb, auf vorprädikativer Ebene stattfinden. In der phänomenologischen Perspektive erscheint dies als sehr plausibel: Abduktive Blitze ereignen sich wie Appräsentationen als passive Bewusstseinssynthesen – sie stellen sich ein, indem Phänomene plötzlich in einem neuen, ungewohnten Zusammenhang gesehen und dadurch neu gedeutet werden. Dies ist nicht Ergebnis eines *Schlusses,* wie Peirce meint, sondern Ergebnis einer passiven Synthesis. Husserls Vorschlag, Prozesse (logischen) Schließens auf der prädikativen Ebene zu verorten, auf der vorprädikativen Ebene aber von passiven Bewusstseinssynthesen zu sprechen, eignet sich offensichtlich, die von Reichertz (2003: 23) geschilderte „Kehre“ in Peirces Konzept der Abduktion erkenntnistheoretisch zu verdeutlichen. Peirces Kehre besteht, derart gerahmt, nicht nur darin, dass sich abduktive Blitze nicht auf prädikativer, sondern *auf vorprädikativer Ebene* ereignen, sondern auch darin, dass sie dadurch auch nicht mehr Ergebnisse logischer Schlussfolgerungen sind, ja radikaler: dass dabei überhaupt *keine Prozesse des Schließens mehr involviert* sind.

Nach den Beiträgen der Sprachphilosophie im 20. Jh. wird heutzutage wohl niemand die Rolle der Sprache für die Sinnkonstitution unterschätzen wollen. Das Meiste des von uns Wahrgenommenen haben wir auch bereits mal prädikativ thematisiert, ist also auch geprägt durch gesellschaftliche Diskurse und die in diesen vorherrschenden sprachlichen Typen. Husserl hat, im Unterschied zu Peirce, die Relevanz der Sprache wenig beachtet und kaum thematisiert, obwohl

phänomenologische Untersuchungen einen erwachsenen, also in einer bestimmten Gesellschaft und Kultur sozialisierten Menschen voraussetzen. *Können prädikative und vorprädikative Ebene tatsächlich auseinandergehalten werden?* Zur
Beantwortung dieser Frage muss zunächst geklärt werden, was denn eigentlich
unter „Prädikation" verstanden wird. Ein Blick auf die diesbezüglichen Debatten
zeigt, dass die Deutung von „Prädikation" durchaus vielfältig ist. In Bezug auf
das Werk Heideggers, der vorgängiges Verstehen ebenfalls als vorprädikativ
versteht, identifiziert Henning (2001) drei verschiedene Deutungsarten: Eine
erste Gruppe von Interpreten versteht darunter „Sprachlichkeit schlechthin"; eine
zweite Gruppe versteht darunter „die Bezeichnungsfunktion der Sprache, die von
ihrer Urteilsfunktion zu unterscheiden sei"; eine dritte Gruppe meint damit einen
„spezifischen wissenschaftslogischen Sprechakt", nämlich die „existentiale Fundierung der theoretischen Sprache in einer vortheoretischen". Die drei Auffassungen von „Prädikation" unterscheiden sich beträchtlich und implizieren ebenso
deutliche Unterschiede in Bezug darauf, was jeweils unter „vorprädikativ" zu
verstehen ist.

    Peirce sprach explizit von einem „Wahrnehmungs*urteil*". Aufgrund von
Reichertz' Darlegung ist zu vermuten, dass er dabei Bezeichnungs- und Urteilsfunktion der Sprache nicht unterschied, sondern allein schon die Bezeichnung
ein „Wahrnehmungs*urteil*" nannte. Husserl – wie Peirce von der Logik herkom-
mend – verstand unter Prädikation Urteile der Art *x = p,* daher unterschied er
„Urteil" und „Erfahrung". Gewiss lässt sich plausibel argumentieren, dass
sprachliche Typisierungen auch die Form der Erfahrung prägen. Husserls phänomenologische Analyse erschöpft sich aber nicht in Sprachanalyse, sondern
bezieht auch Phänomene in die Untersuchung mit ein, die sprachlich schwer
fassbar oder sogar vorsprachlicher Natur sind. Die Phänomenologie ist zwar gezwungen, Aussagen über den vorprädikativen Bereich ebenfalls im Medium der
Sprache zu formulieren, lässt sich indes nicht zum Fehlschluss verführen, der
vorprädikative Bereich sei ausschließlich sprachlich strukturiert. Wie bereits
erwähnt, liefert Srubars (im Druck) Analyse der asemiotischen Kommunikation
dazu reichhaltiges Anschauungsmaterial und treffliche Argumente.

3.2 Die Mundanphänomenologie von Alfred Schütz

Schütz' Mundanphänomenologie führt Husserls Analysen auf eine Art und Weise weiter, die geeignet ist, den vorprädikativen Prozess der Abduktion noch tief-
schürfender zu klären. Schütz übernimmt sämtliche der oben angeführten Unter-
suchungsergebnisse von Husserl. Darauf gestützt führt er auch feinsinnige Analysen der Sinnkonstitution im subjektiven Bewusstseins, der Einordnung von

Erlebnissen in Erfahrungszusammenhänge, der polythetischen Zeitstruktur und des reflektiven monothetischen Zugriffs, des Fremdverstehens über Zeichen und Anzeichen, des Unterschieds zwischen alltäglicher und wissenschaftlicher Betrachtungsweise und vielem mehr durch (Schütz 2004a) – alles Analysen, die differenzierte und überzeugende Antworten auch auf die Fragen von Peirce bezüglich Erkenntnis, Erfahrung und Wahrnehmung geben. Mit seiner Theorie der Appräsentation, der Transzendenz und der Sprache sowie mit dem pragmatischen Begriff der Relevanz leistet Schütz aber auch eine substantielle Weiterentwicklung der Phänomenologie Husserls und baut gleichzeitig eine Brücke zum Pragmatismus von Peirce: Zum einen übernimmt er anthropologische Grundannahmen sowie das Konzept der relativ-natürlichen Einstellung von Max Scheler, der im Unterschied zu Husserl Peirce rezipierte (Scheler 1926: 259-323). In seinen Vorlesungen zur Sprachphilosophie setzt sich Schütz (2003b: 263ff.) zum anderen auch explizit mit Peirces Theorie des Zeichens auseinander. Wie Srubar (1988, 2007) in einer sorgfältigen Werkexegese herausarbeitete, lässt sich bei Schütz eine „pragmatische Wende" beobachten, die schon vor seiner Emigration in die USA einsetzte. So weist Schütz' Konzeption von Lebenswelt auch einen intersubjektiven, nicht nur einen subjektiven Pol auf (wie bei Husserl): „Den einen Pol stellt die in Wirkensbeziehungen hervorgebrachte, intersubjektive durch das System der pragmatischen Relevanzen geordnete und dadurch auferlegte soziale Wirklichkeit dar, der andere Pol ist die subjektive Spontaneität, als Quelle der Aneignung und der subjektiven, ‚privativen' Modifikation der so auferlegten Realität" (Srubar 2007: 199). Schütz bezieht die Pole aufeinander und fasst sie zu einem Konstitutionsprozess zusammen, die durch appräsentative Systeme vermittelt sind. Damit überschreitet er sowohl die Restriktionen der Transzendentalphänomenologie Husserls als auch jene des Pragmatismus von Peirce.

Schütz baut zugleich eine Brücke zwischen den beiden Ansätzen. Er akzeptiert viele von Husserls transzendentalphänomenologischen Erkenntnissen, doch betreibt er seine eigenen phänomenologischen Analysen „mundan", also nicht in der Sphäre transzendentaler Reduktion, wo mittels der *epoché* die alltäglichen Annahmen und Glaubensüberzeugungen der natürlichen Einstellung eingeklammert werden. Doch auch seine Mundanphänomenologie stößt immer wieder an Grenzen, wo er von der phänomenologischen in eine pragmatistische Perspektive, also vom subjektiven zum intersubjektiven Pol wechselt: Da Menschen von Müttern geboren und von anderen Menschen beeinflusst und erzogen werden, sucht Schütz die Begründung der Intersubjektivität nicht – wie Husserl – in der Phänomenologie, sondern in einer „interaktionistischen" Betrachtungsweise, nämlich in der sozialen Wirkensbeziehung. Bei der Geburt wird ein Baby in eine bestimmte Gesellschaft und Kultur hineingeboren, von der es sozialisiert wird.

Das von ihm sukzessive erworbene Wissen ist sozial abgeleitet, und der in einem bestimmten *Hier und Jetzt* zuhandene Wissensvorrat ist immer *biographie-spezifisch* komponiert, vom jeweiligen gesellschaftlichen Apriori, also den objektivierten sprachlichen und vorsprachlichen Typisierungen und den gesellschaftlichen Relevanzsystemen geprägt. Trotz dieser Übereinstimmungen mit pragmatistischen Positionen (insbesondere zu Mead) gibt Schütz die Phänomenologie nicht auf, sondern betont nachdrücklich, wie wichtig die phänomenologische Analyse der intentionalen Leistungen des Subjekts für eine Konstitutionstheorie des Sozialen bleibt.[2]

Schütz beginnt die meisten seiner Analysen von einem phänomenologischen Ausgangspunkt. Auch seine sprachphilosophischen Erörterungen, in denen er seine Theorie der appräsentativen Systeme entwirft, starten mit Husserls Konzept der *Appräsentation*, wobei Schütz Appräsentationen nicht als bloße Bewusstseinsvorgänge versteht, sondern sie zugleich in einen pragmatischen Zusammenhang stellt. Schütz (2003b: 128ff.) übernimmt alles, was Husserl über Appräsentationen gesagt hat: dass sie keine Analogieschlüsse, sondern passive Synthesen darstellen; dass das appräsentierende Element das appräsentierte „weckt" oder „hervorruft"; dass die appräsentierende Erfahrung nicht nur in der Wahrnehmung eines Dinges, sondern auch einer Erinnerung, Phantasievorstellung oder ein Traum sein kann. Mit Hilfe von Bergsons Konzept der „Ordnungen" bzw. der „Bereiche", versucht Schütz vier verschiedene Formen der Appräsentation zu unterscheiden: Je nachdem, auf welche Wirklichkeitsordnung bzw. auf welchen Wirklichkeitsbereich sich eine Appräsentation bezieht, spricht er von Apperzeptionsschema, Appräsentationsschema, Verweisungsschema und Deutungsschema (Schütz 2003b: 132ff., mit einem Illustrationsbeispiel von Srubar):

a)   Mit dem *Apperzeptionsschema* wird das wahrgenommen, was der unmittelbaren Apperzeption gegeben ist (ich sehe beispielsweise zwei Balken auf einem Dach, die im rechten Winkel gekreuzt sind).

b)   Mit dem *Appräsentationsschema* wird der unmittelbar apperzipierte Gegenstand als Glied eines appräsentativen Paares angesehen, die beide demselben Wirklichkeitsbereich angehören (ich sehe die beiden gekreuzten Balken als „Kreuz", also als ein Zeichen).

---

2   Schütz unterscheidet zudem zwischen der erkenntnistheoretischen Orientierung des amerikanischen Pragmatismus (James, Peirce, Dewey) auf der einen und der europäischen Tradition pragmatistischen Philosophierens (Bergson und Scheler) auf der anderen Seite. Scheler behauptet eine Priorität des pragmatischen Motives nur auf der mundanen, nicht jedoch auf der erkenntnistheoretischen Ebene (Endreß/Srubar 2003).

c) Mit dem *Verweisungsschema* wird etwas appräsentiert, das zu einem ande-
    ren Wirklichkeitsbereich gehört (z.B. verweist das Kreuz auf die christliche
    Religion, auf die Geschichte Jesu und seiner Kreuzigung usw.).

d) Mit dem *Rahmen- oder Deutungsschema* wird das Verhältnis sichtbar, das
    zwischen dem Appräsentations- und Verweisungsschema besteht. So ergibt
    sich die „eigentliche" Bedeutung des Zeichens erst aus dem Kontext eines
    breiteren Deutungsschemas, in den es eingegliedert wird (z.B. bedeutet das
    Kreuz-Zeichen für Atheisten etwas ganz anderes als für Protestanten und
    Katholiken).

Ab c) spricht Schütz (2003b: 134) von Appräsentationsverweisungen „höheren
Grades"; sie setzen „die Kenntnis des Bereichs voraus, innerhalb dessen die Paa-
rung selbst stattfindet". Was nun die vier Appräsentationsformen anbelangt, kann
in einer konkreten Appräsentationsbeziehung irgendeines dieser Schemata als
Ausgangspunkt bzw. als unser Bezugssystem gewählt werden und sich gegenüber den anderen quasi verselbständigen – die anderen Schemata erscheinen
dann jeweils als mehr oder weniger irrelevant.

Auf diesen vier Appräsentationsformen aufbauend entwickelt Schütz eine
eigene Sprachtheorie. Dabei untersucht er viele der vorliegenden sprachtheoreti-
schen Ansätze und konstatiert, dass deren Unterschiedlichkeit primär darauf zurückzuführen sei, dass sie an unterschiedlichen Punkten ansetzten – faktisch sei-
en sie aber gar nicht so unterschiedlich, wenn man sie auf einer anderen Grundlage – eben der Appräsentation – betrachte. Schütz verwendet einen mehrstufigen Zeichenbegriff, der Merkzeichen, Anzeichen, Zeichen und Symbole unterscheidet. Dank dieser appräsentativen Systeme werden *transzendente Bereiche
appräsentiert:* Dank der Zeichen (insbesondere Sprache) wird beispielsweise das
Bewusstsein des Anderen zugänglich und damit Intersubjektivität ermöglicht,
und dank der Symbole werden in der Alltagswelt Wirklichkeiten vergegenwär-
tigt, die nicht sinnlich erfahren werden können (z.B. religiöse, „jenseitige" Wel-
ten). Die Sprache ist das Appräsentationssystem par excellence, enthält es doch
als historisches Zeichensystem eine große Vielfalt von Typisierungen, Abstrakti-
onen und Standardisierungen und damit auch einen Großteil des gesellschaftlichen Wissensvorrates. Für Schütz ist Sprache allerdings mehr als de Saussures
langue – im Zentrum steht immer das *Sprechhandeln.* Wie bei Husserl, geht dieses indes auch bei Schütz über Sprache hinaus: Dazu zählen denn beispielsweise
„Ausdrucks- und Nachahmungsbewegungen, Begrüßungsgesten, Gesten der
Ehrerbietung, des Respekts usw." (Knoblauch et al. 2003: 27) – kurz: der bereits
erwähnte Bereich der asemiotischen Kommunikation. Auch für diesen nicht-
sprachlichen Bereich gibt es nämlich objektivierte Handlungs- und Deutungsschemata. Auch Schütz' Typisierungslehre reicht daher, auf Husserl aufbauend,

in den vorprädikativen Bereich hinein (womit auch er die Restriktionen der Sprachphilosophie überschreitet).

In Bezug auf die Unterscheidung von prädikativ und vorprädikativ stützt sich Schütz präzise auf Husserl. Im Unterschied zu diesem betont er indes die zentrale Bedeutung der Sprache. Dabei unterscheidet er Phänomene, die unserer Wahrnehmung in der gesamten sinnlichen Fülle vis-à-vis gegeben sind, und deren sprachlicher Typisierungen, die in ganz unterschiedlichen Abstraktions-, Anonymitäts- und Generalisierungsstufen vorgenommen werden können. Sprachliche Aussagen sind entsprechend hoch selektiv. So kann ich eine konkret wahrnehmbare Person als Menschen, als Säugetier, als Mann, als Türke, als Kurde, als Asylanten, als Juristen, als Anwalt, als Politiker, als Guerillakämpfer und vieles mehr bezeichnen; im konkreten Fall kann dies alles auch empirisch richtig sein, doch mit der sprachlichen Typisierung werden aus der vorhandenen Fülle lediglich einzelne Merkmale herausgehoben, wodurch – je nach Relevanzsystem – eine Selektion aus den vielen empirisch zutreffenden Möglichkeiten der sprachlichen Typisierung getroffen wird. Es spricht nun einiges dafür, sprachliche Aussagen über die wahrgenommene Person als „prädikativ" zu bezeichnen, während die konkrete inhaltliche Fülle der face-to-face wahrgenommenen Person „vorprädikativ" ist. De facto wird auch diese Ebene der Wahrnehmung durch Sprache imprägniert sein, trägt doch die Sprache das Sinnkleid der sozio-kulturellen Welt. Die Wahrnehmung vollzieht sich jedoch nicht in sprachlicher Form, besteht nicht in einem Wahrnehmungs*urteil* wie bei Peirce, sondern bildet einen Komplex mit mannigfaltigen Sinnschichten unterschiedlicher Deutlichkeitsstufen. Der *unbefragte Boden der Lebenswelt* ist zweifellos auch von Sprache mitgeprägt, schwingt jedoch in seiner Unbefragtheit und Selbstverständlichkeit nur undeutlich – und sicher nicht prädikativ – mit.

Schütz' Analyse der Typisierung steht in einem unmittelbaren Zusammenhang mit seiner Theorie der Relevanz (Schütz 2004b). In dieser unterscheidet er thematische Relevanzen, Auslegungsrelevanzen und Motivationsrelevanzen. Die thematische Relevanz drückt sich in der Frage aus, was thematisiert wird, d.h., worauf die subjektive Aufmerksamkeit gerichtet wird. Entsprechend hebt sich etwas heraus, umgeben von einem nicht-thematisierten Horizont. Im Alltagsleben sind dies nach Schütz typischerweise nicht Routine-Situationen, sondern Situationen, die aus irgendeinem Grund „problematisch" geworden sind. Mit der thematischen Relevanz eng verbunden ist die Auslegungsrelevanz: nach ihr bestimmt sich, wie ich ein Phänomen – z.B. eine problematische Situation – interpretiere. Die Motivationsrelevanz bezieht sich schließlich auf meine Um-zu-Motive, rückblickend auch auf meine Weil-Motive, und manifestiert, warum ich eine Handlung plane, ausführe oder unterlasse. Auch in der egologischen Analyse des Phänomenologen wird deutlich, dass diese Relevanzen nur zum Teil selbst

gewählt sind, zum Teil aber auch von außen auferlegt werden. Bereits das gesellschaftliche Apriori der Lebenswelt, in die wir hineingeboren wurden, beinhaltet
mannigfaltige fest institutionalisierte Relevanzsysteme, von denen im Laufe des
Sozialisationsprozesses eine ganze Reihe internalisiert werden. So kann der
biographiespezifische subjektive Wissensvorrat anhand seiner strukturellen
Grundkomponenten Typik und Relevanz betrachtet werden: Subjektive Erfahrung, inklusive medial Angeeignetes, ist in typischen Formen sedimentiert, und
die zuhandenen Wissensbestände bringen die vergangenen Relevanzen der eigenen Lebensgeschichte zum Ausdruck, seien sie selbst gewählt oder auferlegt
worden. Von den biographiespezifischen Relevanzsystemen zu unterscheiden
sind die aktuellen Relevanzen in einem jeweiligen *Hier und Jetzt*, also das jeweilige pragmatische Interesse in einer konkreten (sozialen) Handlungssituation.
Dieses bestimmt, was, wie und warum etwas thematisiert und wie es konkret
ausgelegt, d.h. typisiert wird. Diese Relevanzen sind auch ausschlaggebend,
wenn es um die Entdeckung des Neuen geht.

3.3 Abduktion in phänomenologischer Perspektive

Was für Folgerungen lassen sich nun bezüglich Abduktion aus phänomenologischer Perspektive ziehen? Ein zentraler Unterschied zu Peirce ist offensichtlich,
dass überraschende Fakten nicht nur *von außen* induziert, also noematisch bedingt sein müssen, sondern dass sie auch durch noetische Variationen herbeigeführt werden können: Man entdeckt Neues, indem man Gegebenes anders interpretiert. Ich behaupte sogar, dass *die noetischen Akte wesentlich entscheidender
sind* als das *noema*. Es gibt Leute, deren Wahrnehmungsmodi derart habitualisiert sind, dass sie Veränderungen in ihrer Umwelt überhaupt nicht mehr wahrnehmen: die neue Frisur, das neue Kleid, der andersfarbige Lippenstift der Gattin
bleiben vom Ehemann einfach unbeachtet – man(n) sieht, was man immer sieht.
Achtsamkeit ist daher das erste Gebot, wenn Neues entdeckt werden soll: Achtsamkeit für (auch subtile) Unterschiede, für Veränderungen des Gewohnten, für
bisher Unbeachtetes. Auch in habitualisierten Wahrnehmungsfeldern lässt sich
immer wieder Neues entdecken –Achtsamkeit wirkt horizonterweiternd.
    Auch noematisch Konstantes kann neu gesehen werden, indem man es an-
ders interpretiert. Erinnert sei an Husserls *Technik der freien Variation*, die er
zum Zweck der *eidetischen Reduktion* entwickelte: Man variiert ein Phänomen in
verschiedenster Hinsicht, um die Grenzen auszuloten, an denen es in etwas An-
dersartiges umkippt. Husserl wollte auf diese Weise das *eidos,* das „Wesen" der
Phänomene bestimmen. Wenn ich beispielsweise einen Würfel betrachte, kann
ich mich fragen, ob es immer noch ein Würfel ist, wenn ich ihn mir größer oder

kleiner vorstelle, wenn er aus hartem oder weichem Material ist, wenn er anders riecht oder andere Farben hat usw. Ja, bei all diesen Variationen bleibt der Würfel ein Würfel, diese Merkmale sind also keine eidetischen, sie gehören nicht zum Wesen des Würfels. Der Würfel ist jedoch nicht mehr ein Würfel, wenn ich ihn mir mit ungleichen Seitenlängen vorstelle, wenn er nicht sechs Seiten hat, wenn er rund ist usw. Die Technik der freien Variation ist also ein bewusstes, einigermaßen systematisches Vorgehen. Sie lässt sich ebenso einsetzen, wenn man Neues entdecken will: Man variiert ein Phänomen in verschiedenster Hinsicht und versucht, es auf ganz unterschiedliche Weise wahrzunehmen bzw. zu interpretieren.

Auch Schütz' Theorie der Relevanz vermag Anhaltspunkte zu geben, wie man den Wahrnehmungsakt gezielt variieren kann. Eine Variation der thematischen Relevanz mag neue Phänomene sichtbar werden lassen, die vorher unbeachtet oder sogar tabuisiert blieben, eine Variation der Auslegungsrelevanz kann unterschiedliche Interpretationsmöglichkeiten zutage fördern. Dahinter steht natürlich die Motivationsrelevanz, das eigene Interesse, also beispielsweise die Frage, ob man in einer gegebenen (sozialen) Situation überhaupt Neues entdecken will. Seit Goffmans (1977) *Rahmenanalyse* haben viele durch eine Variation der Rahmen versucht, die Dinge in neuem Licht zu sehen. Goffmans Konzept des „Rahmens" entspricht dabei weitgehend dem Schütz'schen Begriff des „Deutungs- oder Interpretationsschemas" (vgl. Eberle 1991), wobei Goffman eine Mannigfaltigkeit gesellschaftlicher Rahmen-Modifikationen und Rahmen-Transformationen aufzeigt. Auf Schütz' Anregung könnte man den Versuch wagen, Variationen gezielt anhand der vier Appräsentationsformen durchzuführen, also auch auf der Ebene der Apperzeption, der Appräsentation und der Verweisung. Allerdings blättern erst Rahmen- und Deutungsschemata die vielschichte Komplexität von Wissensbeständen auf, die in einer Interpretation involviert sind. Abduktionen dürften dann nicht nur durch Variationen und Einklammerungen bisheriger Deutungsgewohnheiten befördert werden; sie werden auch umso mehr ermöglicht, je breiter, tiefer und feingliedriger der (subjektive) Wissensvorrat ist, den sie als Ressource verwenden können.

Abduktive Blitze ereignen sich im Licht phänomenologischer Analysen wohl analog zu Appräsentationen, nämlich als passive Bewusstseinssynthesen, beruhen also nicht auf (logischen) Schlüssen. Appräsentationen beruhen jedoch auf Erfahrung – das Appräsentierte wird routinemäßig „mitgesehen" –, während Abduktionen solche eingespielten Sinnzusammenhänge eben gerade aufbrechen, um Neues zu entdecken. Die aus phänomenologischer Perspektive vorgeschlagenen Vorgehensweisen, um Abduktionen zu befördern, sind allerdings nicht auf die vorprädikative Ebene beschränkt, sondern können auch auf prädikativer Ebene angewendet werden. Wie im Rahmen der Schütz'schen Ausführungen betont, sind die Grenzen zwischen den beiden „Ebenen" sowieso fließend.

4   Fazit

Die Entdeckung von Neuem auf Abduktion zurückzuführen und diese als logische Operation zu konzipieren, hat etwas Faszinierendes. Noch heute evoziert man überraschte und verdutzte Gesichter, wenn man sie neben Induktion und Deduktion als das entscheidende Dritte ins Feld führt. Wie Reichertz aufzeigte, wurde indes auch Peirce immer klarer, dass Erkenntnis auf Erfahrung beruht und neben Syllogismen eine Wahrnehmungstheorie voraussetzte. Deren Konzeption ist ihm allerdings nicht sonderlich gut gelungen. Die Phänomenologie von Husserl und Schütz leisten diesbezüglich einen wesentlichen Beitrag und stellen verschiedene Prämissen des Peirce'schen Ansatzes in Frage. In kongenialer Weise liefert die Phänomenologie die epistemologischen Grundlagen für Reichertz' Vorschlag, Abduktion nicht als logische Operation zu verklären, sondern als Handlungstypus zu verstehen. Die *abduktive Haltung,* offen und neugierig zu sein, viel und intensiv zu beobachten, bereit zu sein sich überraschen zu lassen, prädikativ gefasste Überzeugungen einzuklammern bzw. außer Kraft zu setzen und vorprädikative Wahrnehmungen neu auszudeuten – diese abduktive Haltung lässt sich gerade auf phänomenologischer Grundlage ausgezeichnet begründen. Im Angelsächsischen würde man Reichertz wohl treffend als „closet phenomenologist" bezeichnen.

Das Problem der Abduktion liegt darin, dass sie inhärent an eine Ontologie des Neuen gebunden bleibt. Phänomenologische Analysen der Sinnkonstitution versuchen jene formalen Invarianten zu explizieren, die immer wirksam sind, ob nun Neues konstituiert oder Altes rekonstruiert wird; ob etwas neu oder alt ist, wird einfach eingeklammert. Wie ich eingangs dargelegt habe, ist die Attribuierung von „neu" immer relativ, einerseits aufgrund des diffusen Sprachgebrauchs, andererseits aufgrund der unterschiedlichen Bezugssysteme – was einem konkreten Subjekt neu erscheint, kann in anderen gesellschaftlichen Milieus bereits hinlänglich bekannt sein. Die phänomenologische Analyse hat gezeigt, dass sich abduktive Blitze wohl analog zu Appräsentationen ereignen, nämlich als passive Bewusstseinssynthesen. Während Appräsentationen aber auf Erfahrung beruhen, wird diese durch Abduktionen gerade durchbrochen, anders gerahmt und in neue Sinnzusammenhänge eingestellt. Allerdings wird mit der „Entdeckung des Neuen" ja meist stillschweigend impliziert, dass das „Neue" ein *sinnvolles* Neues ist, es sich also nicht um eine „absurde Halluzination", eine „ausgeflippte Spinntisiererei" oder um ein „psychopathologisches Syndrom" handelt. Solche Geltungssetzungen können nur innerhalb der jeweiligen gesellschaftlichen und kulturellen Relevanzsysteme vorgenommen werden, sind also relativ und indexikal. Andererseits ist die „Entdeckung von Neuem" ein gesellschaftlich solide institutionalisiertes Relevanzsystem, zumindest seit dem Beginn der so genannten „Neuzeit". Die Frage ist daher gesellschaftlich legitim, wie solche Prozesse gefördert werden können. Wir haben aus der Phänomenologie einige Anregungen gewonnen, wie eine abduktive Haltung praktiziert und gefördert werden kann. Dem erkenntnistheoretischen Ansatzpunkt entsprechend, beziehen sie sich alle auf das erkennende Subjekt. Dabei finden sich diverse Parallelen zu verschiedenen Kreativitätstechniken, die in der Alltagspraxis eingesetzt werden. In dieselbe Richtung zielen die zwei Großstrategien, die Peirce vorschlägt, „um das Klima für abduktive Blitze" zu verbessern: „Verschärfen des Handlungsdrucks einerseits, vollkommene Entlastung andererseits." Beide verfolgen jedoch dasselbe Ziel: „die Ausschaltung des bewusst kontrollierenden Verstandes" (Reichertz 2003: 88). Peirce benennt damit pragmatische Bedingungen abduktiven Räsonierens. Wie eingangs erwähnt, kann diese Fragestellung auf geeignete soziale Bedingungen und organisationale Settings erweitert werden.

Reichertz (1991, 2003) beschäftigte sich mit Abduktion nicht nur in Bezug auf die Feldforschung, sondern auch im Rahmen der Aufklärungsarbeit von Kriminalpolizisten. Besonders verdienstvoll ist seine detaillierte und kenntnisreiche Explikation, was die drei Stufen des wissenschaftlichen Erkenntnisprozesses – Abduktion, Deduktion und Induktion – in der Forschungspraxis bedeuten. Diese Triade eignet sich, die szientifische Verkürzung der Wissenschaftstheorie auf nomologisch-deduktive Aussagensysteme zu kontern und den qualitativen Forschungsprozess in seiner ganzen Breite darzustellen. Diesem Unterfangen kommt ganz besondere Bedeutung zu in einer Zeit, in der an Universitäten wissenschaftliche Kreativität und Innovation zwar gefordert, aber nicht unbedingt gefördert werden. Wir Hochschullehrer und -lehrerinnen tun gut daran, uns immer wieder kritisch mit der Frage zu beschäftigen, unter welchen universitären Rahmenbedingungen sich eine abduktive Haltung optimal entfalten kann.

Abschließend sei angemerkt, dass die Entdeckung des Neuen per se ebenfalls ein spannendes Forschungsthema darstellt. Wie und unter welchen Bedingungen wird denn Neues entdeckt, erfunden und geschaffen? Vollziehen sich abduktive Blitze im künstlerischen Schaffen, in der Malerei oder im Komponieren von Musik auf dieselbe Weise wie in der Wissenschaft? Schütz' Analyse der mannigfaltigen Wirklichkeiten in Form unterschiedlicher Sinnbereiche legt nahe, dass dem nicht so ist. Dass neue Melodien nur auf polythetische Weise und nur auf vorprädikativer Ebene entstehen können, scheint evident – im Gegensatz etwa zu wissenschaftlichen Entdeckungen, die durchaus auch auf prädikativer Ebene stattfinden und in jedem Fall sprachlich ausformuliert werden. Der phänomenologische Beitrag zur Erhellung kreativer Prozesse scheint jedenfalls noch längst nicht ausgeschöpft.

Literatur

Ayim, Maryann (1974): Retroduction: The rational instinct. In: Transactions of the Charles S. Peirce Society 10: 34-43

Duden (1989): Etymologie. Herkunftswörterbuch der deutschen Sprache. Bd. 7, 2., erw. Aufl. Mannheim/Leipzig/Wien/Zürich: Dudenverlag

Eberle, Thomas S. (1991): Rahmenanalyse und Lebensweltanalyse. In: Hettlage, Robert/Lenz, Karl (Hg.), Erving Goffman – ein soziologischer Klassiker der zweiten Generation, Bern/Stuttgart: Paul Haupt: 157-210

Eco, Umberto (1989): Introduction. In: Ogden & Richards (1989): v-xi

Endreß, Martin/Srubar, Ilja (2003): Editorische Anmerkung E 167. In: Schütz (2003a: 175)

Génova, Gonzalo (1997): Charles S. Peirce: La lógica del descubrimiento. In: Cuadernos de Anuario Filosófico 45. Pamplona: Universidad de Navarra

Goffman, Erving (1977): Rahmenanalyse. Frankfurt am Main: Suhrkamp Verlag

Henning, Christoph (2001): Vorprädikativ. Stichwort in: Ritter et al. (2001): 1197

Husserl, Edmund (1950): Cartesianische Meditationen und Pariser Vorträge, hrsgg.v. St. Strasser, Husserliana Bd.1. Den Haag: Martinus Nijhoff

Husserl, Edmund (1954): Die Krisis der Europäischen Wissenschaften und die transzendentale Philosophie, hrsg. v. W. Biemel, Husserliana Bd. 6. Den Haag: Martinus Nijhoff

Husserl, Edmund (1971, 1976, 1991): Ideen zu einer reinen Phänomenologie und phänomenologischen Philosophie. Erstes Buch, hrsg.v. K. Schuhmann, Husserliana Bd. 3 (1976). Zweites Buch, hrsg. v. M. Biemel, Husserliana Bd. 4 (1991). Drittes Buch, hrsg.v. W. Biemel, Husserliana Bd. 6 (1971). Den Haag: Martinus Nijhoff

Husserl, Edmund (1985): Erfahrung und Urteil. Untersuchungen zur Genealogie der Moral, hrsg.v. L. Landgrebe. Hamburg: Meiner

Knoblauch, Hubert/Kurt, Ronald/Soeffner (2003), Hans-Georg: Einleitung der Herausgeber: Zur kommunikativen Ordnung der Lebenswelt. Alfred Schütz' Theorie der Zeichen, Sprache und Kommunikation. In: Schütz (2003b): 7-33

Kreativitätstechniken. Gefunden am 1.1.11 unter: http://www.creajour.de/methodisches-/technikglossar/index.html

Mullin, Albert A. (1966): C.S.S. Peirce and E.G.A. Husserl on the Nature of Logic. In: Notre Dame Journal of Formal Logic VII. 4: 301-304

Nubiola, Jaime (2003). The Abduction of God. To appear in C. Pearson (ed.): Progress in Peirce Studies: Religious Writings – Gefunden am 1.1.11 unter: http://www. unav.es/users/AbductionOfGod.html

Nubiola, Jaime (2005): Abduction or the Logic of Surprise. In: Semiotica 153. 117-130

Ogden, Charles K./Richards, Ivor A. (1989): The Meaning of Meaning. San Diego: Harcourt

Peirce, Charles Sanders (1908): The Collected Papers of Charles S. Peirce. Vol. 6. C.Hartshorne, P. Weiss and A.W. Burks (eds.). Cambridge University Press.

Peirce, Charles Sanders (1976 (1967/1970)): Schriften zum Pragmatismus und Pragmatizismus, hrsg.v. K.-O. Apel und übers. v. G. Wartenberg

Petrilli, Susan (2010): Image and Primary Iconism: Perice and Husserl. In: Semiotica 181: 263-274

Reichertz, Jo (1991): Aufklärungsarbeit. Kriminalpolizisten und Feldforscher bei der Arbeit. Stuttgart: Enke

Reichertz, Jo (2003): Die Abduktion in der qualitativen Sozialforschung. Opladen: Leske + Budrich

Renn, Joachim/Sebald, Gerd/Weyand, Jan (im Druck): Lebenswelt und Lebensform. Weilerswist: Velbrück Wissenschaft

Ritter, Joachim/Gründer, Karlfried/Gabriel, Gottfried (2001): Historisches Wörterbuch der Philosophie. Bd. 11. Basel: Schwabe & Co

Russell, Bertrand (1959): Wisdom of the West. Garden City, N.Y.: Doubleday

Scheler, Max (1926): Die Wissensformen und die Gesellschaft. Leipzig: Der Neue Geist

Schütz, Alfred (2003a): Theorie der Lebenswelt 1. Die pragmatische Schichtung der Lebenswelt. ASW V.1. Konstanz: UVK

Schütz, Alfred (2003b): Theorie der Lebenswelt 2. Die Kommunikative Ordnung der Lebenswelt. ASW V.2. Konstanz: UVK

Schütz, Alfred (2004a): Der sinnhafte Aufbau der sozialen Welt. Eine Einleitung in die verstehende Soziologie. ASW II. Konstanz: UVK

Schütz, Alfred (2004b): Relevanz und Handeln 1. Zur Phänomenologie des Alltagswissens. ASW VI.1. Konstanz: UVK

Spiegelberg, Herbert (1956): Husserl's and Peirce's Phenomenologies: Coincidence or Interaction. In: Philosophy and Phenomenological Research 17. 2: 164-185

Srubar, Ilja (1988): Kosmion. Die Genese der pragmatischen Lebenswelttheorie von Alfred Schütz und ihr anthropologischer Hintergrund. Frankfurt am Main: Suhrkamp Verlag

Srubar, Ilja (2007): Phänomenologische und soziologische Theorie. Aufsätze zur pragmatischen Lebenswelttheorie. Wiesbaden: VS Verlag für Sozialwissenschaften

Srubar, Ilja (im Druck): Formen asemiotischer Kommunikation, in: Joachim Renn/Gerd Sebald/Jan Weyand (im Druck)

Stjernfeldt, Frederik (2007): Diagrammatology: An Investigation on the Borderlines of Phenomenology, Ontology and Semiotics. Wien/New York: Springer

Watzlawick, Paul (Hg.) (1981): Die erfundene Wirklichkeit. Wie wissen wir, was wir zu wissen glauben? München: Piper

Kreativität, Abduktion und das Neue. Überlegungen zu Peirce' Konzeption des Neuen

Oliver Bidlo

Ein nicht unerheblicher Teil der Popularität des Peirce'schen Denkens liegt in seinem Zusammenbringen von Logik und Kreativität begründet. In seiner Konzeption und Bewertung der Abduktion wird deutlich, dass nur diese Form des Schließens letztlich Neues in der Welt entdecken oder hervorbringen kann. Das wiederum wirft die Frage auf, wie Abduktion die Form logischen Schließens haben und dennoch kreativ sein kann (Wirth 1995). Im Rahmen dieses Aufsatzes sollen einige Verknüpfungen zwischen der Abduktion und Kreativität aufgezeigt und ihr Ergebnis – das Neue – thematisiert werden.

Der Titel dieses Bandes *Die Entdeckung des Neuen* enthält vordergründig eine (Vor-)Annahme oder deutet zumindest an, was unter Neuem verstanden werden könnte. Das Neue ist immer schon vorhanden, es ist nur zugedeckt, außerhalb der bekannten Reichweite, und es muss daher freigelegt, *entdeckt* werden. Damit ist das Neue nicht neu im Sinne von: Noch-nicht-da-gewesen, sondern etwas bereits Vorhandenes, das nur noch nicht entdeckt wurde. In dieser Sicht war Amerika neu, als Kolumbus es entdeckt hat. Etwas anderes wäre es, wenn das Neue erfunden bzw. *geschöpft* werden müsste: Etwas, was noch nicht da war, würde erfunden im Sinne des Erschaffens; das Neue stünde dann dem Schöpfen näher. Aber der Titel *Die Entdeckung des Neuen* ist weiterhin doppelbödig: Denn nicht jede Entdeckung enthüllt Neues. Wissen kann vergessen werden, verschollen oder nur noch bruchstückhaft vorhanden sein und im Nachgang möglicherweise rekonstruiert werden. Aber manches Entdecken lässt Neues zum Vorschein bringen. Neues lässt sich also zweifach fassen: Es lässt sich „als eine analytisch reduzierbare Kombination von bereits bestehenden Eigenschaften, Strukturen etc. verstehen" (Pape 1994b: 10). Oder es tritt etwas ursprünglich Neues auf, „das durch seine Eigenschaften, Strukturen, Relationen usw. nicht auf seine Ausgangsbedingungen rückführbar ist" (Pape 1994b: 10). Bereits an dieser Stelle lässt sich erahnen, dass es in diesem Aufsatz um Fragen geht, die im Umkreis der Begriffe, Determinismus, Zufall, Deduktion und Kreativität angesiedelt sind. Folgt man nämlich der Ansicht, dass das Neue bereits vorhanden, aber noch nicht entdeckt worden ist, lässt es sich letztlich deduktiv rekonstruieren und (im besten Falle) prognostizieren. Kreativität wäre dann nicht mehr notwendig oder

aber nur noch als eine Hinwendung, eine verdichtete deduktive Herangehenswei-
se an ein Problem oder eine Sache zu beschreiben. Auch wird keine neue Ordnung mehr geschaffen, sondern die alte Ordnung nur um das Entdeckte ergänzt
bzw. erweitert.

Charles S. Peirce hat in seinem Werk – sozusagen als wiederkehrendes Motiv – den Versuch unternommen, gerade dieses Spannungsfeld zwischen alt und
neu, vorhanden und nicht vorhanden, Kausalität und Zufall aufzulösen und diese
beiden Pole zusammenzubringen. Denn es geht um die Überbrückung dieses
Spaltes zwischen dem Vorhandenen, das kausal erklärt werden kann, und dem
Nichtvorhandenen, Unbekannten, Nichtgeschöpften, das sich *irgendwie* einen
Weg in die Welt bahnt. Wie lässt sich also eine Ordnung denken, die zugleich ein
instabiles, zufälliges Moment beinhaltet, das wiederum nicht so stark ist, das sich
eine Ordnung erst gar nicht ausbilden kann. Ein Beispiel hierfür fand Peirce im
Evolutionsprozess, der genau diese beiden Aspekte – Stabilität oder Ordnung
und Variabilität oder *Zufall* – aufweist und in Einklang bringt. Peirce überwand
eine rein mechanistisch-deterministische Sichtweise durch den Bezug zur Evolution und dem Entwurf eines evolutionären Universums: Ilya Prigogine betont im
Vorwort zu Peirce' Werk: „Peirce wagte es, das Universum der klassischen Me-
chanik zugunsten eines evolutionären Universums zu einer Zeit zu verwerfen, als
keinerlei experimentelle Ergebnisse vorlagen, die diese These hätten stützen
können" (Prigogine 1988: 8).

Peirce hat sich innerhalb seines Theoriegebildes folgerichtig mit dem Tychismus, die Lehre vom Zufall, auseinandergesetzt bzw. diesen ausgearbeitet.
Für Peirce beruht die Behauptung, die These des Determinismus sei ein Postulat
der Wissenschaft, auf einer falschen Auffassung des wissenschaftlichen Denkens.
Denn gerade wenn man durch Beobachtung der Natur zu einer deterministischen
These gelangen will, zeigt sich vielmehr das Gegenteil. „In Frage steht die Be-
hauptung, dass der zu irgendeiner Zeit vorliegende Zustand der Dinge zusammen
mit gewissen unveränderlichen Gesetzen den Zustand der Dinge zu jeder anderen
Zeit […] vollständig determiniere. Wenn also der Zustand des Universums im
Urnebel sowie die mechanischen Gesetze gegeben sind, so könnte ein hinrei-
chend leistungsfähiger Geist aus diesen Daten jeden Schnörkel eines jeden
Buchstabens ableiten, den ich jetzt gerade schreibe" (Peirce 1988: 161).[1] Aber

---

1   Unschwer lässt sich hier eine Umformulierung des Laplaceschen Ungeheuers erkennen. Der
     französische Mathematiker Pierre Simon de Laplace stellte im 18. Jahrhundert im Anschluss an
     Newton die Theorie auf, dass ein allwissendes Wesen (später auch das Laplacesche Ungeheuer
     genannt) mit unbegrenztem Gedächtnis und unbegrenzten mathematischen Fähigkeiten, das
     den genauen Zustand aller Teilchen im Universum in einem Augenblick sowie die Natur-
     gesetze kennt, daraus den genauen Zustand aller Dinge und Ereignisse in der Zukunft und der
     Vergangenheit vorhersagen könnte. In diesem Fall wird die Zeit eigentlich überflüssig, denn
     die Zukunft ist bereits vollständig in der Gegenwart enthalten. Der belgische Chemiker Ilya

aufgrund „der Tatsache, dass unsere Beobachtung nie frei ist von Momenten der Irregularität, ja des Irrtums, seien wir sogar zu dem Schluss berechtigt, dass absoluter Zufall im Universum herrsche" (Oehler 1993: 101). Deterministische Sichtweisen postulieren eine Gleich- und Regelmäßigkeit in der Natur, aus der man schrittweise zurück oder nach vorne in die Zeit schreiten und die Dinge bestimmen kann. Peirce argumentiert bereits 1887 gegen solche mechanistischen Überzeugungen. „Die endlose Mannigfaltigkeit in der Welt ist nicht per Gesetz geschaffen worden. Es entspricht nicht der Natur der Uniformität, Variationen hervorzubringen, noch der des Gesetzes, den Einzelfall zu erzeugen. Wenn wir auf die Mannigfaltigkeit der Natur starren, blicken wir direkt in das Gesicht einer lebendigen Spontaneität" (Peirce 1931/34: 6.553). Die vielfältigen irreversiblen Prozesse in der Natur lassen sich solcherart nicht mechanistisch erklären, da mechanistische Prozesse reversibel sind.

Unsere Welt ist für Peirce aus kosmologischer Sicht eine Zufallswelt – und Peirce versteht darunter den absoluten Zufall, d.h. eine echte Indeterminiertheit, die sich nicht nur aus unserer Unwissenheit speist –, die sich aus einem Urzustand zufällig aus einer unbegrenzten Anzahl von Möglichkeit herausgebildet hat und die sich mit jedem weiteren Schritt entwickelt. Er sieht die Evolution als Eigenschaft und Erklärungsmodus unserer Welt, als einen fortlaufenden Entwicklungsprozess. Wenn man innerhalb der Evolution von Zufall spricht, umschließt das eine Zufallskonzeption, die den Zufall nicht in jedem Schritt des fortlaufenden Entwicklungsprozesses wirkend versteht, sondern die ihn systematisch innerhalb einer Kontingenz ansiedelt. Es ist evident, dass aus der Zufälligkeit der Evolution nicht folgt, dass es in der Welt keine kausalen Prozesse gibt. Ganz im Gegenteil bewegt sich der Mensch in einer Welt, in der eine Vielzahl der Prozesse kausal bestimmbar ist. In dem von ihm entworfenen Tychismus fundiert Peirce, dass die Welt den Zufall systematisch beinhaltet. Er kombiniert derart das Konzept des Synechismus und des Tychismus. Während Peirce mit dem Begriff *Synechismus* zum Ausdruck bringt, dass das Denken, letztlich das gesamte Universum, auf einen Zuwachs von Gesetzmäßigkeit hinarbeitet, macht er mit dem Tychismus darauf aufmerksam, dass eine letztgültige Kontinuität nicht erreichbar ist. Peirce' Synechismus, das kontinuierliche Werden im Universum, beinhaltet die Tendenz, dass sich das Universum vom Chaos zur Ordnung, von der Disparatheit zur Unfreiheit hin entwickelt, die sich in Formen von Gewohnheiten ausdrücken. Das Verhältnis von Zufall und Gleichförmigkeit hält

---

Prigogine bemerkte hierzu, dass Gott als Uhrmacher zu einem bloßen Archivar geschrumpft sei, der die Seiten eines kosmischen Geschichtsbuchs umblättere, das schon geschrieben sei. Dieser totale physikalische Determinismus – gegen den auch Peirce anschreibt – wurde spätestens durch die Quantentheorie von Planck und Heisenberg physikalisch widerlegt. Zu Prigogine vgl. u.a. Davies, Paul (1997), S. 32; zum Thema Zeit vgl. Bidlo (2009).

Peirce in der Hypothese fest, „dass alle Gesetze Ergebnisse der Evolution sind, dass allen anderen Gesetzen die einzige Neigung zugrunde liegt, die aus eigner Kraft wachsen kann, die Neigung sämtlicher Dinge, Verhaltensgewohnheiten anzunehmen" (Peirce 1988: 419).

Peirce geht davon aus, dass Materie eine Form des Geistes ist, und zwar eine fest geronnene Form von Gewohnheit, die dann kaum noch Variabilität besitzt. Und damit wird er zu einem objektiven Idealisten. Auf der anderen Seite stehen Bewegungen des Geistes, wie die von Gefühlen, die in hohem Maße variant, *ungewohnt* und spontan sind. „Wo aber Gefühle besonders lebhaft sind, da sind Irregularität und Unbestimmtheit groß und können zu einem Zustand des Geistes tendieren, den wir Spontaneität nennen und der für uns in hohem Maße durch Zufälligkeit charakterisiert ist" (Oehler 1993: 105).

Kehren wir an dieser Stelle nochmals zurück zu den Begriffen *Erfinden* und *Entdecken* und dem Unterschied, der in den Begriffen enthalten ist. Denn die Grundhaltung, die sich durch die beiden Begriffe ausdrückt, ist eine Folie für die weiteren Überlegungen und die Frage, wie und ob Neues entsteht und wie und warum Neues als neu wahrgenommen wird. In Bezug zu Peirce kommt sogleich die Frage in den Blick, ob Induktion und Deduktion nur aus bereits Bekanntem Unbekanntes ableiten und ob die Abduktion derweil das einzig Neue aufzeigen bzw. den Weg zum Neuen erklären kann. Darüber hinaus betrifft dies den von Peirce angesprochen Aspekt der Kreativität. Peirce selbst hat den Begriff Kreativität in seinen Schriften nicht direkt verwendet. Dass das Wort ‚Kreativität' in seinen Schriften nicht auftaucht, dürfte auch daran liegen, dass es erstmalig nicht vor 1875 in Gebrauch war und 1909 in einem englischen Wörterbuch verzeichnet ist. Vereinzelt finden sich Wörter wie Kreation, kreieren oder Kreator. Dennoch bildet das dahinterliegende Konzept des Schöpfens ein grundlegendes Prinzip seines Denkens. Für Peirce bildet der Zufall die Erstheit innerhalb seines Weltentwurfs und der triadischen Kosmologie. Der absolute Zufall stellt das Chaos dar, d.h. einen Zustand der Gesetzlosigkeit. Aus diesem Anfangszustand hat sich das Universum entworfen, es ist der erste kreative Akt. Ein solcher absoluter Zufall, ein regelloses Chaos findet sich auch in intensiven Gefühlen, die damit als Basis kreativen Wirkens verstanden werden können (Klößen 1994: 246 ff). Erst aus dem Zufall entstehen die Gesetze und die Existenz des Universums und damit dieses in seiner Gesamtheit, die das Zweite darstellt. Einen messbareren Zustand innerhalb des Universums bildet dann das Dritte (Peirce 1931-34: 1.362). Bei Peirce finden wir derart eine Neubegründung des Prinzips *creatio ex nihilo*, ohne dass er diesen Begriff und seine entsprechende Tradition nutzen würde. Aber ein Schöpfer ist zumindest als gut begründete Hypothese von ihm mitgedacht. Oder auf Basis seiner prozesshaft angelegten Semiotik kann von

Gott „im Sinne eines die Kreativität dieses Gesamtprozesses bezeichneten Symbols" (Deuser 1993: 15) gesprochen werden.

Der Beginn der Kreativität liegt also in der Evolution, in der Prozesshaftigkeit begründet. Auch Welsch sieht mit Bezug auf Peirce in der Evolution den Beginn des Kreativen: „[D]ie Ursprungssphäre aller Kreativität, denke ich, ist die Evolution – die kosmische und biologische Evolution. In ihrem Verlauf ist alles entstanden: der Kosmos, die Erde, das Leben, wir selbst. Noch die menschliche Kreation zehrt von den Ergebnissen der Evolution, nimmt sie auf, setzt sie mit menschlichen, insbesondere kulturellen Mitteln fort" (Welsch 2006). Dennoch bleibt zwischen natürlicher und menschlicher Kreativität ein wichtiger Unterschied. Der menschlichen Kreativität liegt meist eine gewisse Intentionalität zugrunde,[2] während die Natur intentionslos, frei von *Telos* und rein zufällig verläuft. Der Mensch kann sozusagen eine kreative Haltung annehmen und sich ein kreativitätsförderndes Umfeld schaffen, um so der Kreativität auf die Sprünge zu helfen. Dennoch bleibt auch dem Menschen die zufällig und plötzlich auftretende Kreativität erhalten, wie sie sich beispielsweise in einem Geistesblitz zeigt. Der Begriff der Kreativität beinhaltet in erster Linie das Kreieren, das Schöpfen und Entwerfen und weist damit auf ein Etwas, das *kreiert*. Das Wort „Kreativität" wurde nach dem lateinischen Wort *creare* gebildet und tauchte ursprünglich fast ausschließlich in der Theologie auf. Die Fähigkeit, schöpfen und erschaffen zu können, sprach man nur dem Creator, dem Schöpfergott zu. Aber die Menschen sind nach der Lehre des Alten Testaments auch ein Abbild Gottes. So ist es verständlich, dass im christlichen Abendland die Nachahmung jener göttlichen Fähigkeit eine besondere Bedeutung gewann. Zunächst übertrug sich diese göttliche Tugend des Schöpferischen auf einen besonderen Menschentypus, auf das Genie – so war zumindest die Überzeugung der Romantiker und ihre Verehrung für das Genie zu erklären – oder eben besondere Menschen. Aber letztlich ist jedem Menschen der Schöpferdrang inhärent, ein Urhebertrieb wie es z.B. der Kultur- und Kommunikationsphilosoph Martin Buber nannte (Buber 1998: 17). Die Kreativität bringt die Kreatur, das Geschöpf, das Entworfene hervor. Das kreativ Entworfene ist das Hinausgeschleuderte. Wohin und woher wurde es geschleudert? Das Geschöpf ist hier das durch den Autor, Künstler oder eben eines jeden Menschen Geschöpfte, der es entworfen, hinausgeschleudert hat. Kreativität ist in dieser Hinsicht an das Subjekt gebunden, wenngleich die Bewertung, ob etwas intersubjektiv als kreativ gilt und sich durchsetzt, dann durch eine Gruppe, Gemeinschaft oder Gesellschaft vorgenommen wird.

---

2 Natürlich finden sich beim Menschen beide Formen des kreativen Findens von Neuem: Einmal das zielgerichtete, intendierte Suchen nach Neuem und zum Anderen das *plötzliche* und *blitzartige* Erkennen und Finden von etwas Neuem.

Die Befähigung zur Bewertung gegebener Erfahrungsinhalte und ihrer Auswahl im Rahmen einer spezifischen Situation ist ebenfalls Zeichen von schöpferischen geistigen Prozessen. Kreative Akte beziehen Erfahrungen und Wissen in unterschiedlicher Weise aufeinander und erschaffen so eine neue Ordnung und bringen neue Bedeutungen hervor. „Wir überschreiten gegebene Erfahrungen kreativ, indem wir eine Idee einführen, die nicht in den Daten enthalten war. Die Idee dient als Anker und Ordnungsfaktor, der eine neue Ordnung herstellt, die zuvor nicht bestand" (Pape 1993: 23). Bei diesem Vorgang kann die Deduktion nicht hilfreich sein, da sie sich immer auf bereits bestehende Verknüpfungen bezieht. Es ist die Abduktion, die die bestehende Ordnung, die vorhandenen Erfahrungen und Erkenntnisse in einen neuen Zusammenhang bringt und dadurch der singuläre Ausgangspunkt des Neuen ist. Eine Erkenntniserweiterung ist dergestalt nur durch die Abduktion möglich, die für Peirce ein instinktgeleitetes Raten ist. Für den späten Peirce liegt die Abduktion derart in einem Entdeckungszusammenhang, während die Induktion in einem Überprüfungszusammenhang steht.

Abduktiver Blitz und abduktive Haltung

Im Prozess des Schließens und für jede Erkenntnis steht die Abduktion an erster Stelle, sie ist im Gegensatz zur Deduktion und Induktion „eine *ars inveniendi*" (Rohr 1993: 93). Der abduktive Blitz überwindet – man könnte sagen – den logisch-deduktiven Spalt, der das Neue vom Alten trennt und nicht darauf zurückgeführt bzw. darin aufgelöst werden kann. Die Sprache ist hier also von dem bereits behandelten Thema – wie es Reichertz einmal in einer Fußnote ausgedrückt hat –, „ob Emergenz mittels logischer, insbesondere deduktiver Operationen herbeigeführt werden kann" (Reichertz 2003: 11). Denn das Besondere an der Konzeption der Emergenz ist ja gerade, dass ein emergentes Ereignis nicht aus den Systemeigenschaften vorhergesagt werden kann, sondern eine neue Qualität offenbart. Und aus diesem Grund kann die Deduktion letztlich den *Spalt* zwischen alt und neu, zwischen Gegebenem und Nicht-Gegebenem nicht überwinden. Sie erklärt Gegebenes aus vorhandenen Regeln. Gleiches gilt übrigens auch – von der anderen Seite kommend – für die Induktion. Die Notwendigkeit zum *Überspringen* eines solchen Spaltes – das sei am Rande bemerkt –, mag auch der Entstehungsgrund für die Idee der *Fulguration*, d.h. des blitzartigen Auftretens neuer Eigenschaften, innerhalb des naturwissenschaftlichen Denkens von Konrad Lorenz sein. Die Fulguration ist bei ihm eine Reformulierung der Emergenzkonzeption und legt besonderen Wert auf das blitzartige Entstehen neuer Systemeigenschaften, wie sie innerhalb der Evolution beispielsweise bei der Entstehung neuer Arten auftreten (Lorenz 1977).

Gerade die sozialwissenschaftlichen Studien von Jo Reichertz zur Abduktion beleuchten die *abduktive Haltung*, aus der heraus die Erkenntnis der Konstitutionsbedingungen von sozialer Wirklichkeit und damit die Dekonstruktion gesellschaftlicher Wirklichkeitskonstruktionen vorangetrieben werden kann. In der Tat kann man so etwas wie eine abduktive Haltung einnehmen und diese befördern, um dem abduktiven Blitz den Weg zu ebnen bzw. sein Auftreten zu begünstigen. Die zwei von Peirce vorgeschlagenen Großstrategien hierfür sind: einmal die Verschärfung des Handlungsdruckes und als Zweites, die vollkommene Entlastung desselben: Bildhaft kann man vom Ermittler (oder Detektiv) für die erste Strategie und den Tagträumer als Vertreter der zweiten Strategie sprechen. Und beide zielen letztlich darauf ab, den planenden und kontrollierenden Verstand zurückzudrängen, und spielerisch-tänzelnd alte Überzeugungen aufzugeben, auf dem *Sprung* zu sein, und nach neuen Überzeugungen zu suchen. Schwingend zwischen den vorhandenen Erfahrungen und unserem Wissen auf der einen Seite und dem freien Fluss von Gedanken (*Flow-Effekt*) auf der anderen Seite, lässt sich das Spiel mit der Abduktion begreifen. Und in diesem Sinne ist das abduktive Schlussfolgern dann auch mehr eine kreative *Haltung* als ein logischer Schluss. Man kann dergestalt dem Prozess des abduktiven Blitzes den Weg bereiten, der Auswurf des abduktiven Blitzes selbst geschieht unwillkürlich und entzieht sich daher jeder Kontrolle. Zwischen der reinen Wahrnehmung, dem Inhalt der Wahrnehmung (percept) und dem anschließenden Wahrnehmungsurteil (perceptual judgement) folgt ein Schritt, den Peirce *percipuum* nennt. Es ist ein Abgleich zwischen früheren und der aktuellen Erfahrung, ein Versuch den Inhalt zuzuordnen bzw. eine Entsprechung zu finden. Wenn das nicht gelingt, wird ein neuer Typ, eine neue Entsprechung entworfen. Im kreativen Akt selbst oszilliert die Zufälligkeit und bringt quasi in Form eines geronnenen Zustandes einen neuen Schluss oder ein neues *percipuum* hervor, das zwar Altes enthält oder enthalten kann, aber in seiner Form und Zusammensetzung etwas Neues darstellt. Zwar ist dieser erste Schritt zur wissenschaftlichen Erkenntnis nicht beobachtbar, aber im Nachgang sehr wohl überprüfbar. „Durch den induktiven und deduktiven Prüfungsprozess wird die abduktive Schöpferkraft dann vorübergehend unterbrochen, kanalisiert, in intersubjektiv nachvollziehbaren Bahnen gelenkt" (Rohr 1993: 108ff) und gewährleistet damit eine intersubjektive Überprüfbarkeit.

Das Neue ist bei Peirce aufgrund der Notwendigkeit der Anschlussfähigkeit immer mit dem Alten an den äußeren Grenzen verbunden. Das Unbekannte liegt zwar jenseits des Bekannten, kann sich aber nur durch den Anschluss an das Bekannte vertraut gemacht und damit entdeckt werden. Was für ein Subjekt als neu erscheint, muss nun aus Sicht der Gesellschaft oder einer Gemeinschaft nicht als

neu verstanden werden. Beiden Perspektiven ist jedoch „die Handlungsorientierung gemeinsam" (Reichertz 2003: 65).

In wissenschaftlicher Hinsicht interessiert in erster Linie die Perspektive der
Wissenschaftsgemeinschaft und der Möglichkeit, den Bestand des Wissens durch
die eigene Forschung möglichst zu erweitern. Ob es grundsätzlich möglich ist,
den Stand und damit das Wissen der Forschung auch nur eines kleinen Aus-
schnitts einer Wissenschaft sämtlich zu kennen und zu überschauen, muss hier
aus Gründen des Umfanges undiskutiert bleiben. Wenn man aber mit Peirce davon ausgeht, dass Wissen *verbunden* ist, zeigt sich allein schon das Problem
(künstliche) Grenzen zu ziehen und Wissen voneinander abzutrennen. Wo soll
der Schnitt angesetzt werden, wo und wie entscheidet sich, ob Wissen *gewusst*
werden muss oder nicht? Begründet werden kann dies nur durch eine situative
Handlungsproblematik – nicht alles Wissen der Menschheit ist für diese oder
jene Situation zu kennen oder zu wissen. Das aber wiederum unterstellt, dass die
anzutreffende Situation schon als soweit bekannt vorausgesetzt wird, dass man
zumindest das Wissen darüber hat, dass das (oder spezifisches) Wissen der Welt
in dieser Situation nicht von Handlungsbedeutung ist. Und gerade das ist einer
abduktiven Haltung abträglich. Mehr noch dient eine solche Struktur – Wissen
aus Situationen auszuschließen bzw. ihm Handlungsrelevanz für diese spezifische Situation abzusprechen – gerade dazu, den Zufall und das Unerwartete aus-
zusperren, Kreativität zu blockieren. Unser Alltag ist durchwachsen von Routi-
nehandlungen, die ihn uns leichter machen. Da nicht jede Situation im Alltag als
neu, sondern als eine in groben Zügen schon oft vorkommende, verstanden wird,
entlastet uns das im Alltag. Eine abduktive Haltung im Alltag wie auch in der
Wissenschaft lässt sich herstellen durch ein Aufbrechen von Handlungsroutinen
oder ein „gegen den Strich lesen". Auch die Konjunktur des Spielbegriffes in der
Moderne geht in diese Richtung (Bidlo 2008). Nietzsche begreift die ganze Philosophie als Spiel, was so viel meint, dass sie zunächst unernst und spielerisch
betrieben wird bzw. werden sollte; also genau entgegen der üblichen akade-
misch-professoralen Ernsthaftigkeit, die Nietzsche mit einer gewissen Engstir-
nigkeit gleichsetzt. So schreibt er in *Ecce homo*: „Ich kenne keine andre Art, mit
grossen Aufgaben zu verkehren als das Spiel". Das Spiel dient im Verlauf der
Moderne als Sinnbild der (Zweck-) Freiheit und Ungebundenheit des Menschen
und steht dadurch der strengen und eingrenzenden Struktur des Verstandes gegenüber. Und so kann der Mensch nur als Spieler oder der Mensch im Spiel – der
homo ludens – das in ihm angelegte Potential verwirklichen und sich aus einer
routinierten Fassung des Alltags befreien. Das Spiel und das Spielerische stehen
hier für einen kreativen Schaffensprozess, der sich durch das Spiel im Menschen
vollziehen kann und der gerade das Grenz- und Gewöhnlichkeitsüberschreitende
und das Unberechenbare benötigt, um sich stark entfalten und Neues schöpfen zu

können. Gerade darin liegt die Besonderheit der Peirce'schen Abduktion; dass sie nämlich die Zufälligkeit und Unberechenbarkeit nicht als einen aufzulösenden oder wegzualgorithmisierenden Faktor ansieht, sondern als Ausgangspunkt und -bedingung versteht.

Literatur

Bidlo, Oliver (2008): Das Leben ist ein Spiel. Anmerkungen zu einem Begriff der Moderne. In: Thepakos. Interdisziplinäre Zeitschrift für Theater und Theaterpädagogik. Ausgabe 7, 2008: 40-44.

Bidlo, Oliver (2009): Rastlose Zeiten. Die Beschleunigung des Alltags. Essen: Oldib Verlag

Buber, Martin (1998): Reden über die Erziehung. Heidelberg: L. Schneider

Davies, Paul (1997): Die Unsterblichkeit der Zeit. Frankfurt am Main: Scherz Verlag

Deuser, Hermann (1993): Gott: Geist und Natur. Theologische Konsequenzen aus Charles S. Peirce' Religionsphilosophie. Berlin: de Gruyter

Klößen, Christian W.: Absoluter Zufall und kreative Aktivität bei Peirce. In: Pape, Helmut (1994a) (Hrsg.): 233-247

Lorenz, Konrad (1977): Die Rückseite des Spiegels. München: Dtv

Nietzsche, Friedrich (1908): Ecce homo Unter: http://gutenberg.spiegel.de/?id=5&xid=1939&kapitel=1 [Zugriff 31.08.10]

Oehler, Klaus (1993): Charles Sanders Peirce. München: Beck Verlag

Pape, Helmut (1994) (Hrsg.): Kreativität und Logik. Charles S. Peirce und das philosophische Problem des Neuen. Frankfurt am Main: Suhrkamp Verlag

Pape, Helmut: Zur Einführung: Logische und metaphysische Aspekte einer Philosophie der Kreativität. C.S. Peirce als Beispiel. In: Pape, Helmut (1994a) (Hrsg.): 9-59

Peirce, Charles S. (1931-34) Collected Papers of Charles Sanders Peirce. Vol. 1-6, Harvard University Press, Cambridge, London

Peirce, Charles S. (1988): Naturordnung und Zeichenprozess. Schriften über Semiotik und Naturphilosophie. Aachen: Alano

Prigogine Ilya: Vorwort. In: Peirce, Charles S. (1988): 7-10

Reichertz, Jo (2003): Die Abduktion in der qualitativen Sozialforschung. Opladen: Leske + Budrich

Rohr, Susanne (1993): Über die Schönheit des Findens. Die Binnenstruktur menschlichen Verstehens nach Charles S. Peirce: Abduktionslogik und Kreativität. Stuttgart: J.B. Metzlersche Verlagsbuchhandlung

Welsch, Wolfgang (2006): Kreativität durch Zufall. Das große Vorbild der Evolution und einige künstlerische Parallelen. Unter: http://www2.uni-jena.de/welsch/KREATIVI.pdf [Zugriff 30.03.11]

Wirth, Uwe (1995): Abduktion und ihre Anwendungen. Unter http://user.uni-frankfurt.de/~wirth/abdanw.htm [Zugriff 30.03.11]

Zur Dringlichkeit von Überraschungen

Reiner Keller

1 Überraschung und Soziologie

Vor Überraschungen ist man niemals sicher. Sie sind der Einbruch des Unerwarteten in die Alltagsroutinen des Denkens und Handelns. Überraschungen zwingen zu blitzartigen Rejustierungen von Situationsdefinitionen, Auslegungs- und Handlungsrelevanzen. Mitunter erweisen sie sich als unangenehm. In solchen Momenten entsteht der Wunsch, im Boden zu versinken oder wenigstens einen Tarnmantel von Harry Potter & Co in greifbarer Nähe zu wissen. Über- raschungen können natürlich auch schön, freudig, gelungen, aufregend und erregend sein. Da sind die Überraschten dann ganz froh und glücklich, über- rascht zu werden. Mitunter bereiten wohl- oder böswillig gesonnene Andere Überraschungen vor. Was für die Überraschungsopfer dann unerwartet daher kommt, ist aus ihrer Sicht Ergebnis eines gelungenen Plans. Der Film „The Game" von David Fincher aus dem Jahre 2002, mit Michael Douglas in der Hauptrolle, spielt das genüsslich in allen häufig den Protagonisten schmerzenden Details durch. Entschieden häufiger entstehen Überraschungen jedoch aus allseitig zufälligen Konstellationen von Geschehnissen, Dingen, Personen, und um diesen Überraschungstypus soll es im Folgenden gehen: Taugt die Über- raschung als Leitorientierung für wissenschaftliches Arbeiten, für soziologisches Forschen? Und wo, bei wem liegt dann das Moment der Überraschung: Bei den Lehrenden und Forschenden selbst? Bei den Rezipienten ihrer überraschenden Mitteilungen innerhalb und vor allem außerhalb der Fachcommunity? Wie hängen die Entdeckung des Neuen und das Neue der Entdeckung zusammen? Kann ‚Überraschung' ein – gewiss nicht das einzige (!) – Kriterium für ‚erfolgreiches' soziologisches Arbeiten sein? Die nachfolgenden Ausführungen werden auf diese Fragen ein vorsichtiges ‚Ja' anbieten und das anhand einiger Beispiele (insbesondere aus der Diskursforschung) illustrieren. Sie gehen davon aus, dass ‚solide' Überraschungen (also nicht: Effekthascherei, Skandalgetue usw.) auf Unerwartetes, Unbekanntes, so noch nicht Gesehenes und Gedachtes verweisen. Und das eine der zentralen Aufgaben der Soziologie darin bestehen könnte, für Überraschungen zu sorgen, als selbstbewusste *Überraschungs- unternehmerin* aufzutreten – sei es in der Lehre, gegenüber ihrem gesellschaft- lichen Publikum, sei es gegenüber sich selbst. Damit wird die Notwendigkeit der

Wiederholung oder wiederholenden Bestätigung soziologischer Erkenntnisse (wie derzeit augenscheinlich im Rahmen der Bildungsungleichheitsforschung beobachtbar) nicht bestritten. Doch schon dadurch, dass der soziologische Diskurs – wie jeder Diskurs – nicht nur Wissen konstituiert, sondern gleichzeitig auch Wissen vergessen lässt – schafft er wichtige Voraussetzungen seiner Selbstüberraschung. Während das disziplinäre Vergessen bereits erarbeiteter Kenntnisstände als eine weitverbreitete Technologie der Selbst- und Fremd-überraschung beschrieben werden kann, lassen sich Überraschungseffekte auch durch die Technologie der anderen, verfremdenden Beschreibungen (Lesarten) generieren. Ein mir namentlich entfallener Vertreter des Symbolischen Interaktionismus – entweder Herbert Blumer, Everett Hughes (ich vermute es war Hughes) oder letztlich doch der unverwüstliche Howard Becker – hatte das in die Formel gekleidet, scheinbar weit Entferntes unerwartet gedanklich zusammenzubringen: etwa in der Professionsforschung Priester und Prostituierte – und das Tun der einen durch dasjenige der Anderen zu erhellen (auch umgekehrt). Weiter reichende Strategien der Generierung von Überraschungen hatten die soziologischen Klassiker zur Verfügung: Wenn Emile Durkheim die soziale Logik des Selbstmordes entlang der Religionsfrage skizziert, Max Weber seine These des Zusammenhangs von Protestantismus und kapitalistischer Wirtschaftsdynamik entwirft, dann werden Überraschungen generiert. Dadurch kann sich Soziologie historisch im Kanon der Disziplinen und der westlich-modernen Gesellschaften etablieren: als Wissenschaft, die überraschende Einsichten anbietet.

Die Frage nach der Überraschungsqualität des soziologischen Diskurses ist einigen (sozial)wissenschaftlichen und philosophischen Beschäftigungen mit dem Phänomen der Entdeckung nicht so fern. Charles S. Peirce konturierte bekanntlich die Abduktion im Feld der Überraschungen:

> „Die überraschende Tatsache C wird beobachtet; aber wenn A wahr wäre, würde C eine Selbstverständlichkeit sein; folglich besteht Grund zu vermuten, daß A wahr ist." (Peirce 1991: 129 [Collected Papers 5.189, 1931-1935])

Oder wie es an anderen Stellen heißt:

> „Abduktion ist jene Art von Argument, die von einer überraschenden Erfahrung ausgeht, das heißt von einer Erfahrung, die einer aktiven oder passiven Überzeugung zuwiderläuft." (Peirce 1983: 95)

Beziehungsweise:

„Die abduktive Vermutung kommt uns blitzartig, Sie ist ein Akt der *Einsicht*, obwohl von außerordentlich trügerischer Einsicht. Es ist wahr, daß die verschiedenen Elemente der Hypothese zuvor in unserem Geist waren; aber die Idee, das zusammenzubringen, von dem wir nie zuvor geträumt hätten, es zusammenzubringen, lässt blitzartig die neue Vermutung in unserer Kontemplation aufleuchten." (Peirce 1991: 123 [Collected Papers CP 5.181, 1931-1935])

Abduktion ist nach Peirce diejenige Art von Folgerung oder Hypothesen(er)findung, durch die ‚Neues' in die Welt kommt. Die Überraschung liegt also nicht nur in der wahrgenommenen Tatsache, sondern auch in der ge- und erfundenen ‚Erklärung', die eben nicht als schon bekannt gedacht werden kann. Jo Reichertz rekapitulierte unlängst die Peircesche Abduktion und den Stellenwert der Überraschung als „Schock":

"The third type of data processing (…) consists of assembling or discovering, on the basis of an interpretation of collected data, such combinations of features for which there is no appropriate explanation or rule in the store of knowledge that already exists. *This causes surprise. Real surprise causes a genuine shock* (…) Since no suitable 'type can be found, a new one must be invented or discovered by means of a mental process.' (…) However, even if one cannot force lightning to strike in an algorithmically rule-governed way, could there perhaps be ways of proceeding and precautions that would make it easier for the (intellectual) lightning to strike?" (Reichertz 2010: 16; Hervorh. RK)

Bezogen auf diese im Zitat angeschlossene Frage nach den förderlichen (oder hinderlichen) Bedingungen für solche Erfahrungsschocks zeigte sich Charles W. Mills im Hinblick auf soziologische Theorieangebote trotz seiner harschen Abrechnung mit Talcott Parsons letztlich doch ganz zuversichtlich. Mills, eine Ikone des kritischen Anti-Establishments der Soziologie, schreibt der soziologischen Vorstellungskraft eine besondere Disposition zur Generierung von Überraschungen zu:

„Das soziologische Denkvermögen besteht ja zu einem großen Teil in der Fähigkeit, den Blickpunkt zu wechseln und eine ausreichende Übersicht über die gesamte Gesellschaft und ihre Teile zu erlangen. Darin unterscheidet sich der Sozialwissenschaftler vom reinen Spezialisten. Spezielle Techniken kann man in wenigen Jahren lernen. Soziologisches Denkvermögen kann ebenfalls ausgebildet werden und sicherlich bedarf es dazu auch einer gewissen Routinearbeit. Doch daneben weist es *überraschende Eigenschaften* auf, vielleicht weil es wesentlich in der Kombination von Ideen besteht, die zunächst miteinander unvereinbar erscheinen (…)." (Mills 1973: 262 [1959]; Hervorh. RK)

Die erwähnten Zitate führen das Thema der Überraschung in die Wissenschaften bzw. spezifischer in die Soziologie ein, allerdings auf unterschiedliche Weise. So liegt bei Peirce die Qualität der Überraschung in der Erfahrungsweise von Ereignissen oder Tatsachen. Diese erscheinen überraschend im Auge der Betrachterin, und der Lauf der gelingenden wissenschaftlichen Bearbeitung geht dahin, die Überraschung zu beheben, in dem eine bis dato unbekannte, also ebenfalls überraschende neue Regel konstituiert wird, die dann jedoch, einmal etabliert, das Überraschungsmoment tilgt, weil sie die Irritation zum ,Fall von ...' macht. Mills dagegen legt das Überraschungsvermögen nicht in die Ereigniserfahrung, sondern in die Ebene der soziologischen Imagination, d.h. in den soziologischen Analyseprozess und dessen vielfache Kombinations-möglichkeiten bzw. sein Potential, bislang Unverbundenes zusammenzubringen. Insofern kann man hier von einem Selbstüberraschungsdispositiv der Soziologie sprechen, das zugleich Grundlage einer ,Außenüberraschung' ihres Publikums werden kann. Eine Soziologiegeschichte nicht als Geschichte der Evidenzen, sondern als Geschichte der Überraschungen zu schreiben, wäre ein in dieser Hinsicht wohl lohnenswertes Unterfangen. Da lassen sich ganze Überraschungs-karrieren im Aufstieg und Niedergang einzelner Paradigmen nachzeichnen – ja vielleicht ist ein wissenschaftlicher „Paradigmenwandel" (Thomas S. Kuhn) nichts anderes als die sich immer wieder aufs Neue einstellende Abfolge von Überraschung, Attraktion, Wiederholung, Langeweile der Wissenschaftler-gemeinde. Reichertz kombiniert nicht explizit, aber doch implizit die von Peirce und Mills angesprochenen Elemente: Was sind die ungünstigen oder vielmehr begünstigenden Konstellationsbedingungen, aus denen überraschende Erkennt-nisse in der Soziologie, und spezifischer: im Rahmen der empirischen Auseinan-dersetzung mit Phänomenen, entstehen können?

In der Soziologie kommt der Frage nach den Überraschungen noch ein Moment hinzu, das in den bisher erwähnten Überlegungen nicht in Erscheinung tritt. Dieses Moment betrifft wesentlich die Qualität der Soziologie als Sozialwissenschaft, und damit einen grundlegenden Unterschied gegenüber dem Gegenstandsbereich der Naturwissenschaften. Der Komplex von unvorher-gesehenem Ereignis und unvorhergesehener Analyse bildet zwar die Grundlage für die Herausbildung von wissenschaftlichen Erkenntnis-Überraschungen. Doch da es die Soziologie mit einem sinnhaft strukturierten und eigensinnig han-delnden Gegenstandsbereich zu tun hat, ist eine zusätzliche Akzentuierung des Überraschungsmotivs notwendig. Denn für gelungene Überraschungen muss man empfänglich sein: sowohl was die Ideen oder die Kreativität der Über-raschungsproduzenten betrifft, wie aufseiten der – salopp gesagt – *Über-raschungsrezipienten*, also derjenigen für die die soziologische Analyse ihrerseits zum überraschenden Ereignis werden kann oder nicht. Das sind komplizierte Zusammenhänge, die hier nur angedeutet werden können.[1] Anthony Giddens hatte darauf hingewiesen, dass die Soziologie eine machtvolle Disziplin ist, sehr viel mächtiger als die Naturwissenschaften. Denn sie verändert permanent ihren Untersuchungsgegenstand: stellt ihm überraschendes Wissen zur Verfügung, und er wird dadurch ein anderer. Das hat Folgen für zukünftige Überraschungspotentiale. Auch kann zuviel Überraschung hintereinander – wie bei Flashmobs im öffentlichen Raum - dann schnell doch wieder Routine werden und man wendet sich mit Schulterzucken davon ab. Vielleicht ist gerade dies ein schönes Bild für die gegenwärtige Situation der Soziologie in der Öffentlichkeit.

2 Hase und Igel – die schwierige Lage einer überraschenden Soziologie in der soziologisierten Gesellschaft

Stellen Sie sich vor, es ist all über all Soziologie, und keiner sieht zu, liest mit. In einer meiner Vorlesungen beauftragte ich unlängst die Studierenden, in Zeitungen und Zeitschriften, die ihnen im Laufe einer gewöhnlichen Arbeitswoche so unter die Augen kommen sollten, nach Texten Ausschau zu halten, in denen die Begriffe ‚Soziologie‘, ‚Soziologe/in‘ oder ‚soziologisch‘ benutzt werden. In der folgenden Vorlesung hatte ich etwa hundert Artikel auf dem Tisch: beileibe nicht nur aus FAZ und Taz und Welt und Süddeutscher, Zeit und Spiegel, sondern aus Rheinpfalz und Stuttgarter Nachrichten, Mannheimer Morgenpost und Schwäbischem Kurierblatt usw. Da waren Porträts von Niklas Luhmann und Erinnerungen an Claude Lévi-Strauss, da waren Berichte über den Alkoholkonsum und Gewaltverhalten von Jugendlichen, die Veränderungen der Parteienlandschaft, die neuesten Bestätigungen zur Bildungsungleichheit und dergleichen mehr. Das schwankte von der zehnzeiligen Kurzmeldung zum ganzseitigen Bericht. Und überall: die Soziologin X, der Soziologe Y sagen dies und das dazu, ‚die Soziologie spricht hier von…‘

Die Feststellung, dass die Sozialwissenschaften ganz allgemein und die Soziologie im Besonderen mit ihren Forschungen und Diagnosen in der zweiten Hälfte des 20. Jahrhunderts eine ungemein erfolgreiche öffentliche Verbreitung gefunden haben, scheint gewiss nicht übertrieben. So ist nicht nur trotz der ritualisierten Klagen ihrer Berufsverbände und der ebenso ritualisierten Spötteleien der Berufskritiker ein großer Teil des begrifflichen Repertoires der Soziologie in den alltäglichen Sprachgebrauch und in den Sprachgebrauch zahlreicher beruflicher ‚Praktiker‘ in den verschiedenen gesellschaftlichen

---

1   Ob auch nicht-menschliche Entitäten (im Sinne der Aktor-Netzwerk-Theorie) von wissenschaftlichen Erkenntnisprozessen überrascht werden, mag hier offenbleiben.

Handlungsfeldern eingedrungen. Die Soziologie ist darüber hinaus zugleich Bestandteil unzähliger benachbarter universitärer Ausbildungen, weit über die eigentliche Fachgrenze hinaus. Ihre Konzepte und Theorien prägen einen enormen Bereich von Wissensproduktionen (Erziehungs- und Bildungswissenschaften, Geschichte, Humangeographie, Sprachwissenschaften, Politikwissenschaften, Archäologie, Medien- und Filmschaffen ...) und professionellem Handeln (in den Verwaltungen, in den Gerichten, in sozialpädagogischen Einrichtungen usw.). Dass mit der erfolgten Umstellung auf BA- und MA-Studiengänge auch die Soziologie als Fachdisziplin mehr oder weniger stillschweigend zum ‚Auslaufmodell‘ erklärt, wenn nicht gar bereits ‚beerdigt‘ wurde, schlägt sich hier (noch?) nicht nieder. Denn, so ließe sich fragen: Wo gibt es noch ‚grundständige‘ BA- und MA- Studiengänge der Soziologie? Nur an wenigen Universitäten. Und was bedeutet die dortige Spezifik der Lehr- und Forschungsausrichtungen für die Lebendigkeit, Kreativität, Theorie- und Methodenvielfalt, für die von Mills beschworene Überraschungsfähigkeit der Disziplin? Das wird sich in den nächsten Generationenwechseln des Soziologiebetriebes zeigen; zu befürchten ist ein herber Verlust des Überraschungspotentials, dem auch ein Überwintern im Gefilde der ‚Sozialwissenschaften‘ oder in den disziplinär diffusen ‚Cultural Studies‘ nur bedingt entgegenwirken wird. Der soziologische Diskurs selbst lässt, trotz seiner immensen paradigmatischen Breite, gewiss immer schon nur *spezifische Überraschungskorridore* zu. Doch die angesprochenen Transformationen drohen, diese Korridore deutlich zu verengen. Wenn Soziologie dazu dienen kann und will, das „Handlungsrepertoire von Gesellschaften zu erweitern" (Reichertz/Soeffner 2004), dann müsste sie wohl gegenwärtig entschieden dafür Sorge tragen, *ihr eigenes Aussagerepertoire offen zu halten*.

Doch zurück zur öffentlichen Allgegenwart der Soziologie. Die Vielfalt und Geschwindigkeit der öffentlichen Debatten, aber auch der Zwang der Massenmedien, ihre Seiten und ihre Sendeminuten zu füllen, bewirken gegenwärtig die gleichsam unmittelbare breite Zirkulation der jeweils aktuellsten soziologischen Erkenntnisse in ‚Echtzeit‘. Im Laufe einer Woche finden wir so Kommentierungen des Schul- und Bildungssystems, der Gewaltexzesse, der Probleme gesellschaftlicher Integration, der Veränderungen in der Arbeitswelt, der Ungleichheitsentwicklung, der Familien- und Paarbeziehungen, der Globalisierung, der technischen Risiken und Umweltgefährdungen, die mit Begriffen und Erklärungsangeboten der Soziologie durchsetzt sind. Das bedeutet nicht, dass soziologisches Wissen, soziologische Theorien, Begriffe und Forschungsergebnisse ‚korrekt‘ angewendet oder wiedergegeben werden. Die soziologische Verwendungsforschung der 1980er Jahre hatte entschieden darauf hingewiesen, dass dem nicht so ist und nicht so sein kann: Soziologisches Wissen wird in den verschiedenen gesellschaftlichen Praxisfeldern nach den dortigen Logiken umgeformt und eigensinnig eingegliedert. Das scheint jedoch auch nicht das hauptsächliche Problem für die Soziologie zu sein. Die erwähnte Zirkulation soziologischer Erkenntnisse in den massenmedialen Öffentlichkeiten stellt die Soziologie und ihre empirische Forschung vor eine ganz spezifische und in gewissem Sinne historisch neue Herausforderung: *Wie betreibt man Soziologie und soziologisches Forschen in einer soziologisierten Gesellschaft?*

Um die Bedeutung dieser Frage klarer zu machen, möchte ich eine kleine Geschichte zitieren, die der Satiriker und Dichter Robert Gernhardt geschrieben hat. Diese Geschichte geht ungefähr so:

„Zu Sigmund Freud kam einst ein Mann, der ihm einen seltsamen Traum mitteilte. Sein Es habe – im Traum – Triebansprüche geäußert, das Über-Ich habe sie zu unterdrücken versucht, das Ich habe sie darauf hin sublimiert.

‚Haben Sie das wirklich geträumt'? fragte Freud. ‚Ja', entgegnete der Mann.

Freud überlegte einen Moment und sagte dann: „Die Erklärung des Traums ist einfach. Ihr Es wird vom Über-Ich unterdrückt und äußert Triebansprüche, die vom Ich ...‟ „Das ist aber keine Erklärung, das ist mein Traum", unterbrach ihn der Mann.

„Wenn Sie nicht wollen, dass ich Ihnen Ihre Träume erkläre, brauchen sie es mir nur zu sagen" antwortete Freud schroff und entließ den Mann, den von Stund an ein schrecklicher Minderwertigkeitskomplex befiel." (Gernhardt 1977: 151)

Ersetzt man in dieser kleinen Geschichte die Psychoanalyse durch die Soziologie, dann illustriert sie sehr schön deren heutige Situation. Das lässt sich als These formulieren:

Unsere Gesellschaften (d. h. der soziologische Gegenstandsbereich) begreifen sich heute selbst in ihren öffentlichen Debatten, Thematisierungen, Problematisierungen und Medienarenen im Rückgriff auf eine zusammengebastelte Mischung aus soziologischen Versatzstücken. In dem Maße, wie dies geschieht, hat die Soziologie Probleme mit der ‚Entdeckung des Neuen', d.h. mit ihrem Überraschungsvermögen oder -haushalt.

Immer wieder (und insbesondere anlässlich von Großkongressen) beklagt die deutschsprachige Soziologie mangelndes öffentliches Interesse am Fach. Doch genau da liegt *nicht* das Problem, sondern sehr viel eher in der Geschwindigkeit, mit der soziologische Arbeiten in öffentlichen Arenen und gesellschaftlichen Praxisfeldern zirkulieren. Das stellt eine tatsächliche Herausforderung für die Soziologie als Disziplin im Allgemeinen und für die qualitativen Forschungen im Besonderen dar. Denn Letztere interessieren sich ja direkt für die sozialen Akteure und ihre Deutungen der gesellschaftlichen Wirklichkeit. Wie kann hier eine einfache Verdopplung oder Wiederholung dessen vermieden werden, was ,die Leute' selbst schon wissen und sagen? Wie kann man einen Sinnüberschuss, einen Mehrwert an Erkenntnis durch die Arbeit der Analyse und Interpretation erzielen, wo die sozialen Akteure selbst sich schon in einer soziologisierten Gesellschaft bewegen und entsprechende Deutungen anbieten?

Diese Fragen konturieren sich natürlich in Abhängigkeit von fachdisziplinären Kontexten, theoretischen Ausgangsannahmen, Fragestellungen und Vorgehensweisen jeweils in verschiedener Weise. So können bspw. die Geschichtswissenschaften den Bedarf oder die Notwendigkeit von Überraschungen gut bedienen, indem sie die Zeitmaschine anwerfen: „Ah, wie ganz anders es doch damals gewesen ist!" Oder auch: „Oh, sieh an, sieh an, schon vor dreihundert Jahren war das genauso wie bei uns heute." In der Soziologie steht die Strategie der großformatigen Diagnostik zur Verfügung, der es hin und wieder gelingt, eine neue Definition der gesellschaftlichen Situation öffentlichkeitswirksam zu platzieren: Risikogesellschaft, Erlebnisgesellschaft, Multioptionsgesellschaft, Zweite und Dritte Moderne usw. (um nur die Bamberger Vorschläge zu nennen). Unterschiedlich dazu setzt eine Technik des „epistemologischen Bruchs" (Gaston Bachelard) an, die sich auf die Sammlung und statistische Analyse großer Datenmengen stützt.

Wie lässt sich die diesbezügliche Lage der qualitativen Forschungen und Vorgehensweisen einschätzen? Häufig orientiert daran, ,ins Feld' zu gehen, den Handelnden ,Gehör zu schenken' und deren ,Standpunkt' zu erfassen, sind sie ja ebenfalls gezwungen, daraus eine soziologische Erzählung zu entwickeln. Das darf jedoch nicht genau die gleiche Geschichte sein, die das Feld bereits ,von selbst' erzählt, sondern muss dazu eine Differenz markieren, ,etwas anderes' generieren. Gewiss kann ein Vorgehen, das sich strikt darauf beschränkt, ,die Sichtweise der Handelnden' zusammenzufassen, für verschiedene Forschungszwecke sehr nützlich sein. Doch im größeren Zusammenhang wird es nicht ausreichen, um auf das aufgeworfene Problem der Überraschungen zu reagieren. Wie kann man also die Rolle der interpretativen, qualitativen Sozialforschung in einer soziologisierten Gesellschaft ausfüllen? Genau an diesem Punkt ist auch hier die Dringlichkeit von Überraschungen verankert. Ich denke, dass dazu die qualitativen Vorgehensweisen gut ausgerüstet sind, und zwar in dem Maße, wie sie methodenkombinierend ,verfremdende Analysen' generieren, dadurch die Komplexität von sozialen Situationen verdeutlichen und daraus Überraschungsqualitäten gewinnen. Hinzu kommen müsste wohl ein verstärkter Mut zur ‚großen Fragestellung' und ‚ausholenden These'. Ob weitreichende lehrbuch-förmige Standardisierungen der qualitativen Methodologie und Vorgehens-weisen dem allem förderlich sind, wage ich zu bezweifeln. Solche Überlegungen will ich abschließend für die Diskursforschung etwas vertiefen.

3 Systematische Überraschungsverhinderung? Über diskurstheoretische Modelle und diskursive Wirklichkeiten

Reichertz (2010) verweist auf die beiden Strategien, die Peirce zur Förderung der Abduktionen empfiehlt. Diese eignen sich gewiss nicht dazu, *Geistesblitze* zu erzwingen. Viel eher geht es um die Schaffung einer ‚begünstigenden Wol-kenkonstellation' für die Möglichkeit von Abduktionen: einmal durch großen Zeit- oder Handlungsdruck, zum anderen durch das genaue Gegenteil: die Herstellung einer Situation, in der die Gedanken beliebig ‚wandern', ‚tag-träumen' können – in Auseinandersetzung mit den empirischen Daten. In beiden Fällen werden die üblichen Routinen eines streng logischen Schlussfolgerns in den Hintergrund gedrängt:

> "All measures designed to create favorable conditions for abductions, therefore, always aim at one thing: the achievement of an attitude of preparedness to abandon old convictions and to seek new ones. Abductive inferencing is not, therefore, a mode of reasoning that delivers new knowledge, and neither is it an exact method that assists in the generation of logically ordered (and therefore operationalizable) hypotheses or some new theory. Abductive inferencing is, rather, an attitude towards data and towards one's own knowledge: data are to be taken seriously, and the validity of previously developed knowledge is to be queried. It is a state of preparedness for being taken unprepared." (Reichertz 2010: 22)

Wie stellt sich die Frage solcher ‚überraschenden Strategien' in der Diskurs-forschung? Wo liegt hier die Passage zwischen der Skylla, einer zu starken theoretisch-methodologischen Vorstrukturierung, die immer schon weiß, ‚was der Fall' ist, und der Charybdis, einer Rekonstruktion, die sich nicht von den Daten löst und nur wiederholt, wer was warum gesagt hat?[2]

Die *Foucaultsche Strategie* bzw. daran angelehnte Vorgehensweisen greifen in die Trickkiste der Geschichtswissenschaften und kombinieren sie mit künstlerischer Genialität. So kommt es zur Gegenüberstellung von heterogenen Phänomenen und dem In-Stellung bringen der historischen Distanz, die es

---

2 Weitere Erläuterungen und Literaturhinweise dazu finden sich in Keller (2005).

elegant erlaubt, von einem Jahrhundert ins nächste hinüberzugleiten und dadurch Erstaunen und Überraschungen hervorzurufen. Weitere methodische Präzisierungen sind nicht notwendig. Überraschende Diskursanalyse ist dann ‚genieverdächtige' Kunst – man hat die Gabe oder man hat sie nicht.

Die sprachwissenschaftliche *Korpuslinguistik* dagegen wählt das Vorgehen des großformatigen „epistemologischen Bruchs" (Gaston Bachelard). Sie organisiert enorme Datenmengen und wendet darauf die Vorgehensweisen der quantitativen Forschung, bspw. die Korrespondenzanalyse an, hofft auf unverhoffte Korrelationen, zeichnet mit statistischer Präzision Verschiebungen der Sprachnutzung über die Jahrzehnte nach, die so der begrenzten Aufmerksamkeitsökonomie Einzelner nie in den Blick geraten.

Die *Kritische Diskursanalyse* von Siegfried Jäger, Norman Fairclough oder Ruth Wodak bleibt, bei allen Unterschieden zwischen diesen Autorinnen und Autoren, einem klassischen Modell der Ideologiekritik verpflichtet (oder verhaftet) und kritisiert ‚ideologischen Sprachgebrauch'. Dazu will ich ein kurzes Beispiel aus einer Analyse der BILD-Zeitung zitieren, die Jäger & Jäger vorgelegt haben. Die Ausgangsfrage dieser Untersuchung richtet sich darauf, wie die BILD-Zeitung an der ‚Produktion von Rassismus' beteiligt ist:

„Insofern gibt diese Von-Tag-zu-Tag-Analyse einen Einblick in die Werkstatt der BILD-Zeitung. Sie macht plastisch sichtbar, wie BILD ihre rechts-populistische Politik hartnäckig und zielstrebig im Alltag durchsetzt und welcher Instrumente sie sich dabei bedient. (…) BILD ist eine reale Gefahr für ein gedeihliches Zusammenleben von Einwanderern und 'Eingeborenen'. Die Analyse der 70 Ausgaben von BILD hat mit Blick auf den Einwanderungsdiskurs zu den folgenden Ergebnissen geführt: 1. BILD verurteilt rassistisch motivierte Gewalttaten und schürt zugleich einen latenten Rassismus, der den Boden für neue Gewalttaten bereitet. (…) 2. Die Verbrechen gegen Einwanderer und Flüchtlinge werden als Randgruppenproblem verharmlost. (…) 3. BILD unterscheidet zwischen guten und schlechten 'Ausländern' und spaltet damit diese Gruppe. (…). " (Jäger/Jäger 2007: 74 ff)

Im Hinblick auf Überraschungen bleibt hier wenig festzuhalten, denn die Daten werden zu Illustrationslieferanten degradiert: In der Haltung der ideologiekritischen Diskursforschung kennen die Forschenden immer schon den Platz und die Erscheinungsweise des ‚Bösen', des rassistischen, neoliberalen, unterdrückenden Diskurses. So wird nach den entsprechenden Worten als Beleg dafür gesucht, dass sie einem vorab identifizierten Diskurs zugehörig sind. Folglich konstruiert etwa der rassistische Diskurs Bedrohungsszenarien durch gefährliche und ‚minderwertige' Fremde, die es auszuschließen gilt. Aber das ist ja bereits Teil seiner Definition. Das Überraschungsmoment wird hier in den Nachweis verlegt, wo ein entsprechender Diskurs im Verborgenen wirkt oder offen in

Erscheinung tritt: da wo man es erwartet, und interessanter: Manchmal auch da, wo man es nicht erwartet.

Einen wichtigen Ansatz der politikwissenschaftlichen Diskursforschung haben *Ernesto Laclau* und *Chantal Mouffe* begründet. Sie betrachten einen Diskurs als ein stabilisiertes System der Differenzbeziehungen zwischen Zeichen, das hegemoniale Geltung beansprucht. Ein solcher Diskurs wird durch die Artikulationspraktiken sozialer Akteure hervorgebracht und funktioniert entlang bestimmter Schlüsselmechanismen: dem leeren Signifikanten (ein hinreichend unbestimmtes Zeichen, das durch seine Stellung im Differenzgefüge gefüllt wird und das Ganze eines Diskurses repräsentiert), die Logik der Äquivalenzen (die Kohärenz von Zeichen) und die Logik der Differenz (die hergestellten Oppositionsbeziehungen). Der Diskurs zielt darauf, eine Situation des Mangels durch eine Situation der Perfektion zu ersetzen. In diesem Feld der Diskursforschung hat sich eine Standardvorgehensweise entwickelt, die darauf hinausläuft, einen ‚leeren Signifikanten‘ zu identifizieren, die Herstellung der Äquivalenz- und Differenzketten zu rekonstruieren und so in der Regel eine Wir/Die Anderen-Konstellation herauszuarbeiten. Insofern bleibt dieser Ansatz stark seiner Herkunft in der Politikwissenschaft und dort einer spezifischen Vorstellung vom Politischen als antagonistischer Kampf verbunden. Die Komplexität von Diskursen wird auf wenige Bestandteile und eine vergleichsweise stereotype analytische Vorgehensweise bzw. die dadurch erzielbaren Ergebnisse reduziert.

Damit komme ich zur letzten hier zu erwähnenden Position aus der Diskursforschung, zur Wissenssoziologischen Diskursanalyse WDA (Keller 2005). An dieser Stelle sollte ich nun etwas ungesichert behaupten, dass sich deren Forschungsprogramm sehr viel besser der Dringlichkeit von Überraschungen fügt, weil sie ganz im Sinne von Reichertz und im Unterschied zu den zuletzt erwähnten Ansätzen keine erklärenden theoretischen Vorannahmen (etwa als Ideologiekritik oder als vorgegebene Konzentration auf nur einen Signifikationsprozess entlang der Wir/Die Anderen-Beziehung) macht, sondern Analysekonstellationen anvisiert, die Überraschungspotentiale in die Analyse diskursiver Wirklichkeiten einbauen. Aus zugegeben parteiischen Vorurteilen heraus will ich jedoch auf eine solche Behauptung verzichten. Ob dem generell so ist oder ob das in einzelnen Untersuchungen mehr oder weniger gut gelingt, mag die Debatte des Faches erweisen. Die WDA bettet den Diskursbegriff in die Tradition des Interpretativen Paradigmas ein und begreift Diskurse als *soziale Handlungsform gesellschaftlicher Wissensvorräte*, d.h. als die Art und Weise, wie kollektive Wissensvorräte in sozialen Prozessen aufgebaut, behauptet und auch verändert werden. Zur Analyse schlägt sie mehrere Konzepte vor, um die Sprachoberfläche von Diskursen aufzubrechen und die darin eingebundenen

Wissensmuster in den Blick zu nehmen (Interpretationsrepertoire: Deu-
tungsmuster, Klassifikationen, narrative Schemata, Phänomenstrukturen, Sub-
jektpositionen, Modellpraktiken), aber sie spricht auch von Akteuren, Praktiken,
Dispositiven usw., um die Materialität der Diskurse zu berücksichtigen. Wie dies
zueinander justiert wird, und welche methodische Umsetzung adäquat erscheint,
folgt keinem Standardmodell, sondern den Fragestellungen. Damit stellt sie
einen Werkzeugkasten bereit, der die Analyse nicht auf theoretisch vorab
bestimmte Dimensionen reduziert, sondern empfänglich für die Komplexität der
diskursiven Wirklichkeit ist und entsprechend unterschiedlicher Fragestellungen
modifiziert werden kann. Im empirischen Vorgehen orientiert sich die WDA an
folgenden Leitideen (die teilweise von Anselm Strauss und Barney Glaser
formuliert wurden):

- Die Einklammerung von Standardzuweisungen der Ideologiekritik, welche
  gesellschaftliche Interesselagen und Herrschaftsbeziehungen vorweg als
  Erklärungsprinzip für Diskursverläufe setzen;
- eine Datenzusammenstellung und Datenanalyse nach Prinzipien des theo-
  riegeleiteten Samplings und der minimalen und maximalen Kontrastierung,
  um den Reichtum eines Datenkorpus zu erkunden und unterschiedliche
  Daten zu konfrontieren;
- unterschiedliche Strategien der kontrollierten Interpretation und auch des
  Kodierens, um eigenständige Konzepte zu kreieren;
- das Verfolgen ‚ungewöhnlicher Fragen‘ (bezogen auf das, was der Diskurs
  selbst zum Thema macht);
- die Entwicklung unterschiedlicher Lesarten und Thesen zu Diskurs-
  verläufen;
- umfassendere raumzeitliche Situierungen und Extrapolationen der Analyse
  (Vergleichsdesigns).

Alles in allem geht es also darum, in den Forschungsprozess abduktive Momente
einzuziehen, die die Daten als ein zu lösendes Problem und als Irritationen
formieren, welche soziologisch-diskursanalytisches Fragen auslösen. Das
garantiert natürlich alles nicht die Originalität der Resultate oder den Über-
raschungseffekt. Aber es kann dafür wenigsten Möglichkeitsbedingungen
schaffen. So gesehen wird auch in der Diskursforschung eine Haltung der
„Experimentalität" (Angelika Poferl) notwendig, die methodologische Reflexion
nicht aufgibt, aber gleichzeitig die Kreativität der Forschung nicht einsperrt.
      Was aber letztlich ‚überraschende Qualität‘ hat, darüber entscheiden wohl
weniger die jeweils Forschenden selbst, als vielmehr das *Lesen der Anderen* und
deren Bereitschaft oder Möglichkeit, sich überraschen zu lassen. Hoffen wir für

unsere Disziplin insgesamt, dass unter den Gegenwartsbedingungen der Eventkultur die folgende Reflexion des Dichters nicht das letzte Wort haben wird:

„Der Einzelne und die Masse. Ein kulturkritisches Dramolett

> Einer: Ich gebe mein Letztes und schaffe eine neue Kunstrichtung!
> Alle: Ach, halt den Rand!
> Einer: Ich gebe mich der Naturforschung hin und entwickle eine nacheinsteinsche Physik!
> Alle: Mach uns nicht krank!
> Einer: Ich gebe der Lösung der sozialen Frage neue Impulse!
> Alle: Wenn wir das schon hören!
> Einer: Ich gebe einen aus!
> Alle: Immer!!!"
> (Gernhardt 1977b: 154)

Literatur

Gernhardt, Robert (1977a): Sigmund Freud. In: ders.: Die Blusen des Böhmen. Geschichten, Bilder, Geschichten in Bildern und Bilder aus der Geschichte. Frankfurt am Main: Zweitausendeins, S. 151

Gernhardt, Robert (1977b): Der Einzelne und die Masse. Ein kulturkritisches Dramolett. In: ders.: Die Blusen des Böhmen. Geschichten, Bilder, Geschichten in Bildern und Bilder aus der Geschichte. Frankfurt am Main: Zweitausendeins, S. 154

Jäger, Siegfried/Jäger, Margarethe (2007): Die BILD-Zeitung als Großregulator. Die Berichterstattung über Einwanderung und Flucht und die Fahndung nach der RAF im Frühjahr 1993 und ihre normalisierenden Effekte. In: dies.: Deutungskämpfe. Theorie und Praxis Kritischer Diskursanalyse. Wiesbaden: VS Verlag für Sozialwissenschaften

Keller, Reiner (2005): Wissenssoziologische Diskursanalyse. Grundlegung eines Forschungsprogramms. Wiesbaden: VS Verlag für Sozialwissenschaften

Mills, Charles W. (1973): Kritik der soziologischen Denkweise. Neuwied: Luchterhand [1959]

Peirce, Charles S. (1983): Phänomen und Logik der Zeichen. Hg. und übersetzt von Helmut Pape. Frankfurt am Main: Suhrkamp Verlag

Peirce, Charles S. (1991): Vorlesungen über Pragmatismus. Mit Einleitungen und Anmerkungen neu herausgegeben von Elisabeth Walther. Hamburg: Felix Meiner Verlag [1931-1935]

Reichertz, Jo (2004). Das Handlungsrepertoire der Gesellschaft erweitern. Hans-Georg Soeffner im Gespräch mit Jo Reichertz (65 Absätze), Forum Qualitative Sozialforschung/Forum Qualitative Social Research, 5(3), Art. 29, http//nbn-resolving.de/urn:nbn:de 0114-fqs0403297

Reichertz, Jo (2010): Abduction: The Logic of Discovery of Grounded Theory [39 paragraphs]. Forum Qualitative Sozialforschung / Forum: Qualitative Social Research, 11(1), Art. 13, http://nbn-resolving.de/urn:nbn:de:0114-fqs1001135.

Improvisation als Methode der empirischen Sozialforschung

Ronald Kurt

Improvisieren ist menschlich. Weil das Leben zum Umgang mit dem Unvorhersehbaren herausfordert, ist das Improvisieren eine Kompetenz, die nicht nur im Alltag, sondern auch in den Künsten und den Wissenschaften eine wichtige Rolle spielt. Mit Edward T. Hall glaube ich, „dass in jeder menschlichen Tätigkeit ein Potential für Improvisation steckt" (Hall 1992: 38). Wenn diese Annahmen richtig sind, dann müsste der Begriff Improvisation ein Kernbegriff der Kulturwissenschaften sein – allein: er ist es nicht, jedenfalls noch nicht. ‚Es ist Zeit, dass es Zeit wird': für einen *improvisational turn* in den Kulturwissenschaften. In diesem Sinne möchte ich hier versuchen, das Profil einer *improvisatorischen Sozialforschung* zu skizzieren.

Improvisation – eine Begriffsdefinition
Das Wort ‚Improvisation' entstammt dem Lateinischen ‚improvisus' und lässt sich in drei Sinneinheiten zerlegen: ‚Im' – ‚pro' – 'videre'. ‚Videre' heißt ‚sehen', ‚pro' bedeutet hier ‚vor' und impliziert einen Zukunftsbezug, ‚im' ist eine Negation und lässt sich ins Deutsche als ‚nicht' oder ‚un' übersetzen (vgl. Widmer 1994: 9f.). In der Verbindung der drei Worte ‚nicht', ‚vor' und ‚sehen' wird ein Sehen verneint, das sich auf Zukünftiges bezieht. Das leuchtet unmittelbar ein: Wir wissen nicht, wie es weitergeht. Nicht wissend, wie es weitergeht, können wir nur ahnen, was geschehen wird. Wir überschreiten in unseren Gedanken die Gegenwart in Richtung Zukunft und nehmen diese dadurch hypothetisch vorweg. So gehen wir der prinzipiell ungewissen Zukunft mit Antizipationen entgegen. Diese Zukunftsvorzeichnungen bilden den Sinnhorizont für die Ausrichtung unserer Tages- und Lebenspläne. In diese vorentworfene Zukunft hinein handeln wir. Das Problem ist nur: Meist kommt es anders als erwartet. Oft ereignet sich etwas, das wir nicht vorausgesehen haben – wobei der Vorgriff des Vorhersehens als logische Voraussetzung für das Unvorhergesehene fungiert. Als Paradox formuliert: Das Unvorhergesehene ist ein Produkt des Vorhersehens. Das Unvorhersehbare ist so gesehen eine Erwartungsenttäuschung (vgl. Kurt 2008). Und mit dem Unerwarteten ist auch die Möglichkeit (bzw. der Zwang) zum Improvisieren gegeben. Das heißt: Wer auf Unerwartetes aus der Situation heraus rea-

giert, der handelt improvisatorisch. Das führt zu einer ersten Begriffsbestim-mung:

> „Improvisieren im Alltag ist Handeln aus dem Stegreif, ist Tun im Moment – nicht unbedingt ohne Überlegung, aber jedenfalls ohne langwierige Planung. Wir impro-visieren vor allem dann, wenn wir uns plötzlich in ungewöhnlichen, überraschenden oder unbekannten Situationen finden, für die wir weder automatisierte noch geplante Verhaltensweisen zur Verfügung haben" (Dörger/Nickel 2008: 8).

Im Alltagshandeln ist das Improvisieren nicht die Ausnahme, sondern die Regel.

> „Wir alle improvisieren" (Nachmanovitch 2008: 27), und zwar meistens gemeinsam, zum Beispiel im Gespräch. In Gesprächen gemeinsam zu improvisieren bedeutet Einmaliges auf der Basis von Allgemeinem zu kreieren. „Wenn wir sprechen, bedie-nen wir uns aus einem Set von Bausteinen (Vokabular) und Regeln, um diese zu kombinieren (Grammatik), die durch unsere Kultur vorgegeben sind. Aber die Sätze, die wir damit schaffen, wurden vielleicht noch nie zuvor gesagt und werden viel-leicht auch nie wieder gesagt werden. Jede Unterhaltung ist eine Form von Jazz" (Nachmanovitch 2008: 27).

Das deutsche Wort, das dem Ausdruck ‚Improvisation' sinngemäß am nächsten steht, lautet ‚Stegreif'. Der Stegreif ist der Steigbügel des Reitpferdes. Vom Be-deutungsfeld des Reitens ausgehend betonen Jacob und Wilhelm Grimm den bildlichen Sinn: „aus dem stegreife" zu handeln bedeutet nach dem Grimmschen Wörterbuch, „ohne große vorbereitung, ohne lange überlegung, keck, eilig, gleichsam, wie der fröhliche reitersmann schnell noch etwas erledigt, auch wenn er schon im Sattel sitzt und ohne abzusteigen" (Grimm 1999: 1390). Metapho-risch verweist die Verwendungsweise des Wortes ‚Stegreif' darauf, dass Men-schen im Prozess des Handelns ohne große Vorbereitung produktiv und kreativ sein können. Für diesen Typus des Handelns bedarf es seitens des Improvisie-renden einer besonderen Haltung: Der Improvisierende muss das Unerwartbare erwarten, sich auf den Moment konzentrieren, dem Jetzt das Ja-Wort geben, in Echtzeit (re-)agieren, auskommen mit dem, was gerade zur Hand ist, suchen, was funktioniert, finden, was der Moment braucht und im Angesicht des Augenblicks auf selbst gesetzte, situativ sich ergebende oder von anderen auferlegte Ansprü-che so schnell und so angemessen wie möglich zu antworten versuchen. Abgese-hen davon benötigt der Improvisierende die Zuversicht, das Rechte zur rechten Zeit zu tun – er muss mit Kairos gehen, dem Gott des günstigen Augenblicks.

Von dieser eher passiven (auferlegten) Form des improvisierenden Han-delns unterscheide ich das aktive (freiwillige) Improvisieren. Wer aktiv improvi-siert, begibt sich absichtlich in Situationen, in denen es nicht nur darum geht, auf

Unvorhersehbares situativ einzugehen, sondern in denen es vor allem darum geht, Unvorhersehbares selbst hervorzubringen. Gerade dieses aktive Improvisieren kann aber wiederum als eine Form von Passivität betrachtet werden, weil hier das Subjekt „zurücktritt, um einem (Unter-)lassen, einem Nicht-Tun Raum zu geben" (Bormann/Brandstetter/Matzke 2010: 13f.).

Bevor ich das Improvisieren im nächsten Schritt der Soziologie zuführe, sei an dieser Stelle noch eine Definition gebracht, die in einer sehr allgemeinen Weise das passive und aktive Improvisieren zusammenfasst:
Die Fähigkeit zu improvisieren ist ein Grundmerkmal menschlichen Handelns. Das Improvisieren kann einerseits sein: Ein Reagieren auf etwas Unerwartetes; es kann andererseits sein: ein Produzieren von Unerwartetem.

Für eine Improvisation müssen drei Voraussetzungen gegeben sein:

1.   dass man in einer Situation ist,
2.   dass in dieser Situation Unvorhersehbares geschieht (bzw. geschehen soll),
3.   dass die Reaktion auf das Unvorhergesehene (bzw. die Produktion von Unvorhersehbarem) aus dem Moment heraus erfolgt.

Improvisation als Methode der empirischen Sozialforschung im Rahmen der Datenerhebung
Wer Soziologie als empirische Wirklichkeitswissenschaft begreift, braucht Daten. Sofern diese Daten bereits vorliegenden Statistiken oder Texten entnommen werden, bedarf es seitens des Sozialforschers keines Improvisationstalents. Wenn es aber darum geht, beobachtend, teilnehmend, Notizen schreibend, interviewend, fotografierend, filmend – kurz: ethnografierend – ins Feld zu gehen, dann sind improvisatorische Fähigkeiten sehr wohl gefragt.

Natürlich, vom Standpunkt einer am Paradigma der Naturwissenschaften orientierten Soziologie ist ein improvisierender Forscher illegitim. Die Subjektivität des Forschers ist im traditionellen Wissenschaftsverständnis ja im Grunde nur ein Störfaktor, den es zugunsten der Objektivität einer Studie möglichst auf null zu bringen gilt. In der qualitativen Sozialforschung dürfte der improvisierende Sozialforscher aber gerechtfertigt sein. Schließlich gehört es ja zu den Prämissen der qualitativen Sozialforschung, dass der Forscher im Prozess des rekonstruktiven Verstehens von sozialem Sinn seine eigene Subjektivität methodisch kontrolliert ins Spiel bringen soll.

Zurück zum Ethnografieren. Wer sich in Orte des Fremden hineinbewegt, – wer, sinnbildlich gesprochen, Malinowski folgend sein Zelt in einer fremden Lebenswelt aufschlägt –, der sollte wissen, dass sich jeden Moment etwas Unvorhersehbares ereignen kann. Das liegt in der Natur der ethnografischen Tätigkeit: Ihr Startpunkt ist das 'Mittendrin/Außen-Vor'. Man ist mit den Regeln, Routinen und Rezepten einer Gruppe von Menschen nicht vertraut und muss gleichwohl irgendwie mitmachen können. Mitspielen-Müssen ohne die Spielregeln zu kennen – das ist die paradoxe Handlungsaufforderung, die dem Feldforschen zugrunde liegt und die aus sich heraus immer wieder kritische Situationen heraufbeschwört: Die aus der eigenen Vertrautheitssphäre mit ins Feld gebrachten Erwartungen werden enttäuscht, die eigene Position muss mühsam ausgehandelt (und dann behauptet) werden und immer wieder steht die Forderung im sozialen Raum, spontan auf Unerwartetes zu reagieren. Die einen nennen das Wahnsinn, die anderen nennen es Methode. Ich würde sagen: Improvisationsvermögen verhindert, dass die ethnographische Methode in den Wahnsinn treibt.

Zwei Beispiele aus eigener Erfahrung:

1995 hatte ich die Chance, bei den Dreharbeiten für den Spielfilm ‚Liebe, Leben, Tod' von Mathias Allary mit dabei zu sein (vgl. Kurt 2002). Ich wollte mich damals der kleinen Sinnprovinz des Film-Machens nicht nur beobachtend, sondern auch teilnehmend nähern. Um mich in die Handlungsperspektiven der Beteiligten hineinversetzen zu können, bot ich mich allen als Gehilfe an. Mit Erfolg, das heißt, man wusste gut von mir Gebrauch zu machen, zum Beispiel in der folgenden Situation: Für das Abdrehen einer Szene wurde ein bestimmter Klebstoff benötigt – und zwar dringend; ohne diesen Klebstoff konnte es nicht weiter gehen. Und Zeit ist Geld im Filmgeschäft. Entsprechend druckvoll befahl mir die Regieassistentin, sofort dieses Zeug zu organisieren. Mit anderen Worten: Es ging um Leben und Tod, und ich spürte in diesem Moment, wie sich mein In-der-Welt-Sein auf die Frage reduzierte: Wo zum Teufel kriege ich jetzt diesen verdammten Klebstoff her? Ich lief sofort los, irrte durch München, bereit, alles zu tun, um diesen Scheiß-Klebstoff zu bekommen. Dann hatte ich das Glück – wer improvisiert, braucht immer auch ein bisschen Glück – besagten Klebstoff in einem nahe gelegenen Schreibwarenhandel käuflich erwerben zu können. Dass der Klebstoff dann am Set gar nicht mehr gebraucht wurde, weil das Filmteam das Problem zwischenzeitlich anders gelöst hatte, war für mich persönlich natürlich enttäuschend, ist aber hier nicht das Entscheidende. Entscheidend ist, dass ich mich auf die Herausforderung zu improvisieren eingelassen hatte und dadurch eine für das Filme-Machen typische Handlungssituation am eigenen Leib erfahren konnte, nämlich die, dass der Handlungsdruck am Set die Beteiligten periodisch immer wieder in Notsituationen versetzt. Dass Improvisation ein Schlüsselbegriff für das Verständnis der Dreharbeiten hätte sein können, ist mir seinerzeit nicht in den Sinn gekommen.

Lange Rede, kurzer Sinn: Ethnographen müssen improvisieren können. Sie sollten mit einem ‚inneren Ja' in die ethnographische Situation hineingehen und nach Möglichkeit auf alle Angebote, vor allem Rollenspielangebote, die seitens des Feldes gemacht werden, positiv reagieren. Zur Einübung dieser Einstellung kann man sich beispielsweise des Mantras von Molly Bloom am Ende ihres Monologs in James Joyces Ulysses bedienen. „Schau auf das, was sich gerade vor dir befindet, und sage zu ihm: ‚Ja! Ja! Ja!‘" (Nachmanovitch 2008: 74). Diese Haltung ist im Übrigen auch kennzeichnend für die Schauspieler im Improvisationstheater. Was auch immer von den Mitspielern angeboten wird: es ist unbedingt darauf einzugehen. Dieses vorauseilende wechselseitige Anerkennen ist eine zentrale Gelingensbedingung des Improvisationstheaters (vgl. Bertram 2010: 35).

Aus diesem Plädoyer für das ‚innere Ja‘ ist indes nicht der Schluss zu ziehen, dass der Ethnograf nicht Nein sagen kann. Hierzu ein Beispiel, das ich meinem Buch *Indien und Europa. Ein kultur- und musiksoziologischer Verstehensversuch* entnehme.

In dem Kapitel *Auge in Auge mit dem Anderen* wird beschrieben, wie ich mich aus einem typisch indischen Initiationsritus herausimprovisieren konnte: In der ersten Unterrichtsstunde führte mich mein Gesangslehrer vor eine Statue von Saraswati, der Göttin der Musik, des Wissens und des Lernens. „Bow", sagte er in indischem Englisch (ohne die im Westen üblichen Höflichkeitsformeln), „this is our Goddess". Keinen Millimeter beugte ich mich. Im Gegenteil: Starr vor Schreck versteinerte ich zu einer Art Freiheitssäule. Entgegen meinem ersten Impuls zitierte ich dann aber nicht das Hegelianische „wir beugen die Knie nicht mehr", sondern antwortete mit ethnologischem Gespür für die Situation: „In the West Christians must not bow in front of foreign Gods." Das war wahr, betraf mich, einen ungläubigen bzw. säkularisierten Protestanten, allerdings persönlich nicht. So konnte ich, ohne Unwahres zu sagen oder gegen meine Überzeugung zu handeln, die Aufforderung zur Verrichtung eines religiösen Rituals mit einer religiösen Antwort verweigern – die mein Lehrer, als Hindu, auch problemlos akzeptierte (vgl. Kurt 2009: 146).

Als Ethnograf sollte man also auch über ein Nein improvisieren können – so gut es eben geht. Damit es gut geht, sollte der Feldforscher schon in seinem Studium mit Techniken des Improvisierens vertraut gemacht werden. Als Forderung formuliert: Ein Praxis-Seminar ‚Improvisationstheater‘ im Curriculum des Soziologiestudiums wäre meiner Meinung nach wünschenswert. Improvisationstheater fordert systematisch dazu auf, sich in fremde Perspektiven zu versetzen, zwischen sozialen Rollen zu wechseln und hypothetisch andere Identitäten anzunehmen. Diese Forderungen fördern auch das Verstehen von Erwartungsstrukturen, Vorurteilen und sozialen Hierarchien. Darüber hinaus ist es im Impro-Theater auch möglich, im Modus des Als-Ob mit der Rolle des Soziologen zu spielen und zum Beispiel mit Problemsituationen des Ethnografierens theatral zu experimentieren.

Polyperspektivisches, polyrhythmisches, polythetisches Denken und Handeln einübend würden die Studierenden zudem ein gutes Gefühl für soziales Timing bekommen. Last but not least: Indem man sich und seine Mitspieler spontan (re-)agieren lässt, führt das gemeinsame Improvisieren fast zwangsläufig zur Entdeckung von Neuem.

Improvisation als Methode der empirischen Sozialforschung im Rahmen der Dateninterpretation
In der Hermeneutischen Wissenssoziologie dienen Daten als Deutungsstoff. Für den Hermeneuten sind sie zum Sinn rekonstruierenden Interpretieren da. Als wissenschaftlich kann dieses Deuten aber nur dann gelten, wenn es im Rahmen der Sinn suchenden Verfahren der Hermeneutik methodisch kontrolliert erfolgt. Gefragt nach der Methode, mit der sich hermeneutisch am ertragreichsten arbeiten lässt, würde ich immer antworten: die Sequenzanalyse. Sie gehört zum Besten, was die sozialwissenschaftliche Hermeneutik zu bieten hat. Aus mehreren Gründen:

- Die Sequenzanalyse ist objektiv: Erstens, weil ihr objektiv Gegebenes zugrunde liegt; zweitens, weil sich mit ihrer Hilfe das Sinnpotential menschlicher Zeichensetzungen entfalten und im Modus des objektiv Möglichen rekonstruieren lässt; drittens, weil ihr ein Testverfahren eigen ist, mit dem sich die im Prozess der Interpretation gebildeten Hypothesen objektiv überprüfen lassen.
- Die Sequenzanalyse ist nicht nur (wie die meisten qualitativen Methoden) ein Hypothesen generierendes, sondern zugleich auch ein Hypothesen testendes Verfahren.
- Ein zentrales Qualitätsmerkmal der Sequenzanalyse besteht darin, dass sie am besten in der Gruppe funktioniert.

Die Sequenzanalyse ist ein Interpretationsverfahren, das den Sinn menschlichen Handelns Sequenz für Sequenz in der Linie des ursprünglichen Geschehens zu rekonstruieren versucht. Geleitet wird die Sequenzanalyse von der Annahme, dass sich im Nacheinander des Handelns Sinnzusammenhänge realisieren. Diesem Handeln wird unterstellt, dass es sowohl regelgeleitet als auch erfinderisch ist. Diese Prämisse liegt auch der Hermeneutik Schleiermachers zugrunde. Sie manifestiert sich in den Methoden der grammatischen und psychologischen Interpretation. Schleiermacher unterscheidet in diesem Zusammenhang zwischen Sprache als etwas objektiv Vorgegebenem und Sprache als etwas subjektiv Motiviertem. „Wie jede Rede eine zweifache Beziehung hat, auf die Gesamtheit der Sprache und auf das gesamte Denken ihres Urhebers; so besteht auch alles Ver-

stehen aus den zwei Momenten, die Rede zu verstehen als herausgenommen aus
der Sprache, und sie zu verstehen als Tatsache im Denkenden" (Schleiermacher
1995: 77). Mit Schleiermacher sei hier zudem auch darauf hingewiesen, dass die
Regeln der Hermeneutik nicht schematisch angewendet werden können (vgl.
Schleiermacher 1995: 81). Die Techniken der Sequenzanalyse müssen so lange
eingeübt werden, bis es möglich ist, die Regeln intuitiv situationsangemessen zu
applizieren. Der Interpret braucht eine Technik, aber er interpretiert „nicht *mit*
der Technik, sondern *durch sie hindurch*" (Nachmanovitch 2008: 32).

Die Verfahrensschritte der Sequenzanalyse im Einzelnen (vgl. Kurt 2004:
240ff.):

- Eine Sequenz isolieren und das Wissen über den Kontext ausblenden.
- Lesarten entwickeln.
- Überprüfung der fantasierten Lesarten anhand der Folgesequenzen und des
  Handlungskontextes.
- Typisierung des Einzelfalls als besondere Lösung eines allgemeinen Prob-
  lems.

Was aber hat das nun alles mit Improvisation zu tun? Einiges, denn die Sequenzanalyse fordert die Interpretationsgruppe zwangsläufig zum Improvisieren heraus. Die Gruppenmitglieder müssen sich in Gestalt einer Perspektivenübernahme
gedankenexperimentell in die Situation handelnder Menschen hineinversetzen
und anhand einer Sequenz aus dem Stegreif antizipieren, zu welchem Ende ein
gegebener Anfang führen könnte. Zu welcher Ausgangsaktion passen welche
Anschlussaktionen (vgl. Bertam 2010:24)? Auf die Folgesequenzen darf bei diesem Interpretationsschritt nicht vorgegriffen werden (weswegen dieselben am
besten zugedeckt werden). Aus der so erzeugten Vervollständigungsnot – man
will ja wissen, wie es weitergeht – können sich die Gruppenmitglieder nicht anders als durch die Bildung von Lesarten befreien. „Man erfindet also Geschichten, in denen die zur Frage stehende Äußerung Sinn macht" (Reichertz 1986:
250). Durch das Fantasieren von Lesarten müssen sich die Gruppenmitglieder so
in Form hypothetischer Perspektivenübernahmen gedankenexperimentell aus der
(schon vergangenen) Gegenwart des Handelnden in dessen (schon vergangene)
Zukunft hineindenken. Dieser gruppendynamische Umgang mit dem Unvorhersehbaren generiert dann Fragen: Was passiert als Nächstes? Wer sagt das zu
wem und warum? Wo kommt er her? Wo will er hin? Was könnte er stattdessen
tun? Welches Problem wird hier gelöst? Welches Ganze gibt den Teilen welchen
Sinn? Diese Fragen lassen dann quasi wie von selbst unvorhersehbare Lesarten
entstehen. Die Lesarten jagen sich geradezu (wenn man sie unzensiert kommen

lässt). Die Perspektive des einen fordert einen Zweiten zur Formulierung einer alternativen Lesart heraus, was wiederum einen Dritten dazu anstachelt, seine Sicht der Dinge kundzutun. Auf nichts ist mehr Verlass als darauf, dass sich die Gruppenmitglieder gegenseitig aus der Denkspur hebeln – wozu sie ohne die Hilfe der Mitinterpreten kaum in der Lage wären, weil jeder dazu neigt, sich viel zu schnell auf eine Lieblingslesart festzulegen. So entwickelt die Gruppe im spontanen Mit- und Gegeneinander-Denken Lesarten, an die zu Beginn der Interpretation noch keiner dachte. In diesen unvorhersehbaren dialogischen Hin-und-Her-Bewegungen können auch Zufälle eine wichtige Rolle spielen. Die Gruppe muss nur erkennen können, dass sie per Zufall etwas wissenschaftlich Relevantes fand, nach dem sie ursprünglich aber unter Umständen gar nicht auf der Suche war. Das ist in etwa das, was Merton mit dem Begriff Serendipity umschreibt: „an unanticipated, unnomalous, and strategic datum that becomes the occasion for developing a new theory or for extending an existing theory" (vgl. Merton 2004: 293). Merton entnahm den Ausdruck ‚serendipity' dem Märchen „Die drei Prinzen aus Serendip", „in denen die Helden stets durch Zufall und Findigkeit zu Entdeckungen von Dingen gelangten, nach denen sie gar nicht suchten" (Merton 2004: 234, Übersetzung R.K.).

Wenn sich die Mitglieder der Interpretationsgruppe wechselseitig durch Zustimmung und Widerspruch aus der Reibungswärme der Situation heraus auf neue Ideen bringen, so führt der improvisatorische Interpretationsprozess gleichsam automatisch zu Gedanken, die unvorhersehbar waren und die nun ihrerseits wieder der Ausgangspunkt für unvorhersehbare Reaktionen sein können.

In die Suche nach Auslegungsmöglichkeiten mischen sich zudem Reflexionen über die Angemessenheit dieser Auslegungen ein. Sozialen Sinn erhält eine Interpretationsaktion ja im Grunde erst durch die Reaktion auf sie. Und diese Reaktionen können nicht nicht bewertend sein. Das heißt, die Gruppe muss auf die Entäußerung von Deutungen zwangsläufig mit Bewertungen reagieren. Zum Beispiel mit einem zustimmenden Kopfnicken, das dem Interpreten signalisiert, seine Lesart weiter zu entwickeln. Die Zurückweisung einer Lesart als 'zu weit her geholt' oder 'nicht überprüfbar' kann den Interpreten wiederum dazu herausfordern, seine Lesart an dieser Kritik zu schärfen. Irrige Annahmen, die ertragreich scheitern, können für den Interpretationsprozess durchaus bereichernd sein (vgl. Oevermann 1979: 393). So oder so, es geht darum, dass sich der spontan Interpretierende von der Gruppe getragen fühlt. Von demotivierenden, Denkblockaden auslösenden Stellungnahmen ist in diesem Zusammenhang natürlich abzusehen. Im kontinuierlichen Oszillieren zwischen dynamisierender Lesartenproduktion und steuernder Lesartenevaluation kann sich die Gruppe durch den tendenziell chaotischen Interpretationsprozess hindurchnavigieren. Das Switchen zwischen diesen zwei Forschungshaltungen wirkt sich erfahrungsgemäß begünstigend auf das Entdecken neuer Verstehensweisen aus.

Das Entscheidende ist, dass es hier nicht der Genius Einzelner ist, der das Neue gleichsam aus dem Nichts erzeugt. Die Antithese zum Mythos des genialen Denkers, der fernab vom Weltlichen in einsamem Tüfteln Neues schafft – eine Erblast der abendländischen Kulturgeschichte, die dem Wissen schaffen mehr schadet als nutzt –, ist die Genialität improvisatorischer Teamarbeit. Es ist der Genius der Gruppe, der das Neue erschafft – aus einer kollektiven Improvisation heraus, welche die Ich-Grenzen der interpretierenden Individuen in einem gemeinsamen Flow-Erlebnis zum vollständigen Verschwinden bringen kann. Das Ergebnis einer Sequenzanalyse ist demnach nicht einem einzelnen Autor, sondern dem Kollektiv der Gruppe zuzuschreiben. Nichts kann überraschender sein als der Gruppen-Genius (vgl. Sawyer 2007). Mit Berti Vogts gesprochen: ‚Die Mannschaft ist der Star.' Und das Spiel, das sie spielt, macht ihr in der Regel auch Spaß. Sie genießt es, wenn das Aufeinander-Eingehen zu überraschenden Einfällen und kollektiven Emergenzphänomenen führt (vgl. Sawyer (2003: 41ff.). Hier lässt sich Vogts mit Kant ergänzen: Es entsteht ein „Spiel, welches sich von selbst erhält und selbst die Kräfte dazu stärkt" (Kant zitiert in Dell 2002: 87). Befriedigend ist ein solches Gemeinschaftserlebnis auch deshalb, weil es ein Genießen der eigenen Kreativität erlaubt. Auch wenn es komisch klingt: Gruppenimprovisationen können Glücksgefühle auslösen.

Glücklich sein und gut spielen kann die Mannschaft aber natürlich nur, wenn die Einstellung stimmt und jeder für die Impulse und Ideen seiner Mitspieler empfänglich ist. Diese Bedingungen waren nicht erfüllt als Juri Djorkaeff beim 1. FC Kaiserslautern Fußball spielte. „Djorkaeff wirkte in Kaiserslauterns Elf wie ein moderner Jazzmusiker in einer biederen Blaskapelle: Da sind einfach zu wenige, die seine Improvisationen aufgreifen können – und wollen" (Christopher Dell zitiert in Bertram et al. 2010: 231). Seine improvisatorische Grundhaltung charakterisiert Djorkaeff so: „Wo immer ich gerade gehe, denke ich an Pässe, Kombinationen, Möglichkeiten. Dann kommt das Spiel und ich bin bereit" (Djorkaeff zitiert in Bormann 2010: 231). Gruppenimprovisationen setzen zudem voraus, dass im Team eine für das Improvisieren günstige soziale Atmosphäre herrscht. Charakteristisch für eine solche Atmosphäre wäre, dass die Gruppenmitglieder offen füreinander sind, dass sie einen Sinn für Synchronizität und Rhythmik haben (vgl. van Eikels 2010: 128) und dass alle ad hoc und angstfrei agieren können. Gutes Improvisieren kann es nur in guter Gesellschaft geben.

Als Gruppeninterpretationsverfahren ist die Sequenzanalyse eine Methode, mit der sich nicht nur soziale Blockaden lösen lassen. Es ist auch eine Methode, um sich von der allzu schematischen Anwendung wissenschaftlicher Methoden abzubringen. Die besten Voraussetzungen zum Improvisieren sind eben dann gegeben, wenn wir uns von dem, was vom Improvisieren abhält, befreien können. Die beste Antwort auf die Frage ‚Wie lernt man Improvisieren?' ist so gesehen die „Gegenfrage: Was hält uns davon ab?" (Nachmanovitch 2008: 20)

Die Gruppe wird durch die Methode der Sequenzanalyse in eine improvisatorische Haltung versetzt. Improvisierenden Musikern oder Schauspielern gleich werden die Gruppenmitglieder darauf orientiert, Text-, Film- oder auch Musiksequenzen antizipatorisch zu lesen. Der antizipatorische Modus „erkennt das Potential der Situation also in ihrem winzigen, noch nicht entwickelten, in ihrem embryonalen Zustand und liest daraus Zukünftiges ab" (Dell 2002: 91). Aber wie gesagt, diese Antizipationen sind im Rahmen von Sequenzanalysen nicht das Produkt langwierigen solitären Nachdenkens, sondern ein Produkt gruppendynamischer Plötzlichkeit.

Dieses gruppendynamische Moment ließe sich noch verstärken, wenn improvisierte Rollenspiele in das sequenzanalytische Verfahren integriert werden könnten. So wäre es möglich, das ‚innere Ja' des Improvisators mit dem 'inneren Nein' des von Berufs wegen skeptischen Wissenschaftlers in ein spielerisches und spannungsreiches Verhältnis zu setzen und so wäre es auch möglich, körpersprachliche Elemente miteinzubeziehen, Lesarten mit verteilten Rollen zu spielen, alternative Handlungsmöglichkeiten durchzuprobieren und Hypothesen theatral abzutesten (vgl. Zysno/Bosse 2007).

Die Momente mit dem höchsten Kreativitätspotential sind diejenigen, in denen die Mitglieder der Interpretationsgruppe ihre Deutungsroutinen bereits eingebracht haben und nun nach neuen Möglichkeiten des Verstehens suchen müssen. Das ist wie im Jazz. Wenn Jazzmusiker in ihrer Improvisation alle ihre Licks und Patterns gespielt haben, sich sozusagen frei gespielt haben, dann ist dies ein günstiger Moment für die Entdeckung neuer Sounds oder Tonkombinationen. Mit Bergson gesprochen: „der menschliche Geist ist so beschaffen, daß er das Neue erst zu begreifen beginnt, nachdem er alles versucht hat, um es auf das Bekannte zurückzuführen" (Bergson 1948: 127). Die Macht unserer Deutungsgewohnheiten ist schwer außer Kraft zu setzen. Das gemeinsame Improvisieren ist eine Methode, um sich zumindest kurzzeitig von dieser Macht zu befreien. Man lässt den Routinen des Verstehens freien Lauf und wartet ab, ob sich im Anschluss an diese Entleerung etwas Neues zeigt. Aber: „Improvisation ist nicht einfach. Sie ist das Schwierigste überhaupt. Selbst wenn man vor einer Kamera oder einem Mikrofon improvisiert, so gleicht man einem Bauchredner oder überläßt es einem anderen, die Schemata oder Sprache wiederzugeben, die bereits da sind. Viele Vorschriften sind in unseren Köpfen, unserer Kultur vorgeschrieben. Alle Namen sind bereits vorprogrammiert. Allein die Namen hindern uns daran, jemals richtig zu improvisieren. Man kann nicht alles sagen, was man will. Man ist im Grunde verpflichtet, den stereotypen Diskurs zu reproduzieren. Und deshalb glaube ich an die Improvisation. Und ich kämpfe dafür. Aber immer in dem Glauben, daß sie unmöglich ist" (Jacques Derrida zitiert in Zanetti 2010: 106).

Improvisation als Methode der empirischen Sozialforschung im Rahmen des DFG-Projekts „Interkulturelles Verstehen in Schulen des Ruhrgebiets"
Im letzten Teil des Textes wird anhand eines Beispiels verdeutlicht, wie sich das Prinzip Improvisation forschungspraktisch nutzen lässt. Weil dem Improvisationstheater dabei eine zentrale Bedeutung zukommt, beginne ich dieses Kapitel mit einigen grundsätzlichen Bemerkungen zur Geschichte desselben.

Den Sozialwissenschaften das Improvisationstheater als neue Forschungsmethode anzubieten, hieße Eulen nach Athen zu tragen: Das moderne Improvisationstheater ist von einer Soziologin begründet worden! Viola Spolin (1906-1994), Sozialwissenschaftlerin an der Northwestern University in Chicago, gründete 1946 die ‚Young Actors Company' in Hollywood, um Kindern Improvisationstechniken zu lehren. Sie hat mit ihrem Buch „Improvisation for the Theatre" (Spolin 1963) und ihren Workshops die Improvisationsszene in den USA maßgeblich geprägt. Spolins Sohn Paul Sills rief 1955 die Improvisationstheater-Comedy-Gruppe „The Compass Players" ins Leben (vgl. Sawyer 2001:13). Ausgehend von dieser 'Chicago School' entwickelten sich auch außerhalb der USA diverse Improvisationstheaterformate. In der Gegenwartssoziologie haben die Pionierarbeiten von Spolin und ihren Nachfolgern jedoch keine Spuren hinterlassen. Das Improvisationstheater spielt in der zeitgenössischen Soziologie keine Rolle – zu Unrecht, wie ich im Folgenden zeigen möchte.

Im Kulturwissenschaftlichen Institut in Essen (KWI) führe ich zurzeit das DFG-Projekt „Interkulturelles Verstehen in Schulen des Ruhrgebiets" durch. Es basiert auf den Annahmen, dass sich in der Ruhrgebietsregion im Zusammenleben von mehreren Millionen Menschen mit unterschiedlicher Herkunft alltagspraktische Formen interkultureller Kommunikation gebildet haben und dass insbesondere die Schulen des Ruhrgebiets Orte sind, in denen Interkulturalität praktisch gelebt wird. Im Rahmen des Forschungsprojekts wird den Ruhrgebietsschülern die Rolle zugewiesen, Experten für interkulturelles Verstehen zu sein. Die Leitfrage des Projekts lautet dementsprechend, ob die Gesellschaft von Jugendlichen des Ruhrgebiets Wissenswertes über den Umgang mit kultureller Differenz erlernen kann?

Das Projekt spielt in drei aufeinander aufbauenden Phasen gezielt das Improvisationsvermögen der Schüler an; zuerst im narrativen Interview, dann in der Gruppendiskussion, schließlich im Improvisationstheater. Der Versuch, die Schüler zum Improvisieren herauszufordern, antwortet auf das Problem, dass normale Experteninterviews nicht der Weg zum Interkultur-Wissen der Schüler sein können. In dem Projekt wird davon ausgegangen, dass Ruhrgebietsschulen Erfahrungsräume sind, in denen die Interaktion mit kulturell anders Sozialisierten zu den Selbstverständlichkeiten der Alltagskommunikation gehört und dass es sich deshalb bei dem Interkulturwissen der Schüler weitgehend um implizites, nicht direkt abfragbares Wissen handelt. Improvisationen können dieses schweigende Wissen zum Sprechen bringen – das ist zumindest das methodologische Credo des Forschungsprojekts.

In der ersten Forschungsphase erzählen die SchülerInnen in narrativen Interviews über ihre Vorstellungen von Fremdem und Eigenem und ihre Begegnungen/Konflikte/Beziehungen mit Angehörigen anderer Kulturen. Das Improvisatorische dieser Forschungsphase besteht darin, dass die Schüler ihre Erzählungen aus dem Moment heraus gestalten müssen. Sie kommen mit oder auch ohne Hilfe des Interviewers zu Anfangspunkten von Erlebnissen, die sie dann mit den dazugehörigen Detaillierungen und Zugzwängen zu einem Endpunkt führen müssen. Die Erinnerung verfertigt sich allmählich beim Reden zu einer Erzählung – Wort für Wort für Wort (vgl. Kleist 1978). Dadurch hilft die Methode des narrativen Interviews den Schülern dabei, implizites Wissen aus sich heraus zu improvisieren. In Ermangelung eines Rückgriffs auf ausgefeilte und schon oft erzählte Geschichten aus dem eigenen Leben ist es hier gerade der Zwang des Improvisieren-Müssens, der die Schüler darin unterstützt, in nicht bewusste Bereiche ihrer Erinnerung zurückzugehen, während sie sich im selben Moment sprachlich auf das Ende einer Erzählung zubewegen. Kurz: Das narrative Interview fördert mit seiner Improvisationsforderung ans Licht, was ansonsten im Dunkeln verbliebe; es hat hierdurch ein mäeutisches Potential.

In der zweiten Forschungsphase diskutieren die Schülerinnen und Schüler in Gruppendiskussionen anhand von Interkultur-Themen und ‚moralischer Dilemmata‘, die aus den Erzählungen der ersten Projektphase abgeleitet werden, über Möglichkeiten und Grenzen interkulturellen Verstehens. Hier ist nicht mehr das einzelne Individuum, sondern die Gruppe das Subjekt der Improvisation. Die in Phase 1 generierten Stoffe werden nun im Hin und Her des Argumentierens mit Gefühlsausdrücken, Geschmacksurteilen, moralischen Bewertungen und Weltanschauungen verbunden. Das improvisatorische Potential der Gruppendiskussion besteht darin, dass die Argumente unmittelbar aus der Situation heraus formuliert, verteidigt und an den jeweiligen Stand der Diskussion angepasst werden müssen. Am Anfang der Diskussion kann keiner wissen, was er, vom ersten Statement vielleicht einmal abgesehen, im Verlauf der Gruppendiskussion alles noch so sagen wird.

In der dritten Forschungsphase geht es darum, die von den Schülern in den ersten beiden Forschungsphasen improvisatorisch generierten Erzählstoffe und Meinungen aus der Alltagswelt in die Kunstwelt des Improvisationstheaters zu versetzen. Im Improvisationstheater wird den Jugendlichen die Möglichkeit gegeben, ihre interkulturelle Lebenswelt zu reflektieren und unter der Anleitung von Kunst- und Theaterpädagogen in künstlerischer Form zum Ausdruck zu bringen. Hier können die Schüler ihren multikulturellen Schulalltag im Rahmen szenischer Improvisationen nicht nur in ästhetischer Distanz darstellen, sondern auch spielerisch, zum Beispiel in Worst- bzw. Best-Case-Szenen, mit interkulturellen Verstehensproblemen experimentieren (vgl. hierzu meine Einzelfallanalyse „Gemeinsam gleich und anders sein"; Kurt 2010). Im situativ-kreativen Umgang mit Klischees und Tabus, im Parodieren von Normen und Normalitätsfolien und im Umdeuten von Zeichenkonventionen können sich die Jugendlichen auch solcher Ausdrucksmöglichkeiten bedienen, die sprachzentrierte Sozialforschungen systematisch übersehen; will sagen: Worüber Jugendliche nicht reden können oder wollen, das zeigen sie: gestisch, mimisch, musizierend, tänzerisch. Deshalb reicht es nicht aus, allein die Sprache der Jugendlichen zu analysieren. Neben der diskursiven muss auch die präsentative und die performative Symbolik untersucht werden, um die interkulturellen Selbstsozialisationsprozesse der Schüler rekonstruieren zu können. Darüber hinaus kann die Praxis des Improvisierens auch dazu führen, dass im Eifer des Spiels Nichtbewusstes hinter dem Rücken der Agierenden zum Ausdruck gelangt. Auf diesen Effekt setzt das Projekt: Das Improvisieren soll nichtbewusstes kollektives Interkulturwissen ins Bewusstsein der Jugendlichen und auf die Bühne des Theaters bringen. Die Transformationskräfte, die dem Improvisationstheater innewohnen, gestatten einen Querverweis auf die These Freuds, dass der Traum der Königsweg zum Unbewussten sei. Das Improvisationstheater könnte durchaus ein zeitgemäßes funktionales Äquivalent zur tiefenhermeneutischen Traumdeutung sein. Im Gelingensfall löst es nämlich soziale Prozesse aus, in denen in Selbstverständlichkeit verschlossenes Wissen explizit werden kann. So gesehen ist das Prinzip Improvisation eine Vielzweckwaffe, mit der sich nicht nur künstlerisch und psychotherapeutisch, sondern auch sozialwissenschaftlich produktiv arbeiten lässt. In der Sozialforschung könnte das Improvisationstheater eine Art Labor sein, in dem die Soziologen der Gesellschaft mit dem sozialen Wissen der Mitglieder der Gesellschaft kreativ experimentieren, um nach Problemlösungsmustern, alternativen Handlungsweisen und neuen Formen sozialen Seins zu suchen.

Nicht auszuschließen ist auch, dass wir über den Spaß am improvisatorischen Theaterspiel in vielen Fällen zu einem besseren und schnelleren Verstehen des Sozialen gelangen als über ernste, lange Interviews. Das war im Grunde schon dem Dialogphilosophen Platon klar: „Beim Spiel kann man einen Menschen in einer Stunde besser kennenlernen als im Gespräch in einem Jahr."

Literatur

Bergson, Henri (1948): Die philosophische Intuition (1911). In: ders.: *Denken und schöpferisches Werden. Aufsätze und Vorträge.* Meisenheim am Glan, Westkulturverlag/Anton Hain.

Bertam, Georg W. (2010): Improvisation und Normativität. In: Bormann, Hans-Friedrich/Brandstetter, Gabriele/Matzke, Annemarie (2010): *Improvisieren. Paradoxien des Unvorhersehbaren.* Bielefeld: transcript. 21-39.

Bormann, Hans-Friedrich/Brandstetter, Gabriele/Matzke, Annemarie (2010): Improvisieren: eine Eröffnung. In dies.: *Improvisieren. Paradoxien des Unvorhersehbaren.* Bielefeld: transcript. 7-19.

Dell, Cristopher (2002): *Prinzip Improvisation.* Köln: Walther König.

Dörger, Dagmar//Nickel, Hans-Wolfgang (2008): *Improvisationstheater. Das Publikum als Autor. Ein Überblick.* Uckerland: Schibri-Verlag.

van Eikels, Kai (2010): Collective Virtuosity, Co-Competition, Attention Economy. Postfordismus und der Wert des Improvisierens. In: Bormann, Hans-Friedrich/Brandstetter, Gabriele/Matzke, Annemarie (2010): *Improvisieren. Paradoxien des Unvorhersehbaren.* Bielefeld: transcript. 125-160.

Grimm, Jacob und Wilhelm (1999): *Deutsches Wörterbuch.* Band 17. München: dtv.

Hall, Edward T. (1992) Improvisation – Ein Prozess aus mehreren Ebenen. In: Walter Fähndrich (Hg.). *Improvisation I.* Winterthur: Amadeus. 24-41.

Kleist, Heinrich von (1978): Über die allmähliche Verfertigung der Gedanken beim Reden. In: ders.: *Werke und Briefe in vier Bänden.* Band 3. Berlin und Weimar: Aufbau-Verlag. 453-459.

Kurt, Ronald (2010): Gemeinsam gleich und anders sein. Interkulturelles Verstehen in Schulen des Ruhrgebiets. In: Alfred Hirsch und Ronald Kurt (Hrsg.): *Interkultur – Jugendkultur. Bildung neu verstehen.* Wiesbaden: VS Verlag für Sozialwissenschaften.

Kurt, Ronald (2009): *Indien und Europa. Ein kultur- und musiksoziologischer Verstehensversuch.* Inkl. einer DVD mit drei Dokumentarfilmen. Bielefeld: transcript.

Kurt, Ronald (2008): Komposition und Improvisation als Grundbegriffe einer allgemeinen Handlungstheorie. In: Kurt, Ronald und Klaus Näumann (2008) (Hg.): *Menschliches Handeln als Improvisation. Sozial- und musikwissenschaftliche Perspektiven.* Bielefeld: transcript. 17-46.

Kurt, Ronald und Klaus Näumann (2008) (Hg.): *Menschliches Handeln als Improvisation. Sozial- und musikwissenschaftliche Perspektiven.* Bielefeld: transcript.

Kurt, Ronald (2004): *Hermeneutik. Eine sozialwissenschaftliche Einführung.* Konstanz: UTB/UVK.

Kurt, Ronald (2002): *Menschenbild und Methode der Sozialphänomenologie.* Konstanz: Universitätsverlag (UVK). (Habilitationsschrift)

Merton, Robert K. / Elinor Barber (2004): *The Travels and Adventures of Serendipity. A Study in Sociological Semantics and the Sociology of Science.* Princeton: University Press.

Nachmanovitch, Stephen (2008): *Das Tao der Kreativität. Schöpferische Improvisation in Leben und Kunst.* Aus dem Amerikanischen von Dan Richter. Frankfurt am Main: Fischer.

Oevermann, Ulrich et al. (1979): Die Methodologie einer objektiven Hermeneutik und ihre allgmeine forschungslogische Bedeutung in den Sozialwissenschaften. In: Hans-Georg Soeffner (Hg.): *Interpretative Verfahren in den Sozialwissenschaften.* Stuttgart: Metzler. 352-433.

Reichertz, Jo (1986): *Probleme qualitativer Sozialforschung: Zur Entwicklungsgeschichte der objektiven Hermeneutik.* Frankfurt am Main, New York: Campus.

Sawyer, Keith (2007): *Group Genius. The Creative Power of Collaboration.* New York: Basic Books.

Sawyer, Keith (2003): *Improvised Dialogues. Emergence and Creativity in Conversation.* Westport/London: Ablex.

Schleiermacher, Friedrich Daniel Ernst (1995): *Hermeneutik und Kritik.* Herausgegeben und eingeleitet von Manfred Frank. Frankfurt am Main: Suhrkamp.

Spolin, Viola (1963): *Improvisation for the Theatre. A Handbook of Teaching and Directing Techniques.* Evanston: Northwestern University Press.

Widmer, Peter (1994): Aus dem Mangel heraus. In: Walter Fähndrich (Hg.): *Improvisation II.* Winterthur: Amadeus Verlag. 9-20.

Zanetti, Sandro (2010): Zwischen Konzept und Akt. Spannungsmomente der Improvisation bei Quintilian und Andersen. In: Bormann, Hans-Friedrich/Brandstetter, Gabriele/Matzke, Annemarie (2010): *Improvisieren. Paradoxien des Unvorhersehbaren.* Bielefeld: transcript. 95-106.

Zysno, Peter V. /Bosse, Ari (2007): Was macht Gruppen kreativ? In: E.H. Witte/ Kahl, C.H. (Hg.): *Sozialpsychologie der Kreativität und Innovation.* Lengerich, Berlin: Pabst.

Not macht erfinderisch.
Zur sozialen Praxis ,instinktiver Abduktionen'
in Qualitativer Sozialforschung

Norbert Schröer

Qualitative Sozialforschung zielt im Kern auf die Entwicklung brauchbarer Hypothesen über die soziale Wirklichkeit. Solche Hypothesen werden in Qualitativer Sozialforschung im direkten Kontakt mit der zu rekonstruierenden Wirklichkeit gewonnen, also im Rahmen von Feldforschung. Methodisch ist die Hypothesengewinnung dann in irgendeiner Form immer fallanalytisch gerahmt und fallkontrastiv ausgerichtet. Ein Indikator für die Brauchbarkeit der zu gewinnenden Hypothesen ist der jeweils mit ihnen anfallende Erkenntnisgewinn. Hier stellt sich erkenntnislogisch wie forschungspraktisch die Frage, wie in entsprechenden Fallanalysen aus der Konfrontation des Vorwissens des Feldforschers mit den von ihm erhobenen Daten überhaupt neues Wissen generiert werden kann. Mit dieser Frage beschäftigt sich Jo Reichertz seit dem Ende der 1980er Jahre. In der Auseinandersetzung mit den erkenntnislogischen Schriften von Charles S. Peirce und insbesondere mit dessen Abduktionskonzept hat er die erkenntnislogischen Grundlagen der Konstruktion neuen Wissens für die Qualitative Sozialforschung aufgearbeitet, ihr zugänglich und für sie fruchtbar gemacht (Reichertz 1991, 2003).

Mit diesem Beitrag möchte ich zuerst daran erinnern, dass die auf Jo Reichertz zurückgehende Aufarbeitung des Abduktionskonzepts für die Qualitative Sozialforschung in einem engen Zusammenhang mit der von uns entwickelten Hermeneutischen Polizeiforschung steht. Daran anschließend werde ich im Hauptteil an einem Beispiel aus meiner Vernehmungsforschung auf eine zwar bekannte, aber nicht so häufig erwähnte Bedingung abduktiven Ratens für den wissenschaftlichen Kontext aufmerksam machen.

I.

Im Jahre 2003 haben Jo Reichertz und ich einen Reader herausgegeben, mit dem wir der von uns und unseren Kollegen der Forschungsgruppe ,Empirische Polizeiforschung' über die Jahre betriebene Erforschung polizeilichen Handelns einen Namen gegeben haben: „Hermeneutische Polizeiforschung" (Reichertz/ Schröer 2003). Im Anschluss an eine programmatische Skizze haben wir in diesem Reader in mehreren Aufsätzen die u. E. bedeutenderen der von uns erarbeiteten Forschungsergebnisse zusammengetragen und sie dann der Kritik durch interessierte Kollegen ausgesetzt.

Bei dieser Präsentation konnten wir auf empirische Untersuchungen zurückgreifen, die zum Teil fünfzehn Jahre zurücklagen. Wir hatten Mitte der 1980er Jahre mit unseren Polizeiforschungen begonnen. Die Initiative ging damals von Hans-Georg Soeffner aus. Der Start erfolgte mit dem von ihm initiierten und geleiteten DFG-Projekt „Handlungstyp: Polizeiliche Ermittlungstätigkeit". Es kam dann bald zu weiteren Projekten, die sich auf recht verschiedene Bereiche polizeilichen Handelns bezogen, und die Leitung unserer Forschungsgruppe ging dann auch allmählich auf Jo Reichertz über.

In der langen ersten Phase unserer Forschungen hatten wir an dem polizeilichen Handeln selbst gar nicht ein so direktes Interesse. Wir standen mitten in dem Diskurs um geeignete und angemessene Verfahren der qualitativen Sozialforschung und um deren methodologische Begründung. Und dieser Diskurs war damals wie heute heterogen, die Debatten wurden heftig geführt. Es standen die eher formrekonstruktiven Ansätze den eher motivrekonstruktiven Ansätzen gegenüber. Wichtiger war die Kontroverse zwischen den eher strukturanalytischen und den eher interaktionistischen Konzepten.[1] Man grenzte sich voneinander ab und suchte dann doch nach Anschlussmöglichkeiten. Und in diesen Debatten schälte sich allmählich unsere mittlere Position heraus, die wir dann nicht allzu streng als Hermeneutische Wissenssoziologie konzeptualisiert haben (Schröer 1994; Hitzler, Reichertz, Schröer 1999).

Unser zentrales Interesse galt in den Anfängen also der Ausarbeitung einer tragfähigen Methodologie und der Entwicklung geeigneter Methoden einer qualitativen Sozialforschung und insbesondere der Konturierung ‚unseres' Paradigmas, der hermeneutischen Wissenssoziologie. Um diesen Interessen nachgehen zu können, war es allerdings unabdingbar, sich thematischen Forschungsgegenständen zuzuwenden. Zum einen können die methodologisch-methodischen Ausarbeitungen nur dann sensibel betrieben werden, wenn sie in der Auseinandersetzung mit einem empirischen Gegenstand gründen. Und zum anderen versprachen nur gegenstandsorientierte und gesellschaftlich relevante Forschungen eine Finanzierung der Forschung und eine Absicherung der Mitarbeiterstellen.

---

1   Zur Debatte insgesamt siehe: Hopf/Weingarten 1979; Soeffner 1979; Heinze/Klusemann/Soeffner 1980; Arbeitsgruppe Bielefelder Soziologen 1980; Garz,/Kraimer 1991, König/Zedler 1995; Hitzler/Honer 1997)

Dass wir uns dann dem Handlungsfeld Polizei zugewandt haben, war eher –
wie im Forschungskontext ja nicht ganz unüblich – bereits bestehenden persönlichen Kontakten zu verdanken. Hans-Georg Soeffner kannte den damaligen Poli-
zeipräsidenten von Hagen recht gut, und Jo Reichertz war mit dem Staatsanwalt,
der für die Beamtendelikte zuständig war und der bei den Polizeibeamten aufgrund der ihm nachgesagten Fairness recht beliebt war, befreundet. Beide mach-
ten sich für unseren Feldzugang bei den Beamten vor Ort stark. Weil die Beobachtung und die Analyse polizeilichen Verhaltens von herausragendem gesellschaftlichen Interesse waren (und sind), bis dahin aber kaum gestattet waren,
haben wir die sich uns bietende Gelegenheit gern wahrgenommen und uns ab
Mitte der 1980er Jahre auf die Rekonstruktion polizeilicher Handlungsfelder
konzentriert. Zunächst noch – wie gesagt – mit einem Methodologie- und Me-
thodenschwerpunkt. Mit der Zeit haben wir uns dann – dem Sog eines faszinierenden Feldes nachgebend und motiviert auch von den eigenen Ergebnissen –
doch zu ‚echten‘, d.h. genuin interessierten, Polizeiforschern – die allerdings
stets von einer besonderen, nämlich hermeneutisch-wissenssoziologischen Grund-
position aus ihre Untersuchungen betrieben haben, entwickelt (Reichertz/
Schröer 1992, 1997; Schröer 2002).

Das Abduktionskonzept, das thematische Zentrum dieses Beitrags, wurde
dann auch in der angesprochenen ersten, noch methodologie- und methoden-
focusierten Phase der Hermeneutischen Polizeiforschung für die Qualitative Sozialforschung präpariert. In seiner Habilitationsschrift „Aufklärungsarbeit. Kriminalisten und Feldforscher bei der Arbeit" (1991) zieht Jo Reichertz dazu (a)
seine Deutung der erkenntnistheoretischen Schriften zur Abduktion von Ch. S.
Peirce, (b) eine Feldstudie zur, und damit seine Deutung der Aufklärungsarbeit
von Kriminalisten und (c) eine Reflexion der eigenen Tätigkeit als Feldforscher
zur Beantwortung der Frage heran, ob es ein logisches Verfahren gibt, „mit dessen Hilfe neues Wissen gültig in Erfahrung zu bringen ist, und wenn ja, (ob; N.
S.) dieses Verfahren methodisiert werden" (Reichertz 1991: 5) kann. Die Einbeziehung einer Feldstudie zum kriminalpolizeilichen Aufklären macht in Hinsicht
auf diese erkenntnistheoretische Fragestellung Sinn, weil Kriminalisten stets
bemüht sind, etwas in Erfahrung zu bringen, was ihnen noch unbekannt ist. „Für
die Untersuchung der Kriminalpolizei sprach (…), dass die Polizei unter ver-
schärften Bedingungen ihre Arbeit der Aufklärung von Verbrechen zu erfüllen
hat, also möglicherweise über eine ausgefeiltere und bewährtere gültige Prozedur
zur Aufdeckung des Nichtgewussten verfügt." (Reichertz 1991: 5) Die durchläs-
sige Deutungsarbeit auf den drei Ebenen führte zu dem Ergebnis, dass abduktive
Prozesse nicht genau beschreibbar und somit letztlich auch nicht methodisch
kontrolliert herleitbar sind.

Der Grundstein zu dieser Einsicht wird bei Jo Reichertz bereits in der Auseinandersetzung mit den Schriften von Ch. S. Peirce gelegt (Reichertz 1991: 9-70). In der Überarbeitung seines ursprünglichen Hypothesekonzepts, nach der Peirce dann zwischen der Qualitativen Induktion und der Abduktion unterscheidet, wird deutlich, dass das Entdecken neuer Erkenntnisse sich kaum als Syllogismus beschreiben lässt. Die Entdeckung neuer Erkenntnisse folgt weder den Gesetzen der Logik noch stellt sie sich unbedingt ein, wenn man sich bei seiner Untersuchungsarbeit treu an vorgegebene Verfahrensoperationalisierungen hält. Ausgangspunkt ist stets eine echte und nicht vorhersehbare Irritation, d.h. die ernsthafte und überraschende Einsicht, dass eine Beobachtung mit dem zur Verfügung stehenden Wissen nicht erklärt oder verstanden werden kann. Die Aufhebung dieser Irritation und damit die Wiederherstellung von Orientierung sind nur dann möglich, wenn entsprechend neues Wissen generiert wird. Die Chance hierzu ist – so Peirce – am ehesten gegeben, wenn die Irritation große Sorge oder gar Angst auslöst. Diese Angst vermag beim Irritierten die Kräfte freizusetzen, passende, erklärungskräftige und irritationsaufhebende Regeln zu erraten. Prägnanter: „Nach den Vorstellungen von Peirce (entfesseln; N. S.) existentielle Erschütterungen am ehesten die kenntniserweiternde Potenz instinktiver Abduktionen" (Reichertz 1991: 60). Peirce verweist dann noch auf einen zweiten scheinbar entgegen gesetzten Lösungsmodus: die Abstinenz von jeglichem Handlungsdruck. Hierbei löst sich die Irritation über Eingaben des Irritierten auf, die der aus einem frei schwebenden Assoziieren, etwa einem Tagtraum heraus, gewinnt. Gemeinsamer Nenner beider Ratetypen ist die Ausblendung des bewusst und rational arbeitenden Verstandes. Die Grundlage der Entdeckung des Neuen ist – so spitzt Jo Reichertz zu – kein Verfahren, sondern die ernsthafte Bereitschaft des Suchenden, „alte Überzeugungen aufzugeben und nach neuen zu suchen" (Reichertz 1991: 64f). Zugrunde liegt also eine Haltung, die letztlich darauf vertraut, eine brauchbare Regel auf nicht vorhersehbare Weise zu erraten!

Mit dem dritten Teil seiner Untersuchung, der Feldstudie zur Aufklärungsarbeit von Kriminalisten, erweitert Jo Reichertz die Beschreibung der Charakteristika des abduktiven Ratens um die soziale Dimension (Reichertz 1991: 187-317). Deutlich wurde in seiner Studie, dass die Aufklärung von Mordfällen – um die ging es hier – nicht die Leistung der kognitiven Arbeit eines Kriminalisten ist. Sie lässt sich auch nicht einfach als die kognitive Arbeit einer Kriminalistengruppe darstellen. Die Aufklärung ergibt sich vielmehr – so das Ergebnis der Beobachtungen – aus einem dezentralen, immer wieder Irritationen und Sinnschließungen aus sich heraus treibenden praktischen Zusammenspiel der beteiligten Kriminalisten. Das Zusammenspiel ist zwar an- und eingebunden in Verfahrensvorschriften, Aufklärungsroutinen und Normalitätsvorstellungen, die müssen aber für jede Fallbearbeitung neu variiert und modifiziert werden. Und diese

Modifikation des kriminalistischen Zusammenspiels ergibt sich jeweils aus den Besonderheiten des Falles und insbesondere auch aus den jeweils besonderen Umständen der Fallbearbeitung. In diesem Sinne treibt jede kriminalistische Fallbearbeitung ihre soziale Aufklärungspraxis hervor, und die ist zugleich die kontingente Bedingung der Aufklärung des Falles. Übergreifend ist so darauf verwiesen, dass abduktives Raten, also die Entdeckung des Neuen, nicht nur jeweils von der abduktiven Haltung eines Einzelnen oder einer methodisch (zusammen)arbeitenden Gruppe getragen ist, sondern dass das Raten stets eingebettet ist in eine sich aus der Arbeit am Fall erst ergebenden sozialen Praxis, die eine Erkenntnis nicht vorhersehbar aus sich heraus treibt. Und diese Einsicht kann durchaus auch auf die wissenschaftliche Erzeugung neuen Wissens – auf die, wenn man so will, wissenschaftliche Aufklärungspraxis – übertragen werden.

II.

Sucht man nach Entsprechungen zu der angezeigten sozialen Fundierung einer kriminalistischen Aufklärungspraxis für das sozialwissenschaftliche Aufklären, dann kommt man umgehend auf die Kontingenz der jede Feldforschung konstituierenden Dialogizität zu sprechen (Dammann 1992; Schröer 2002: 107-128). Diese Kontingenz wird in der Qualitativen Sozialforschung seit Langem erörtert. Angestoßen wird diese Erörterung immer wieder auch durch Debatten um den Objektivitätsstatus qualitativer Hypothesengenerierung und Theoriebildung (Kelle 1994: 29-56; Reichertz 1997). Und nicht zuletzt diese Debatten haben zur Entwicklung und Verfeinerung des qualitativen Methodenapparates auch in Bezug auf das Zusammenspiel von Datenerhebung und Datenauswertung beigetragen. Diese Methodenausarbeitungen werden dann mitunter so akribisch durchgeführt, dass die nicht hintergehbare Kontingenz von Feldforschung in Vergessenheit zu geraten droht. Auf die muss dann mit der Hervorhebung des Kunstlehrecharakters jeder Qualitativen Feldforschung und insbesondere mit der Betonung des Ratecharakters der die Entdeckung des Neuen antreibenden Abduktionen eigens wieder verwiesen werden.

Auf die Probleme einer zunehmenden ‚methodischen Versiegelung' des qualitativen Forschungsprozesses für die abduktive Entdeckung des Neuen, auf die ‚Binnenebene' der sozialen Praxis von Feldforschung, möchte ich hier allerdings nicht weiter eingehen. Ich möchte vielmehr den ‚äußeren Rahmen', die jeweilige Einbettung von Feldforschungsprojekten in ihrer Bedeutung für die Generierung abduktiven Ratens ins Zentrum rücken. Ich begreife diese kontextuelle Dimension gleichfalls als einen Bereich einer sozialen Praxis, der auf den Forschungsprozess entscheidenden Einfluss nimmt, und ich gehe davon aus, hier etwas vorzustellen, das in der Sozialforschung eigentlich bekannt ist, glaube aber zugleich zu wissen, dass über diesen Aspekt nicht viel gesprochen und geschrieben wird.

Deutlich machen möchte ich diesen Aspekt an einem Beispiel aus dem Bereich unserer hermeneutischen Polizeiforschungen, den vorrangig ich bearbeitet habe: die Analyse von polizeilichen Vernehmungen. Ich möchte zunächst einen pointierten kurzen Bericht von der langjährigen Interpretation einer polizeilichen Beschuldigtenvernehmung geben, die ich 1990 als Dissertation eingereicht habe (Schröer 1990 (1992)). Der Hinweis auf diese Rahmung ist hier bedeutsam; das wird später noch klar werden.

In der zweiten Hälfte der 1980er Jahre hatte ich mit der Arbeit an dieser Dissertation begonnen, die in engem Zusammenhang mit dem erwähnten ersten DFG-Forschungsprojekt zur polizeilichen Ermittlungstätigkeit stand. Mein Ziel war es, am Beispiel der Interpretation einer polizeilichen Beschuldigtenvernehmung das Verfahren und die Leistungsfähigkeit einer hermeneutischen Einzelfallanalyse vorzustellen bzw. zu belegen. Und das heißt, es ging darum, die Gewinnung eines Erkenntnisfortschritts zu demonstrieren: die bis dahin unbekannte Seite der polizeilichen Beschuldigtenvernehmung zu entdecken und v. a. das Verfahren der Entdeckung aufzuzeigen. Jo Reichertz arbeitete parallel an der schon erwähnten Habilitation zur Abduktion (1991). Und davon beeinflusst erhielt mein hermeneutisches Forschungsprogramm einen ausdrücklich abduktiven Anspruch.

Im Zentrum meiner Analyse stand die Frage nach den Problemen der Wahrheitserforschung in polizeilichen Beschuldigtenvernehmungen für die Vernehmer (Schröer 1992: 37ff). Und nachdem ich die ersten Vernehmungen tontechnisch aufgezeichnet und verschriftet hatte, hatte ich einen Fall auszuwählen, in dessen Auswertung ich die Entdeckung der unbekannten Seiten der Wahrheitserforschung in Beschuldigtenvernehmungen aufzeigen wollte. Noch wenig interpretationserfahren und davon ausgehend, dass sich eine (neue) Regel, eine neue Struktur, in jedem Fall zeigen muss, machte ich mir wenig Gedanken um die besondere Eignung eines Falles. Ich wählte einen schlichten Fall aus, wohl um Komplexität zu reduzieren. Es ging um einen krassen Bagatellfall: Ladendiebstahl von Zigaretten in einem Kaufhaus. Verfahrenstechnisch orientierte ich mich zunächst eng an der Sequenzanalyse, wie sie damals gerade von Ulrich Oevermann entwickelt und propagiert wurde (Oevermann 1981; Oevermann et. al. 1979; Oevermann/Allert/Konau 1980). Ich nahm die Prinzipien der Sequenzanalyse recht ernst, bekam Probleme bei der Umsetzung und glaubte dann auf systematische Methodenprobleme gestoßen zu sein, die mich zu einer Umstellung des Verfahrens veranlassten. In der modifizierten Variante verlor der Oevermannsche Lesartentrichter etwas an Kontur, und die Lesartenbestimmung während der

Feinanalyse wurde von der Bestimmung der Handlungsstruktur ‚getrennt'; die eine ging der anderen Bestimmung nun voraus (Schröer 1992: 52-67).

In einer recht langwierigen und extensiven Interpretation habe ich mich auf das Fünfseitentranskript der Vernehmungsvorbesprechung des ausgewählten Falles konzentriert. Die Vorbesprechung ist Bestandteil der Vernehmung. Sie dient dazu, den zur Debatte stehenden Straftatbestand und die Involviertheit des Beschuldigten so zu sondieren und zu klären, dass beides dann anschließend in einem Protokoll geordnet niedergeschrieben und festgehalten werden kann. Ich habe das Transkript also einer aufwendigen Feinanalyse unterzogen (Schröer 1992: 212-277), diese Feinanalyse dann auf die fallspezifischen Besonderheiten hin so verdichtet, dass die Interpretation übersichtlich und handhabbar wurde und so, dass die für die Entdeckung des Neuen vermeintlich aufschlussreichen zentralen Irritationen, also die beobachtbaren Handlungsmerkmale, für deren Verstehen mein Vorwissen nicht langte, erkennbar wurden (Schröer 1992: 91-130). In der Verdichtung der Interpretation bin ich etwa zu folgender Fallfigur gekommen:

Der Vernehmer war in der kurzen Vernehmungsvorbesprechung deutlich federführend. Er teste ab, ob der Beschuldigte zum einen gesprächsbereit und zum anderen geständig ist. Und dieser Test stellte sich direkt zu Beginn der Vernehmung so dar:

1 Vb 1	drei Schachteln ··· drei Schachteln Zigaretten, richtig . . . Und noch ne Schachtel Zigaretten? ··· (5 Sek.) in die Ein- kaufstasche gesteckt. ··· (5 Sek.) Wieviel ˙ Bargeld ˙ hast Du dabei? Darf ich ja fragen oder darf ich Dich ja duzen?	Vb liest die Strafanzeige des Kaufhauses.
2 B 1	Fahrgeld?	Vb steht auf, geht zum
3 Vb 2	Bargeld	'Formularschrank' und holt
4 M 1	Bargeld	Formblatt NW Pol 11 (hier:
5 B 2	Bargeld	Personalbogen für Beschuldig-
6 M 2	Wieviel hatteste dabei?	tenvernehmung).
7 B 3	Ja hundert Mark hat ich dabei	Vb geht dann zurück hinter
8 M 3	&	den Schreibtisch, setzt sich
9 M 4	Hundert Mark. ·· Er war nämlich einkaufen. ˙	und legt die Bögen auf den Schreibtisch.
10 Vb 3	Ja, warum hast Du's denn dann gemacht? ˙ Mm? ··· (5 Sek.)	

Wie man sieht, geht der Vernehmer bei seiner Gesprächseröffnung wie selbstverständlich und implizit von der Gesprächsbereitschaft und von der Täterschaft des Beschuldigten aus. Der Test erfolgt in Form einer doppelten Unterstellung, sodass zentrale Verfahrensrechte des Beschuldigten verletzt werden. Der Beschuldigte muss zu Beginn über seine Verfahrensrechte aufgeklärt werden, so über sein Aussageverweigerungsrecht, und ihm muss zunächst der Tatvorwurf eröffnet werden. Die vom Vernehmungsbeamten gewählte Unterstellungsstrategie ist kennzeichnend für den Verlauf der Vernehmungsvorbesprechung insgesamt. Der Beschuldigte reagiert auf die Unterstellung seiner Gesprächsbereitschaft sehr zurückhaltend. Er antwortet dem Vernehmungsbeamten zwar, bleibt dabei aber recht einsilbig und ergreift selbst an keiner Stelle die Initiative. Es kommt kein Gespräch zustande. Die Reaktion auf die Täterschaftsunterstellung bleibt lange Zeit unbestimmt. Das kommt auch daher, weil der Vernehmer seine Unterstellung nicht offen vorträgt, statt dessen immer wieder den Beschuldigten nach Details fragt, mit denen dessen Täterschaft bereits unterstellt ist. Der Sachverhalt selbst wird nur fragmentarisch in das Frage-Antwort-Gespräch hinein genommen. Der Beschuldigte soll so rasch, unkompliziert und verpflichtend in die Geständigkeit hingezogen werden. Er müsste sich ggf. gegen die Unterstellung stemmen, sie offen legen und entsprechend opponieren, um ihr zu entgehen. Vor allem aber steht er mit der Unterstellung unter enormen Entscheidungsdruck: Ihm bleibt kaum Zeit, seine Situation in Ruhe zu überdenken. Dem Beschuldigten dieses Falles ist es dennoch gelungen, seine Geständigkeit einige Zeit uneindeutig zu halten. Erst gegen Ende der Vernehmungsvorbesprechung räumt er die Tat zweifelsfrei, wenn auch eher nebenbei ein. Insgesamt betrachtet ist die Gesprächsführung des Vernehmers auf die Überrumpelung des Beschuldigten angelegt. Sie trägt deutlich zwangskommunikative Züge.

In der Vernehmungsforschung der Kritischen Kriminologie wurde von Manfred Brusten und Peter Malinowski bereits auf solche Vernehmungsformen aufmerksam gemacht (Bursten/Malinowski 1975; Malinowski/Brusten 1977). Sie hoben in diesem Zusammenhang hervor, dass es den Vernehmern mit solchen Verfahren darum gehe, die Beschuldigten – wie sie sich ausdrückten – in eine Objektstellung zu bringen, aus der heraus ihnen eine verfahrensgerechte Wahrnehmung ihrer Rechte dann verunmöglicht würde. Die kritische Kriminologie monierte seinerzeit, dass es im Hintergrund um die Herrschaftsstabilisierung in einer Klassengesellschaft gehe. Auf einen für meine Interpretation interessanteren Aspekt wurde ich durch Gesprächs- und Vernehmungsanalytiker des Instituts für Kommunikationsforschung und Phonetik (IKP) – hier ist v.a. Jürgen Banscherus zu nennen (1977; siehe auch Schmitz 1983) –, die an einer praxiskritischen Aufarbeitung polizeilicher Vernehmungen interessiert waren, aufmerksam. Von ihnen wurde moniert, dass Überrumpelungsstrategien, wie sie nicht nur in meinem

Fall zum Tragen kommen, letztlich der Wahrheitserforschung in den Vernehmungen nicht zugutekommen. Die Gefahr von Rekonstruktionsfehlern oder -mängeln erhöhe sich mit der oft zum Einsatz kommenden Unterstellungsstrategie auch deshalb, weil die Möglichkeit zur Korrektur von vom Vernehmungsbeamten schon vorab entwickelten, aber möglicherweise unangemessenen Vorurteilen bei einer Übereinstimmung von Verdacht und fehlerhafter Aussage (z.b. Falschaussage) erheblich eingeschränkt sei. Die Etablierung von ‚falschen' Vorurteilen und die Weichenstellung für eine fehlerhafte Sachverhaltsrekonstruktion dürfte durch eine Strategie der verdeckten Unterstellung ganz allgemein begünstigt sein. Von daher sei es im Sinne einer gelingenden Wahrheitserforschung angezeigt, den Beschuldigten den inkriminierten Sachverhalt erst einmal ruhig berichten zu lassen, bevor man zum Verhör übergehe. Diese Maxime einer angemessenen Vernehmungsführung ist seit Langem fester Bestandteil der kriminalistischen Anleitungsliteratur (Stüllenberg 1992).

Betrachtet man den von mir interpretierten Einzelfall wie angezeigt vor dem Hintergrund der Probleme, die die Wahrheitserforschung in polizeilichen Beschuldigtenvernehmungen mit sich bringen – das war ja meine Frage –, dann verwundert im Anschluss an Banscherus, dass der Vernehmer ein für die Wahrheitserforschung riskantes zwangskommunikatives Unterstellungsverfahren gewählt hat. An dieser Irritation hatte ich meine Strukturrekonstruktion anzusetzen. D.h.: es ging mir keineswegs – wie meinen Kollegen – um eine ideologie- oder praxiskritische Betrachtung der Strategie, sondern hermeneutisch um die Entdeckung eines strukturalen Motivs, von dem her sich die Strategiewahl – in diesem Fall die Unterstellungsstrategie – als sinnhaft und sinnvoll nachvollziehen ließ. Und diese Suche erwies sich zunächst als wenig erfolgreich!

Ich stand vor dem Problem, mit der bisher so aufwendig gewonnenen Fallbesonderheitsfigur letztlich nichts Aufregendes dargestellt zu haben. Die Unterstellungsstrategie als Verfahren der Beschuldigtenvernehmung war in der Literatur schon hinlänglich beschrieben. Und die aufgeworfene Irritation konnte ich nicht überzeugend auflösen. Die in der Literatur zu findende Einstufung des Verfahrens als arbeitsökonomisch entbehrt zwar gerade bei einem Bagatellfall nicht einer gewissen Plausibilität. Damit würde aber die Frage nach den Problemen der Wahrheitserforschung nur gestreift. Mir ging es um die Entdeckung genuiner Handlungsprobleme bei der Wahrheitserforschung in Beschuldigtenvernehmungen in Anbetracht der die beobachtete Unterstellungsstrategie eine Lösung darstellt, als sinnvoll und sinnhaft verstehbar wird. Und da gab es keine Angebote. Und ich hatte keinen passenden Einfall.

Ich komme damit zu meinem Punkt: Mich ereilte nämlich in dieser Situation, gelinde gesagt, Panik. Das Problem, vor dem ich stand, war zunächst einmal auf der wissenschaftlich analytischen Ebene angesiedelt. Es hatte für mich schon hier durchaus eine existentielle Dimension: Mein Ziel bestand darin, mit einer

Einzelfallanalyse die hinter der Wahrheitserforschung in Beschuldigtenvernehmungen steckenden strukturellen Handlungsprobleme für die Vernehmer zu erkennen. Darüber hinaus sollte in dieser Analyse so gut wie möglich die abduktive Gewinnung eines Erkenntnisfortschritts dargestellt und demonstriert werden.
Das waren die Ziele, die mit der Dissertation umgesetzt werden sollten. Und nun
stand ich mit leeren Händen dar. Das Geld ging mir aus, die mit der Dissertation
angestrebten Ziele drohten verfehlt zu werden, meine Dissertation, damit zu
scheitern. Ich sah – und hier erhält die existentielle Dimension eine zweite, stärker extrinsische Ebene – meine Anschlussfähigkeit an die scientific community,
um die es mir ja letztlich ging, stark gefährdet. Im Raume stand massive Exis-
tenzangst.

Dieser Zustand hielt dann einige Zeit an. Ich grübelte unentwegt darüber
nach, welche Handlungslogik hinter der Unterstellungsstrategie unter Wahrheits-
erforschungsgesichtspunkten stehen konnte. Ich nahm immer wieder meine
Feinanalyse zur Hand. Die Suche und das Nachdenken verliefen nicht mehr geordnet, sondern sie waren von Versagensängsten getragen völlig diffus. Ich kam
nicht mehr zur Ruhe, zeigte körperliche Symptome. Das Schlafen wurde über
Tage und Wochen schwierig. Und in allem steckte die Frage: Was passiert mit
mir, wenn ich zu keinem brauchbaren Ergebnis kommen sollte?

Ich weiß natürlich nicht mehr, wann mir dann aus dieser angstbesetzten Diffusion heraus eine brauchbare Idee gekommen ist. Ich glaube heute nur noch zu
wissen, dass ich in einem Sessel in meinem Arbeitszimmer saß und mir dann mit
einem Mal durch den Kopf ging, dass der Vernehmer deshalb nach einer recht
fragmentarisch und in Form einer impliziten Unterstellung gehaltenen Sachverhaltsrekonstruktion recht frühzeitig zur Protokollierung der Aussage überge-
gangen sein könnte, weil er die Aufkündigung der Kooperativität des Beschuldigten nicht ausschloss. Der Beschuldigte könnte noch auf sein Aussageverweigerungsrecht zurückgreifen und eine Lizenzierung des Protokolls verweigern.
Dann wäre sein Geständnis kaum gerichtsverwertbar. So auf die Spur gekommen, überlegte ich dann aufgeregt und zugleich erstmals ein wenig erleichtert
weiter, dass in dem von mir untersuchten Fall das lakonische Verhalten des Beschuldigten einen entsprechenden Argwohn hat erregen können, dass aber im
Prinzip der Vernehmer in jedem Fall mit der Sorge der Kooperationsaufkündi-
gung leben muss. Der Beschuldigte hat immer das Recht, die Vernehmung abzu-
brechen und in Anbetracht der Interessendivergenz ist diese Sorge keineswegs
abstrakt. So weitergedacht erschien es mir dann auch wahrscheinlich, dass die
Vernehmungsdurchführung in meinem Fall durchaus habitualisiert und routi-
nisiert diese grundlegende Sorge eines jeden Vernehmers zum Ausdruck bringt.
Und so nahm die Idee von der Aushandlungsdominanz des Beschuldigten in polizeilichen Beschuldigtenvernehmungen langsam Kontur an. Der Vernehmer

steht demnach – so konnte ich die gewonnene Idee ausarbeiten – stets vor dem Problem, zum Zwecke der Wahrheitserforschung zunächst die Kooperativität des sich verfahrensrechtlich in einer starken Stellung befindenden Beschuldigten zu sichern. Diese Sicherung kann dann die Wahrheitserforschung durchaus einschränken (Schröer 1992: 130-211, 1992a, 2003). Da es mir hier ja nicht um die Inhalte meiner Analyse geht, soll diese Andeutung genügen.

Relevanter ist hier, dass ich diese eher existentiellen Umstände meiner Entdeckung der Handlungslogik zur Wahrheitserforschung in Beschuldigtenvernehmungen nicht in meinen Forschungsbericht (Dissertation) aufgenommen habe. Dargestellt sind die Feinanalyse, die Verdichtung der Feinanalyse auf zentrale Fallbesonderheiten hin und die dabei in den Blick gekommenen Irritationen. Die Auflösung dieser Irritationen wurde dann argumentativ als kognitive Arbeit hin zu der neuen Erkenntnis: Aushandlungsdominanz des Beschuldigten mit den Folgen für die Vernehmungsführung der Beamten, aufgeführt (Schröer 1992: 130-142). Es schien mir damals nicht schicklich, meine existentiellen Nöte als Triebfeder für meine Entdeckung in einer Dissertation aufzuführen. Warum nun dieses späte Outing?

Nachdem ich in der Zwischenzeit einige weitere empirische Untersuchungen durchgeführt habe und nachdem ich doch einigen Kollegen beim Untersuchen über die Schultern schauen konnte, hat sich bei mir der Eindruck aufgebaut, als sei die von mir soeben skizzierte Abduktionserfahrung keineswegs singulär – wenn sie auch nicht immer so ausgeprägt auftreten mag. Ich denke sogar, dass es mehr oder weniger normal ist, dass die Entdeckung des Neuen in der qualitativen Sozialforschung auch angetrieben und getragen wird von den sozialen und institutionellen Rahmenbedingungen, in denen sie jeweils steht. Will sagen: Ich gehe davon aus, dass der Druck der bei einer Diplomarbeit, Dissertation, Habilitation von der anstehenden Begutachtung, der Druck der bei einem DFG-Projekt von der Evaluierung mit Folgen für die Finanzierung weiterer Forschungsprojekte, der Druck der von der Sorge um die Anschlussfähigkeit an die sientific community insgesamt ausgeht usw., zu Ängsten, Befürchtungen und Sorgen und in diesem Sinne zu existentiellen Dispositionen beim Untersuchenden führt, die dann für die Entdeckung neuen Handlungswissens antreibend sind. Damit soll keinesfalls gesagt sein, dass die Verfahren und Anleitungen der Datengewinnung und die der Datenauswertung überflüssig seien. Ohne die ausführliche und penibel durchgeführte Fein- und Sequenzanalyse wäre ich wahrscheinlich nicht auf die dann konstruierte Handlungslogik gestoßen. Gesagt werden soll aber schon, dass die methodisch saubere Durchführung einer Sequenzanalyse im Normalfall wohl eher nicht ausreicht, um zu neuen Einsichten zu kommen. Ausschlaggebend ist – so meine These – der Wille, sich unbedingt zu einem neuen Ergebnis durchzuringen. Und ein solcher Wille wird im Forschungsalltag eben nicht nur intrin-

sisch aus der Analyse heraus, sondern korrespondierend meist auch über den
jeweiligen und kontingenten sozialen Druck extrinsisch aufgebaut. Letztlich geht
es auch hier um die Sicherung des materiellen Überlebens und um die der sozialen Anschlussfähigkeit. Mein Eindruck ist, dass jeder im wissenschaftlichen
Kontext Arbeitende um diesen Sachverhalt weiß. Trotzdem findet dieses Wissen
in der Methodendiskussion keinen Eingang.

III.

Jo Reichertz hat im Anschluss an Peirce, darauf habe ich vorne bereits verwiesen, zwei Basisverfahren der Entdeckung des Neuen unterschieden: der auf exis-
tentieller Erschütterung basierenden instinktiven Abduktion und der von jedem
Handlungsdruck befreiten Tagträumerei. Mir scheint, als wäre in den Anleitungen zur qualitativen Sozialforschung in erster Linie die Tagträume methodisiert
worden. Es stehen zunehmend beschreibbare Verfahren im Vordergrund, an die
man sich bei der Generierung und Auswertung der Daten vom Handlungsdruck
entlastet halten sollte und in deren Einhaltung die Qualität der Forschung gesichert sein soll (beispielsweise Schröer 1994; Büsemeister 2000; Rosenthal 2008,
Przyborski/Wohlrab-Sahr 2008). Verweise auf durch existentiellen Druck er-
zwungene „instinktive Abduktionen" und auf die näheren Umstände ihres Eintre-
tens bleiben da eher blass.
    Das gilt bereits für die oben nur angedeutete „instinktive Abduktion" als Fol-
ge einer orientierungsraubenden feinanalytisch-dekonstruktiven Lesartendiskus-
sion (Oevermann et. al. 1979, Lueger 2000: 75-84 und in Abgrenzung zur Oevermannschen Sequenzanalyse Schröer 1992: 60ff). Schon diese Variante – also die
‚Erzeugung' von nachhaltiger Ratlosigkeit und damit einer für den Interpreten unangenehmen Zwangslage qua sequenzanalytischem Verfahren als Antrieb für die
Entdeckung neuer Regeln – wird in der Methodendiskussion kaum in ihrer für den
Interpreten existentiellen und ihn von da treibenden Dimension beschrieben.
    Erst recht gilt diese Abstinenz aber für den in diesem Beitrag im Vorder-
grund stehenden externen sozialen Bedingungsrahmen in seiner Bedeutung für
die Einleitung einer „instinktiven Abduktion": die „instinktive Abduktion" als
Folge einer existentiellen Sorge des Forschers um seine Anschlussfähigkeit an
die scientific community. Auf diesen Rahmen lassen sich so gut wie keine Hinweise in den entsprechenden Lehr- und Handbüchern finden. Er verdient allerdings, das legt meine Erfahrung als qualitativer Feldforscher nahe, in Anbetracht
seines Stellenwerts für die Entdeckung des Neuen in der Qualitativen Sozialforschung und insbesondere in der Hermeneutischen Wissenssoziologie weit mehr
Beachtung.

Literatur

Arbeitsgruppe Bielefelder Soziologen (Hrsg.) (1980): Alltagswissen, Interaktion und gesell-schaftliche Wirklichkeit 1+2. Wiesbaden: Westdeutscher Verlag
Banscherus, Jürgen (1977): Polizeiliche Vernehmung: Formen, Verhalten, Protokollierung. Wiesbaden: BKA-Forschungsreihe Bd. 7
Büsemeister, Thomas (2000): Qualitative Forschung. Wiesbaden: Westdeutscher Verlag
Brusten, Manfred./Hohmeier, Jürgen (Hrsg.) (1975): Stigmatisierung 2, Zur Produktion gesellschaftlicher Randgruppen. Neuwied und Darmstadt: Luchterhand
Brusten, Manfred/Malinowski, Peter (1975). Die Vernehmungsmethoden der Polizei und ihre Funktion für die gesellschaftliche Verteilung des Etiketts ‚kriminell'. In: Brusten/ Hohmeier (1975): 57-112
Dammann, Rüdiger (1992): Die Entdeckung des inneren und des äußeren Auslands, in: kea. Zeitschrift für Kulturwissenschaften 4: 21-38
Garz, Detlef/Kraimer, Klaus (Hrsg.) (1991): Qualitativ-empirische Sozialforschung. Wiesbaden: Westdeutscher
Heinze, Thomas/Klusemann, Hans-W./Soeffner, Hans-Georg (Hrsg.) (1980): Interpretation einer Bildungsgeschichte. Bensberg: päd extra Buchverlag
Ronald Hitzler/Honer, Anne (Hrsg.) (1997): Sozialwissenschaftliche Hermeneutik. Opla-den: Leske+Budrich
Hitzler, Ronald/Reichertz, Jo/Schröer, Norbert (Hrsg.) (1999): Hermeneutische Wissens-soziologie. Standpunkte zur Theorie der Interpretation. Konstanz: UVK
Hopf, Christel/Weingarten, Elmar (Hrsg.) (1979): Qualitative Sozialforschung. Stuttgart: Klett
Kelle, Udo (1994): Empirisch begründete Theoriebildung. Zur Logik und Methodologie interpretativer Sozialforschung. Weinheim: Deutscher Studien Verlag
König, Eckhard/Zedler, Peter (Hrsg.) (1998): Bilanz qualitative Forschung Bde. 1 und 2. Weinheim: Deutscher Studien Verlag
Kube, Edwin/Störzer, Hans Udo/Brugger, Siegfried (Hrsg.) (1983): Wissenschaftliche Kri-minalistik Bd. 1. Wiesbaden: BKA-Forschungsreihe Bd. 16
Lüderssen, Klaus; Sack, Fritz (Hrsg.) (1977): Seminar: Abweichendes Verhalten III. Die gesellschaftliche Reaktion auf Kriminalität 2 . Frankfurt/M.: suhrkamp
Lueger, Manfred (2000): Grundlagen qualitativer Feldforschung. Wien: WUV-Universitäts-verlag
Malinowski, Peter/Brusten, Manfred (1977): Strategie und Taktik der polizeilichen Verneh-mung. In: Lüderssen/Sack (1977): 104-118
Oevermann, Ulrich (1981): Fallrekonstruktion und Strukturgeneralisierung als Beitrag der objektiven Hermeneutik zur soziologisch-strukturtheoretischen Analyse. MS Frank-furt/M.
Oevermann, Ulrich/Allert, Tilmann/Konau, Elisabeth/Krambeck, Jürgen (1979): Die Metho-dologie einer ‚objektiven Hermeneutik' und ihre allgemeine forschungslogische Be-deutung in den Sozialwissenschaften. In: Soeffner (1979): 352-433

Oevermann, Ulrich/Allert, Tilmann/Konau, Elisabeth (1980): Zur Logik der Interpretation von Interviewtexten – Fallanalyse anhand eines Interviews mit einer Fernstudentin. In: Heinze/Klusemann/Soeffner (1980): 15-69

Przyborski, aglaja/Wohlrab-Sahr, Monika (2008): Qualitative Sozialforschung. München: Oldenbourg

Reichertz, Jo (1991): Aufklärungsarbeit. Kriminalpolizisten und Feldforscher bei der Arbeit. Stuttgart: Enke

Reichertz, J. (1997): Plädoyer für das Ende der Methodologiedebatte bis zur letzten Konsequenz. In: Sutter (1997): 98-132

Reichertz, Jo (2003): Die Abduktion in der qualitativen Sozialforschung. Opladen: Leske + Budrich

Reichertz, Jo/Schröer, Norbert (Hrsg.) (1992): Polizei vor Ort. Studien zur empirischen Polizeiforschung. Stuttgart: Enke

Reichertz, Jo/Schröer, Norbert (Hrsg.) (1997): Qualitäten polizeilichen Handelns. Beiträge zu einer verstehenden Polizeiforschung. Opladen: Westdeutscher

Reichertz, Jo/Schröer, Norbert (Hrsg.) (2003): Hermeneutische Polizeiforschung. Opladen: Leske + Budrich

Rosenthal, Gabriele (2008): Interpretative Sozialforschung. Eine Einführung. Weinheim und München: Juventa

Schmitz, H. Walter (1983): Vernehmung als Aushandeln der Wirklichkeit. In: Kube/Störzer/Brugger (1983.): 353-387

Schröer, Norbert (1990): Die Vernehmungsvorbesprechung. Zur strukturanalytisch-wissenssoziologischen Rekonstruktion des Handlungstyps ‚Polizeiliches Vernehmen Beschuldigter. Diss. Hagen; veröffentlicht als (1992): Der Kampf um Dominanz. Hermeneutische Fallanalyse einer polizeilichen Beschuldigtenvernehmung. Berlin, New York: de Gruyter

Schröer, Norbert (1992): Das Dominanzgefälle in polizeilichen Vernehmungen – Der Beschuldigte als strukturell Überlegener. In: Zeitschrift für Rechtssoziologie 13: 231-248

Schröer, Norbert (Hrsg.) (1994). Interpretative Sozialforschung. Auf dem Wege zu einer hermeneutischen Wissenssoziologie. Opladen: Westdeutscher Verlag

Schröer, Norbert (2002): Verfehlte Verständigung? Kommunikationssoziologische Fallstudie zur interkulturellen Kommunikation. Konstanz: UVK

Schröer, Norbert (2003): Zur Handlungslogik polizeilichen Vernehmens. In: Reichertz/Schröer (2003): 61-78

Soeffner, H.-G. (Hrsg.) (1979): Interpretative Verfahren in den Text- und Sozialwissenschaften. Stuttgart: Metzler Verlag

Stüllenberg, Heinz (1992). Die Vernehmung. Lehr- und Studienbriefe Kriminalistik Nr. 4. Hilden: Verlag Deutsche Polizeiliteratur

Sutter, Tilmann (Hrsg.) (1997): Beobachtung verstehen, Verstehen beobachten. Opladen: Westdeutscher Verlag

Alfred Schütz, die Phantasie und das Neue.[1]
Überlegungen zu einer Theorie des kreativen Handelns

Hubert Knoblauch

Einleitung

„Im Anfang schuf Gott den Himmel und die Erde. Die Erde war wüst und leer, Finsternis lag über der Urflut, und der Geist Gottes schwebte über den Wassern. Da sprach Gott: Es werde Licht. Und es ward Licht" (Genesis 1:1). Die Schöpfungsgeschichte ist sicherlich eines der berühmtesten Beispiele für die Schaffung des Neuen in seiner dramatischsten Form, nämlich ex nihilo. Hält man sich die jüdisch-christliche Schöpfungsgeschichte vor Augen, erscheint das Thema dieses Beitrags doch etwas weit gegriffen, ja geradezu anmaßend: Wer die Frage danach stellt, wie das Neue in die Welt kommt, nimmt leichthin jene hybriden Züge an, die Goethe in seinem Prometheus in Stanzen setzt. Wollte man also diese Frage verfolgen, dann läge ein Vergleich von Schöpfungsvorstellungen nahe. In der jüngeren Entwicklung verdichtet sich die säkularisierte Vorstellung der menschlichen Schöpfung vor allem im von Schumpeter geschaffenen Begriff der Innovation: Der bürgerliche Unternehmer zerstört durch die schöpferische Zerstörung das Alte und schafft damit das Neue (Schumpeter 1912). Dieser Begriff der Innovation trägt eine sich rasant ausbreitende Innovationsforschung (Rogers 1995). Diese Forschung behandelt die Innovation durchaus als eine soziale Konstruktion, in der Handlungsaspekte und institutionelle Rahmenbedingungen miteinander verknüpft sind (Rammert 2000). Seit einigen Jahren setzt sich daneben auch der Begriff der Kreativität durch. So wenig dieser Begriff eine klare Bestimmung erfährt, impliziert er, dass es hier nicht mehr auf die Unternehmer und Techniker ankommt, sondern auf das Potential von Handelnden. Dieses Potential ist keineswegs folgenlos, wird mit „kreativen Industrien" schon globale Ressourcenverteilung betrieben, die auch das zustande bringt, was mittlerweile (wenn auch höchst ungenau) als Diagnose der Herausbildung einer „kreativen Klasse" in die Sozialstrukturanalyse eingeht (Florida 2004).

---

1   Für Anregungen möchte ich mich bei Werner Rammert und Rene Tuma bedanken, für die Korrekturen bei Juliane Böhme und Sezgin Sönmez.

Im Unterschied zum Begriff der Innovation soll mit dem Begriff des kreativen Handelns hier also keine sozial konstruierte, institutionalisierte und objektivierte Erneuerung und Anerkennung, sondern ein Merkmal des subjektiven Handelns angesprochen werden. Wie die Innovation wird das kreative Handeln sicherlich inhaltlich auf verschiedene Weisen sozial konstruiert. Allerdings setzt meine Analyse des kreativen Handelns hier an einer anderen Stelle an. Es geht nicht um die Frage nach dem Neuen an sich, also in irgendeinem möglicherweise objektiven Sinne. Es geht auch nicht um die Frage nach dem Neuen „für uns", also der Einschätzung, ob etwas aus bestimmten Blickwinkeln als neu erscheint. Es geht um die Frage danach, wie *ich* das Neue schaffen kann. Mit der Hervorhebung des Subjekts führt die Frage in eine phänomenologische, protosoziologische Perspektive auf das Handeln, wie die von Schütz entwickelte, die hier aufgenommen werden soll. Zum Verständnis dieser subjektiven Perspektive sollte man drei Voraussetzungen klären:

(a) Wie Schütz schon in seinem ersten großen Buch (Schütz 1932/ 1974) deutlich macht, geht er davon aus, dass es Subjekte sind, die etwas schaffen. Genauer gesagt: es sind Subjekte, die handeln und damit ihre Welt schaffen (bzw. „konstituieren"). Dabei sollte das Wort Subjekt nicht missverstanden werden: es geht hier nicht darum, was ich Anderen als Handlungen oder gar „agency" zuschreiben kann. Ein solcher, an sichtbarem Verhalten ausgerichteter Handlungsbegriff verfehlt die phänomenologische Betonung der subjektiven Perspektive vollständig. Das Wort Subjekt verweist immer auf mich (oder auf diejenige Person, die diese Worte gerade liest), also dasjenige, was jeweils „ich" sagen kann. Die Frage ist also, wie es erklärlich ist, dass ich etwas Neues schaffen kann. Sie weist eine entschieden subjekttheoretische Perspektive auf.

Subjekttheoretisch ist diese Perspektive nicht, weil sie das Subjekt verabsoluticrtc bzw. als „letzten" Grund ansähe. Die subjektive Perspektive ist keineswegs eine ausschließliche Perspektive, sondern verbindet sich, wie wir sehen werden, mit anderen Perspektiven. Wann immer wir es aber mit Akteuren zu tun haben, die Sinn selbst produzieren und interpretieren können, ist ein Verständnis ihrer subjektiven Perspektive unumgänglich.

(b) Im Falle menschlicher Akteure bezeichnen wir den „Prozessor" der subjektiven Perspektive als „Bewusstsein". Dieses Bewusstsein ist uns direkt zugänglich, weil es genau jene Prozesse beschreibt, die unsere Erfahrungen auszeichnen. (Die Beschreibung dieser Erfahrungen nennen wir Phänomenologie, und sofern wir dazu analytische Begriffe aus der Phänomenologie verwenden, folgen wir der phänomenologischen Methode.) Dabei sollten wir nicht den Fehler machen, Bewusstsein als „reinen Geist" zu verstehen. Die Beschreibung unserer Erfahrungen schließt gemeinhin unsere Körperlichkeit mit ein, da unsere äußeren wie unsere inneren Sinne ebenso an unseren Erfahrungen beteiligt sind, wie die Begegnung unseres Leibes mit all dem, was wir offenbar nicht selber sind.

(c) Die subjektive Perspektive und unser Bewusstsein sind uns unmittelbar durch Introspektion zugänglich. Das verdanken wir der „Reflexivität" des Bewusstseins, das sich offenbar selbst „beobachten" kann. Dieser Art von Reflexivität ist auch das zu verdanken, was als dritte Annahme in die Schütz'sche Theorie eingeht. Eine besondere Leistung des menschlichen Bewusstseins ist seine Fähigkeit zum Handeln. Handeln darf nicht mit dem Verhalten verwechselt werden. Handeln beschreibt zunächst nur eine besondere Form des menschlichen Erfahrens, das in die Zukunft gerichtet ist. Wenn wir also verstehen wollen, wie „ich" das „Neue" schaffen kann, ohne es als eine der Analyse vorgelagerte Individualität oder Spontaneität als deus ex machina anzusehen[2], dann müssen wir das aus der Struktur des Handelns bestimmen können.

Die Annahme, dass auch das Neue im Handeln entsteht, bildet die heuristische Ausgangsthese dieses Beitrags. Sie will dabei nicht ausschließen, dass das Neue auch auf andere Weise entstehen kann, sondern sich auf die Frage konzentrieren, wie wir die Entstehung des Neuen aus dem Handeln erklären können. Um diese Entstehung nachzuzeichnen, möchte ich mich der gut ausgearbeiteten Handlungstheorie von Alfred Schütz zuwenden. Diese Zuwendung soll keineswegs in einer dogmatisch-exegetischen Grundhaltung geschehen. Vielmehr möchte ich Schütz in Form einer konstruktiven Kritik (Merton 1965) weiterführen, enthält doch seine Argumentation, wie ich zu zeigen versuche, eine Aporie, indem sie das Handeln einerseits an die Phantasie bindet, gleichzeitig aber die Phantasie kategorisch vom Handeln abtrennt. Auf die Kritik der Schütz'schen Theorie folgt deswegen der Versuch, seine Handlungstheorie so weiterzuführen, dass die aporetischen Probleme seiner Theorie umgangen werden können. Dabei zeigen sich zwei Quellen für das Neue: erstens die Phantasie, die eine tragende Rolle bei der Imagination des Neuen trägt. (Während ich unter Phantasie das Vermögen zur Imagination fasse, verstehe ich die Imagination bzw. das Imaginäre als ihre kulturell bestimmte Ausprägung bzw. die kulturell beeinflussten Inhalte.) Sie kann auch mit dem Begriff der Abduktion verknüpft werden, wie ihn Reichertz (2003) versteht. Die zweite Quelle des Neuen kann mit dem Begriff des situierten Handelns und der situierten Kreativität erfasst werden. Sowohl die Phantasie wie auch die Situation sind wesentlich subjektive Aspekte des Handelns, weisen aber auch eine entschiedene soziale Dimension auf. Die gesellschaftlich variierende Bedeutung der Phantasie selbst, so werde ich argumentieren, ist der Grund für ihre ambivalente Einschätzung durch Schütz. Ich werde

---

2   Solche Vorstellung der Erfindung als spontane Kreativität des Individuums liegen Tardes (1973) Theorie zugrunde.

diese Variation durch den Begriff der Wirklichkeitstheorie näher zu fassen versuchen.

Die phänomenologische Perspektive nämlich erweist sich damit als eingebettet in einen kulturellen Horizont. Da Subjektivität immer in einem Kontext der Intersubjektivität steht, muss eine umfassende Theorie des kreativen Handelns neben der phänomenologischen Dimension des Subjektiven auch die intersubjektiven Dimensionen des Sozialen und des sozial Objektivierten berücksichtigen. Methodologisch kann diese Berücksichtigung als Triangulation erfolgen. Die Triangulation bezieht die phänomenologischen Beschreibungen (etwa des Handelns) auf die kulturelle Variation des Beschriebenen (also der gesellschaftlich anerkannten Handlungsformen) und seine materiale bzw. objektivierte Struktur (also etwa die physiologischen Prozesse, die das Handeln begleiten, und die Ausdrucksformen oder Objektivierungen, die es erzeugt) und korrigiert bzw. relativiert die Annahmen auf jeder dieser Ebene durch die gegenseitige Bezugnahme. Auch wenn die Vielfalt der handlungsleitenden kulturellen Vorstellungen des kreativen Handelns kaum erfasst werden kann, erlaubt die Triangulation eine methodische Kritik vorschnell universalisierender phänomenologischer Annahmen. Dies zeigt sich auch mit Blick auf das kreative Handeln, erweist sich doch das, was Schütz als seine allgemeine Struktur ansah, lediglich als besonderer historischer Ausdruck: Während die moderne Gesellschaft von der Tradierung von Wissensbeständen lebt, um Neues zu schaffen, verliert sich in der spätmodernen Gesellschaft die Typik des Gewohnten und zwingt die Handelnden sozusagen strukturell zur Schaffung des Neuen.

Handeln, Handlung und die Zeit

Phänomenologisch betrachtet ist die Frage, wie ich Neues schaffen kann, unmittelbar an das Handeln gebunden. Deswegen wollen wir uns der Theorie des Handelns von Schütz zuwenden und darauf achten, wo dort die Schaffung des Neuen zu suchen ist. Die Grundlinie dafür ist nicht schwer zu finden, denn wie alle Erfahrungen ist auch das Handeln im Grunde zeitlich und durch seine Zeitlichkeit bestimmt. Bekanntlich definiert Schütz ja das Handeln ganz wesentlich durch seine besondere Zeitstruktur. Ein zentrales Merkmal des Handelns besteht im Vorentwerfen einer zukünftigen Erfahrung. Zur Bezeichnung dieses Zeitbezugs verwendet Schütz den grammatischen Begriff *modo futuri exacti*: „Jedes Entwerfen ist vielmehr ein Phantasieren von Handeln, d.h. ein Phantasieren von spontaner Aktivität, nicht aber die spontane Aktivität selbst" (Schütz 1974: 77). Diesen Gedanken formulierte Schütz schon im „Sinnhaften Aufbau der sozialen Welt" (1932), wo er die für seine Sozialtheorie grundlegenden Begriffe des Verhaltens und Handels präzisiert. Danach bildet eigenes Verhalten eine besondere Klasse von Erlebnissen, denen die Eigenschaft zukommt, ein „durch spontane Aktivität sinngebendes Bewusstseinserlebnis" (Schütz 1974: 73) zu sein.

Handeln zeichnet sich also einmal durch Intentionalität aus. Damit bezeichnen wir die Orientierung an einem Handlungsziel. Zusätzlich zum Aspekt der Gerichtetheit auf ein Ziel arbeitet Schütz als zweites Merkmal des Handelns dessen *Gerichtetheit auf die Zukunft* heraus. Handeln ist zunächst einmal jede auf Zukünftiges gerichtete spontane Aktivität (Schütz 1974: 75). Wie die Intentionalität ist auch die Zeitlichkeit keineswegs ein beiläufiges Merkmal. Vielmehr ist sie konstitutiv für das Bewusstsein. Das Bewusstsein ist, weil wir Erfahrungen in der Zeit machen bzw. weil unsere Erfahrungen zeitlich sind.

Deswegen kann Schütz in seiner Analyse der Zeitlichkeit des Handelns an Husserl (1928) anknüpfen, der festgestellt hatte, dass die reflexive Tätigkeit des Bewusstseins nicht auf vergangenheitsgerichtete Aktivitäten der Retention und Reproduktion beschränkt ist. Das Bewusstsein kennt darüber hinaus eine Form der „Vorerinnerung", die nicht leere Protention ist, sondern explizite und auf bereits Wahrgenommenes rekurrierende inhaltserfüllte Antizipation des Kommenden. Diese ermöglicht, dass jedes Handeln nach einem mehr oder minder explizit vorgefassten „Plan" vollzogen wird, der, vor dem Vollzug der Handlung, als phantasiert angesehen werden muss (Schütz 1974: 77).

Was im Vorentwerfen phantasiert wird, ist jedoch nicht das sich schrittweise vollziehende Handeln, sondern die als abgeschlossen vorgestellte Handlung. Diese Unterscheidung zwischen Handeln und Handlung ist wesentlich für das Verständnis der Schütz'schen Argumentation. Denn für Schütz ist die Fähigkeit unseres Bewusstseins zum gedanklichen Vorgriff in die Zukunft eine wesentliche Voraussetzung dafür, dass wir überhaupt handeln können. Was immer der (klassisch formuliert) „Zweck" des Handelns sein mag, er ist notwendig zeitlich vor dem Entwurf, sodass der Sinn des Handelns grundlegend zeitlich definiert ist. Im Unterschied zu anderen spontanen Aktivitäten zeichnet sich das Handeln also dadurch aus, dass es bereits vor seinem Vollzug bewusst ist – nämlich als vorentworfene Handlung (Schütz 1974: 84), was Schütz mit dem grammatischen Terminus *modo futuri exacti* bezeichnet. „Was wir uns aber tatsächlich im Entwurf unseres Handelns vorstellen, ist ein antizipierter Zustand, den wir uns als in der Vergangenheit verwirklicht vorstellen" (Schütz 2003: 367). So ist es letztlich dieser zeitliche Bezug auf die Zukunft, der Schütz als zentrales Unterscheidungskriterium dient: „Was das Handeln vom Verhalten unterscheidet ist also das Entworfensein der Handlung, die durch das Handeln zur Selbstgegebenheit gelangen soll" (Schütz 1974: 79).

Das Handeln ist folglich in doppelter Weise zeitlich mit dem Erfahrungsstrom verknüpft, nämlich in seinem intentionalen Bezug prospektiv auf die

Handlung sowie retrospektiv in Rückbezug auf den Entwurf. Aus diesem Grunde verändert sich der Sinn des Handelns notwendigerweise in seinem Vollzug.[3] Die fortwährende Alternation des Sinns zwischen Handeln und Handlung führt jedoch nicht unbedingt zu etwas Neuem. Ganz im Gegenteil sieht Schütz das Handeln wie die Handlung ganz wesentlich im Alten verankert. Denn alle Entwürfe zukünftigen Handelns lagern wesensmäßig auf einem vergangenen, abgeschlossenen Handeln auf. Um es mit Schütz zu sagen: „Wie zuvor aufgezeigt, gründe ich mein Entwerfen der bevorstehenden Handlung in der vollendeten Zukunft auf meine Erfahrungen vormals vollzogener Handlungen, die dem entworfenen typisch ähneln" (2003: 365). Handlungsentwürfe also bauen nicht nur auf vergangene Handlungen auf, ihr Inhalt zehrt am Vergangenen, da „unser Wissen von zukünftigen Ereignissen im *common sense*-Denken aus subjektiven Antizipationen besteht, die auf unseren Erfahrungen von vergangenen Ereignissen gründen, wie sie in unserem verfügbaren Wissensvorrat organisiert sind" (2003: 366). Die Zukunft, die im Handeln entworfen wird, nutzt die Wissenselemente vergangener Erfahrungen, sodass auch das Neue vor allem aus dem Alten zehrt. Weil wir in der Zukunft weitgehend das ausführen, was wir in der Vergangenheit schon erfahren haben, fügt sich Schütz auch (keineswegs zufällig) in die Schumpeter'sche (1922) Vorstellung der Innovation. Da das Neue nicht aus dem Alten entstehen kann, muss er es als eine Zerstörung des Alten ansehen.

Die Phantasie als Sinnprovinz

Man könnte Schütz' Vorstellung des Handelns geradezu historistisch nennen, baut doch jede Handlung auf Wissenselementen auf, die im subjektiven Wissensvorrat abgespeichert sind.[4] Dieser Historismus mag auch ein Grund dafür sein, dass für Schütz auch keine eingehendere Auseinandersetzung mit Halbwachs Konzept des kollektiven Gedächtnisses nötig war, ist der Wissensvorrat

---

3   Dies hat Konsequenzen für die Frage nach dem „subjektiven Sinn". Denn auch dieser unterliegt, wie Schütz als Kritik an Weber formuliert, einer zeitlichen Veränderung. Dies zeigt sich phänomenologisch daran, dass dem intendierten Handeln im Entwurf, während des Vollzuges und nach dem Vollzug unterschiedliche Evidenzen zukommen. Denn diese Evidenzen sind intentionale Leistungen des jeweiligen „hic et nunc" (Schütz 1974: 85). Daraus folgt, dass die Sinnstruktur des Handelns vor seinem Vollzug und danach notwendigerweise eine unterschiedliche ist – seine Sinnstruktur verändert sich mit dem jeweiligen Betrachtungsmoment: „Deshalb kann auch von einem gemeinten Sinn schlechtweg, welcher mit einem Handeln verbunden wird, nicht gesprochen werden (...) gemeinter Sinn (...) trägt immer den Index des jeweiligen jetzt und so der Sinndeutung" (Schütz 1974: 87).

4   Historistisch wird sie natürlich erst dadurch, dass das Wissen auch immer sozial abgeleitet ist – eine Annahme, die Schütz ja später einführt und die seine Wissenssoziologie begründet.

für ihn doch immer auch ein zeitlicher Speicher. Was wird, entsteht also direkt aus dem Alten. Im Unterschied zu Schumpeter sieht Schütz nicht einmal Brüche oder eine Revolution vor, die Neues schafft. So entsteht das Neue stets aus dem Alten und bleibt eigentlich auch beim Alten.

Schütz historistische Vorstellung des Handelns macht sich an seiner Emphase der Typisierung fest, die ja phänomenologisch sozusagen die gesamte Last dessen tragen muss, was wir soziologisch als Wissen bezeichnen. Erfahrungen werden typisiert und sozial vermittelt, und auch das Handeln nutzt diese vortypisierten Erfahrungen. So absehbar und berechenbar sich diese Handlungskonzeption ausnehmen mag, enthält sie doch auch ein wildes Element, das sich, wie ich hier zeigen möchte, keineswegs zähmen lässt. Diese Handlungskonzeption ist vielmehr eine Kandidatin für die Frage danach, wie das Neue geschaffen wird.

Wie schon erwähnt, spielt nämlich die Phantasie eine tragende Rolle für das Handeln, wie es von Schütz analysiert wird. Neben den schon gemachten typisierten Erfahrungen wird das Handeln ja vom Entwurf geprägt – und dafür ist die Phantasie zuständig. So bemerkt Schütz (1971: 267f.): „Jedwedes Entwerfen innerhalb der Welt des Wirkens ist, wie wir gesehen haben, ein Phantasieren und impliziert zusätzlich eine Art theoretischer Kontemplation, wenn auch nicht notwendig eine wissenschaftliche Einstellung". Und noch in den „Strukturen der Lebenswelt" hält er an der Auffassung fest, dass das Phantasieren seine Wurzel im Alltag hat und Voraussetzung für das alltägliche Handeln ist (Schütz/ Luckmann 1979/1984). Handlungen zeichnen sich nämlich dadurch aus, dass sie ein Handlungsziel phantasierend vorentwerfen. Dieser Vorentwurf des Handlungsziels gelingt nur dank eines Aktes der Phantasie, der das noch nicht verwirklichte Ziel gewissermaßen „vor-stellt".[5]

Das Vorentwerfen unterscheidet sich zwar von der Zukunftsvision des Sehers Teiresias oder der Kassandra (Knoblauch/Schnettler 2005), doch trägt es durchaus die Züge einer subjektiven praktischen Utopie. Denn Schütz hat sich mit der Phantasie durchaus eingehender beschäftigt, und er hält sie keineswegs für eine beiläufige Erscheinung. Vielmehr hat er sie als Teil einer „Gruppe geschlossener Sinnprovinzen" identifiziert, die „allgemein als Welt der Phantasien und Einbildung bekannt (ist) und neben vielen anderen die Bereiche der Wachträume und der Spiele, der Fabeln und der Dichtung, der Märchen und Mythen, den Bereich von Witz und Scherz umfasst" (Schütz 1971: 269). Ein wesentliches Merkmal für diese imaginären Phantasiewelten ist, dass sie sich von der Welt des Alltags unterscheiden: „The compatibilities which belong to the world of

---

5   Diese Konzeption setzt sich auch in der Handlungstheorie von Thomas Luckmann fort, der ebenfalls dargelegt hat, dass für das Handeln eine Bewusstseinstätigkeit notwendig ist, die eine der Gegenwart vorauslaufende Imagination des angestrebten Handlungszieles *modo futuri exacti* (Luckmann 1992: 51) an den Beginn der Handlungssequenz setzt.

working in everyday life do not subsist within the realm of imagery; however, the logical structure of consistency (...) remains valid".[6] Die Unterscheidung zur Alltagswelt ist von Schütz sehr systematisch verfolgt worden, unterscheidet er doch die verschiedenen Sinnprovinzen nach ihrem jeweiligen Erkenntnisstil.[7] Aufgrund ihrer Differenz zum Alltag stehen Imaginationen nicht nur außerhalb des „interobjektiven" Raums, sie haben folgen auch nicht der intersubjektiven Zeit, denn „das phantasierende Selbst (kann) in seinen Phantasien alle Merkmale der Standardzeit ausschalten (…) außer dem Wesensmerkmal der Unumkehrbarkeit" (1971: 275). Während das Phantasieren im Alltag überdies vom pragmatischen Motiv beherrscht wird, sind wir in den Phantasiewelten „entbunden vom pragmatischen Motiv" und müssen uns nicht mehr mit der gegenständlichen Welt beschäftigen: „Die Einsicht ist aber von größter Wichtigkeit, dass das Phantasieren als solches nie die Intention einschließt, die Phantasievorstellung auch zu verwirklichen" (1971: 270). Wenn nämlich das Pragma als eine anthropologische Kategorie die alltägliche Sozialität prägt (Srubar 1988: 257ff), dann zeichnen sich Imagination und Phantasie durch ein Fehlen des Pragma aus und sind als entpragmatisiert zu verstehen.

Schütz substantialisiert offenbar die Phantasie zu einer eigenen „Fakultät des Bewusstseins". Er handelt sich damit ein Problem ein, das bisher wenig behandelt worden ist: Denn wenn sich die Phantasie der Lebenswelt des Alltags und damit dem Handeln geradezu kategorisch entzieht, stellt sich doch die Frage, wie die Phantasie gleichzeitig als Ressource im Handeln dienen kann. Schütz geht dieses Problem lediglich am Rande in einer Fußnote an. Sein Lösungsvorschlag besteht darin, dass er gleichsam eine Mischzone zulässt, nämlich die sogenannten „Enklaven", d.h. diejenigen Regionen, die zu einem Sinnbereich gehören, die in einem anderen eingeschlossen sind.

---

6   Um Schütz Verknüpfung des Imaginären mit der Phantasie deutlich zu machen, zitiere ich aus dem ursprünglichen englischen Text (Schütz 1962: 238).

7   Der kognitive Stil lässt sich 1) durch eine bestimmte Bewusstseinsspannung, 2) eine bestimmte Epoché, 3) eine vorherrschende Form der Spontaneität, 4) die Form der Selbsterfahrung, 5) die Form der Sozialität und 6) durch eine besondere Zeitperspektive charakterisieren (Schütz 1971: 238ff). Den kognitiven Stil der Alltagswelt etwa charakterisiert er durch ihre Zeitform der lebendigen Gegenwart, die zwischen subjektiver Zeit und Weltzeit liegt; ihre Form der Spontaneität ist das Handeln und vor allem das Wirken in die Umwelt; sie ist gekennzeichnet durch die natürliche Einstellung, also die Ausschaltung des Zweifels an der Existenz der äußeren Dingwelt. Weil die jeweils in einer Sinnprovinz gemachten Erfahrungen miteinander verträglich und konsistent sind, nennt Schütz (1971: 267) die Sinnprovinzen auch geschlossene Sinnprovinzen. Während Erfahrungen innerhalb einer Sinnprovinz als sinnhaft und zusammengehörig erscheinen, sind sie in anderen Sinnprovinzen fremd, störend oder verwirrend. Deswegen wird der Übergang zwischen Sinnprovinzen auch als Schock erfahren, der uns inmitten des Alltags ereilen kann: das plötzliche Erwachen aus einem Traum, die Verstörung beim Heraustreten aus einem Tagtraum, das grelle Licht des Alltags nach dem Kinofilm usw.

Unverbunden dazu bietet Schütz eine zweite Lösung an, bei der er den Phanta-sieanteil am Handeln sozusagen abstuft. So nennt er einmal das „Entwerfen im Optativ". Dabei handelt es sich in seinen Augen um ein „reines" Entwerfen, das gewissermaßen nur offene Möglichkeiten phantasiert. Davon unterscheidet er eine engere Stufe des „Entwerfens im Potentialis". In diesem Fall ziehen wir lediglich in Betracht, was „in meiner aktuellen und potentiellen Reichweite" liegt.[8] Diese graduellen Unterschiede verlaufen parallel zu Schütz' Unterschei-dung zwischen den „offenen" und den „problematischen" Möglichkeiten beim Wählen zwischen Handlungsentwürfen (Schütz 2003a). Würde man die offenen Möglichkeiten bzw. das Denken im Optativ den Phantasieleistungen zuschreiben, würde sich noch immer die Frage ergeben, wie die eigenständige Sinnprovinz mit dem Handeln graduell verbunden ist.

Die Phantasie als Handlungsressource und die Abduktion

So plausibel diese zweite Lösung ist, so stellt sich doch die Frage, wie die Phan-tasie einerseits eine von der Welt des Handelns abgetrennte Sinnprovinz und ein integrierter Teil des Handelns sein kann. Denn die Welt des Alltags ist ja die Welt des Handelns, während Schütz Phantasie und Imagination ja gerade in Abgren-zung davon konzipiert. Schütz verstrickt sich hier offenbar in einen Widerspruch, für den es nur zwei Lösungen gibt: Entweder wir nehmen die Phantasie aus dem Handeln heraus oder wir betrachten sie als wesentlichen Teil des Handelns. In ersterem Fall würden wir dem Handeln offenbar all das nehmen, was klassi-scherweise als die „Freiheit des Handelns" bezeichnet wird. Denn das Handeln zeichnet sich ja gegenüber dem Verhalten durch seine grundlegende Offenheit aus. Diese Offenheit erklärt auch Popitz (1997) zu einem essentiellen Merkmal des kreativen Handelns. Deswegen scheint auch nur die zweite Lösung wirklich vernünftig zu sein: Wir betrachten die Phantasie als einen integrierten Bestandteil des Handelns. Phänomenologisch liegt das auch durchaus nahe, denn schon Schütz' „Handeln im Optativ" erscheint als ein phantasievolles Durchspielen von Möglichkeiten, die offenbar direkt an das Handeln gekoppelt sind. Phänomeno-logisch muss man sogar noch weitergehen, ist doch den Handelnden häufig eben nicht klar, was „in meiner aktuellen und potentiellen Reichweite liegt". Deswe-gen betont auch Luckmann (1992), dass die Entwürfe im Handlungsvollzug häu-fig erneut angepasst werden müssen, d.h. also nicht realistisch bzw. „imaginiert"

---

8   (Schütz 2003a: 261). Andernorts beschreibt er dies auch mit einem Begriff aus dem Römischen Recht: der conditio potestativa, d.h. den Umständen, die von einer Partei kontrolliert werden, die entscheidet, ob sie sie herbeiführen will oder nicht. Vgl. Schütz 2003b: 133.

waren. Das Imaginäre der Phantasie ist damit durchaus ein Teil des Handelns selbst und Quelle für die Schaffung von Neuem.

Schütz scheint sich dieser Funktion der Phantasie durchaus bewusst zu sein, denn er parallelisiert die Unterscheidung zwischen dem „Optativ" und dem „Potentialis" mit der sophistischen Unterscheidung zwischen der téchne poietiké (τέχνη ποιητική) und der téchne ktetiké (τέχνη κτητική), also der Kunst, etwas zu schaffen, und der Kunst des Nachahmens (die ja dem typisierten Handeln stark entspricht).

Auch wenn Schütz darüber hinaus keine genaueren Hinweise mehr gibt, so lassen sich doch indirekt mehrere Weisen identifizieren, wie die Phantasie zum Handeln beiträgt.

Die elementarste Form des Phantasierens ist sicherlich schon ins Handeln selbst eingebaut. Denn das Handeln besteht ja im Wesentlichen darin, eine Erfahrung, die schon einmal gemacht wurde, in einen anderen Modus, nämlich den der Zukunft, zu *transferieren*. Diese Transferleistung setzt sicherlich schon Phantasie voraus, die etwas, das erfahren ist, als etwas anderes setzt.

Man mag bezweifeln, ob man diese Leistung schon als Phantasie bezeichnen möchte, betont doch auch Husserl (1986: 69), dass die Phantasie „ohne Erinnerungssetzung" auskomme. Phantasie zeichnet sich gerade nicht (notwendig) dadurch aus, dass sie das Erfahrene reproduziert. Sie ist aber sicherlich beteiligt, wenn es um die *Visualisierung* des Handelns geht. Schütz weist auf diesen Fall ausdrücklich hin, wenn er vom Alltagshandelnden sagt: "Ich muß mir den durch mein zukünftiges Handeln hervorzubringenden Zustand vorstellen, bevor ich die einzelnen Schritte meines zukünftigen Handelns, dessen Resultat dieser Zustand sein wird, entwerfen kann" (Schütz 2003: 364). Die Visualisierung schafft das, was Sartre (1986) ein "image mentale" nennt. Man könnte sie auch als Imaginäres bezeichnen, wie dies in der französischen Tradition häufig der Fall ist (Legros et al. 2006), überginge damit aber genau das, worauf Schütz allergrößten Wert legt: dass sie in Handlungszusammenhängen stehen. Dies gilt auch für die dramatischste Form der Visualisierung, die Schütz selbst anspricht, nämlich die Zukunftsvision. Auch wenn er sich für den „unalltäglichen" Fall des Sehers sehr viel weniger interessiert als für das *prophetische Sehen* der Alltagshandelnden, so zeigt das Beispiel des Teiresias oder der Kassandra, dass das Sehen eine große Bedeutung für (bei Sehern meist andere) Handelnde hat.

Während dieses prophetische Sehen zumeist auferlegt ist, also nicht geplant erfolgt, gibt es durchaus eine Variante der Visualisierung, die gezielt durchgeführt wird, ja selbst als Handlung angesehen werden kann. Dies gilt etwa für die phänomenologische Technik der eidetischen *Variation*, die Husserl etwa wie folgt veranschaulicht: „Stellen wir uns etwa ein individuelles Haus vor, das jetzt gelb gefärbt ist, so können wir uns ebenso gut denken, es könnte blau gefärbt sein, oder es könnte statt eines Ziegeldaches ein Schieferdach haben, oder statt dieser Gestalt eine andere" (Husserl 1972: 416). Zwar ist Husserls Beispiel nicht Teil eines Handelns, doch dürfte es uns leicht fallen, das Beispiel auf eigene Handlungen anzuwenden (etwa bei der Überlegung, welche Farbe die Ziegel unseres neuen Daches haben können) und gar als Visualisierung zu kommunizieren (wie dies mit digitalen Architekturprogrammen wie CAD heute leicht möglich ist).

Phantastische Variationen dieser Art (die sicherlich im Rahmen der phänomenologischen Psychologie weiter ausgearbeitet werden können) bilden nicht nur den Ausgangspunkt für individuelle Imaginationen der unterschiedlichsten Art. Sie können auch als Grundlage für eine Reihe von Idealisierungen und Generalisierungen angesehen werden: Die von unserem Bewusstsein quasi automatisch vorgenommene Verallgemeinerung des momentanen freien Bewegens auf die zukünftige bzw. „bis auf Weiteres" und „ceteris paribus" geltende Bewegungsfreiheit verdankt sich ebenso der Phantasie wie auch die Idealisierung der geometrischen Figuren von einfachen Wahrnehmungen.[9] Auch wenn wir nie geflogen sind, können wir doch durch Phantasie entwerfen, fliegen zu wollen. Und in Ansehung von Vögeln, Flugzeugen oder Raketen können wir uns eben auch vorstellen, wie das Fliegen ist (auch wenn es sich dann ganz anders zeigen mag). Gerade in der Geschichte der Erfindungen und Innovationen gibt es höchst eindrückliche Fälle dafür, dass solche phantasierenden Entwürfe nicht einfach Spinnereien oder Fiktionen bleiben müssen. Das stützt die Ansicht, dass die *Vorentwürfe in die Zukunft keineswegs bloßes Vorrücken alter Erfahrungen zu sein braucht*, sondern einer Art „außeralltäglicher" Ressource bedürfen, wie sie die Phantasie darstellt.

Wenn man sich fragt, wie die Phantasie mit dem Handeln verbunden sein kann, legt sich der Vergleich mit der Abduktion nahe. Wie Reichertz (2003) ausführt, begegnet die Abduktion ja gerade dem Problem, wie neues Wissen geschaffen werden kann. Während die Deduktion ebenso wie die Induktion und Schütz' Typisierung beim alten Wissen bleiben, sei die Abduktion „der erste und einzig kreative Schritt im umfassenden Prozess der Forschung" (Reichertz 2003: 60). Die besondere Quelle der Abduktion wäre in diesem Falle die Vorstellungskraft, also die Phantasie, die es etwa auf die oben genannten Weisen ermöglicht, das Neue aus dem Alten hervorzubringen. Das überschneidet sich auch mit Popitz' These (1997), der die Kreativität „in der Fähigkeit" sieht, „sich etwas

---

9   Vgl. dazu Gurwitsch (1974: 63ff.), der die Phantasiemodifikationen ebenso wie Schütz unter dem Titel der „imaginations" behandelt. Er stellt hier einen deutlichen Bezug auch zu den Bewusstseinsleistungen her, die das wissenschaftliche Denken auszeichnen, also neben der Generalisierung und Idealisierung auch die Abstraktion, Konzeptionalisierung und Formalisierung.

‚vorzustellen', etwas, was nicht da ist, innerlich da sein zu lassen". Dabei scheint mir jedoch die Annahme, das Vergegenwärtigte sei das Abwesende, etwas positivistisch, geht sie doch davon aus, dass das Gegenwärtige sich davon kategorisch unterscheide. Für die Kreativität hat dies jedenfalls Folgen, denn, wie es Schütz' kongenialer Phänomenologie-Freund Gurwitsch (1974: 106) ausdrückt, "imagination proves to be the necessary condition of every attempt to bring about changes in the real world".

Handeln, Situation und Kreativität

Bevor wir auf die Frage näher eingehen, wie sich denn die Grenzen und die Übergänge zwischen Handeln und Phantasie gestalten, müssen wir erst noch eine zweite Quelle des Neuen im Handeln identifizieren, die Schütz ebenfalls anspricht. In seinem Aufsatz über das „Wählen zwischen Handlungsentwürfen" macht er nämlich eine der wenigen ausdrücklichen Bemerkungen dazu, wie „neue" Entwürfe entstehen. Vor dem Hintergrund der Annahme, dass Entwürfe auf der Typisierung früherer Handlungen beruhten, könnten sich diese Entwürfe in ihrer „individuellen Einzigartigkeit" sowohl hinsichtlich ihrer jeweiligen Ziele wie auch hinsichtlich ihrer jeweiligen Mittel unterscheiden (Schütz 2003a: 272). Schütz führt zwar nicht genau aus, was er damit meint, deutet jedoch an, dass sich die Situationen des Handelns zwar in ihrer Typik glichen, in ihrer Spezifizität jedoch unterscheiden.[10] Die Differenz zwischen dem, was wir typischerweise erwarten und dem, was dann jeweils (i.e. im Besonderen) geschieht, erscheint ihm als die Quelle für die Entstehung des Neuen. So eigenartig dieses Argument auch für Schütz sein mag (wird doch die Spezifizität der Situation jeweils wieder typisierend erfasst[11]), so deutlich ist doch sein Bezug auf die besondere Situation des Handelns. Vermeidet man die „objektivistische" Fassung der Situation (die bei Gurwitsch angedeutet ist, wie Parsons deutlich macht, schließlich auf die wissenschaftliche Kenntnis der Situation verwiese, mit der dann das „Neue" gleichsam von außen erklärt werden könnte) und versucht diese Spezifizität aus dem Handeln selbst zu erklären, gerät man sofort in die Nähe dessen, was als „situated action", als situiertes Handeln bezeichnet wird. In der Tat prägte

---

10   Wie ich an anderer Stelle (Knoblauch 2008) erläutert habe, stößt bei Schütz hier eine generalisierende Fassung des subjektiven Erfahrens bzw. Handelns auf eine partikularistische, die das Besondere, die Qualia hervorhebt.
11   Die Schaffung des Neuen wäre nur möglich, wenn Schütz – etwa wie Parsons – eine objektive Wirklichkeit im Handeln („situational conditions") selbst zuließe, die selbst auch in die subjektiven Handlungsentwürfe einginge. Das Neue entstünde dann jedoch nicht im Entwurf, sondern im Vollzug und dessen Korrektur, also als „trial and error". Vgl. Schütz und Parsons (1977).

Suchman (1987) den Begriff des situierten Handelns, um auf die jeweilige Besonderheit der Handlungszusammenhänge hinzuweisen, in denen jedes einzelne konkrete Handeln ausgeführt wird. Handeln folgt demnach keineswegs allgemeinen Regeln, sondern leistet ganz im Gegenteil die Bewältigung jeweils besonderer Umstände. Diese Bewältigung wurde von Hans Joas (1996) als spezifisches Merkmal der Kreativität ausgemacht. Joas spricht bezeichnenderweise von „situierter Kreativität" des Handelns. Um das Nacheinander von „trial and error" zu vermeiden, fasst er körperliche Wahrnehmung der Situation als eine Phase des Handelns.[12] Handlungen sind damit nicht nur Entwürfe, sondern auch *Antworten auf Situationen*.[13] Situierte Kreativität bedeutet demnach, dass Handlungsentwürfe im *konkreten Handlungsverlauf hervorgebracht* (oder an ihn angepasst) werden. Kreativität bedeutet erstens *Problemlösen* (durch die Schaffung geeigneter Handlungsmittel und die Konzeption sinnvoller Strategien durch schöpferische Eigenleistung) und zweitens *Anpassung*. Situationsadäquates Handeln lässt sich nicht deduktiv aus eindeutigen Vorgaben erschließen, sondern erfordert gleichsam abduktiv „riskante Entwürfe nie begangener Handlungspfade" (Joas 1996: 342).

Der Vorteil der Joas'schen Konzeption besteht sicherlich darin, dass er die Situation nicht als einen äußerlichen, objektiven Faktor einführt, sondern als Erfahrung des Handelnden beim Handeln konzipiert und damit in die Verfügbarkeit des subjektiv Handelnden stellt (und damit auch zum Gegenstandsbereich einer phänomenologischen Handlungstheorie macht). Die Kreativität besteht dann im Wesentlichen in der Ausnutzung der Zeitlichkeit: dass Handeln und Handlung nicht einfach nebeneinander stehen, sondern von den Handelnden selbst in ihrer Differenz gedeutet werden können.[14]

---

12 Wenn Joas (1996: 232) betont, dass die Setzung von Zwecken „nicht in einem geistigen Akt *vor* der eigentlichen Handlung [geschehe], sondern [...] eine Reflexion auf die *immer schon wirksamen*, vor-reflexiven Strebungen und Gerichtetheiten [sei]", so übergeht er allerdings den von der Phänomenologie betonten, häufig aber übergangenen Unterschied zwischen dem bewussten Handlungsentwurf und dessen (bewusster) Sedimentierung und Habitualisierung. Vgl. dazu Knoblauch 2003.

13 „Unter ‚Situation' verstehen wir – ‚wir' als Handelnde und vom Handeln wissende Menschen – ein Verhältnis von Menschen untereinander und zu Sachen oder von einem Menschen zu Sachen, das der jeweils erörterten Handlung schon vorausgeht und daher von den betroffenen bzw. dem betroffenen Menschen als Herausforderung, etwas zu tun oder aber nicht zu tun, je schon verstanden ist" (Böhler 1998: 252, zit. nach Joas 1996: 235)

14 Dabei spielt auch das Wissen eine Rolle, denn der Entwurf mag von einem Wissen geleitet sein, das sich nicht bewährt; diese Quelle der Kreativität ist jedoch weithin schon als „trial and error" beschrieben worden.

Schluss: Die Entgrenzung des Imaginären

So wenig Schütz sich mit dem Neuen auseinandergesetzt hat und so historistisch seine Vorstellung war, wie die Handlungen in die Zukunft eingreifen können, hat die konstruktive Kritik seiner Theorie doch eine Reihe von Ressourcen offen gelegt, die die Entstehung des Neuen ermöglichen. Wie gerade erläutert, zählen dazu einmal die subjektive Erfassung der Situation, in der der Handlungsentwurf vollzogen wird und ihre Veränderung im Zuge des Handelns. Diese situierte Kreativität ist keinesfalls eine dem Handeln äußerliche Größe, sondern durchaus subjektiv und damit Teil des Handelns: Sie lebt wesentlich von der Differenz zwischen Handlung und Handeln, also zwischen dem, was das Subjekt von der Welt weiß, in die es hinein handelt, und dem, was es von der Welt erfährt, wenn es handelt.

Zuvor schon erwies sich die Phantasie als eine tragende Größe, wenn es um neue Formen des Handelns geht. Das „Neue" bedeutet hier vor allen Dingen, dass sich die Entwürfe des Handelns kraft der Phantasie von den bisherigen Handlungen unterscheiden können. Ich habe eine Reihe solcher Leistungen der „Vorstellungskraft" angeschnitten, die von der Visualisierung über die Vision bis zur Variation reichen. Diese Vorstellungskraft spielt vermutlich auch bei der situierten Kreativität eine Rolle, da sie eine Erklärung bietet, wie wir mit differenten Situationsdeutungen umgehen können.

Sowohl die subjektive Erfassung der Situation wie auch die Leistung der Phantasie wurden aus der Perspektive des handelnden Subjekts analysiert. Dieser methodische Zugang soll jedoch nicht bedeuten, dass sie auf die subjektive Perspektive beschränkt und einer soziologischen Betrachtung nicht zugänglich sind. Ganz im Gegenteil erweisen sich beide, sowohl die Phantasie wie auch die Erfassung der Situation, als weitgehend sozialisiert. Betrachten wir diesen Aspekt kurz, denn er begründet die eingangs geforderte Triangulierung und damit auch Relativierung des phänomenologischen Zugangs.

Aus wissenssoziologischer Sicht ist es schlechthin selbstverständlich, dass das Gros des subjektiven Wissens und damit auch die Typisierungen, die das Handeln leiten, kulturell geprägt sind. So sind die Typisierungen, die zum Entwerfen der Handlungen dienen, wesentlich von den sprachlichen Typisierungen geprägt, die im gesellschaftlichen Wissensvorrat zur Verfügung stehen. Allein ob wir irgendwo hin „gehen", „spazieren" oder „flanieren" oder „joggen", macht diesen Unterschied deutlich. Darin gehen offenbar auch jene gesellschaftlichen Strukturen ein, die sich in kulturell habitualisierten Handlungsentwürfen niederschlagen.

Sozialisiert sind nicht nur die Typisierungen, die zum Handeln herangezogen werden, vielmehr werden auch die Kernelemente der Handlungen, ihr Sinn (als in die Zukunft gerichteter Entwurf) ganz entscheidend von der Kultur geprägt. Dabei kann es um Regeln gehen, die wir befolgen oder als befolgt ausgeben (wie etwa als „account" in der Ethnomethodologie), um Werte, die wir anstreben und in Form von Normen erfüllen (Joas), ja sogar um die einzelnen Motive, die aus einem „Vokabular der Motive" abgeleitet werden (Mills 1940).

Gerade weil die Phantasie als „Einbildungs-" oder „Vorstellungskraft" zumeist als eine psychologische Größe behandelt wird, sollten wir auch bedenken, dass sie – ebenso wie die Imagination – ganz wesentlich kulturell geprägt ist. Literarische Gattungen, wie etwa die phantastische Literatur, filmische Genres, wie etwa „Fantasy", und auch die mündlichen Erzählformen (um Schütz noch einmal aufzunehmen) „der Spiele, der Fabeln und der Dichtung, der Märchen und Mythen, [...] Witz und Scherz" (1971: 269), nehmen einen entscheidenden Einfluss auf das, was auch das Imaginäre der Gesellschaft genannt wird. Gerade mit Blick aber auf den Zusammenhang und die Grenze zwischen Handeln und Phantasie sind die kulturellen Veränderungen offenbar noch gravierender. Schütz Meinung nach impliziert der Entwurf in potentialis, „daß es mir nicht erlaubt ist, in meinem Phantasieren fiktiv jene Elemente der Situation zu variieren, die meiner Kontrolle entzogen sind; daß alle Chancen und Risiken in Übereinstimmung mit meinem gegenwärtigen Wissen von möglichen Ereignissen dieser Art in der wirklichen Welt gewogen werden müssen" (2003a: 261). Man sieht deutlich, wie sehr sich Schütz an einem zweckrationalen Modell des Handelns orientiert, das von einer entschiedenen Kontrolle über die Situation ausgeht. Wenn Popitz (1997: 87) zurecht bemerkt, „Vorstellungskontrolle ist Teil der gesellschaftlichen Kontrolle", dann könnte man sicherlich das Argument wagen, dass sich diese Kontrolle in den letzten Jahrzehnten seit Schütz' Verfassung des Textes in den 1930er Jahren sehr deutlich geändert hat. Im gegenwärtigen Zeitalter ist die Innovation so sehr zu einem gesellschaftlichen Leitbild, ja man möchte sagen, zu einer Ideologie geworden, dass sich auch die Handelnden daran orientieren müssen. Weil umfassende Normen und Regeln nicht mehr gelten, müssen die Akteure zunehmend situiert handeln und damit ihre situierte Kreativität beweisen. Dies gilt insbesondere für den Bereich der Arbeit, für den eine entsprechende „Subjektivierung der Arbeit" (Moldaschl/Voß 1991) diagnostiziert wird. Die zunehmenden Anforderungen an die Flexibilität müssen von der Kreativität der einzelnen Akteure aufgefangen werden. Diese Entwicklung findet ihren positiven Ausdruck in der Ausbildung einer „kreativen Klasse". Mit der Ausweitung dieser Klasse wird auch die Grenze zwischen der künstlerischen Kreativität und der (sozial-)technologischen und wirtschaftlichen Innovation überschritten. Denn die kreative Klasse arbeitet in den verschiedensten Institutionsbereichen – von Kunst über die Medien bis zu Wissenschaft und Religion – und überbrückt ihre Unterschiede durch den Bezug auf die Kreativität. Kreativität wird deswegen auch vonseiten der Institutionen – mithilfe der unterschiedlichsten Techniken gefordert und gefördert (Bröckling 2007) – und zwar schon in der frühkindlichen Erziehung.

Die gesellschaftlichen Veränderungen und der damit einhergehende veränderte Stellenwert der Phantasie aber ändern auch das Handeln auf eine Weise, die auch Schütz' phänomenologische Analyse betrifft. Denn, während Schütz, wie wir gesehen haben, geradezu normativ fordert, dass die Grenze zwischen dem Handeln und der Phantasie noch streng zu ziehen sei (wenn er diese Grenzlinie geradezu notwendigerweise auch uneindeutig bestimmt), hat sie sich mittlerweile sozusagen unter der Hand aufgelöst – und zwar auch und gerade im Bereich der Wirtschaft, der seit Weber Pate steht für das zweckrationale Handeln. In vielen gesellschaftlichen Bereichen ist die Phantasie nicht nur ein erlaubter, sondern ein erwünschter Teil des Handelns geworden. Die Lösung der Frage, in welcher Beziehung Phantasie und Handeln stehen, ist damit weniger Gegenstand der Phänomenologie, sondern Teil einer gesellschaftlich akzeptierten „Wirklichkeitstheorie", die die Grenzen durchaus unterschiedlich zieht.

Mit dem Begriff der „Wirklichkeitstheorie" bezeichnen Schütz und Luckmann (1984) die gesellschaftlich geteilten Vorstellungen, was als „wirklich" angesehen werden kann und was nicht. Ob etwa eine „Vision" als „Illusion" gilt oder als eine Mitteilung des Jenseits ist, ist Folge unterschiedlicher Wirklichkeitstheorien, die nicht nur die Grenzen zwischen den „Sinnprovinzen" des Alltags und der Religion betreffen.[15] Wie hier gezeigt werden sollte, wirken sie sich auch auf die Grenze zwischen dem Handeln und der Phantasie aus, so dass wir von einer Entgrenzung des Imaginären sprechen können.[16] Diese Entgrenzung deutet nicht nur eine sehr grundlegende kulturelle Entwicklung an, als soziologische Beobachtung dient sie auch als Triangulation und Korrektiv für die phänomenologische Analyse des Handelns.

Das menschliche Schaffen ähnelt deswegen weniger der Schöpfung Gottes, wie sie in der Genesis geschildert wird. Vielmehr erinnert sie an den Turmbau zu Babel, nach dessen Fertigstellung Gott selbst (der englischen Übersetzung[17]) bemerkt: „and now nothing will be restrained from them, which they have imagined to do". Die menschliche Kreativität bewegt sich zwar, wie Schütz zu Recht bemerkt, in den Grenzen des menschlich Machbaren. Das Schaffen des

---

15 Ich habe diese These exemplarisch am Fall der Nahtoderfahrungen behandelt. Vgl. Knoblauch (1999)
16 Das soll keineswegs bedeuten, dass es nicht zu Schütz' Zeiten schon „kreatives" Handeln gab (wie ohnehin keine evolutionistische Entwicklungsthese impliziert ist). Entgrenzung des Künstlerischen begleitet von einer Auflösung der Grenze zwischen Phantasie und Handeln.
17 Genesis 11:6. Ich zitiere hier aus der englischen Fassung der King James Version New York: Oxford University Press 1946, weil hier der Begriff der Imagination verwendet wird.

Neuen besteht jedoch nicht nur in der Zerstörung des Alten, sondern kann auch in der Transformation des Alten bestehen. Diese ist aber geleitet von einer Vorstellungskraft, die sicherlich in der Fähigkeit zum Transzendieren gründet. Das aber ist eine andere Geschichte, die hier nicht mehr ausgeführt werden kann.[18]

Literatur

Bröckling, Ulrich (2007): Das unternehmerische Selbst. Soziologie einer Subjektivierungsform. Frankfurt am Main: Suhrkamp.

Florida, Richard (2004): The Rise of the Creative Class. New York: Basic Books.

Groys, Boris (1992): Über das Neue. Versuch einer Kulturökonomie. München: Fischer.

Gurwitsch, Aron (1974): Phenomenology and the Theory of Science. Evanston: Northwestern Press.

Husserl, Edmund (1928): Vorlesungen zur Phänomenologie des inneren Zeitbewusstseins. Halle a. S. : Niemeyer.

Husserl, Edmund (1972): Erfahrung und Urteil. Hamburg: Meiner.

Husserl, Edmund (1986): Die Idee der Phänomenologie. Hamburg: Meiner.

Joas, Hans (1996): Die Kreativität des Handelns. Frankfurt am Main: Suhrkamp.

Knoblauch, Hubert (1999): Berichte aus dem Jenseits. Mythos und Realität der Nahtoderfahrung. Freiburg: Herder.

Knoblauch, Hubert (2008): Transzendentale Intersubjektivität, in: Jürgen Raab, Michaela Pfadenhauer, Peter Stegmaier, Jochen Dreher und Bernt Schnettler (Hg.), Phänomenologie und Soziologie. Theoretische Positionen, aktuelle Problemfelder und empirische Umsetzungen. Wiesbaden: VS Verlag für Sozialwissenschaften, 65-75.

Knoblauch, Hubert (2009): Populäre Religion. Frankfurt am Main / New York: Campus.

Knoblauch, Hubert, Ronald Kurt and Hans-Georg Soeffner (2003): Zur kommunikativen Ordnung der Lebenswelt. Alfred Schütz' Theorie der Zeichen, Sprache und Kommunikation, in: Alfred Schütz Werkausgabe (ASW) V.2. Theorie der Lebenswelt 2. Die kommunikative Ordnung der Lebenswelt. Konstanz: UVK, 7-33.

Knoblauch, Hubert und Bernt Schnettler (2005): Prophetie und Prognose. Zur Konstitution und Kommunikation von Zukunftswissen, in: Ronald Hitzler und Michaela Pfadenhauer (Hg.), Gegenwärtige Zükünfte. Interpretative Beiträge zur sozialwissenschaftlichen Diagnose und Prognose. Wiesbaden: Verlag für Sozialwissenschaften, 23-44.

Legros, Patrick, Frédérick Monneyron, Jean-Bruno Renard, Patrick Tacussel (2006): Sociologie de l'imaginaire. Paris : Armand Colin.

Luckmann, Thomas (1992): Theorie des sozialen Handelns. Berlin/New York: De Gruyter.

---

18 Der Zusammenhang zwischen Transzendenz und Imagination liegt phänomenologisch auf der Hand. Aus soziologischer Sicht muss ich darauf hinweisen, dass nicht nur die Kreativität (wie Groys 1992) meint, sondern grundsätzlich die Transzendenz in der Erfahrung des Anderen und damit der Intersubjektivität gründet. Vgl. dazu Knoblauch 2009, Kap. 2.

Merton, Robert K. (1965): On the Shoulder of Giants. New York: Free Press.

Mills, C. Wright (1940): Methodische Konsequenzen der Soziologie des Wissens, The American Journal of Sociology, Vol. 46, 316-330.

Moldaschl, Manfred und Günter G. Voß (Hrsg.) (1991): Subjektivierung von Arbeit. München und Mering.

Popitz, Heinrich (1997): Wege der Kreativität. Tübingen: Mohr-Siebeck.

Rammert, Werner (2000): Ritardando and Accelerando in Reflexive Innovation. TUTS Working Paper 7. Technical University of Berlin.

Reichertz, Jo (2003) : Die Abduktion in der qualitativen Sozialforschung. Wiesbaden: Leske + Budrich.

Rogers, Everett M. (1995): Diffusion of Innovations. New York: Free Press (4. Aufl.)

Sartre, Jean-Paul (1986): L'imaginaire. Paris: Gallimard.

Schumpeter, Joseph (1912): Theorie der wirtschaftlichen Entwicklung. Berlin. Schütz, Alfred (1932/1974): Der sinnhafte Aufbau der sozialen Welt. Frankfurt am Main: Suhrkamp (Wien: Springer).

Schütz, Alfred (1962): On Multiple Realities, in: Collected Papers I. Den Haag: Nijhoff, 207-259.

Schütz, Alfred (1971): Über die mannigfaltigen Wirklichkeiten, in: Gesammelte Aufsätze I: Das Problem der sozialen Wirklichkeit. Den Haag: Nijhoff, 237-298.

Schütz, Alfred (1974): Der sinnhafte Aufbau der sozialen Welt. Frankfurt am Main: Suhrkamp.

Schütz, Alfred (2003): Teiresias oder unser Wissen von zukünftigen Ereignissen [Fassung 1959], in: Alfred Schütz Werkausgabe (ASW) V.1. Theorie der Lebenswelt 1. Die pragmatische Schichtung der Lebenswelt. Konstanz: UVK, 349-371.

Schütz, Alfred (2003a): Das Wählen zwischen Handlungsentwürfen, in: Alfred Schütz Werkausgabe (ASW) VI.1. Relevanz und Handeln 1. Zur phänomenologie des alltagswissens. Konstanz: UVK, 255-286.

Schütz, Alfred (2003b): Das Problem der Personalität in der Sozialwelt, in: Alfred Schütz Werkausgabe (ASW) V.1. Theorie der Lebenswelt 1. Die pragmatische Schichtung der Lebenswelt. Konstanz: UVK, 95-162.

Schütz, Alfred und Talcott Parsons (1977): Zur Theorie sozialen Handelns. Frankfurt am Main: Suhrkamp.

Schütz, Alfred and Thomas Luckmann (1979): Strukturen der Lebenswelt. Frankfurt am Main: Suhrkamp.

Schütz, Alfred und Thomas Luckmann (1984): Strukturen der Lebenswelt II. Frankfurt am Main: Suhrkamp.

Schütz, Alfred und Aron Gurwitsch (1985): Briefwechsel 1939-1959. Hgg. v. R. Grathoff. München: Fink.Srubar, Ilja (1988): Kosmion. Die Genese der pragmatischen Lebenswelttheorie von Alfred Schütz. Frankfurt am Main: Suhrkamp.

Suchman, Lucy (1987): Plans and Situated Actions. Cambridge: CUP.

Tarde, Gabriel (1973): Ecrits de psychologie sociale. Toulouse: Privat.

Handlung und Kommunikation – eine situationstheoretische Reformulierung

Andreas Ziemann

I. Einleitung

Es gibt einige soziologische Sätze, von denen eine unbestreitbare Überzeugungsleistung ausgeht, die es deswegen zu einiger Berühmtheit gebracht haben und die auch den Grundwortschatz eines jeden Soziologiestudenten prägen. Der folgende Satz von William Isaac Thomas ist ein solcher: „If men define situations as real, they are real in their consequences." (Thomas/Thomas 1928: 572) Wo aber Sätze zu klar und die Überzeugungskraft zu selbstverständlich ist, dort besteht bisweilen Anlass zur kritischen Nachfrage und zur Aufklärung der Hintergründe bzw. Implikationen. Zu fragen wäre mindestens, woher Menschen ihr Situationswissen nehmen, wie autonom sie in der Wahl und Festlegung der Situationsbedeutung sind[1] und wen die Wirkungen betreffen. Es sind dies Kernfragen, zu denen sich eine ansprechende wie anspruchsvolle Sozial- und Kommunikationstheorie verhalten muss. Ich will und werde deshalb vom Situationsbegriff[2] her sowohl Reichertz' kommunikationstheoretische Arbeiten würdigen und systematisieren als auch weitergehende Probleme aufzeigen, die maßgeblich mit der Situationsordnung und dem Einbruch des Unvorhergesehenen und Außergewöhnlichen zu tun haben.[3] Zur Debatte stehen damit die sequenzielle Genese von Frames und der soziokulturell emergente Sinn von Situationen. Entfalten und diskutieren werde ich dies im hinteren Teil an zwei quasi-empirischen Filmbeispielen Michael Hanekes.

Der Kunstgriff in Reichertz' theoretischer Ausrichtung liegt darin, dass die Situation auf den Bereich überpersönlicher Kultur, auf historisch gewachsene Gesellschaftsstrukturen und zugleich auf konkrete Handelnde und deren subjektive Sinnsetzungen verweist. So vermittelt die Situation zwischen Mikro- und

---

1   Allein schon zur Komplexität der ‚Wahl' zwischen Handlungsziel, subjektivem Wissen und gesellschaftlichen Bedingungen siehe etwa: Schütz/Luckmann (1984: 50-68).
2   Der eigentümlich selten als soziologische Kategorie explizit gemacht wird, geschweige denn soziologische Theoriediskurse dominiert.
3   Mir geht es dabei vor allem auch um die (offene) Ordnung der Situation sowie um Anfragen an die ‚Logik des Primären'. Ich komme am Schluss darauf zurück.

Makrosphäre; und so lässt sich deren wechselseitige Abhängigkeit in den Blick nehmen und konstruktiv für zahlreiche empirische Problemstellungen verwenden. Vor diesem Hintergrund widersprechen sich dann auch nicht mehr zwei von Reichertz vorgegebene methodische Prämissen; nämlich, dass einerseits „Ausgangs- und Fluchtpunkt aller sinnverstehenden Sozial- und Kommunikationswissenschaften [...] das ,Subjekt' oder auch: subjektiver Sinn und subjektive Sichtweisen" seien (2009: 54). Dass andererseits aber in der Kommunikation nicht nur Subjekte sich individuell begegnen, sondern auf gesellschaftliche Prägungen und einsozialisierte Praktiken verwiesen sind respektive zurückgreifen. Deshalb ist jede Kommunikation „immer in soziale Situationen eingebettet" (Reichertz 2009: 111).[4] Und folgerichtig ist die ,Situation' (im Gegensatz zum Handeln bzw. Handlungssubjekt) die basale Untersuchungseinheit aller Sozial- und Kommunikationswissenschaften.[5]

II. Die situationstheoretische Einbettung von Handlung und Kommunikation

Der Kunstgriff der unmittelbaren Verschränkung von Kommunikation und Situation ist keineswegs so selbstverständlich, wie er scheinen mag, wenn man etwa die langwierigen Bemühungen einer hinreichenden Situationsbeschreibung bei Hartmut Esser (vgl. 1999; siehe auch Greshoff 2008) betrachtet, der die situativen Erfüllungsbedingungen und den Situationssinn maßgeblich mit einem handelnden Ego kurzschließt und die sozialen Interdependenzen und Abstimmungen mit Anderen nur derart berücksichtigt, dass sie teils am Handlungsziel mitwirken müssen oder dass sie über wichtige Ressourcen für das eigene Handeln Egos verfügen. Das elementare System einer Situation modelliert Esser entsprechend so, dass dort ein Akteur sein Interesse auf eine bestimmte Ressource richtet, die er unter Kontrolle bekommen und für eine selbst gestellte Problemlösung bzw.

---

4   Reichertz stellt mit diesem situationstheoretischen Kontext und Konzept einerseits Distanz her zur Sprechakttheorie und deren isolierter Betrachtung von Äußerungen/Äußerungsweisen und stiftet andererseits Nähe zur soziologischen Kultur- und Gesellschaftstheorie, insofern jede Kommunikation-in-Situation in komplexer Weise von kulturellen Errungenschaften, Normen und Werten, persönlichen Einstellungen und Habitūs (in Konkurrenz zu jenen Anderer), gesellschaftlichen Strukturen und historischen Ereignissen u.a.m. abhängig und gerahmt ist.

5   Die Situation als ,basic unit' vermittelt auch zwei besondere Erkenntnisrichtungen und -prämissen, die schon sehr früh und neuerdings immer stärker Reichertz' kommunikationswissenschaftliches wie soziologisches Denken bestimmt und gerahmt haben: (a) Distanz zu den großen Gesellschaftstheorien, um in ,the middle range' auf konkrete Handlungsweisen, Kommunikationsprozesse und deren Regeln zu fokussieren, die immer an leibhaftige Menschen mit ihren subjektiven Sinnsetzungen zurückgebunden sind; (b) beständiges Interesse an der Kreativität und an der massenmedialen Dynamik des Sozialen.

Bedürfnisbefriedigung verwenden will (vgl. 1999: 38).[6] Der Anlass für eine Handlung ist also ein Problem. Das Handeln selbst aber „findet erst statt, wenn der Akteur aufgrund der gegebenen äußeren *wie* inneren Bedingungen der Situation zu einer eigenen, selektiven und systematisierenden, dann subjektiv das Geschehen vollkommen beherrschenden *Definition* der Situation kommt. Gibt es eine solche subjektive Definition der Situation einmal, dann ist der Akteur einstweilen ganz von ihr gefangen." (Esser 1999: 61)[7] Handlung meint demnach eine individuelle (außersoziale) Zielerreichung, die unter je verschieden gelagerten inneren und äußeren Bedingungen der Situation steht, unter gesellschaftlichen, kulturellen und materiellen Festlegungen, Einschränkungen und Repressionen einerseits und unter individuellen Freiheiten der Wahl andererseits (vgl. Esser 1999: 56). Der idealtypische Akteur will soziale Wertschätzung und/oder physisches Wohlbefinden – „[b]eide Bedürfnisse müssen *ununterbrochen* und *fortwährend* erfüllt werden" (Esser 1999: 95) – und generiert dabei und deshalb eine subjektive, vereinfachende Definition der Situation, die zur „rahmende[n] und orientierende[n] und handlungsleitende[n] Kraft" (Esser 1999: 69) seiner Bedürfniskonstellation und Problembewältigung wird. Die Situationslogik findet bei Esser ihre Bestimmung dann darin, dass typisierte Akteure sich in einer *gesellschaftlichen Lage* befinden, welche einerseits die objektive Dimension der Situation markiert, andererseits die subjektive Bedeutung strukturiert und schließlich menschliches Handeln auslöst. Nachdem Esser solcher Art die Situationstheorie mit einer Handlungstheorie unterlegt, kann er die gesellschaftsstrukturellen Zusammenhänge mit Akteuren und ihrem Handeln zur triadischen Situationseinheit verbinden. Das analytische Primat bleibt aber beim Menschen[8], bei typisierten Akteuren und ihrer subjektiven Sinnsetzung. „Sie nehmen – mehr oder weniger richtig, bewußt und reflektierend – ihre Situation wahr, interpretieren sie, denken über gewisse Folgen nach und bewerten die Alternativen vor diesem Hintergrund. Und schließlich handeln sie nach dem Prinzip der subjektiven Vernunft und – deshalb! – in vorhersagbarer und verständlicher Weise." (Esser 1999: 402f.)

Die sozialen Erwartungen der Mitmenschen (jenseits ihrer Verfügungsgewalt und Kontrolle über Ressourcen), die Zuhandenheit bestimmter Techniken und Mittel, kulturelle Normen und Sanktionen oder die prozesshafte Dynamik kollektiven Geschehens und gesellschaftlich emergenter Ereignisse – diese Mo-

---

6 Sehr ähnlich dazu Parsons' grundlegender Bezugsrahmen von ‚Handelnder-Situation' (vgl. 1964: 52). Beide Bezugsgrößen sind nicht weiter dekomponierbar, verweisen aufeinander und bedingen sich wechselseitig.

7 Esser spielt hier explizit auf das prominente, oben angeführte *Thomas-Theorem* an.

8 Denn weder Situation noch Gesellschaft oder andere Kollektivsingulare handeln oder tun etwas, so Essers Diktum (vgl. etwa 1999: 403).

mente und Variablen bleiben bei Esser eigentümlich unterbestimmt und motivieren zu einer anderen Perspektive auf die soziale Situationslogik, zu einer ergänzenden Beschreibung unter offenen Verhältnissen der Sinnproduktion, der Handlungsabfolgen und der gesellschaftlichen wie historischen Konsequenzen. Ich bestreite nicht, dass für zahlreiche soziale Situationen *vorab* eine Bedeutung und konkrete Erwartungsstrukturen subjektiv entworfen und daraufhin Pläne bezüglich des anvisierten Ziels entwickelt und fixiert werden. Ich halte es aber für falsch, dies zum allgemeinen Grundprinzip der Situation zu erheben. So lässt man nämlich Unvorhergesehenes, Nicht-Intendiertes und historische Zufälle außer Acht und kann deren Relevanz bei der autonomen Verkettung von Kommunikationsereignissen weder in die Situationsbeschreibung einbeziehen noch gar die Eigenlogik der Gesellschaft und die Interaktionsdynamik *in situ* mit erklären. Ich bin deshalb der Auffassung, dass nicht die Relation von Akteur, Handeln und gesellschaftlichem Hintergrund allein die Situation bestimmt, sondern dass häufig vielmehr erst die Verkettung von Handlungen und Kommunikationsereignissen den (praktischen wie historischen) Sinn und die Ordnung der Situation generiert. Die Situationslogik wäre dann das Ergebnis einer vergangenen Gegenwart, in der intendierte wie nicht-intendierte Handlungen und Kommunikationen sich beeinflusst und wechselwirkend hervorgebracht haben und in der Akteure mit anderen menschlichen wie nicht-menschlichen Akteuren Probleme bewältigt und Ziele erreicht haben – unter je gegebenen materiellen, kognitiven, kulturellen und gesellschaftlichen (Hintergrund-)Bedingungen.

Statt der analytischen Einheit Akteur-Situation tritt nunmehr jene von Kommunikation-Situation in den Vordergrund. Und genau hierin liegt – wie einleitend angedeutet – der Ausgangspunkt von Reichertz' vielfältigen Studien zu Kommunikation.[9] Kommunikation bedeutet ganz grundsätzlich ein wechselseitig koordiniertes (kooperatives) Mitteilungshandeln auf bestimmte (Bedürfnis-/Interessens-) Ziele hin unter Bedingungen des In-Situation-Seins (mit gemeinsamer Geschichte, Wertbindung und Zweck/Mittel-Strategie). Oder wie Reichertz selbst ausführt: *„Kommunikation ist menschliche Verhaltensabstimmung mittels symbolischer Mittel, die in soziale Praktiken eingebettet sind.* Kommunikation ist also stets eine Form sozialen *Handelns,* ihr Ausgangspunkt ist ein Handlungsproblem. Kommunikation ist Ausdruck einer spezifischen, einer *bestimmten* Situation, die ein Handlungsproblem hervorgebracht hat, das mittels Kommunikation bearbeitet werden soll. [...] Es geht bei der Kommunikation nicht um Verstehen oder Nicht-Verstehen, sondern um Handeln und Weiterhandeln." (2009: 98f.; vgl. auch 2007: 298) Man könnte einwenden, dass hier nicht hinreichend geklärt ist,

---

9   Esser berücksichtigt zwar auch dialogische und kommunikative Prozesse bei seiner ‚kollektiven Definition' der Situation (vgl. 1999: 167f.), räumt aber insgesamt der Logik der subjektiven Vernunft und einer individualistischen Wert-Erwartungstheorie den Vorrang ein.

ob die Situation (und ihr Problembezug) der Kommunikation vorgängig ist oder mit ihr entsteht. Eindeutig klärt und formuliert Reichertz aber, dass zumindest Kommunikation selbst „ohne Situation [...] nicht vorkommen" kann (2009: 111). Sie gibt der Kommunikation ihre Dauer, schafft Sinn- und Sachreferenzen und stellt soziale Beziehungen her. In der Konsequenz hat man deshalb die ‚Situation' als irreduzible Untersuchungseinheit aller Sozialwissenschaften, entsprechend auch der Kommunikationswissenschaft zu begreifen. Aus ihr lassen sich dann vier grundsätzliche, wenngleich im Einzelnen je verschieden strukturierte und verteilte Kommunikationsformen ableiten: jene des *one-to-one*, des *one-to-some*, des *one-to-many* und des *many-to-one* (vgl. Reichertz 2009: 113f.).

III. Eine Systematik der Situation und die situative Dynamik der Kommunikation

Aus dem Begriffspaar Kommunikation-Situation und aus der kommunikations-theoretischen Feinanalyse der Situation will ich von Reichertz' jüngster Monografie her (vgl. 2009) drei grundlegende Dimensionen der Situation extrapolieren, die eine tiefgreifende Systematisierung des Situationsbegriffs ermöglichen.

(1) Objektdimension: Keine Situation geht in der Beteiligung von mindestens zwei Akteuren, deren Interessen und Machtmöglichkeiten und dem Wirken eines symbolischen Hintergrunduniversums auf. In sachlicher und technischer Hinsicht sind vor allem auch je zuhandene Dinge, ihre instrumentelle Bedeutung und ihr eigenständiger Wirkungsgrad zu berücksichtigen. Kurz: Dinge ermöglichen soziale Praktiken und wirken an kommunikativen Wechselwirkungen ebenso mit wie am Aufbau der Situationsbedeutung. Bereits Parsons (vgl. 1986: 136f.) hatte die Bedeutung der Dinge in Situationen berücksichtigt – neben den drei anderen Variablen von Akteur, sozialen Anderen und Kultur –, sie allerdings ausschließlich in die affektive Orientierung verlegt und als „Kathexis" ausgewiesen.[10] Prominenten Status haben die Dinge neuerdings mit Latour gewonnen. Und wer seitdem von Situationen und sozialer Ordnung spricht, sollte Dinge und andere nicht-menschliche Akteure in seiner Analyse berücksichtigen. Diese übernehmen einst menschliche Aufgaben, sind – beispielsweise als Werkzeuge, Büroutensilien, Sprechanlagen, Computersysteme oder als Möbelanordnung – an der Verwirklichung zahlloser Kooperationen mit beteiligt, bilden damit eine ‚gerahmte Interaktion' und sorgen im Großen und Ganzen überhaupt erst für gesellschaftliche Stabilität (vgl. Latour 1996, 2006 und Schulz-Schaeffer 2008). Dinge ermöglichen und erleichtern uns aber nicht nur die situative Bewältigung von

---

10 Vgl. weiterführend zur affektiven Besetzung von Objekten: Tilmann Habermas (1999).

Problemen; sie vermitteln immer auch ein symbolisches Universum ihrer eigenen Bedeutung und ihres kulturellen Produktionshintergrunds. Deshalb begegnen
wir in der Welt der Dinge immer auch kulturellen Gepflogenheiten und Vorschriften ihres Gebrauchs (vgl. Reichertz 2009: 145). Einzuordnen wären hier im
Übrigen auch die so genannten „MacGuffins", jene legendäre Erfindung Hitch-
cocks (vgl. Truffaut 1966), die als eigenständige wie eigensinnige Objekte Hand-
lungsträgerschaft übernehmen und Handlungsmotivation produzieren, ohne
selbst von nennenswertem Interesse zu sein. Sie sind gleichermaßen sinnstiftende
Agenten der filmischen Diegese wie auch alltagsweltlicher Situationen ‚in real
life‘.

    (2) Zeitdimension: „Wenn Kommunikation [...] immer nur in Situationen
vorkommt, dann hat Kommunikation ein Vorher und ein Nachher. Das Vorher
reicht stets in die aktuelle Kommunikation hinein – und natürlich hat es immer
auch für das Nachher Folgen." (Reichertz 2009: 118) Wenn diese Zeitstruktur der
Kommunikation, so die Argumentation, aus der Situation resultiert, dann ist auch
jede Situation selbst als zeitlich strukturierte aufzufassen; sie ist umgeben von
einem Davor, einem Mitten-In und einem Danach. Das Davor bestimmt unsere
Gegenwart, es strukturiert und limitiert die aktuellen Möglichkeiten der Situation. Das Danach bestimmt die Zukunft anderer, neuer Situationen, in denen nicht
mehr alles möglich, geschweige denn wünschenswert oder relevant ist. Und das
Mitten-in-Situation-Seiend handelt dies alles aus und generiert und legitimiert
den bis auf Weiteres verbindlichen und bindenden Sinn. „Die Praxis ist stets zuerst, dann kommt der Sinn, die Sinnzuschreibung durch Reflexion der Praxis der
Kommunikation", heißt es dazu bei Reichertz (2009: 103). Der zeitlich-prak-
tische Hauptmodus der Situation ist jener der *Wiederholung*. Wiederholung,
Imitatio oder Mimesis reproduzieren und legitimieren aufs Neue bisherige Handlungsweisen, gesellschaftliche Sinnformen und kulturelle Werte; sie geben Sicherheit und sie ermöglichen überhaupt erst mehr oder minder gezielte Selektio-
nen auf ein bestimmtes Handlungsziel hin. Wiederholung schafft Strukturbildung
und Situationsgewissheit – und zwar, indem wir mit Anderen generalisieren und
individuell respezifizieren.[11]

    (3) Soziale Erwartungen und Kommunikationsmacht: Eine besondere Leis-
tung von Reichertz liegt darin, nachhaltig die sozialen Aspekte der Kontrolle und

---

11   Siehe dazu Luhmann (2004: 107): „Die Besonderheit der Strukturbildung scheint darin zu
     bestehen, dass man zunächst einmal wiederholen muss, das heißt, irgendeine Situation als Wie-
     derholung einer anderen erkennen muss. Wenn alles immer komplett neu ist, könnte man nie
     etwas lernen [...]. Um überhaupt wiederholen zu können [...], müssen wir wieder erkennen, das
     heißt, wir müssen zweierlei Dinge tun können: erstens identifizieren [...] und zweitens in dem
     Sinne generalisieren, dass wir trotz der Andersartigkeit der Situation und trotz manchmal sehr
     erheblicher Abweichungen die Identität wieder benutzen können." Zum Erkennen und Lernen
     durch ‚Wiederholung‘ siehe bereits: Tarde (1898/2009).

Machtverteilung in jeder kommunikativen Situation zu behandeln und gesondert auszuweisen. Grundsätzlich treten in einer sozialen Situation andere Individuen auf, die mit ihren eigenen Interessen und Absichten beschäftigt sind. Die Erwartungen der Mitmenschen, so formulierte bereits Parsons (1964: 55), „bilden ein wesentliches Merkmal der Situation, in die sich jeder Handelnde gestellt sieht. Es bringt Folgen für ihn mit sich, ob er diesen Erwartungen entspricht oder nicht: im einen Fall Anerkennung und Belohnung, im anderen Ablehnung und Bestrafung."[12] Es ist deshalb notwendig, ein Wissen darüber zu erlangen, wer welches Ziel verfolgt; und es ist notwendig, kontrollieren zu können, wer die eigenen Ziele unterstützt und dafür als Mittel von Bedeutung ist (vgl. Parsons 1986: 140f.).[13] Vordringlich wird in Situationen die Einflussnahme auf fremdes Handeln dadurch erreicht, dass man die (Hintergrund-)Informationen und die Situationsdefinition kontrolliert. Diese Kontrolle – und ‚Kommunikationsmacht' im Sinne von Reichertz – ist nach Parsons (vgl. 1986: 142f.) im Spektrum von wahrer Aufklärung, gezielter Desinformation oder Betrug angesiedelt. Entsprechend variieren das Mitmachen und die Unterstützung durch die Anderen zwischen Freiwilligkeit, Opportunismus, Überredung bzw. Bekehrung, Zwang und Nötigung. Weil aber Gesten, Worte, Argumente und die dabei mitgeteilten Informationen nicht von sich aus Macht haben und wirkmächtig zum Füreinander- oder Miteinanderhandeln motivieren, bedarf es einer zusätzlichen (institutionalisierten) Kommunikationsmacht, welche das ermöglicht und sicherstellt. Gewalt, Herrschaft bzw. Autorität, Liebe, Geld und andere äquivalente ‚Steuerungsmedien' sind solche institutionalisierten Einrichtungen, die einen dazu veranlassen, den Absichten und Wünschen eines Sprechers bzw. kommunikativen Akteurs nachzugeben und affirmativ zu folgen (vgl. Reichertz 2009: 198f. und 2007: 307ff.).[14] Genauer hin werden in jeder Situation also zwei Ziele verfolgt: das

---

12   Und Parsons ergänzt für solche Erwartungen, dass sie einen grundlegenden Teil der eigenen Persönlichkeit des Handelnden bilden respektive beherrschen. „Im Verlauf des Sozialisierungsprozesses nimmt er – in mehr oder weniger starkem Maße – die Verhaltensmaßstäbe und Ideale der Gruppe in sich auf. Auf diese Weise werden sie, unabhängig von äußeren Sanktionen, zu wirksamen Motivierungskräften für sein eigenes Verhalten." (Parsons 1964: 55) *Fremdzwang wird in Selbstzwang übersetzt* – lautet die dazu passende einschlägige Formel des Zivilisationsprozesses nach Elias (1997).

13   Wenn einer das Handeln anderer nicht in seinem Sinne beeinflussen und kontrollieren kann, dann sind deren Handlungsziele jene konditionierenden Aspekte der Situation, denen er sich zu unterwerfen hat und an die er sich handelnd anpassen muss (vgl. Parsons 1986: 142). Siehe ergänzend zu gemeinsam geteilten versus (autokratisch) durchgesetzten Situationsdefinitionen: Schulz-Schaeffer (2009).

14   Ergänzend: „Macht [...] resultiert nicht aus dem Verhältnis von Wörtern und Menschen, sondern [...] aus sozialen Beziehungen und der Bedeutung, die Beziehungen für den Aufbau und den Erhalt von Identität besitzen. Es sind immer Menschen, deren Worte Macht haben, nicht Worte, die Macht haben. Natürlich geht damit auch eine Art von *Kontrolle* einher [...]; Kontrol-

manifeste Ziel der Problemlösung und das latente Ziel der Herstellung und sozialen Anerkennung der eigenen Kommunikationsmacht.

Eine Situation ist nach dem Bisherigen ein raum-zeitlich eingefasstes soziales Feld mit spezifischen Objektkonstellationen bzw. zuhandenen Dingen und mit zwei oder mehr sich wechselseitig reflexiv beobachtenden Akteuren und deren (widerstreitenden) Interessendynamiken, Machtmöglichkeiten und Kontrollmechanismen in Bezug auf ein Handlungsziel. In ihrem prozesshaften Gegenwartsbezug untersteht jede Situation einer vorstrukturierenden historischen Vergangenheit und von dorther einwirkenden Basisregeln, Werten, Normen, Rollenerwartungen und Wissens- wie Symbolsystemen.[15] Die Handlungssequenzen selbst aber bilden erst den aggregierten, typisierten Sinnzusammenhang, kurz: die Definition der Situation. Wenn die zur Debatte stehenden Probleme gelöst sind und das Handlungsziel erreicht ist, dann hat die Situation ihr Ende gefunden.[16]

Eine offene Flanke bleibt bei dieser Situationsbestimmung bestehen: Wie und warum kommen Wertbindungen, normative Prämissen und soziale Erwartungen bisweilen ins Wanken? Was ist mit den Unwahrscheinlichkeiten, Anomien und Störungen, die eine Situation betreffen und alle (subjektiv) vorselegierten Ziele unterlaufen können? Ich laboriere mit diesen Fragen am systematischen Einbezug des Unvorhergesehenen und des Ausnahmefalls, durch den die Ordnung der Situation wie auch der Kultur und Gesellschaft im Generellen scheinbar ausgesetzt wird und *in actu* neu verhandelt bzw. hergestellt werden muss. Dem will ich nun im vierten und letzten Abschnitt nachgehen.

---

le darüber, was uns etwas wert ist, weil wir etwas für uns und andere sind bzw. sein wollen, und Kontrolle darüber, was von dem anderen zu erwarten ist." (Reichertz 2009: 243) Und weiter: „Verlässlichkeit, also die Sicherheit, dass der Kommunizierende seinen Worten auch Taten folgen lässt, ist die Schlüsselkategorie zur Erlangung kommunikativer Macht." (Reichertz 2009: 248)

15   Weder empirisch noch analytisch, um es nochmals zu betonen, lässt sich deshalb eine Situation isolieren und als singuläre Ereigniseinheit begreifen. Immer hängt sie an (geschichtlichen) Bedingungen und immer zeitigt sie spezifische Konsequenzen für eine Zukunft jenseits ihrer selbst.

16   Explizit argumentieren in diese Richtung der (zeitlichen) Abhängigkeit einer Situation von einer jeweiligen Problemstellung und -lösung Thomas/Znaniecki (1927: 79): „When a situation is solved, the result of the activity becomes an element of a new situation, and this is most clearly evidenced in cases where the activity brings a change of a social institution whose unsatisfactory functioning was the chief element of the first situation." Siehe ergänzend auch: Esser (1999: 66ff.).

IV. Das Unvorhergesehene und Unwahrscheinliche – die soziale Selbststrukturierung der Situation

Wenn es ein paradigmatisches Feld der Störungsproduktion und des Außergewöhnlichen gibt, dann ist dies das weite Feld der modernen Kunst – und als ein Teilbereich dessen der Kinofilm. Der Kinofilm, so meine These, repräsentiert und reproduziert gleichermaßen gesellschaftliche Strukturen und kulturelle Wert- und Wissenshorizonte, wie er diese auch gekonnt reflektiert, bricht, umdeutet und umformt.[17] Solcher Art will ich zwei Spielfilme Michael Hanekes als Exempla für die Logik der Situation(sbeschreibung) heranziehen und zugleich mit ihnen offene Fragen an die Situationstheorie im Speziellen und die Gesellschaftstheorie im Allgemeinen stellen. Und zugleich will ich die eigenständige Kommunikationsmacht des Kinofilms in den Vordergrund rücken.

An den Filmausschnitten aus „Code: unbekannt" (2000) und aus „Funny Games" (1997) lässt sich exemplarisch das Eintreten des Unvorhergesehenen in die Situation und das Problem zu regulierender Kontingenz zeigen und diskutieren. Hier stößt eine auf subjektive Intentionalität, kulturelle Normalerwartung und determinierende Gesellschaftsstrukturen rekurrierende Deutung und Argumentation an ihre Grenzen. In einer relativ frühen Szene aus „Code: unbekannt" schlendert der Jugendliche Jean – kurz zuvor vom väterlichen Bauernhof abgehauen – eine Pariser Straße entlang und wirft seine leere Bäckerpapiertüte einer an der Ecke einer Einkaufspassage sitzenden rumänischen, illegal eingereisten Bettlerin in den Schoß. Die Papiertüte wirkt als vorhin erwähnter „MacGuffin", als nebensächliches, heimatloses Objekt, das Ereignisse verknüpft und Handlungsmotivation auslöst. Die despektierliche Tat und der MacGuffin markieren den Einbruch des Unvorhersehbaren – in die Filmszene einerseits, in die gewöhnliche Alltagswelt der öffentlich-großstädtischen Ordnung und Normalerwartung andererseits. Jean wird daraufhin vom Gleichaltrigen Amadou, farbig und Sohn senegalesischer Eltern, zur Rede gestellt und soll sich bei der Bettlerin entschuldigen. Es kommt zu einem Gerangel zwischen beiden, ein Ladenbesitzer will sie vertreiben, andere Passanten gesellen sich schnell dazu. Aus dieser Situation erhebt sich die mehrmals explizit aufgerufene, von Goffman her bekannte Frage: „Was ist denn hier los? Was geschieht hier eigentlich?"

Was wir sehen, ist eine Interpunktion von Ereignisfolgen, in der verschiedene Beobachtungen und Begründungen in Widerstreit geraten, und eine emergente Interaktionsdynamik, deren Ausgang alles andere als absehbar und klar ist. Zum Tragen kommt hier eine Regel der Situation, die nach Reichertz besagt, „dass

---

17   Der Film fungiert – neben vielem anderen, was er tut und offeriert – in pathetischer Formulierung als ‚Lehranstalt' kommunikativer Praxis, sozialer Situationsbewältigung und individuellen Identitätsmanagements.

weder auf der Ebene der Herstellung des kommunikativen Geschehens noch auf
der Ebene der Akzeptanz kommunizierter Ansprüche Einvernehmen herrscht."
(2009: 103) Erkämpft und ausgehandelt wird zuerst einmal der legitime Anspruch auf die Kommunikations- und Deutungsmacht der Situation. Die Macht
der Worte besteht aufseiten Amadous in seiner physischen Kraft gegenüber Jean.
Seine Kommunikationsmacht unterliegt allerdings relativ schnell jener der
(‚weißen‘) Polizisten. Deren Macht der Worte und Macht der Kontrolle basiert
auf ihrer legitimierten Rolle der Überwachung und Sicherung der öffentlichen
Ordnung (zum Schutz der Bevölkerung); kurz: auf ihrer exklusiven Rolle als
Exekutive staatlicher Gewalt. Solcher Art übernimmt die Polizei qua Amtsautori-
tät die Situationskontrolle – unterstützt von vorurteilsförmigen Normalerwartun-
gen der zuschauenden Passanten. Bezeichnenderweise folgt das polizeiliche
Framing nicht der kulturellen Erwartung der Entschuldigung von Jeans Seite und
der Ehrenrettung der Bettlerin. Im Gegenteil: Jean darf ohne weitere Sanktionen
unbehelligt gehen; stattdessen werden Amadou, dessen Pass einbehalten und
damit seine nationale Identität als Franzose infrage gestellt wird[18], und die Bettlerin aufs Revier gebracht – mit der nicht-intendierten (Neben-)Folge, dass die
Bettlerin Maria später nach Rumänien abgeschoben wird, den dortigen privaten
Hausbau nicht länger mitfinanzieren kann und erneut mit einem Menschenhänd-
lerring in dasselbe Viertel nach Paris zurückkommt, um dort mit ungewisser Zukunft vertrieben zu werden. Die Situation stellt damit ihre eigenen Strukturen in
der Gegenwart und für die Gegenwart erst her und gibt sich autonom vor allem
gegenüber den Interessen, Wertvorstellungen und Kontrollansprüchen Amadous
oder Marias. Haneke zeigt solcher Art eine kleine Großstadt-Episode, die kulturelle Eigenwerte induziert bzw. produziert und dadurch Handlungssicherheit generiert, wie auch das Unerwartete kanalisiert und handhabbar macht.
　　Die Situationsordnung wird aber bei genauerer Betrachtung im doppelten
Sinne kommunikativ und diskursiv hergestellt: einerseits im filmischen Narrativ,
andererseits – und das ist ein mindestens ebenso wichtiger Punkt – durch eigenständige Thematisierung und Anschlussbeiträge jenseits des kinematografischen
Universums, also aufseiten des Publikums, das solcher Art in moralische Reflexion eingeübt wird und positiv oder negativ zur gezeigten Situationsdynamik und
ihrem Ordnungsaufbau Stellung beziehen soll. Was an diesem Filmbeispiel alle-

---

18　Anschaulich wird hierbei der ‚institutionelle Rassimus‘ der französischen Polizei gegenüber
　　(vor allem jugendlichen) Arabern (‚Maghrebinern‘) und Schwarzafrikanern. Sie bilden die
　　(vermeintlichen) *classes dangereuses*, und deswegen wird ihnen mit besonderem Misstrauen,
　　schärferen Kontrollen und teils übertriebener Gesetzesanwendung begegnet. Siehe exempla-
　　risch wie einschlägig zu den rassistischen Vorurteilen und Handlungsmustern französischer Po-
　　lizisten als Resultat ihrer beruflichen Sozialisation und Teil ihres Berufsethos: Monjardet/
　　Gorgeon (2004) und Jobard (2008).

mal aufbricht, ist die Idee, dass jede Situation im Vorhinein gerahmt ist und Bedeutung hat, woran dann alle Beteiligten erwartungskonform mitwirken. Das wird ja in der Episode alles erst ausgehandelt. Parallel dazu wird dies aber nicht beliebig und komplett frei ausgehandelt, sondern die Handlungsabfolgen unterstehen kulturellen Wertbindungen und sozialen Routinen. Und parallel arbeiten alle an der Situation Beteiligten mit den verfügbaren Mitteln auch an der eigenen und fremden Identität mit bzw. handeln diese jeweils aus oder schreiben sie anderen vor. Die situative Problembearbeitung gewinnt in ihrer Faktizität eine gesellschaftliche Eigenlogik, die nur zu Teilen mit individuellen Interessen korreliert, allemal aber vollkommen unabhängig ist von den Ausgangsintentionen und Wirkungsabsichten der beiden jugendlichen Protagonisten. Diese Auslegung ist bestens kompatibel mit Reichertz' Beschreibung alltäglicher Kommunikationsprozesse und einer dort generell wirkenden ‚Interaktionsdynamik', sodass Alltagsempirie und Filmdramaturgie in Einklang bzw. zur Koinzidenz gebracht werden können. „Eine Handlung, einmal begonnen, entfaltet eine Dynamik, die selbst den Handelnden zu Punkten mitreißt, an denen er nicht landen wollte [...]. Die Interaktionsdynamik ist [dabei] die eine Größe: Sie entreißt den Einzelnen in Teilen die Gestaltung von Handeln und Kommunikation; sie ist das Unberechenbare. Die anderen Größen, die Kommunikation und Interaktion jenseits der bewussten Planung der Akteure mitgestalten, sind die kommunikativen [...] und symbolischen Ordnungen [...] einer Sprach- und Interaktionsgemeinschaft, die in kommunikativen Praktiken und Argumenten wirksam werden. Sie gestalten hinter dem Rücken oder besser: im Schatten des Halbbewusstseins der Beteiligten Interaktion und Kommunikation mit. Sie unterstützen den Prozess der Verständigung, da sie helfen festzustellen, was gerade los ist und was man gemeinsam tut." (Reichertz 2009: 109)

Obgleich die im Film vorgeführte Lösung der Situation, die auch das Ende der Situation bedeutet, einer autoritären Kontrollmacht untersteht, ließe sich im Modus Potenzialis fragen, welche alternativen Wege und Mittel gegeben waren und welche andere Lösung vorstellbar wäre – und warum sich diese aber nicht durchgesetzt hat. Eine weitere Frage, die hier anzuschließen wäre, ist jene allgemeine nach den Praktiken des Sekundären, nach den Wiederholungsleistungen in der Situation. Bei aller konstatierbaren Vorreflexivität eines In-Situation-Seins muss, so zumindest die soziologische Argumentationsführung, einerseits ein primäres Bezugsmodell vorausgesetzt werden, das jenseits der Situation liegt und kommunikatives Handeln ermöglicht. Andererseits bleibt aber unvorhersehbar und zumeist nur ex post feststellbar, welche Vorbilder und Musterpläne, welche Normen und Werte angespielt wurden und sich durchgesetzt respektive Ordnung (re-)generiert haben.[19] Wiederholung und Anpassung scheinen in der Begegnung mit Anderen, in sozialen, öffentlichen Arenen entsprechend weniger selbstverständlich als es die normativen Implikationen soziologischer Kultur- und Gesellschaftstheorie vorsehen.[20]

Eben dieses Erklärungsproblem ist zentraler Bestandteil meines zweiten Filmbeispiels, ja es wird dort geradezu konterkariert. Parallel dazu geht es auch und wiederum um die moralische Erschütterung wie (Neu-)Einübung des Publikums. „Funny Games" zeigt das langsame Eindringen des Bösen und Anarchischen in die Urlaubsidylle der dreiköpfigen Familie Schober in Gestalt der zwei Jugendlichen ‚Dicky' und Paul.[21] Alles beginnt mit einer Bitte um vier Eier. Es ist dies eine kleine Störung, die sich zur größten unvorstellbaren Störung ausweitet; ein zögerliches, verlegenes Eindringen des Anderen in einen geschlossenen Familien- und Urlaubskosmos. Man darf die belanglose Bitte nach Eiern gleichermaßen als „MacGuffin" mit eigenmächtiger Wirkung und als Allegorie verstehen: Das Böse schlüpft aus dem Ei.[22] Zum Tragen kommt fortan wiederum die ‚Macht der Worte', aber auch ein unvorhersehbares Aushandeln bzw. repressives Durchsetzen der Kommunikations- und Situationsmacht. In fulminanter Weise wird jene des Ehepaars Georg und Anna langsam unterlaufen, um Dicky und Paul zu inthronisieren, die alle Gewaltmittel auf ihrer Seite haben und schlussendlich vollkommen kontingent und absolut grundlos die drei Familienmitglieder und deren Hund ermorden. Die ostentative Inszenierung des Grundlosen und die zynische Verbindung von tradierten Moralvorstellungen einerseits[23] sowie bedingungslos praktizierter, anarchischer Gewalt andererseits geben wiederum Anlass zur Anfrage an die Situationstheorie nach der Beschreibung und Erklärung der Situationslogik unter Einbezug des Ausnahmezustands. Obgleich Hanekes „Funny Games" in gewissen Maßen den Kubrick-Klassiker „Clockwork Orange" zitiert, so hält er dazu zugleich deutlich Abstand und bietet alles andere als eine repressiv-disziplinierende Kulturordnung an, die mittels Bestrafung und

---

19   Ein besonderer Fall des soziologischen Verhältnisses von Modell und Mimese/Imitatio ist mit der Erfindung und Praxis der ‚romantischen Liebe' gegeben. Nachgerade der Roman macht ab dem 17. Jahrhundert etwas vor, was nach der Lektüre Anlass zur eigenen Ein- und Ausübung in allen Angelegenheiten der Liebe und des Liebens wird. Siehe dazu einschlägig: Luhmann (1982). Siehe zu einer spätmodernen Variante mit massenmedialem Vorbild und alltagsweltlicher Kopie im Fall von (Traum-)Hochzeiten: Iványi/Reichertz (2002).

20   Zu Anfragen an die Handlungstheorie gegenüber dem Modus bzw. der Kategorie der (fundamentalen) Unsicherheit siehe auch: Imhof (2002).

21   Siehe zum Folgenden auch meine anders kontextierten Überlegungen in: Ziemann (2010).

22   Nachdem und weswegen im Film mehrmals Eier runterfallen und zerbrechen, im wahrsten Sinne des Wortes also für Unordnung sorgen und etwa den reinlichen, weißen Teppich beflecken.

23   Wenn Paul dem Ehepaar gegenüber etwa zum Besten gibt: man dürfe nicht schlagen, soll nicht lügen, muss beten können, muss Anstandsregeln einhalten etc.

Läuterung die Gewalt aus der Welt treibt. Damit versagt auch die regulative Idee, wie sie Reichertz vorschwebt: dass nämlich der „Weg der normalen Ordnung durch eine Fülle von Sanktionen befestigt [ist], sodass niemand so leicht vom Weg abkommen kann." (2009: 31)

Bei Haneke wissen plötzlich einige nicht mehr, wie es weitergehen soll und welche Praktiken helfen, geschweige denn sichern Sanktionen die zukünftige Gegenwart.[24] Stattdessen bahnt sich das Böse den Weg, und es kommt zu einem gesellschaftlichen Neuarrangement des gleichzeitigen Bestehens von gut *und* böse und zu einer offenen Zukunft moralischer Selbstbindung und Fremdverpflichtung. Mit Bezug auf die Frage, wie das Unvorstellbare, das Extra-Ordinäre, das Neue in die Situation bzw. in die soziale Welt eindringt, kann man den Haneke-Filmen (und selbstverständlich auch vielen anderen sozialen und historischen Ereignissen) drei mögliche Antworten abringen:[25] erstens durch Wiederholung von Handlungspraktiken und Kommunikationsformen (*a token of a type*) in einem anderen sozialen Kontext bzw. Sprachspiel; zweitens durch Variation oder Abweichung von der Wiederholungsstruktur und ihrer progressiv kommunikativen Durchsetzung oder diskursiven Aushandlung (bei paralleler Gegebenheit des Gewohnten/Konservativen); drittens durch opponierende (Eigen-)Interessen der beteiligten Akteure, aus denen etwas innovatives Drittes, etwa eine neue Kommunikationsgattung oder Machtform entsteht.

Was deshalb auch mit dem Filmende von „Funny Games" durchschlägt, ist das Angebot – letztlich auch die gesellschaftliche Notwendigkeit – einer diskursiv-kommunikativen Aushandlung und Bewältigung des Einbruchs des Außergewöhnlichen in Normalgewohnheiten des sozialen Zusammenlebens und in die selbstverständliche Alltagswelt. Der Film ist (und hat) selbst eine Kommunikationsmacht, die er seinem Publikum oktroyiert. Daraufhin hat die kommunikative Verständigung über bisherige Gewissheiten zu erfolgen, also auch eine bisherige Restabilisierung der gegenwärtigen Vergangenheit unter einschließendem Ausschluss der filmisch offerierten zukünftigen (pathologischen, anarchischen) Gegenwart.[26] Diese Aufgabe obliegt wiederum den Zuschauern und, mehr noch: in dieser Hinsicht professionalisierten gesellschaftlichen Gruppen – ganz und gar

---

24 Und man kann daraus den skeptischen Befund ziehen, dass auch in der ‚normalen' Alltagswelt oft nur Wenige dezidiert und explizit wissen, „weshalb sie in einer kommunikativen Situation etwas tun, weshalb sie es auf diese Weise tun und welche Folgen ihr Tun hat." (Reichertz 2009: 75)

25 Insgesamt schreibe ich mich damit in eine von Reichertz vorgegebene methodische Prämisse ein, die da lautet: sich selbst und andere „so weit wie möglich via Reflexion zu verunsichern und Neues zu denken." (2009: 49) Reichertz selbst verdankt diese Prämisse seinen zahlreichen Studien zur Abduktion im Anschluss an Peirce; siehe dazu etwa Reichertz (1991) und (2003).

26 Passend hierzu auch die Ausführungen von Reichertz (vgl. 2009: 238f.) bezüglich verletzter, erweiterter und neu angepasster situativer und kommunikativer Ordnungen.

politisch durchsetzt: Welche Werte brauchen wir, welche Welt wünschen wir?[27]
Dies kann durchaus auf jene Bedingungen hinauslaufen, die Reichertz zur
Grundlage so genannter ‚relevanter‘ bzw. ‚deontischer‘ Beziehungen (vgl. Brandom
2000: 298ff.) macht, wenn er schreibt: „[...] konstitutiv für jede Schaffung
einer Beziehung ist die Etablierung eines gemeinsamen generalisierten Anderen
[...]: die Etablierung eines Raums guter Gründe, den alle Beteiligten für sinnvoll
halten und dem sie sich deshalb (freiwillig) verpflichtet fühlen und von dem sie
auch erwarten, dass die Andern sich ihm (freiwillig) verpflichtet fühlen."
(Reichertz 2009: 247)[28] Man sollte allerdings die Grenzverletzungen und extraordinären Ausnahmefälle nicht vergessen.[29] Gerade an ihnen erweist sich die
Tragfähigkeit und Überzeugungskraft soziologischer und kommunikationswis-
senschaftlicher Theorie, speziell der Situationstheorie.

---

27 Alles läuft letztlich – und zwar empirisch wie theoretisch – auf eine offene, gleichwohl aber
    nicht beliebige Ordnung der Situation hinaus (mit entsprechenden, beabsichtigten Assoziatio-
    nen zu Ecos ‚offenem Kunstwerk‘, vgl. 1973). Dass es aber regelmäßig zu (stabiler) sozialer
    Ordnung kommt, dass folgenreiche Wirkungen gemeinsam (wenngleich nicht notwendig
    konsensuell) realisiert werden und dass trotz kommunikativer Dynamik kulturelle Werte und
    symbolische Hintergrundwelten je neuerlich aufgerufen, bestätigt und restabilisiert werden –
    das ist wohl das wahre Wunder der Kommunikation.
28 Ähnlich hat bereits Parsons vorgegeben – und genau dies wird in zahlreichen Filmen Hanekes
    konterkariert und zur Reflexion gestellt –, „daß es zu den wichtigsten Zielen und Zwecken von
    Individuen gehört, erwünschte Erwiderungen anderer Aktoren zu erlangen oder unerwünschte
    zu vermeiden." (1986: 154)
29 Diese beziehen ihre Kraft aus dem kulturell unterdrückten, aber jederzeit sich Geltung ver-
    schaffen könnenden Aggressionstrieb, wenn man der kulturkritischen Diagnose Freuds folgt.
    Man kann gerade „Funny Games" als filmische Auseinandersetzung mit dem „Unbehagen in
    der Kultur" begreifen. Vor Augen gestellt wird, dass und wie Triebverzicht und Sublimierung
    versagen und der (tiefen Lustgewinn verschaffende) Tötungswunsch letztlich immer stärker ist
    als die repressiven, gleichwohl das individuelle Leben schützenden Normen der (modernen)
    Kultur. „Das gern verleugnete Stück Wirklichkeit hinter alledem ist, daß der Mensch nicht ein
    sanftes, liebebedürftiges Wesen ist, das sich höchstens, wenn angegriffen, auch zu verteidigen
    mag, sondern daß er zu seinen Triebbegabungen auch einen mächtigen Anteil von Aggressi-
    onsneigung rechnen darf. Infolgedessen ist ihm der Nächste nicht nur möglicher Helfer und
    Sexualobjekt, sondern auch eine Versuchung, seine Aggression an ihm zu befriedigen, seine
    Arbeitskraft ohne Entschädigung auszunützen, ihn ohne seine Einwilligung sexuell zu gebrau-
    chen, sich in den Besitz seiner Habe zu setzen, ihn zu demütigen, ihm Schmerzen zu bereiten,
    zu martern und zu töten. *Homo homini lupus*; wer hat nach allen Erfahrungen des Lebens und
    der Geschichte den Mut, diesen Satz zu bestreiten?" (Freud 1999: 470f.)

Literatur

Belliger, Andréa/Krieger, David J. (Hrsg.) (2006): ANThology. Ein einführendes Handbuch zur Akteur-Netzwerk-Theorie. Bielefeld: transcript.

Brandom, Robert (2000): Expressive Vernunft. Frankfurt am Main: Suhrkamp.

Eco, Umberto (1973): Das offene Kunstwerk. Frankfurt am Main: Suhrkamp.

Elias, Norbert (1997): Über den Prozeß der Zivilisation. Soziogenetische und psychogenetische Untersuchungen. Zweiter Band. Wandlungen der Gesellschaft. Entwurf zu einer Theorie der Zivilisation. Frankfurt am Main: Suhrkamp.

Esser, Hartmut (1999): Soziologie. Spezielle Grundlagen. Band 1: Situationslogik und Handeln. Frankfurt a. M.; New York: Campus.

Freud, Sigmund (1999a): Gesammelte Werke XIV. Werke aus den Jahren 1925-1931. Frankfurt a. M.: Fischer.

Freud, Sigmund (1999b): Das Unbehagen in der Kultur (1930). In: ders. (1999a): 419-506.

Greshoff, Rainer (2008): Verstehen und Erklären bei Hartmut Esser. In: ders./Kneer/Schneider (2008): 413-443.

Greshoff, Rainer/Kneer, Georg/Schneider, Wolfgang Ludwig (Hrsg.) (2008): Verstehen und Erklären. Sozial- und kulturwissenschaftliche Perspektiven. München: Fink.

Habermas, Tilmann (1999): Geliebte Objekte. Symbole und Instrumente der Identitätsbildung. Frankfurt am Main: Suhrkamp.

Imhof, Kurt (2002): Unsicherheit und Kreativität – Zwei Kernprobleme der Handlungstheorie. In: Neumann-Braun (2002): 200-215.

Iványi, Nathalie/Reichertz, Jo (2002): Liebe (wie) im Fernsehen. Eine wissenssoziologische Analyse. Opladen: Leske + Budrich.

Jobard, Fabien (2008): Ethnizität und Rassismus in der gesellschaftlichen Konstruktion der gefährlichen Gruppen. Polizeikultur und -praxis in den französischen Vororten. In: Schweizerische Zeitschrift für Soziologie 34. 261-280.

Kneer, Georg/Schroer, Markus/Schüttpelz, Erhard (Hrsg.) (2008): Bruno Latours Kollektive. Kontroversen zur Entgrenzung des Sozialen. Frankfurt am Main: Suhrkamp.

Latour, Bruno (1996): On Interobjectivity. In: Mind, Culture, and Activity 3. 228-245.

Latour, Bruno (2006): Technik ist stabilisierte Gesellschaft. In: Belliger/Krieger (2006): 369-397.

Luhmann, Niklas (1982): Liebe als Passion. Zur Codierung von Intimität. Frankfurt am Main: Suhrkamp.

Luhmann, Niklas (2004): Einführung in die Systemtheorie. Zweite Auflage. Heidelberg: Carl Auer.

Monjardet, Dominique/Gorgeon, Catherine (2004): La socialisation professionnelle des policiers. Dix ans plus tard. Paris: CERSA.

Neumann-Braun, Klaus (Hrsg.) (2002): Medienkultur und Medienkritik. Wiesbaden: Westdeutscher Verlag.

Parsons, Talcott (1964): Beiträge zur soziologischen Theorie. Neuwied am Rhein; Berlin: Luchterhand.

Parsons, Talcott (1986): Aktor, Situation und normative Muster. Ein Essay zur Theorie sozialen Handelns. Frankfurt am Main: Suhrkamp.

Reichertz, Jo (1991): Aufklärungsarbeit. Kriminalpolizisten und Feldforscher bei der Arbeit. Stuttgart: Enke.

Reichertz, Jo (2003): Die Abduktion in der qualitativen Sozialforschung. Opladen: Leske + Budrich.

Reichertz, Jo (2007): Die Macht der Worte und der Medien. Wiesbaden: VS Verlag für Sozialwissenschaften.

Reichertz, Jo (2009): Kommunikationsmacht. Was ist Kommunikation und was vermag sie? Und weshalb vermag sie das? Wiesbaden: VS Verlag für Sozialwissenschaften.

Schulz-Schaeffer, Ingo (2008): Technik in heterogener Assoziation. Vier Konzeptionen der gesellschaftlichen Wirksamkeit von Technik im Werk Latours. In: Kneer/ Schroer/Schüttpelz (2008): 108-152.

Schulz-Schaeffer (2009): Handlungszuschreibung und Situationsdefinition. In: Kölner Zeitschrift für Soziologie und Sozialpsychologie 61. 159-182.

Schütz, Alfred/Luckmann, Thomas (1984): Strukturen der Lebenswelt. Band 2. Frankfurt am Main: Suhrkamp.

Tarde, Gabriel (1898/2009): Die sozialen Gesetze. Skizze einer Soziologie. Marburg: Metropolis.

Thomas, William I./Thomas, Dorothy Swaine (1928): The Child in America. Behavior Problems and Programs. New York: Knopf.

Thomas, William I./Znaniecki, Florian (1927): The Polish Peasant in Europe and America. A Classic Work in Immigration History. Volume 1. 2nd Edition. New York: Knopf.

Truffaut, François (1966): Le Cinéma selon Hitchcock. Paris: Laffont.

Ziemann, Andreas (2011): Medienkultur und Gesellschaftsstruktur. Soziologische Analysen. Wiesbaden: VS Verlag für Sozialwissenschaften.

Zwischen Krieg und Frieden – Oder: Der Mensch bemüht sich. Weiß die „Struktur" es besser?

Hans-Georg Soeffner

I. Ein produktiver Widerspruch: der Antagonismus von Krieg und Frieden

Zum Ausgangspunkt seiner „Idee einer allgemeinen Geschichte in weltbürgerlicher Absicht" (Kant 1971: 31-50) und seiner Überlegungen zur Möglichkeit eines gewaltfreien Zusammenlebens aller Völker: zu einem friedlichen Weltbürgertum, nimmt Kant, der große – meist skeptische – Aufklärer, eine im Kern negative Anthropologie, von der er – nun nicht mehr skeptisch – hofft, dass sie zu einem guten Ende führen werde. Der Mensch, so Kant, sei von sich aus ganz und gar nicht von vornherein gut, friedlich und auf Harmonie aus. Im Gegenteil: Sein Wesen sei geprägt durch den unaufhebbaren „Antagonism" der „ungeselligen Geselligkeit" (ebd.: 37). Zwar habe er eine „Neigung, sich zu vergesellschaften; weil er in einem solchen Zustande sich mehr als Mensch, d.i. die Entwicklung seiner Naturanlagen", fühle. „Er hat aber auch", fährt Kant fort, „einen großen Hang, sich zu vereinzeln (isolieren); weil er in sich zugleich die ungesellige Eigenschaft antrifft, alles bloß nach seinen Sinnen richten zu wollen, und daher allerwärts Widerstand erwartet, so wie er von sich selbst weiß, daß er seinerseits zum Widerstande gegen andere geneigt ist. Dieser Widerstand ist es nun, welcher alle Kräfte des Menschen erweckt [...], seinen Hang zur Faulheit zu überwinden, und, getrieben durch Ehrsucht, Herrschsucht oder Habsucht, sich einen Rang unter seinen Mitgenossen zu verschaffen, die er nicht wohl leiden, von denen er aber auch nicht lassen kann" (ebd.: 38).

Kants Hoffnung zielt darauf, dass gerade der Antagonismus der ungeselligen Geselligkeit, der die Natur des Menschen ausmacht, zu einem zwar mühselig zu erringenden, letztlich aber willentlich und vernünftig geschaffenen Friedensvertrag zwischen den einzelnen Menschen und den Völkern insgesamt führen werde.

Zwar liebe jeder Mensch, vor allem aus Bequemlichkeit, auch von sich aus „Eintracht", weil er „gemächlich und vergnügt leben" wolle, „aber die Natur weiß besser, was für seine Gattung gut ist: sie will Zwietracht". Sie will ihn aus seiner „Lässigkeit und untätigen Genügsamkeit" (alle Zitate ebd.: 38f.) herausholen und zwingen, seine ungesellige Geselligkeit produktiv zu nutzen. Denn einerseits ist „der Mensch [...] ein Tier", gekennzeichnet durch seine „selbstsüchtige tierische Neigung" (ebd.: 40), anderseits verfährt er in seinen „Bestrebungen nicht bloß instinktmäßig, wie Tiere" (ebd.: 34). Dadurch ist uns „von der Natur [etwas] auferlegt" (ebd.: 41), dem wir uns annähern müssen, um aus der Negation des in uns angelegten Antagonismus eine Position zu machen.

Hier wird bereits ein Gedanke formuliert, den Helmuth Plessner später aufgreifen, variieren und ausarbeiten wird (Plessner 1975, vgl. das „Gesetz der natürlichen Künstlichkeit"). Denn Kant stellte fest: „Die Rolle des Menschen ist [also] sehr künstlich" (Kant 1971: 41). Und eben dieser Künstlichkeit verdanken wir das, was das menschliche Tier von seinen tierischen Geschwistern unterscheidet. Sie verlangt von uns, unser Leben nicht einfach zu leben, sondern es bewusst zu *führen* und uns eine Umgebung zu schaffen, die unserer ‚natürlichen Künstlichkeit' entspricht: „Alle Kultur und Kunst, welche die Menschheit zieret, die schönste gesellschaftliche Ordnung, sind Früchte der Ungeselligkeit, die durch sich selbst genötigt wird, sich zu disziplinieren, und so, durch abgedrungene Kunst, die Keime der Natur vollständig zu entwickeln." (ebd.: 40)

In der Nachfolge Kants konstatiert Georg Simmel für die Soziologie, dass „eine Gruppe, die schlechthin zentripetal und harmonisch, bloß ‚Vereinigung' wäre, nicht nur empirisch unwirklich ist, sondern auch keinen eigentlichen Lebensprozess aufweist" (Simmel 2008: 202). Auch für Simmel ist der Mensch gekennzeichnet durch einen „Oppositionstrieb" oder „Oppositionsinstinkt": „Der erste Instinkt, mit dem [eine Persönlichkeit, H.G.S.] sich bejaht, [ist] die Verneinung des anderen" (alle Zitate aus ebd.: 195). Konfliktfreiheit und friedliche Harmonie sind somit nur in einer statisch in sich ruhenden Gemeinschaft von Heiligen oder Engeln zu haben.

Dante beschreibt für das Paradies eine solche ewige Harmonie mit dem Bild einer weißen, nie welkenden Rose: „In dem Gewande einer weißen Rose / erschien mir also die geweihte Herde / die Christi Blut erlöste von dem Menschenlose" (Alighieri 1960: 31. Gesang, 213). Diese vom Menschenlose erlöste, geweihte Herde ruht in sich selbst. Sie kennt keinen Streit, keine Planung und Entwicklung, keine Vergangenheit und Zukunft. Sie lebt in einer ewigen Gegenwart. Alles Menschliche ist ihr fremd. In diesem himmlischen Paradies „stirbt das Naturgesetz am trocknen Aste" (ebd.: 30. Gesang, 211) und mit der alten Natur sowohl Oppositionsinstinkt als auch die ungesellige Geselligkeit.

Denn die alte Natur sah anders aus. Man solle, so Simmel, nicht „vergessen, dass in frühen Kulturzuständen der Krieg fast die einzige Form bildet, in der es überhaupt zu einer Berührung mit fremden Gruppen kommt" (Simmel 2008: 197). Was für das Verhältnis der Individuen gelte, dass nämlich für uns, selbst „im Unglück unserer besten Freunde etwas ist, was uns nicht völlig missfällt" (ebd.: 194), das bestimme im Grunde auch das Verhältnis unterschiedlicher Gruppen und Völker zueinander. – Daraus folgt allerdings weder zwingend, dass der Mensch des Menschen Wolf ist (Hobbes), noch dass aus dem Oppositionsinstinkt und der ungeselligen Gesellichkeit unterschiedlos ein Freund/Feind-Verhältnis (Carl Schmitt) abgeleitet werden kann, das sowohl das menschliche Zusammenleben als auch die Beziehung von Staaten zueinander prägt. Festzuhalten ist dennoch, dass Interessenkonflikte große Bereiche der menschlichen Interaktion formen und als Machtkämpfe ausgetragen werden. Dabei verstehe ich, mit Max Weber, „Macht" als „jede Chance, innerhalb einer sozialen Beziehung den eigenen Willen auch gegen Widerstreben durchzusetzen, gleichviel, worauf diese Chance beruht" (Weber 1976: 26).

Webers allgemeine Definition legt nahe, nach den unterschiedlichen gesellschaftlichen Bedingungen zu fragen, aus denen sich Chancen ergeben, Macht auszuüben, denn von diesen Bedingungen hängt weitgehend ab, welche Form die Gewaltausübung annimmt – von der unmittelbaren physischen Gewalt über die Drohung bis hin zu mehr oder weniger subtilen Formen der sogenannten ‚psychischen', verdeckten Gewalt und Einflussnahme (politische Propaganda; religiös motivierte Strafandrohungen; das Einklagen von ‚Gruppen'-, ‚Klassen'-, Volkssolidarität; Werbung; Verhaltenssteuerung im Gewand von Psychotherapien etc.).

Im Anschluss an Simmel und die ihm später folgenden Theorien ‚funktionaler gesellschaftlicher Ausdifferenzierung' (Strukturfunktionalismus, Systemtheorie) lässt sich – sehr verallgemeinert – vermuten: Je einfacher, undifferenzierter Gruppen, Gemeinschaften, Kulturen, Gesellschaften strukturiert sind, umso basaler fallen die Konfliktauslöser und die Formen der Machtausübung aus. So regiert beim Kampf um Ressourcen und um das unmittelbare Überleben des Einzelnen oder der Gruppe das Prinzip des destruktiven Gabentausches: Auge um Auge, Zahn um Zahn. Je (aus-)differenzierter und ‚pluralistischer' dagegen Gesellschaften strukturiert sind, umso höher fällt einerseits das Potenzial an Interessen und damit auch an Konflikten aus. Gleichzeitig aber sind andererseits die Individuen eingebunden in ein ständig wachsendes Netz unterschiedlicher Verpflichtungen und Loyalitäten (Soeffner 2000: 310-353). Mit dieser Zunahme der gesellschaftlichen ‚Wechselwirkungen' (Simmel) entsteht ein größerer Druck zum Interessenab- bzw. -ausgleich. Damit wächst auch das Konfliktlösungspotenzial, eine Tendenz, an der Kulturkritiker gern vorbeisehen.

Auf den ersten Blick also scheint die in den modernen Gegenwartsgesellschaften zu beobachtende Omnipräsenz von Interessenkonflikten und Machtkämpfen zu empfehlen, nach der alten Formel zu verfahren: „Si vis pacem, para bellum!"[1]. Das genauere Hinsehen rät dagegen zu folgender Maxime: Wenn Du den Frieden willst, so wisse, (1) dass dieser, sofern du ihn erreichst, nicht dauerhaft sein wird und (2) dass du dich schon im Voraus aller Mittel vergewissern musst, ihn im Konfliktfall wieder herzustellen.

Als Mitglieder moderner, ausdifferenzierter, pluralistischer Gesellschaften sind auch wir noch ungesellige Gesellige. Aber anders als Sippen- oder Stammesangehörige vergangener Zeiten bewegen wir uns in einem Spektrum von sowohl zunehmenden als auch ständig variierenden Interessenkonflikten und Machtkämpfen einerseits und ebenso zunehmenden und variierenden Abhängigkeiten und Loyalitäten andererseits, also zwischen (1) dem Wunsch und der Chance, eigene Machtansprüche durchzusetzen, solange ihnen nicht genug Widerstand entgegengesetzt wird, einer Chance, die durch das Netzwerk von Wechselwirkungen eingegrenzt ist, und damit (2) einer erzwungenen Interessen- und Machtbalance, weil unsere Macht nicht ausreicht, anderen gegen ihr Widerstreben, den eigenen Willen aufzuzwingen. Dies gilt sowohl für die Konflikte innerhalb einer Gesellschaft als auch für zwischenstaatliche Konflikte.

Da der Staat und die Staaten-‚Gemeinschaft' nicht getragen werden von einer „erlösten, geweihten Herde" (s.o.), sondern eher den „modus vivendi des argen Menschen" (Mauthner1980: 305) repräsentieren, einen „Notbehelf" (ebd.: 304) zur Koordinierung von Egoismen ungeselliger Geselliger, werden wir zur Einsicht in die Notwendigkeit eines Gesellschaftsvertrages – auch für eine ‚Weltgesellschaft' – gezwungen. Es muss ein Vertrag sein, der auf rechtlicher, verfahrenssicherer Basis das Verhältnis von Individuen, Gruppen, Interessengemeinschaften, Gesellschaften und Staaten zueinander als einen Austausch von Interessen, Rechten und Pflichten sichert. Machtansprüche und ihre Institutionalisierung in Herrschaftssystemen, können darin als konkrete Herrschaftsausübung von – durch Wahl legitimierten – Herrschenden über die – ihre Macht delegierenden – Beherrschten dementsprechend nur auf rechtlicher Grundlage und temporär wahrgenommen und durchgesetzt werden.

Wenn die Grundstruktur menschlicher Vergesellschaftung gekennzeichnet ist durch einen andauernden Prozess der Lösung von Interessenkonflikten, die ihrerseits sowohl anthropologisch als auch konkret historisch immer schon die antagonistische Ausgangssituation menschlicher Selbst- und Fremdwahrnehmung sowie menschlichen Handelns konstituieren, so kann es nicht einfach und schon wieder darum gehen, Konflikt, Streit und Krieg in die Sprichwort-‘Weisheit' zu kleiden, sie seien die ‚Väter aller Dinge'. Vielmehr kommt es darauf an, die Typen, Erscheinungsformen und Bedingungen der Beendigung von Konflikt, Streit und Krieg herauszuarbeiten.

---

1   Wenn Du Frieden willst, bereite den Krieg vor.

II. Sieg oder Niederlage, Versöhnung oder Kompromiss

Der totale Sieg und die vollständige Niederlage sind im gesellschaftlichen Leben Ausnahmeerscheinungen. Selbst im Sport und in regelgeleiteten Kampfspielen, bei denen noch am ehesten per definitionem oder durch die Zuschauer triumphaler Erfolg oder desaströser Misserfolg gefeiert oder erlitten werden, stellen nicht den Normalfall dar (Punktesieg, Platzierung, technischer k.o. vs. Niederschlag etc.). Dennoch misst sich an ihnen, eben weil sie den realisierten Extremfall in den Blick bringen, sowohl das Wunschpotenzial (im Falle des imaginierten Sieges) als auch – vor allem am Beispiel von absoluter Niederlage und Vernichtung (Mord, Genozid) – das Bedrohungsszenario.

Gründe für einen Sieg lassen sich leicht benennen: physische, militärische, taktische, intellektuelle, moralische etc. Überlegenheit des Siegers, der nach seinem Sieg die Geschichte schreibt und sich dabei gern mit all diesen Qualitäten schmückt (vgl. Damler, 2008). Sieht man sich die jeweiligen Siege genauer an, so finden sich auch andere Ursachen: das Friedensbedürfnis einer Partei, die sich ihrer eigenen Halsstarrigkeit gegenüber einer widersinnigen Aufrechterhaltung des Streites schämt; die Resignation eines Diskutanten gegenüber einem ebenso lauten wie törichten, aber populären Debattenbeitrag des Gegners; die Kriegsmüdigkeit eines Volkes, das sich seit Langem in eine Kette von Kriegen mit unterschiedlichen Gegnern verwickelt sah.

Am Streit von Kindern lassen sich darüber hinaus noch unterschiedliche Reaktionen auf einen Konflikt zeigen, bei dem überraschend das Streitobjekt wegfällt, z.B. weil die Mutter das Streitobjekt, eine Puppe, an sich nimmt. Zum einen kann hier der Streit ‚schlagartig‘ enden; zum anderen kann sich das eine Kind mit ein bisschen Selbstbetrug nachträglich als Sieger fühlen, weil ja dem Kontrahenten die Puppe weggenommen wurde; ebenso können sich beide, falls sie sich nicht gegen die Mutter verbünden, schämen, weil sie nachträglich die Unsinnigkeit ihres Streites und ihrer Aggressivität erkennen; schließlich lassen sich die Emotionen umlenken, indem die Kinder ein neues Streitobjekt finden und sich nun um den Teddybären schlagen. All diese Reaktionen kann man ohne große Mühe auf andere ‚höheraggregierte‘, gesellschaftliche Konfliktarten übertragen, denen – aus welchem Grund auch immer – das Streitobjekt abhandenkommt.

In einigen Fällen, so etwa bei sogenannten ‚Erbfeindschaften‘ oder ‚ethnischen Konflikten‘, die sich an unterstellten Volkscharakteren und/oder Kulturmustern, Religion, Speise-, Kleidungs-, Feiertagsvorschriften etc. entzünden und wach halten, gibt es – bei wechselndem ‚Kriegsglück‘ – im eigentlichen Sinne solange weder Sieger noch Besiegte, wie man an den eigenen Abgrenzungs- und Zuschreibungsbemühungen festhält: Gerade im Interesse des Hervorhebens der

eigenen und der Exklusion der anderen Gruppe muss allen Beteiligten daran ge-
legen sein, den Konflikt aufrecht zu erhalten, da bei Sieg oder Niederlage jenes
feindliche Gegenüber, der Negativspiegel, wegfiele, demgegenüber das eigene,
positive Selbstbild besonders hell leuchtet.

Anders als beieinander feindlich gegenüberstehenden Gruppen oder Gemeinschaften ist bei einer persönlichen Auseinandersetzung zwischen zwei Individuen die Chance erheblich höher, dass der Streit bis zu einem ‚bitteren Ende‘
geführt, also der vollständige Sieg und die Vermeidung der eigenen Niederlage,
mit allen Mitteln gesucht werden. Gerade durch diese Zuspitzung werden jedoch
die Streitenden gezwungen zu versuchen, selbst der scheinbar unvermeidlichen
Niederlage noch einen Gewinn abzutrotzen, indem sie die eigene Schwäche und
Niederlage zu einem moralischen Sieg verklären: ‚Der (moralisch) Stärkere gibt
nach‘.

Gegenüber einer solch bigotten – nur an der Oberfläche kritischen Haltung –
arbeitet Simmel einen anderen, ebenso bewusst reflektiven wie auch emotional
tief gehenden Typus eines letzten Sieges in der Niederlage heraus: das dezidierte
Eingeständnis der eigenen Schwäche, (um die man ebenso weiß wie um eigene
Stärken). Die paradoxe Stärke dieser Schwäche liegt darin, dass sich daraus die
Chance der entschiedenen „Freiwilligkeit des Sich-besiegt-Erklärens" ergibt und
damit die Chance zu einem letzten Machtbeweis des Subjektes: dieses Letzte
wenigstens hat es noch gekonnt, ja, es hat damit dem Sieger noch etwas ge-
schenkt" (Simmel 2008: 229). Dass Letzterer über dieses zweideutige Geschenk
durchaus nicht glücklich ist, es im Gegenteil oft sogar als Affront empfindet,
liegt nicht zuletzt daran, dass dem Sieger verdeckt suggeriert wird, er sei der
eigentlich Schwächere, dem man nachgegeben habe, ohne wirklich dazu gezwungen worden zu sein.

Über Simmels Analyse hinaus lässt sich in der durch „Freiwilligkeit des
Sich-besiegt-Erklärens" neu konstituierten, sozialen Beziehung zwischen Sieger
und Besiegtem auch der Versuch des Besiegten erkennen, den Sieger auf Fairness zu verpflichten: auf die große Geste des Eingeständnisses der Schwäche mit
der Großmut der Stärke zu antworten. Dadurch würde der vermeintlich schale
Sieg nachträglich dennoch (moralisch) vergoldet – sofern der Sieger über ein
ähnlich hohes Reflexionsniveau verfügt wie der Besiegte. Auch hier lassen sich
im Übrigen Interaktionsmuster erkennen, die auch in zwischenstaatlichen Poli-
tikstrategien einsetzbar sind: Die bedingungslose Kapitulation des Besiegten
verbunden mit demonstrativer freiwilliger Unterwerfung und Bewunderung des
Siegers produziert zwar nicht per se Marshall-Pläne, erleichtert sie aber.

So knapp und unvollständig im Vorangegangenen das Wechselverhältnis
von Sieg und Niederlage dargestellt wurde, es steht doch für eine verallge-
meinerbare, nur vordergründig triviale Grundstruktur, die sich wiederum als ein

unauflöslich miteinander verbundenes Gegensatzpaar darstellen lässt: (1) Der Frieden als Ergebnis des Streites/Krieges enthält – wenn auch oft bewusst überspielt oder verdeckt – noch alle wesentlichen Elemente des Ausgangskonfliktes. Eben diese geben jedem Friedensschluss sein besonderes Gesicht. Ebenso enthält (2) der Streit/Krieg als Beendigung eines Friedenszustandes jene Elemente des (vordergründig) friedlichen Zusammenlebens, die für die späteren Gegner schon zu Friedenszeiten strittig waren. Damit verweist dieses Gegensatzpaar seinerseits auf die gesellschaftliche und auch politisch strukturell wahrscheinlichste, zugleich rationalste Lösung von Konflikten: auf den Kompromiss. Er verkörpert die bewusste Suche nach Gemeinsamkeiten bei gleichzeitigem Wissen um (oft auch unüberbrückbare) Differenzen. Zugleich repräsentiert er die Prozesshaftigkeit des Wechselspiels von sich ändernden Interessen, Bündnissen und Machtkonstellationen.

Im Gegensatz hierzu steht ein völlig anderer Typus der friedlichen Beendigung von Streit und Krieg: die Versöhnung. Sie hält dem Rationalitätskonzept des Kompromisses eine – im strikten Sinne existenzielle – Grundidee entgegen: Ihr gelten, wiederum im Anschluss an Simmel (ebd.: 231ff.), die folgenden Überlegungen, vor deren Hintergrund sich sowohl die Besonderheit und Unwahrscheinlichkeit der Versöhnung als auch die hohe Variierbarkeit und Wahrscheinlichkeit des Kompromisses herausheben.

Anders als einer sozialen Beziehung, die gekennzeichnet ist durch das wechselseitige Bemühen, die eigenen Interessen und Machtansprüche gegen das Widerstreben des Gegners durchzusetzen, liegt der Versöhnung eine Haltung zugrunde, die Krieg und Streit vorausgeht und damit dem Konflikt von vornherein einen anderen Akzent gibt: Es ist die Wertschätzung nicht nur des Gegners, sondern auch der sozialen Beziehung zu ihm als solcher. Ebenso wie die „Streitlust", die – gegen alle Rationalität – den Kampf sucht, steht die „Versöhnlichkeit" für eine „primäre Stimmung, die ganz jenseits objektiver Gründe, den Kampf zu beenden versucht". Diese „irrationale Versöhnlichkeitstendenz" ist, so Simmel, „etwas ganz anderes [...] als Schwäche oder Gutmütigkeit, soziale Moral oder Nächstenliebe" (ebd.: 231). Es ist eine Tendenz, der grundsätzlich daran liegt, den Bruch zu vermeiden und die zudem selbst dann weiterbesteht, wenn es zu einem Bruch kommt. Denn für denjenigen, den diese Grundstimmung trägt, wird gerade an der Entzweiung, der Wert des anderen und der Beziehung zu ihm schmerzhaft deutlich. Man will sich allerdings weder versöhnen, weil man sich ‚plötzlich' dessen bewusst wird, dass man den anderen braucht, noch weil man sich und dem anderen etwas Gutes tun will, um einander zu befrieden. Vielmehr sieht man eine soziale Beziehung bedroht, die allein durch ihre Existenz dem eigenen Leben einen Sinn verleiht, der nicht zu ersetzen ist.

Nicht nur ist hier das Leiden an Bruch und Entzweiung besonders intensiv, sondern es überträgt auch seine Intensität auf den Willen zur Versöhnung. Ziel der Versöhnung soll dabei gerade nicht sein, alles zu vergessen, was zum Bruch geführt hat. Denn dadurch würden sowohl die ursprüngliche soziale Beziehung als auch die bedrohliche und tiefgehende Erfahrung des Bruches entwertet. Vielmehr kann es nur darum gehen, diese Erfahrung zur Grundlage einer neuen, vertieften sozialen Beziehung und einer erhöhten wechselseitigen Wertschätzung zu machen.

Theodor Fontane schildert in seiner Ballade „Archibald Douglas" eine solche Versöhnung. Fontane zeigt zunächst an dem quälenden Parcours des sich im Kettenhemd neben dem ‚hoch zu Ross' reitenden König herschleppenden Douglas sowohl den intensiven Willen des um Versöhnung Bittenden, als auch mit der ebenso entschiedenen Zurückweisung der Bitte durch den König die Tiefe der Entzweiung und Verletzung, die aufgrund eines früheren Bruches zwischen beiden bestehen. Wenn König Jakob am Ende der Ballade schließlich doch vom Pferd herabspringt und – sich auf eine Ebene mit dem Bittenden stellend – dem ehemaligen Seneschall das königliche Schwert mit den Worten überreicht *„Nimm's hin, nimm's hin und trag es neu"* (Fontane 1970: 52), so deutet sich hier der seltene – gemessen am Normalrepertoire sozialer Beziehungen: unwahrscheinliche – Typus einer Versöhnung an. Sie stellt – jenseits der Standesgrenzen und Herrscher-Vasallen-Symbolik – die Sozialbeziehung zwischen zwei Personen an sich in den Mittelpunkt, eine Beziehung, die weder durch einen einseitigen Gnadenerweis oder ‚milde' Vergebung, noch gar durch ein rationales Kalkül gekennzeichnet ist, sondern durch die primäre, wechselseitige Bindung und gegenseitige Wertschätzung zweier Personen.

An diesem Beispiel sollte zudem deutlich geworden sein, dass sich ein solches Versöhnungsmodell nicht auf die sogenannte Versöhnung zwischen Völkern übertragen lässt: Völker sind weder Subjekte noch gar Persönlichkeiten, sie können weder ihre Existenzen ganzheitlich aneinander binden, noch erhält ihre Existenz durch eine solche Bindung einen konstituierenden, übergeordneten Sinn. Weil solche persönliche Bindungen auf einer letztlich irrationalen Verknüpfung zweier menschlicher Existenzen, der daraus entspringenden, wechselseitigen Wertschätzung und der existenziellen Fundierung eines gemeinsamen ‚Lebenssinnes' beruhen,[2] lassen sie sich auch nicht auf nächste Generationen vererben.

---

2   Eines der eindrücklichsten Zeugnisse für eine solche Bindung ist Albert Camus' sogenanntes „letztes Wort [...], der berühmt berüchtigte Ausspruch über Gerechtigkeit und seine Mutter". Dieses ‚letzte Wort', das Camus in einem Brief an Amrouche im Anhang seiner Tagebücher wiederholte, passt in kein „philosophisches System", folgt keiner Ideologie, lässt sich auf keine überpersönliche Ethik abbilden, beugt sich keiner Kausalität und lässt sich schon gar nicht auf ein Nutzenkalkül zurückführen. Es hat deshalb zu Ärger, Verstimmungen, Spott und

Das Gleiche gilt für Versöhnungen. Jede Versöhnung ist so einmalig wie das enge, unmittelbare Wechselverhältnis der einander bindenden Personen, das der Entzweiung vorausgeht und das durch die Versöhnung auf eine ebenso enge, aber neue Basis gestellt wird.

Vor dem Hintergrund der Irrationalität, hohen Emotionalität und Rarität der Versöhnung werden Rationalität, Reflektiertheit und Verfahrensorientiertheit der Kompromissbildungen besonders gut sichtbar. Wie bei Friedensschlüssen generell (s.o.), so lassen sich auch an Kompromissen die Besonderheiten der ihnen vorausliegenden Konflikte, Kriege und Streitigkeiten erkennen und umgekehrt verweisen die Spezifik eines Konfliktes, Streites oder Krieges darauf, ob sie überhaupt einem Kompromiss zugänglich sind. Sofern bei Auseinandersetzungen ein Streitobjekt erkennbar ist, zeigt sich darüber hinaus, dass ein Kompromiss dann unwahrscheinlich oder gar unmöglich ist, wenn das Streitobjekt unteilbar oder unersetzbar ist: Nebenbuhlern beim Kampf um die Gunst einer Frau (vgl. Simmel 2008: 229); Sammlern, die um ein Unikat konkurrieren; Gläubigen, die einem allein seligmachenden Gott anhängen oder eine bestimmte heilge Stadt verteidigen; Rächern, die einen konkreten Täter zur Strecke bringen wollen, kann man kaum Kompromisse anbieten. Entsprechend unwahrscheinlich sind hier ‚rationale‘ Lösungen.

Erheblich größer sind die Chancen, einen Konflikt zu lösen, wenn das Streitobjekt teilbar oder ersetzbar ist, so etwa beim Tausch eines Territoriums gegen ein anderes oder bei der Teilung eines Gebietes, bei der sich beide Parteien als Teilsieger fühlen dürfen. Ähnliches gilt für die Zahlung von Entschädigungen. Diese stößt jedoch an ihre Grenzen, wenn es um ideelle oder existentielle Verletzungen der gegnerischen Partei oder des Opfers geht. Hier zeichnet sich sehr schnell ab, wo materielle Entschädigungsleistungen kein oder nur ein unzureichendes Äquivalent gegenüber einem immateriellen Schaden darstellen. Dementsprechend ist weder der gegenwärtig von der Rechtsprechung erprobte Täter-Opfer-Ausgleich bei einer erheblichen Schädigung des Opfers möglich, weil hier vom Opfer deutlich mehr verlangt wird, als es zu leisten ‚willens oder imstande‘ ist und weil durch die Gegenleistung des Täters die grundlegend gestörte Sozialbeziehung zwischen beiden Seiten auf der Basis von Tauschmechanismen nicht ‚geheilt‘ oder ‚ausgeglichen‘ werden kann. Noch lassen sich Völkermord oder

Unverständnis geführt – auch bei Bernard-Henry Levy, in dessen Camus-Laudatio die allgemeine Hilflosigkeit wiederholt wird, die sich aus dem angeblich sträflichen Mangel der Nichtverallgemeinbarkeit dieses ‚letzten Wortes‘ ergibt. Denn dieses formuliert keinen kategorischen Imperativ für die Menschheit, sondern beschreibt eine singuläre, existentielle Bindung zwischen zwei Personen. Hier ist das ‘letzte Wort’: „Keine gute Sache, so unschuldig und gerecht sie auch sein mag, wird mich von der Solidarität mit meiner Mutter abbringen, denn sie ([die Zusammengehörigkeit von Mutter und Sohn, H.G.S.] ist die wichtigste gute Sache in der Welt“ (vgl. Levy 2010).

Holocaust nach dem Entschädigungsmodell ‚ausgleichen'. Das in den Bezeichnungen ‚Wiedergutmachung', ‚Ausgleichfonds' oder ‚Abfindung' zum Ausdruck kommende Begriffsprekariat verweist von sich aus auf das nicht zu beseitigende Ungleichgewicht zwischen Schaden und Entschädigung. Daran wird deutlich, dass einerseits die Täter, indem sie sich zu Entschädigungsleistungen verpflichten (oder dazu gezwungen werden), ihre Verantwortung sowohl materiell als auch symbolisch beweisen (müssen), den Konflikt beizulegen, dass aber andererseits nur an der – materiell nicht zu erzwingenden, sondern lediglich freiwillig angebotenen Bereitschaft der Opfer abzulesen ist, ob das Bemühen der Täter anerkannt wird oder nicht.

Eine der größten Leistungen der Kompromissbildung kann dann erreicht werden, wenn es den streitenden Parteien gelingt, das Streitobjekt auszuklammern, indem man es zwar einerseits benennt und definiert, zugleich aber die Definition dazu benutzt, das Verbot auszusprechen, das Streitobjekt weiterhin als *Streitgrund* zuzulassen. Der Augsburger Religionsfrieden (1555) steht für einen solchen Versuch: Die Anerkennung der Differenz zwischen unterschiedlichen Religionsrichtungen wird zur Grundlage genommen, durch die Verpflichtung auf die Einhaltung einer gemeinsamen Regel (cuius regio – eius religio) ein friedliches Nebeneinander der Streitenden zu garantieren. Bereits Kubilai Khan (13. Jahrhundert) hatte in China wie später Akbar der Große (16. Jahrhundert) in Indien auf ähnliche Weise versucht, das friedliche Nebeneinander von Religionen in ihrem Reich zu gewährleisten: Die Reichsverfassungen gewährten Religionsfreiheit, solange die Religionen einander nicht bekämpften, sondern sich *in ihrer Differenz* anerkannten.

Auch die Verfassungen moderner demokratischer Staaten – ebenso wie die Charta der Vereinten Nationen – versuchen, diesem Prinzip gerecht zu werden. Heute erhält die Europäische Einigung eine Art Modellcharakter: Sie ist das Ergebnis von Jahrhunderte währenden Religionskriegen, nationalen und kulturellen Konflikten, zwei Weltkriegen, Vertreibungen, ethnischen ‚Säuberungen' und Genoziden. Sie ist entstanden sowohl aus der Erkenntnis der grundlegenden Differenzen zwischen den Staaten und innerhalb staatlicher Grenzen als auch aus dem darauf basierenden vereinten Versuch, aus diesen Differenzen eine gemeinsame „Kultur des Unterschiedes" (Richard Sennett) entstehen zu lassen: Es sollen dezidiert die *Unterschiede* sein, die den spezifischen Wert dieser Kultur ausmachen. Für "Leitkulturen" ist hier kein Raum.

Da wäre es eine der schlechtesten Lösungen, die Hoffnung auf eine ‚Küngisierung' zu setzen, darauf also, dass man die Unterschiede zwischen den Religionen und den Kulturen einebnet und eine Art Nebeneinander von angeblich im Kern Gleichen postuliert. Carl Schmitt hat seine Kritik an derartigen Versuchen im Rückgriff auf Lessings Ringparabel formuliert: „Wenn man schon drei

Ringe so täuschend echt imitieren kann, dass der echte Ring überflüssig wird [...], dann ist beim besten Willen nicht einzusehen, warum man nur drei und nicht allmählich auch dreißig oder dreihundert Ringe imitieren und in den Kurs bringen soll" (Schmitt 1995: 164). Anders ausgedrückt, der geballte gute Wille zum Werteaus- und abgleich repräsentiert nichts anderes als die innere Logik einer nivellierenden Neutralität, deren entscheidende Fehlleistung darin besteht, dass sie die gesellschaftlichen Antagonismen zum Verschwinden bringen will – mit der Folge, dass mit diesem Verschwinden auch die gesellschaftliche Produktivität und Erneuerungsfähigkeit absterben. Dieser Logik fehlt ein Drittes: eine übergeordnete Wertidee, die aus der existierenden Differenz der Werthaltungen selbst einen Wert macht.

Simmels Feststellung: „Im Ganzen ist der Kompromiss [...] eine der größten Erfindungen der Menschheit" (Simmel 2008: 230) spielt implizit auf die strukturell gegebene Tendenz des Kompromisses an, zwei oder mehrere streitende Parteien auf die Suche nach einem vermittelnden Dritten zu schicken. Im Spannungsfeld zwischen (vorgeblich) nicht zu Verhandelndem und dem Zwang, dem Gegenüber etwas anbieten zu müssen, entsteht ein Möglichkeitsraum, der sich in einen (begrenzten) Freiheitsspielraum umgestalten lässt. Was die streitenden Parteien am meisten fürchten müssen, ist eine Pattsituation. Sie würde den Konflikt ‚zementieren', weil sie den Erfolg (oder die Erfolgsillusion) beider Parteien grundsätzlich in Frage stellt.

III. Die Suche nach dem Dritten. Typen des Dritten.

Die Furcht vor dem Patt führt meist dazu, ein bewährtes Verfahren als vermittelndes Drittes einzusetzen, das sich distanzierend und schützend zwischen die Streitenden schiebt. Dieser Umweg gestattet es ihnen, formal das Gesicht zu wahren: Es hat sich nicht die eine Partei der anderen, sondern beide haben sich einvernehmlich einem bewährten, oft durch Tradition ‚geheiligten' Verfahren oder einer Regel unterworfen. Die Volksabstimmungskaskade über die Zugehörigkeit des Saarlandes zu Frankreich oder Deutschland (1955/1956/1957) bietet ein gutes Beispiel für die Lösung eines Konfliktes zwischen früheren ‚Erbfeinden' durch ein bewährtes und durch Völkerrecht abgesichertes Verfahren.

Ebenso kann der Druck von außen dazu führen, dass die Streitenden ihn produktiv aufnehmen, indem sie die ‚Drückenden' zur Vermittlung aufrufen und in die Lösung einbinden. Etwa dann, wenn ein streitendes Ehepaar sich an die ‚Großfamilie' (beide Abstammungsfamilien) oder an Honoratioren (Schiedsleute) wendet, um seinen Konflikt zu lösen. Einen ähnlichen Versuch unternehmen Staaten, wenn sie zur Lösung ihres Konfliktes die Staatengemeinschaft anrufen, die ihrerseits, weil sie solche Versuche kennt, oft schon von sich aus prospektiv und mithilfe bekannter (oft gerade deswegen wirkungsloser) Drohgebärden Vermittlungsbemühungen einleitet.

Schließlich können internalisierte – übergreifende – Normen als vermittelndes Drittes fungieren. Wenn man, wie der frühere Bundeskanzler Helmut Schmidt, Politik als ‚pragmatisches Handeln zu sittlichen Zwecken' begreift und das eigene Handeln grundsätzlich an übergeordneten Werthaltungen orientiert, hat man für sich selbst ein solches Drittes (einen internalisierten Dritten) immer schon eingesetzt. Allerdings besteht das ethische Dilemma der Politik, so sieht es Max Weber, gerade darin, dass sie (1) immer auch die Ausübung von Macht ist, hinter der, wenn es sein muss „Gewaltsamkeit steht", und dass (2) auch dann, wenn man als Politiker sittliche Zwecke verfolge, „keine Ethik der Welt [...]" um die Tatsache herumkommt, dass die Erreichung guter Zwecke in zahlreichen Fällen daran gebunden ist, dass man sittlich bedenkliche Mittel" und auch „die Wahrscheinlichkeit übler Nebenerfolge in Kauf nimmt, und keine Ethik der Welt kann ergeben: wann und in welchem Umfang der ethisch gute Zweck die ethisch gefährlichen Mittel und Nebenerfolge heiligt." (Weber 1973: 172 u. 175f.) Ähnliche Gedanken werden auch Helmut Schmidt mehrfach – so z.B. beim Baader/Meinhoff-Konflikt – in den Sinn gekommen sein.

All diese Versuche, einen Dritten/ein Drittes zur Vermittlung zwischen den streitenden Parteien einzusetzen, basieren auf der Konstruktion einer neutralen Instanz. Dadurch soll eine Ausklammerung von Zugehörigkeitsaffekten und Parteilichkeit erreicht oder erzwungen werden. Besonders anschaulich wird dieser Versuch an dem im 15./16. Jahrhundert bei einigen oberitalienischen Städten entstehenden Brauch, bei Streitfällen – zwischen mächtigen Familien einer Stadt – Richter oder Schlichter von außen einzuschalten. Notfalls wurden die zur Schlichtung oder zum Richtspruch Auserwählten gekidnappt. Grundsätzlich wurden sie isoliert, wenn es sein musste: auch weggesperrt, so dass außerhalb der Verhandlung kein Kontakt mit den streitenden Parteien möglich war.

Solche Vorläufer einer unabhängigen Justiz und durch eine Verfassung abgesicherter, unabhängiger Richter verweisen bereits auf einen Widerspruch, der sich auch im modernen, demokratischen Rechtsstaat wiederfindet: *Unabhängig* sind Justiz und Richter (idealtypisch) gegenüber den Parteien und den anderen beiden Gewalten. *Abhängig* sind sie dagegen von den sich ändernden Normen, Werthaltungen und Zeitgeistern, die der Gesetzgeber in die Gesetze oder die Richter in die konkrete Rechtsprechung und das jeweils historisch geltende Recht einfließen lassen. Dementsprechend stellt die Suche nach zeitunabhängigen, übergreifenden Rechtsnormen ein Kernproblem moderner Rechtsprechung

dar.[3] Solche allgemeinen Gerechtigkeitsvorstellungen bzw. eine „Rechtsidee"
(Radbruch) sollen nicht nur die sich immer wieder ändernden Werthaltungen
kontrollieren, sondern auch die Tendenz der Justiz, sich als Institution zu verselbständigen und dabei sowohl den eigenen Machtanspruch als auch ein funda-
mentalistisches, ohne *jedes* Ansehen der Person fungierendes Rechtsverständnis
durchzusetzen – Simmel hat die Gefahr einer solchen kompromisslosen Rechts-
orthodoxie am Beispiel jener radikalen Rechtsidealisten beschrieben, die „dem
Kampf [um das Recht, H.G.S.] einen Radikalismus und eine Schonungslosigkeit
[...] geben", die dann inhuman wird, wenn jene Idealisten wegen „der Idee, der
sie sich selbst zu opfern meinen, auch jeden anderen [...] schlachten" (Simmel
1992: 308).

Die Schwierigkeit, allgemein formulierte Rechtsnormen und Einzelfallge-
rechtigkeit in einen humanen Einklang zu bringen, besteht zwar grundsätzlich,
wird aber in pluralistischen, durch (neben dem Gesetz geltende) konkurrierende
Werthaltungen deutlich gesteigert. Dabei gerät auch Luhmanns Formel, wonach
in modernen (Rechts-)Gesellschaften zumindest ein Konsens über (Problemlö-
sungs-)Verfahren bestehe, an die Grenze ihrer Geltung: Wo selbst über die Geltung solcher Verfahren gestritten wird, werden rationale Konfliktlösungen immer
schwerer, weil formale (Verfahrens-) und materiale (Konfliktlösungs-)Rationa-
lität sich kaum mehr aufeinander beziehen lassen. 'Moderne' Gesellschaften reagieren auf diese Situation mit immer höheren institutionellen ‚Aggregierungen'
(Europäischer Gerichtshof, Internationaler Gerichtshof, Parlament der sogenannten ‚Vereinten Nationen' etc.). Damit lösen sie das Problem nicht, sondern verla-
gern ihre Debatten in die jeweils nächst höheren und zugleich komplexeren Institutionen. Zugleich werden die Debatten über den Anlass und die Lösung eines
Streites immer mehr zum Streit über die Form der Debatten: über Verfahren.

Diese Entwicklung fördert zunehmend den Einfluss einer – in sich ebenfalls
durch Interessenvielfalt und Multiperspektivität gebrochenen – gesellschaftlichen ‚Großmacht': die des *medialen Dritten*. Er liefert – immer häufiger in
‚Echtzeit' und damit aufdringlich präsentisch – die Bilder, Kommentare und
Wertungen zu bestehenden Konflikten, ‚definiert', was als Konflikt gel-
ten/‚wahr'genommen werden soll und gibt durch verändertes oder neues Bildmaterial an, was vergessen werden kann (oder soll). Als der ‚Medienzar' Randolph
Hearst, das Vorbild für Orson Welles' „Citizen Kane", im spanisch-amerika-
nischen Krieg um Kuba (Ende des 19. Jahrhunderts) seinen Bildreportern den
Auftrag gab, die Gräuel der Spanier mithilfe des damals neuen Bildmediums
Photographie festzuhalten, glaubte er, über den Eintritt der USA in den Krieg

---

3   Vgl. hierzu exemplarisch Gustav Radbruchs Versuch (die „Radbruchformel"), das jeweils
    geltende Recht durch ein Gerechtigkeitsgefühl/die „Rechtsidee", kontrollieren zu lassen
    (Radbruch 1973: insbes. § 4, 119ff.).

und somit auch über die Optionen des Präsidenten entscheiden zu können. Hearts Anweisung an seinen Bildkorrespondenten Frederic Remington macht dies unmissverständlich klar: 'You furnish the pictures. I furnish the war'.

Schon damals war – angesichts der miteinander konkurrierenden Berichterstattungen – Hearts Selbstüberschätzung unübersehbar. Heute korrespondieren mit der Omnipräsenz und Wiederabrufbarkeit jener Bilder, die zentrale Ereignisse weniger dokumentieren als vielmehr – in bestimmter Weise – herstellen und formen, zugleich Bildproduzenten, Agenten und Agenturen. Auf der einen Seite prägen szenische Bildabfolgen und Einzelbilder als Repräsentanten jener Ereignisse, die als herausgehoben gelten sollen (Holocaust, Hiroshima/Nagasaki, Napalmbomben auf Kinder [Vietnam], der Anschlag auf die Twin Towers [,nine eleven'], das zerstörte Gaza...), angeblich das ,kollektive Gedächtnis'. Andererseits dringt der Kampf um diese Bilder insofern bis in das Bildmaterial selbst ein, als es – je nach Agentur, Interesse, Ideologie und Perspektive – neu geschnitten, umsortiert, mit wechselnden Kommentaren und Musikeinspielungen unterlegt und in neue Kontexte eingefügt wird. Die Berichterstattung über den 11. September 2001 bietet hierfür ein einprägsames Beispiel: Je nachdem, ob BBC, CNN und andere ,westliche' Agenturen oder arabische, iranische, afrikanische und asiatische Sender ihre Bilder ,ins Netz' stellten, umso deutlicher wurde, dass außer dem Datum des Ereignisses und der Konstanz (nicht der Abfolge!) des Bildrepertoires alles andere manipulierbar ist und ständig neu ausgedeutet wird: Das ,kollektive Weltgedächtnis' stellt sich somit einem Außenbeobachter nicht als einheitlich strukturierte Erinnerung, sondern als Kaleidoskop perspektivisch gebrochener, einander widersprechender Einzeldeutungen dar.

Dennoch wird bei dem Kampf um die Bilder unterstellt, man könne das Ziel dieses Kampfes, die Ächtung der oder des Gegner(s), dadurch erreichen, dass man eine (letztlich ebenso diffuse wie anonyme) Größe: ,die Weltöffentlichkeit', für sich einnehme. Bei dieser multiperspektivischen, durch Interessengegensätze geprägten Kriegsführung ist eine Vermittlung kaum möglich: Der *in sich* zerstrittene, mediale Dritte ist schon, für sich genommen, zur Kompromissbildung nicht fähig. Dennoch wird er – von außen – als Schiedsrichter angerufen. Es ist ein Schiedsrichter, der seine Macht dem – hier scheinbar tatsächlich vorhandenen – kollektiven Glauben an die Existenz eines Gespenstes, der Schimäre ,Weltöffentlichkeit' verdankt. Sie, die Vertreterin einer konturlosen Moral, deren Einzelmoralen miteinander Krieg führen, soll das ,Weltgewissen' repräsentieren. – Wer auf ein solches vermittelndes Drittes setzt, muss ständig um die Aufrechterhaltung der eigenen Illusionsbildung kämpfen.

Nicht grundsätzlich anders steht es um die Hoffnung auf Vermittlung durch die Autorität einer 'moralisch integren', der religiösen oder weltanschaulichen Position nach 'innerweltlich-außerweltlichen' Autorität. Sei es das Amtscharisma, das persönliche Charisma oder die Verknüpfung beider Charismaformen bei religiösen Führern (Papst, Dalai Lama, Ajatollahs), sie alle bewegen sich in modernen Gesellschaften ebenfalls auf Bühnen des medialen Dritten, dessen sie sich bedienen wollen und müssen – und der sich ihrer bedient. Sie alle weisen von sich aus die Tendenz zum ‚Telekhomeini' (Derrida) auf, oder diese wird ihnen zugeschrieben. Damit agieren sie ebenfalls als Händler auf dem medialen Basar der miteinander konkurrierenden Werthaltungen, Lebensführungsmuster und Weltanschauungen.

Trotz der im 20. und im beginnenden 21. Jahrhundert ständig zunehmenden Orientierung an der Fiktion von in sich konsistenten, medialen Dritten als Weltöffentlichkeit, ist es, nach der Erfahrung von Weltkriegen und der damit verbundenen Verbrechen, gelungen, eine Art überstaatliches Sittengesetz für das Zusammenleben der unterschiedlichen Menschen, Kulturen und Völker zu formulieren: Die Erklärung der Menschenrechte bei der Generalversammlung der Vereinten Nationen (1948). Mit ihr und ihren Vorläufern – den Maximen der europäischen Aufklärung, den französischen und amerikanischen Verfassungsentwürfen – sind die zur Gestaltung einer Weltgesellschaft gezwungenen Völker in eine Diskussion eingetreten, die dem kleinsten und schwächsten Element, das sich zugleich in ‚ungeselliger Geselligkeit' von den anderen Elementen abgrenzt: dem Individuum und seiner ‚Würde' den höchsten Wert zuerkennt – einen Wert, der gerade deswegen besonderen Schutzes bedarf, weil es in dem schwächsten, aber eben auch realsten Glied der Gesellschaft verankert ist.

Offenkundig ist eine solche Diskussion – basierend auf miteinander konkurrierenden Interessen, der Verteidigung unterschiedlicher Traditionen, Weltanschauungen und disparaten Herrschaftsansprüchen – weit davon entfernt, ein ‚herrschaftsfreier Diskurs' zu sein (und sie muss dies auch sein, vgl. Soeffner 2005: 70ff.). Ebenso wenig können (und dürfen) die Debatten in der Generalversammlung der Vereinten Nationen und in den Parlamenten pluralistischer Gesellschaften sich an den Prinzipien einer ‚idealen Sprechsituation' (vgl. Habermas 1971: 139) orientieren. Nicht nur würde der ‚herrschaftsfreie Diskurs' in einer ‚idealen Sprechsituation' einem harmonischen Sprechsgesang der – philosophisch ins Innerweltliche transponierten – ‚geweihten Herde' Dantes (s.o.) ähneln, sondern er teilte auch mit den von Dante geschilderten paradiesischen Zuständen jene Stagnation, die sich aus dem Verlust von Differenzen und aus der fehlenden Notwendigkeit, sich mit fundamentalen Widerständen auseinandersetzen zu müssen, ergibt.

Demgegenüber arbeiten sich die Weltgesellschaft, ihre miteinander konkurrierenden Völker, Kulturen, Religionen und Institutionen an immer neuen Widersprüchen und sich ständig ändernden Machtkonstellationen ab, wobei der in sich disparate, anonyme mediale Dritte weiterhin Gewalt ausübt, ohne durch ein

weltweit abgesichertes Recht kontrolliert zu werden. In dieser Situation darauf
zu hoffen, dass es möglich sei, die „Praxis" gesellschaftlichen Handelns „im
Lichte einer kommunikativen Vernunft" zu einer „weltverändernden Kumulation
von Wissen" (Habermas 1985: 388) zu führen, ist verwegen. Schon das Setzen
darauf, dass mit dem wachsenden Konfliktpotenzial auch der Zwang zunimmt,
mehr und neue Konfliktlösungsmöglichkeiten zu entwickeln (s.o.), entspringt
mehr einem Wunsch als dem Rückblick auf die Geschichte der Menschheit. Allerdings zeigt dieser Rückblick auch, dass es oft nur – aber vor allem – jene Gesellschaften waren, die gezwungen durch die in ihnen herrschenden Differenzen
und scheinbar unlösbaren Konflikte – Modelle und Verfassungen für ein Leben
mit und in Unterschieden zu entwickeln: weder erleuchtet durch kommunikative
Vernunft und grandiosen Wissenszuwachs, noch auf der Basis eines von sich aus
wirkenden guten Willens, sondern wegen der Angst vor der totalen Niederlage.

Literatur

Alighieri, Dante (1960): Die göttliche Komödie. Übertragen von Benno Geiger. Dar-
    mstadt, Berlin, Neuwied: Luchterhand Verlag.
Damler, Daniel (2008): Wildes Recht. zur Pathogenese des Effektivitätsprinzips in der
    neuzeitlichen Eigentumslehre. Berlin: Duncker & Humbolt.
Clausewitz, Carl von (^{2}1999): Vom Kriege. Berlin: Ullstein Verlag.
Fontane, Theodor (1970): Balladen und Gedichte. Köln: Atlas Verlag.
Habermas, Jürgen (1971): Vorbereitende Bemerkungen zu einer Theorie der kommunika-
    tiven Kompetenz. In: Habermas, Jürgen/Luhmann, Niklas: Theorie der Gesellschaft
    oder Sozialtechnologie. Frankfurt a.M.: Suhrkamp.
Habermas, Jürgen (1985): Der philosophische Diskurs der Moderne. Zwölf Vorlesungen.
    2. Aufl., Frankfurt a.M.: Suhrkamp.
Kant, Immanuel (1971): Werke in zehn Bänden. Bd. 9. Hrsg. von Wilhelm Weischedel.
    Darmstadt: Wissenschaftliche Buchgesellschaft.
Levy, Bernard-Henry (2010): Bruder Camus. Zum fünfzigsten Todestag des französischen
    Philosophen und Stilisten. In: Frankfurter Allgemeine Sonntagszeitung, 3. Januar,
    22.
Mauthner, Fritz (1980): Wörterbuch der Philosophie. Bd. 2. Zürich: Diogenes.
Plessner, Helmuth (1975): Die Stufen des Organischen und der Mensch. Berlin: de
    Gruyter.
Radbruch, Gustav (1973): Rechtsphilosophie. Hrsg. von Erik Wolf und Hans-Peter
    Schneider. Stuttgart: Koehler.
Reichertz, Jo (2007): Die Macht der Worte und der Medien. Wiesbaden: VS Verlag für
    Sozialwissenschaften.
Schmitt, Carl (1995): Der Leviathan in der Staatslehre des Thomas Hobbes. Sinn und
    Fehlschlag eines politischen Symbols. Stuttgart: Klett-Cotta.

Simmel, Georg (1992): Soziologie. Gesamtausgabe. Bd. 11. Hrsg. von Otthein Rammstedt. Frankfurt a.M: Suhrkamp.

Simmel, Georg (2008): Individualismus der modernen Zeit: und andere soziologische
Abhandlungen Hrsg. von Otthein Rammstedt. Frankfurt a.M.: Suhrkamp.

Soeffner, Hans-Georg (Hrsg.) (2000), Gesellschaft ohne Baldachin. Weilerswist:
Velbrück.

Soeffner, Hans-Georg (2005): Zeitbilder, Frankfurt a.M.: Campus.

Weber, Max (1973): Soziologie. Universalgeschichtliche Analysen. Politik. Hrsg. von
Johannes Winckelmann. Stuttgart: Kröner.

Weber, Max (1976): Wirtschaft und Gesellschaft. Tübingen: Mohr.

TEIL II DAS NEUE IN DER ALLTÄGLICHEN LEBENSWELT

Ethnosonographie:
Ein neues Forschungsfeld für die Soziologie?

Christoph Maeder, Achim Brosziewski

1. Einleitung

Wo Gesellschaft sich artikuliert und konkretisiert, geschieht dies geräuschvoll. Soziales Leben findet immer eingebettet in und begleitet von Geräuschen statt. Die akustische Umgebung, in der Form von natürlichen Geräuschen und anthropogenen Tönen oder Mischungen davon, ist für Menschen allgegenwärtig. Und infolge des strikt rezeptiven Charakters des Ohrs ist sie auch unausweichlich. Weghören können wir nur im übertragenen, aber nicht im praktischen Sinn. So betrachtet stellt die akustische Umgebung eine spezielle Form eines physisch begünstigten sozialen Zwangs dar, der als condition sine qua non jegliche Sozietät rahmt, strukturiert und beeinflusst. Die in den Sozialwissenschaften bisher favorisierte Sonosphäre der interaktiven Rede sowie deren Objektivierung in Text, stellt in dieser Hinsicht einen Spezialfall, aber keineswegs das ganze Spektrum hörbarer und relevanter Phänomene dar. Bemerkenswerterweise ist die Soziologie jedoch jenseits der Interaktions- und Kommunikationsforschung tonlos. Die prominent in der akustischen Sphäre des Sozialen operierenden Ansätze, wie die Konversationsanalyse und die Ethnographie des Sprechens, fokussieren im Hinblick auf ihren auditiven Gegenstand fast nur die menschliche Stimme, die damit zum dominanten Signalträger für die Konstruktion von Sinn und Bedeutung avanciert. Was nicht Stimmgeräusch ist, das wird durch die Soziolinguistik bestenfalls zum störenden Rauschen gemacht (vgl. dazu Abschnitt 4). Doch wo immer der für die Gesellschaftsbildung gewiss zentrale kommunikative Austausch in direkter Rede stattfindet, finden wir ihn eingebettet in weitere Geräusche, Klänge, Töne, ja ab und zu auch Lärm. Diese Sphäre des Akustischen, in welcher die gesprochene Sprache nur als ein akustisches Bedeutungselement unter anderen vorkommt, aber nicht den zentralen Untersuchungsgegenstand abgibt, ist der Gegenstand unseres explorativen Ausflugs in die Welt der *'Soundscapes'* und der Sound Studies. [1]

---

[1] Die Begegnung mit der faszinierenden Welt der Soundscapes und der Sound-Studies verdanken wir unserem Kollegen Helmuth Berking (Berlin). Er hat in einem Beitrag anlässlich der Tagung „Gemeinsam einsam" der Sektion Wissenssoziologie der DGS in Dortmund am 4.

Nach der Vorstellung der Herkunft und der Beschreibung einiger zentraler Konzepte der Soundscapes und Sound Studies wollen wir uns der Frage von deren Bedeutung für die Soziologie zuwenden und abklären, ob sich theoretische und empirische Möglichkeiten für soziologische Untersuchungen der akustischen Umwelt erkennen lassen oder gar aufdrängen. Denn trotz der in den Sound Studies immer wieder betonten und geforderten Interdisziplinarität, in welche die Soziologie neben Kunst, Anthropologie, Cultural Studies usw. immer mit eingeschlossen wird (vgl. Schafer 1994; Bull & Back 2003:3), gibt es bisher unseres Wissens kaum nennenswerte soziologische Beiträge.[2]

2. Soundscapes

Die Idee eines akustischen Haushalts der natürlichen und der sozialen Welt geht, wie fast alles im Bereich der Soundscapes, auf den kanadischen Klangökologen und Musiker Murray Schafer zurück. Mit dem Kunstwort *Soundscape* wird, in Analogie an die Landschaft für das Auge, die akustische Umgebung eines Ortes für das Ohr bezeichnet. In den späten sechziger und in den frühen siebziger Jahren des letzten Jahrhunderts führte er an der Simon Fraser Universität (SFU) in Vancouver das „World Soundscape Project" als einen Ausbildungs- und Forschungszusammenhang ein. Daraus sind die bekanntesten Arbeiten der Gruppe (z.B. Soundscape Vancouver 1973), ein Studiengang in „Acoustic Communication" an der SFU bis hin zur Doktoratsstufe und schliesslich auch die Zeitschrift „Soundscape: The Journal of Acoustic Ecology" und das „World Forum for Acoustic Ecology" als ein Verein und eine Internetplattform hervorgegangen.[3] Unter einem soziologischen Blickwinkel entscheidend ist nun, dass die Soundscapes im Sinne ihrer Erfinder, die selber Musiker sind oder der Musik nahe stehen, eine Art von Komposition darstellen. Soundscapes können in dieser Sicht nicht reaktiv erzeugte „naturally occurring data" im Sinn von Silverman

März 2010 eine erste Annäherung an die Soundscapes als soziologisches Thema vorgeführt. Seine Darlegung der Soundscapes und seine Überlegungen zu deren Soziologisierung haben uns so fasziniert, dass wir die von ihm ausgelegte Spur nun intensiver verfolgen wollen.

2   Einen bemerkenswerten Versuch, die Idee der Soundscapes handlungstheoretisch im Sinne des symbolischen Interaktionismus und der Sprechakttheorie zu fassen, finden wir bei Vannini et al. (2010). Inwieweit diese Heranführung der Soundscapes an soziologische und linguistische Theorie produktiv sein kann, wird sich erst noch erweisen müssen.

3   Die hier angeführten Projekte, CDs usw. sind zugänglich über die Website von Barry Truax, einem der Mit-Initianten des ursprünglichen Soundscape Projekts. Er hat mit seinem Buch „Acoustic Communication" (Truax 2001; erste Auflage 1983) den zweiten Meilenstein der Soundscapes nach der Grundlegung durch Schafer (1994; erste Auflage 1977) verfasst. Die Webadresse lautet: http://www.sfu.ca/~truax/wsp.html

(2007: 37-66) sein, sofern es sich um reine Aufzeichnungen von Vorfindbarem handelt. Soundscapes können aber auch bewusst komponierte Fragmente akustischer Aufzeichnungen sein, die zu einem Stück zusammengefügt werden. Illustrative Beispiele für solche Kompositionen finden sich auf den CDs „The Vancouver Soundscape 1973" und „Soundscape Vancouver 1996". Hier wird mittels Audioaufzeichnungen eine akustische Landschaft von Hafen- und Hornsignalen entfaltet, die als typische Sonosphäre für die Stadt Vancouver steht. Die Idee der Soundscapes geht jedoch über die Komposition sonotopischer Stadträume hinaus. Technisch gesprochen versteht man darunter die an einem bestimmten Ort zu einer bestimmten Zeit auffindbare *akustische Umgebung* oder die *auditive Sphäre*. Der Begründer der Soundscape-Idee Murray Schafer (1994) formuliert dazu in seinem wegbereitenden und begriffsbildenden Werk „The Soundscape. Our Sonic Environment and the Tuning of the World":

> "The soundscape is any acoustic field of study. We may speak of a musical composition as a soundscape, or a radio program as a soundscape, or an acoustic environment. We can isolate an acoustic environment as a field of study just as we can study the characteristics of a given landscape" (1994: 7).

Für die Untersuchung der akustischen Umgebung schlägt er als einführende analytische Konzepte den *Grundton* (*keynote sound*), das *Signal* und die *Geräuschmarkierung* (*soundmark*) vor (Schafer 1994: 9f).[4]

Während der Begriff Soundscape als Geräuschlandschaft das gesamte Ensemble akustischer Manifestation an einem Ort bezeichnet, bezieht sich der *Keynote Sound auf* das, was in der Musik als die Tonart bezeichnet wird. Damit ist in alltäglicher akustischer Praxis eine Art Fundamentalleitung durch bestimmte, allgegenwärtige akustische Ereignisse gemeint, welche die ganze Audiosphä-

---

4   Die Übersetzung der englischen Begriffe ins Deutsche erzeugt durchaus einige Probleme, weil einige Begriffe in Englisch und Deutsch unterschiedliche Konnotationen aufweisen. Dies lässt sich trefflich am Beispiel von „sound" illustrieren. Im Englischen umfasst der Begriff des ‚sound' die Bedeutungen von Klang, Ton und Geräusch als akustisches Phänomen in neutraler Art und Weise. Dies trifft im Deutschen nicht zu. Selbstverständlich kann man auch im Englischen die Differenzierung, die in den Deutschen Begriffen enthalten ist, mit anderen Worten leisten. Aber im Deutschen sind Klang und Ton eindeutig menschliche Erzeugungen, wohingegen Geräusche auch natürlich sein können. Aus diesem Grund übertragen wir die englischen Begriffe bei der Einführung möglichst sinngemäß, verwenden aber in der Folge die englischen Begriffe weiter. Vermutlich aus diesem Grund haben auch andere deutschsprachige Publikationen im Umfeld der Untersuchung von akustischen Umgebungen die englischen Begriffe beibehalten. Der von Holger Schulze (2008) herausgegebene Band führt im Titel z.B. die „Sound Studies" als den zentralen Gegenstandsbegriff ein. Allerdings wird dann im Inneren des Buches „Sound" durchwegs als Klang übersetzt. Dies ist u.E. irreführend, da der Begriff des „Sound" eben alle hörbaren Phänomene umfasst und nicht wie der Klang auf Musik begrenzt bleibt.

re als ein spezifisches Geräuschsystem auszeichnet. Grundtöne müssen nicht mehr bewusst gehört werden, sondern sie formen die Grundlage einer Geräuschlandschaft analog der Tonart in einem Musikstück. Beispiele alltäglicher Keynote Sounds sind das Brechen der Wellen an einer Küste, das Rauschen eines Baches in einem Tal oder der Motorengeräuschteppich von Automobilen in einer Großstadt und Turbinengeräusche auf einem Flughafen. Grundtöne sind in Analogie zum ethnomethodologischen „seen but unnoticed" nicht mehr unbedingt ins Bewusstsein gehoben. Soziologisch kann das Konzept demnach als eine Habitualisierung des Hörens verstanden werden, die für bestimmte Orte so grundsätzlich ist, dass erst ihre Abwesenheit als Mangel von etwas Wichtigem wahrnehmbar würde.

Signale sind Vordergrundgeräusche innerhalb der Geräuschlandschaft, welche bewusst gehört werden sollen, wie Lautsprecherdurchsagen, Sirenen, Glocken, Hornstösse, Händeklatschen usw. Signale sind oft zu elaborierten Codes ausgearbeitet, mit deren Hilfe durchaus komplexe Nachrichten vermittelt werden können.

Der Begriff des *akustischen Orientierungspunktes* (*Soundmark*) benutzt wie das Konzept Soundscape die Landschaftsmetapher für die Beschreibung akustischer Phänomene. Der Begriff Soundmark bezeichnet in Anlehnung an Landmark (= Orientierungszeichen, Fixpunkt, Denkmal) jene Geräusche, Klänge oder Töne, welche für einen bestimmten Ort einzigartig sind und damit lokale Gemeinschafts- und Identitätsbildung begünstigen, ja im Extremfall gar erst konstituierbar machen. Wenn ein Soundmark einmal definiert und eingeführt ist, dann wird er in aller Regel erhalten und beschützt, weil er die akustische Gemeinschaft, zu der er gehört, einzigartig und abgrenzbar macht.

Mit dem Konzept der Soundscape können nach Schafer (1994) nun zwei grundsätzliche akustische Sphären unterschieden werden: Die *Geräusche der unbelebten Natur* (z.B. die Geräusche von Wasser, Wind, Donner, Geröllhalden, Vulkaneruptionen) und die *Geräusche des Lebens* (z.B. Tier- und Menschenstimmen, nicht stimmhafte Tiergeräusche).[5] Diese beiden Bereiche interagieren zwar fortwährend, doch die Geräusche der unbelebten Natur sind unwandelbar (z.B. das Rauschen des Windes in einem Tannenwald, das Zerschellen von Wellen), während dies für die Geräusche des Lebens nur bedingt gilt. Ein Teil ist zwar biologisch-physiologisch bestimmt, ein großer Teil wird aber im Rahmen der Technisierung von Gesellschaften fortlaufend verändert. Die ländliche

---

5   Schafer hat versucht, eine vollständige Taxonomie der Sounds zu entwickeln (1993 [1977]: 139-144). Diese Ordnungsstruktur ist erstaunlich umfassend und lang. Sie verweist damit auf die Ubiquität von Geräuschen und auch auf die Bedeutung dieser Allgegenwart für die Gesellschaft. Allerdings ist die Taxonomie in sich mehrdimensional angelegt, was die Nachvollziehbarkeit der Konstruktion schwierig macht.

Soundscape einer Agrargesellschaft, mit Tierglockengeläut und dem Gebell von Hunden als den Keynote Sounds und Hornstössen als Signalen, unterscheidet sich von den dazugehörigen Städten mit den Geräuschen von Handwerk und Manufaktur und den Signalen der Kirchenglocken. Und diese beiden Soundscapes wiederum stehen im scharfen Kontrast zur modernen, von allgegenwärtigen Motorengeräuschen dominierten Geräuschwelt der Industriegesellschaften. Mit der Einführung des Motors als Dampf- und später als Verbrennungsmaschine oder als elektrischer Antrieb hat sich die Soundscape zu einer akustischen *Lo-Fi-Umgebung* transformiert. In ihr umgibt uns ein dauerhafter, signalloser, von Menschenhand verursachter Überschuss an Geräuschen in der Form von Lärm. Die dabei auftretende Verdeckung von akustischen Phänomenen durch Lärm wird als Lo-Fi-Eigenschaft einer Soundscape bezeichnet. Im Gegensatz dazu stehen *Hi-Fi-Umgebungen*, die besondere Konstruktionen für ganz bestimmte Töne und Geräusche sind. Man denke dabei an Orchestersäle und Konzerthallen, aber auch an Wohn- und Schlafzimmer. Weitere wichtige akustische Erweiterung durch Technisierung sind das Radio und die Musikverteilung durch Audiosysteme. Während das Radio gleich dem Telefon Geräusche über grosse Distanzen übertragen kann, können Audiosysteme in Einkaufszentren, Flughäfen usw. die gleiche Musik über riesige Flächen verteilen. Die dazu verwendete Musik wird in Anlehnung an eine amerikanische Firma, die solche Musik vertreibt, pejorativ auch als Moozak bezeichnet.

Für das Studium der Soundscapes wurden verschiedene Notationen und Visualisierungen entwickelt (vgl. Schafer 1994). Dabei werden in der einfachsten Variante (*sound event description*) auf der Y-Achse Dauer, Frequenz/Lautstärke, Fluktuation und Dynamik unterschieden und auf der X-Achse werden Anstiegsarten (plötzlich, langsam, mäßig ansteigend, mehrlagig einsetzend), Körper (keiner, kurz, lang, kontinuierlich) und Ausklang (schnell, langsam, mäßig ausklingend, mehrlagig ausklingend) entlang der Zeit beurteilt und abgetragen. Dieserart können einzelne Geräuschereignisse (z.B. Hundebellen, Nebelhörner, Motorengeräusche, Telefonklingeln) differenziert und analysiert werden. Die Beschränkung der Sound Event Description auf akustische Einzelereignisse wird durch die Isobelenkarte (durchschnittliche Lautstärkenverteilung in einem geographischen Raum über eine bestimmte Zeit) und die „Sound Event Map" (welcher Geräuschpegel aus welcher Quelle herrscht in einem definierten Zeitraum wo?) überwunden.[6]

---

6   Die akustische Umwelt in einer nicht-physikalischen Modalität zu beschreiben, stellt eine große Herausforderung für alle Soundforschenden dar. In Abhängigkeit vom Erkenntnis- und Darstellungsinteresse können ganz unterschiedliche Verfahren verwendet werden, wie die Beispiele bei Schafers (1977[1993] Soundscapes zeigen.

Zusammenfassend können wir festhalten, dass im Rahmen des „World Soundscape Project" und den später daran anschliessenden Arbeiten an der Simon Fraser Universität in Vancouver mit den Soundscapes ein eigenes neues Forschungsgebiet eröffnet wurde, das für andere Disziplinen insofern herausfordernd ist, weil die Anschlussstellen durchaus schwierig, aber interessant sind.

3. Akustische Erfahrung als alltägliches Erleben im urbanen Raum: Synecdoche, Niche, Sharawadji

Einen nächsten Zugang zur Audiosphäre haben die Forscherinnen und Forscher um den französischen Sozialphilosophen und Phänomenologen Jean-François Augoyard mit ihrem Ansatz „Sonic Experience. A Guide to Everyday Sounds" (2005) beschritten. Denn das Konzept der Soundscapes lässt sich nicht wirklich produktiv auf alle Geräuschphänomene anwenden. So verdienstvoll und stimulierend die Idee der Soundscape auf deskriptiver Ebene auch sein mag, so augenfällig ist deren analytische Begrenztheit. „The concept of the soundscape seems to broad and blurred ... to allow us to work comfortably both at the scale of everyday behaviour and at the scale of architectural and urban spaces" (Augoyard 2005: 7). In Analogie zum Text kann man sagen, dass eine Soundscape der Ebene eines ganzen Textes entspricht, während die Soundmarks einzelne Worte abbilden. Damit fehlen syntagmatische Konzepte wie z. B. Sätze und eine Syntax für die Ebenen dazwischen. Akustische Quellen sind mit den Soundscapes fassbar, aber die damit einhergehende Belebung des sozialen Raums durch die Verschränkung von Geräuschproduktion, Geräuschwahrnehmung und Geräuschverarbeitung entgeht ihnen. An diesem Punkt setzen Augoyard und seine Mitarbeitenden mit dem Konzept des „*Sonic Effects*" ein. Der Begriff Effekt ist, wie Augoyard selber ausführt, nicht im Sinn eines einfachen Stimulus-Response Modells oder als eindeutig determinierbare Wirkung zu verstehen. Vielmehr soll damit eine Wirkungsmöglichkeit oder eine -richtung im Sinn eines modellhaften Musters bezeichnet werden (Augyoard 2001: 9). Im „Centre de recherche sur l'espace sonore et l'environment urbaine" (CRESSON) an der „Ecole nationale supérieure d'architecture de Grenoble" angesiedelt, haben sie eine Systematik der akustischen Belebung der Stadt entwickelt.

Die von ihnen beschriebenen 82 Sonic Effects werden in lexikalischer Anordnung zunächst in zwei Kategorien eingeteilt: Grundeffekte und abgeleitete Variationen (wie z.B. Filterung als Grundeffekt und Verzerrung als abgeleitete Variation einer Filterung). Dabei wird weiter unterschieden, ob ein akustischer Effekt in einem gegebenen Raum immer (z.B. Schwingung ist Teil jedes akustischen Phänomens) oder nur im Hörprozess vorkommt (z.B. Synecdoche ist die

Grundlage auditiver Selektion). Die Effekte werden dabei entlang der Domänen von Physik und angewandter Akustik, Architektur und Urbanismus, Psychologie und Wahrnehmung, Soziologie und Alltagskultur, musikalischer und elektroakustischer Ästhetik und textförmigen und medialen Beispielen beschrieben und diskutiert. Augoyard und seine Mitarbeitenden verschieben damit den Fokus auf die Wirkungen des Sounds auf die Hörer und deren Verbindung mit der sozialen und materialen Umwelt und offerieren ein komplexes Konzeptgebäude für die Analyse der Sonosphäre.[7] Die physikalisch-akustische Umwelt wird hier zu einem Reservoir von Geräuschmöglichkeiten umformuliert, dessen Ausschöpfung von wahrnehmungsmäßigen Verzerrungen, selektiver Informationsausschöpfung und von kulturell abhängiger Bedeutungszuschreibung durch den Hörer gekennzeichnet ist. Damit wird klar, dass es auch kein universell gültiges Hören mehr geben kann, was die Soundscapes durchaus noch unterstellen, auch wenn sie konzedieren, dass, was für den einen Lärm bedeutet, für einen anderen Musik sein kann. Um dem Leser einen Eindruck der Sonic Effects zu vermitteln, sollen hier drei ausgewählte Beispiele kurz vorgestellt werden (vgl. Augoyard 2001).

Das *akustische Ausrichtung* (acoustic alignment) in jeglicher Situation wird dadurch erreicht, dass aus dem Fluss hörbarer Ereignisse bestimmte als bedeutsam ausgewählt werden. *Synecdoche* als Grundeffekt bezeichnet diese Fähigkeit, aus einer komplexen akustischen Umgebung ein Element zu selektieren. Synecdoche ist gekoppelt an *Asyndeton*, die Fähigkeit, alles andere zu ignorieren. Obwohl wir physikalisch gesehen alles als eine Geräuschwelt hören müssen, können wir diese in Hintergrund und Figur aufbrechen. Die beiden Konzepte verbinden den Hörer mit seiner Umgebung und verweisen auf den Effekt der *Metamorphosis*. Damit wird die Instabilität der akustischen Umgebung adressiert, die im Zusammenspiel von Synecdoche und Asyndeton deshalb entsteht, weil das perzeptiv Wahrgenommene immer von anderen Geräuschen umgeben ist, und man sogar selber durch eigene Geräuschproduktion zur Instabilität beitragen kann. Menschen produzieren und modellieren so anspruchsvolle metamorphe Geräuschumwelten. Als Beispiele mögen ein belebter Markt oder ein überfülltes öffentliches Verkehrsmittel dienen. In beiden Situationen wird das akustische Gleichgewicht durch einen raschen und anstrengenden Wechsel von Synecdoche und Asyndeton erreicht; die eigene verbale Kommunikation ist erschwert und trägt gleichzeitig zur Produktion der Geräuschumwelt bei. *Menschenansammlungen erzeugen metamorphe akustische Milieus, die kulturspezifisch sind und dem einzelnen in der akustischen Totalität Gesellschaft hörbar vorführen und ihn darin einbinden.* In dieses akustische Gleichgewicht ist der

---

7 Damit unterscheidet sich der Ansatz auch vom im „Handbook of Acoustic Ecology" (Truax 2001) verfolgten Anliegen, Konzepte und Begriffe für alle, auch physikalische Phänomene von Geräuschen zu liefern.

Hörer zusätzlich durch sein „oreille primitive" (Schaeffer 1982) eingebunden, indem immer eine Bereitschaft der Synecdoche aktiviert ist, die ungewöhnliche oder alarmierende Geräusche erkennen kann. Der Begriff spielt auf das Leben in potentiell gefährlichen Umgebungen an, in denen wilde Tiere akustisch erkannt und erfasst werden müssen. Moderne Menschen in zivilisierten Umgebungen erleben das primitive Ohr nur noch dann intensiv, wenn sie z.B. nachts allein durch einen finstern Wald gehen müssen und allerlei fremde Geräusche an ihr Ohr dringen, oder wenn sie allein in einem Haus sind und die Böden knarren hören. Dann sind sie froh, wenn akustische Anker in der Form vertrauter Geräusche die Alarmierung mit Hilfe von Asyndeton wieder in den Hintergrund drängen.

Als *Niche* oder Zinneneffekt wird die Emission eines Geräuschs im dazu geeignetsten Moment und am dazu besten geeigneten Ort bezeichnet. Der Niche-Effekt verbindet eine akustische Botschaft mit der Umgebung und vice versa. Er ist ein Schlüsselmechanismus für akustische Handlungen und kann mit allen Ebenen von Geräuscheigenschaften wie Lautstärke, Tonhöhe, Klangfarbe und Rhythmus verbunden werden. Der Niche-Effekt ist ein wirksames Vorgehen zur kommunikativen Vergemeinschaftung. Wenn z.B. ein paar Knaben gemeinsam mit Knüppeln auf einen Blechbehälter schlagen und sich dadurch als Gruppe konstituieren, dann hilft dabei ganz wesentlich der erzeugte Lärm. Ein anderes Beispiel gibt das Einschlagen eines Pfahls durch zwei Männer. Der Rhythmus, die Tonhöhe und der spezielle Klang, wenn ein schwerer Hammer senkrecht auf einen Pfahl trifft, sind alles Geräusche, die wahrgenommen und verarbeitet werden müssen, um das Vorhaben zu koordinieren und zu einem erwünschten Abschluss zu bringen. Trommeln und Pfeifen wären dann kulturiertere Formen des Niche-Effekts, die auch komplexere Botschaften über grössere Distanzen transportieren.

Als *Sharawadji* bezeichnen Augoyard und Torge jenen subjektiven Eindruck, der dann entsteht, wenn kakophone oder zunächst als ungeordnet empfundene akustische Eindrücke eine ästhetische Qualität bekommen. Ein Beispiel kann die Anwesenheit an einem Fussballspiel sein, an dem man zunächst nur Geschrei und Rufen in der nächsten Umgebung wahrnimmt und plötzlich von einem Rhythmus erfasst wird, der das ganze Stadion zu umfassen scheint. Ein anderes Beispiel dafür kann das Zischen bei der Abkoppelung von Pressluftschläuchen oder das monotone Hämmern einer schweren Dieselmaschine in einem Schiff sein. Die Bezeichnung dieser ästhetischen Form einer Synecdoche soll auf Chinareisende im 17. Jahrhundert verweisen, die vieles in China nicht verstehen konnten, aber das Unverstandene dennoch als etwas Bewundernswertes klassierten.

Mit diesem kurzen Ausflug in die Konzeptionen der alltäglichen Sonic Effects von Augoyard und Torgue möchten wir die Darlegung der Beschreibung akustischer Phänomene vorläufig abschliessen. Soviel sollte jedoch klar geworden sein: Die Soundscapes und die Sonic Effects bieten reichhaltige Anregungen für die empirische und theoretische Befassung mit der Audiosphäre. Inwieweit davon die Soziologie tangiert wird oder tangierbar wird, das soll der nächste Abschnitt zeigen.

4. Soziologisierung des Sound

Ohne grosse Beweislasten wird man sagen können, dass der Sound in der Soziologie bislang keine Rolle spielt, weder in der soziologischen Theorie noch in der empirischen Sozialforschung. Die Theorie stellt seit ihren Klassikern auf Sinn, Intentionen, Handeln, Wissen und Strukturen (insbesondere Normen) ab – soziale Formen, denen ein weitgehend wahrnehmungsunabhängiger „Bestand" zugeschrieben wird; Formen, die der Medien des Visuellen und des Auditiven allenfalls zur Erinnerung, Bestätigung und Reproduktion bedürfen. Sound, Geräusch, Lärm und Krach kommen in der Theorie nicht vor. „Das Soziale" reproduziert sich sound-frei und laut-los. Auch die jüngeren Theorieentwicklungen in Richtung zu Interaktionismus und Mikrosoziologie haben an dieser Sachlage wenig geändert. Zwar wird die Bedeutung von Kopräsenz und von wechselseitiger Wahrnehmung stärker betont als in der makrosoziologischen Tradition. Aber die Analyse konzentriert sich, wenn es um Wahrnehmung geht, auf das Sehen und Gesehenwerden (Goffman), und wenn es um Koordination geht, auf streng geordnete Sequenzen wohl artikulierter Sprechlaute (symbolischer Interaktionismus, Konversationsanalyse und Ethnomethodologie).

In der empirischen Sozialforschung ist nach wie vor die Form der Befragung in verschiedenen Graden der Standardisierung vorherrschend. Laut-, Tonund Stimmlagen der Fragenden und der Befragten und mehr noch all deren akustische Kontexte sind getilgt, bevor irgendeine Analyse der erhobenen Daten überhaupt beginnt. Dagegen haben sich zwar Formen der Gewinnung „natürlicher" Daten etabliert, die sich diverser Technologien der Aufzeichnung bedienen. Die Mikrophone sind jedoch zumeist bereits auf Sprachempfang eingestellt und filtern möglichst alles heraus, was den Sprachempfang und die Sprecheridentifikation stören könnte. Die Sound-Löschung wird in aller Regel durch Tran*skription* perfektioniert. Soziologische Protokolle von Interaktionen geben fast ausschliesslich ordentliche Sprechlautfolgen wieder. Nur in den elaboriertesten Transkriptionssystemen wird versucht, Reste von Lautlichkeiten mit einzufangen, in Form von Intonations-, Lautklängen- und Lautstärkezeichen und Zeichen für sprachexterne Lautquellen („Telefon klingelt", „Babyschreien aus dem Nebenzimmer"). Lärm kommt hier immerhin noch in der Darstellung von Sprechüberlappungen vor.

Aber insgesamt kann man festhalten: Soziologie beginnt theoretisch wie empirisch auf der Ebene des gedruckten Geredes. Stimmen, Laute und Geräusche sind für sie bedeutungslos. Die Soziologie stellt sich eine lautlose und soundfreie Sozialwelt vor. Die Existenz einer Musiksoziologie widerspricht diesem Befund nicht, ganz im Gegenteil. Sie ist als Spezialsoziologie ausdifferenziert, betont selber die Besonderheit ihres Gegenstandes und kann, vielleicht mit der kurzzeitigen Ausnahme von Adornos kritischer Musiktheorie, keinerlei Effekte ihrer Bemühungen für die sonstige Soziologie aufweisen. Erst recht gilt dies für Spezialforschungsgebiete wie die Jugend- oder Szeneforschungen, die dem Vorkommen von Krach, Geräusch und Musik in ihren Gegenständen Sonderbedeutungen zu- und nachweisen müssen.

Selbst bei dem gemeinhin sensibelsten Beobachter der feinen Fäden der Vergesellschaftung wird man nur auf den ersten Blick fündig, beim näheren Hinsehen (oder Hinhören) jedoch auch wieder enttäuscht. In Georg Simmels „Soziologie der Sinne" kommt das Ohr zur Sprache, allerdings eingepfercht in eine Entgegensetzung zum Auge, in der es aufgrund des schwächeren Potentials zur „Wechselwirkung" zweier Subjekte deutlich auf dem zweiten Platz landet; immerhin mit Abstand vor allen anderen, vor den „niederen Sinnen" wie dem Geruchssinn.[8] Da wir hier einen der wenigen Anhaltspunkte für eine Soziologisierung des Sounds vorzuweisen haben und der Sieg des Auges über das Ohr bei Simmel vielleicht Hinweise auf strukturelle Gründe des fehlenden Ohrs der Soziologie liefern könnte, sei die Simmel'sche Figur etwas ausführlicher nachgezeichnet.

Simmel beobachtet die Sinne mithilfe zweier Unterscheidungen und ihrer möglichen Kombinationen: der Unterscheidung von Subjekt und Objekt sowie der Unterscheidung von Gefühl und Erkenntnis. Im Fadenkreuz dieser beiden Unterscheidungen wird allen Sinnen ein Doppeleffekt zugeschrieben, ein Effekt in das Subjekt hinein (Lust und Unlust, die aber keine Kenntnis des Anderen ermöglichen) und ein Effekt vom Subjekt zum Objekt hinaus, als „Brücke, über die ich zu ihm als zu meinem Objekt gelange." (1998: 137) Die Einheit der Richtungen (innen / aussen) und des Orientierungsmodus (Gefühl / Erkenntnis) sieht Simmel am prägnantesten im Sprachlaut realisiert:

> „Wie das Organ eines Menschen ganz unmittelbar anziehend oder abstoßend auf uns wirkt, gleichviel, was er sagt; wie andererseits das, was er sagt, uns zur Kenntnis nicht nur seiner augenblicklichen Gedanken, sondern seines seelischen Seins verhilft – so ist es doch wohl mit allen Sinneseindrücken; sie führen in das Subjekt hinein, als

---

8   Siehe zu diesem Text auch Fischer 2002.

dessen Stimmung und Gefühl, und zu dem Objekt hinaus, als Erkenntnis seiner." (1998: 137)

Die „unmittelbarste und reinste Wechselwirkung" ohne jegliche Objektivierungsfunktion sieht Simmel im „gegenseitigen Sichanblicken" erfüllt (1998: 138). Ihre Einheitsstiftung erfüllt sich ganz im Moment, variiert mit der geringsten Variation und verschwindet mit dem Abschweifen schon eines der beiden Blicke.

„Die Enge dieser Beziehungen wird durch die merkwürdige Tatsache getragen, daß der auf den anderen gerichtete, ihn wahrnehmende Blick selbst ausdrucksvoll ist, und zwar gerade durch die Art, wie man den anderen ansieht. In dem Blick, der den anderen in sich aufnimmt, offenbart man sich selbst; mit demselben Akt, in dem das Subjekt sein Objekt zu erkennen sucht, gibt es sich hier dem Objekt preis. Man kann nicht durch das Auge nehmen, ohne zugleich zu geben." (1998: 139)

Schon an dieser Stelle ist die Zweitrangigkeit des Ohrs gegenüber dem Auge (der Stimme gegenüber dem Blick) unaufhebbar festgelegt. Über den Hörsinn kann keine dem Sichanblicken gleichkommende Wechselwirkungsbeziehung realisiert werden. Das Ohr nimmt nur, es kann nichts geben. Anders als das Auge hat es keinen Ausdruckswert. Das Ohr ist von beiden „das schlechthin egoistische Organ" (1998: 143).

Ein weiteres Ohr-Defizit kommt in der *zeitlichen* Dimension hinzu. Dem Auge bietet sich nach Simmel ein Objekt von überaus reichhaltigem Ausdruckswert: das *Gesicht* des Anderen, sein „Antlitz" (1998: 139-142). Das Gesicht offenbart dem Blick die Summe der *Lebenserfahrungen* des Anderen, die Vergangenheit des Anderen, zusammen mit der Gestimmtheit seines Augenblicks. Das Ohr hingegen kann kein vergleichbares Objekt konstituieren. Es bleibt der Abfolge von Lauten verhaftet, in der sich zwar Stimmungen in sehr facettenreichen Tönungen ausdrücken mögen, die sich jedoch zu nichts verdichten lassen, was wie das Gesicht über den Moment in einen allumfassenden Zeithorizont hinausweist. In diesem Vergleich kommt die alte *erkenntnistheoretische* Präferenz der Philosophie *für die Dauer und gegen das Momentane* zum Tragen, für das „Wesen" der Dinge und gegen das „Akzidentelle" ihrer Erscheinungen. Nur das Objekt „Gesicht" verspricht Zugriff auf das „Wesen" des Anderen. Die Erkenntnisse aus dem Objekt „Stimme" bleiben der Akzidenz, den schwankenden Stimmungen des Anderen verhaftet.

Bemerkenswert ist noch, dass Simmel seine Urteile über die Gegensätze von Auge und Ohr zwar nicht grundsätzlich infrage stellt, aber dennoch durch zwei Ergänzungen modifiziert. Erstens sieht er die Möglichkeit, dass gerade die Informationsfülle, die sich dem Sehsinn bietet, einen Grund für Verwirrung, für

Verrätselung und für Täuschungen darstellen kann. Aus dieser Einsicht erklärt er sogar die „Friedlichkeit" und „Ruhe", die man gemeinhin bei blinden Personen feststellen könne (1998: 141).[9] Sie wird durch den Wegfall der vielen „Widersprüche" erklärt, die ein erblicktes Antlitz darbieten kann. Zweitens attestiert Simmel dem Auge eine *Gedächtnisschwäche* und dem Ohr eine vergleichsweise *Gedächtnisstärke*. Man merke sich leichter, was man höre, als was man sehe. Hierin sieht Simmel eine Art Kompensationseinrichtung in der Natur der beiden Sinne. Man könnte, von Simmel ausgehend, aber seine Terminologie überschreitend, diese Feststellung auch informations- und gedächtnistheoretisch wenden: Gerade *weil* das Auge in jedem Moment mehr Informationen zu verarbeiten hat, muss das visuelle Gedächtnis effektiver löschen können, um die Kapazitäten des Sehens für neue Informationen frei zu halten; während der Hörsinn, der mit wenigen Neu-Informationen auszukommen hat, umso stärker auf Erinnerung zurückgreifen muss.

Wenn man sich fragt, woher Simmel auf seine Sinnes-Bestimmungen kommt, liegt die Vermutung nahe, dass er sich direkt oder indirekt von Johann G. Herders Überlegungen inspirieren liess (hier nach Trabant 1995 und Fuchs 1993: 110-111); allerdings mit Weglassungen und Verschiebungen, die wahrscheinlich gerade der Suche nach den Wechselwirkungen, nach der „soziologischen Bedeutung" der Sinne geschuldet ist. Herder vergleicht nicht zwei, sondern drei Sinne, neben Auge und Ohr als Drittes die Taktilität. Seine Ordnung ist darüber hinaus keine hierarchische (was bei drei Werten generell schwieriger wird als bei zweien), sondern eine horizontale, aufgespannt durch die Raumdimension von nah und fern. Die Taktilität steht für die größtmögliche Nähe, denn erstens muss die Distanz zwischen Ich und Objekt auf Null sein, damit der Taktsinn „greifen" kann; und zweitens sind die Eigenbewegungen des Ichs beim Taktsinn am ausgeprägtesten. Das Auge ermöglicht maximale Distanz zwischen Ich und Objekt und involviert das Ich nahezu regungslos. „Dazwischen" liegt das Ohr, das keine objektunmittelbare Berührung braucht, aber doch mit dem Objekt über Schall und Laut in einer „Verbindung" steht; in einer Verbindung, die zudem anders als bei beiden anderen Sinnen ein „Zugleich" von Variation des Objekts und Variation seiner Wahrnehmung realisiert. Herder (und mit ihm laut Fuchs die Sprachtheorie der deutschen „Aufklärung") sieht im Hörsinn den Ursprung von Sprache. Sprache entstünde durch ein „Hören auf die Welt" – also bereits auf der Ebene einer „solitären" Weltorientierung und gattungsgeschichtlich auf der Ebene von Kultur. Die sozialen Funktionen der Sprache wären dem-

---

9   Eine literarische Ausspielung dieser Zuschreibung findet sich in Max Frisch, Mein Name sei Gantenbein.

nach abgeleitet. Dass Simmel diese starke Fassung des Hörsinns nicht mit übernehmen konnte, liegt auf der Hand.

Für unsere Fragestellung ist nicht in erster Linie entscheidend, wie begründet und wie ertragreich Simmels Hypothesen zum Auge-Ohr-Gegensatz und den verschiedenen Leistungen sein mögen. Wichtig ist vielmehr, dass selbst an dieser entlegenen, nie in Forschungsprogramme übersetzten Stelle der soziologischen Klassik, die sich mit dem Hörsinn beschäftigt, der Sound nicht vorkommt; dass er ausgeblendet und getilgt ist, wenn Simmels Argumente überhaupt einsetzen. Das Medium der Lautlichkeit und das akroamatische Vermögen sind bereits auf *Sprach*wahrnehmung getrimmt, denn nur Sprachlaute können als *Ausdruck*, als *Zeichen* für die Anwesenheit eines Anderen genommen werden, der im Subjekt Stimmungen auslöst und sich zugleich als Objekt des Erkennens verfügbar macht. „Wechselwirkung" wird als Explanans gesetzt, statt in die Stelle eines Explanandums zu rücken, von dem erst zu klären wäre, wie *und unter welchen Bedingungen* es sich im Sound, im Medium des Lautlichen überhaupt realisieren kann. Die Wahrnehmung von Sprachlauten als Ausdruck benennt (mit hoher Plausibilität in der Alltagserfahrung) die Möglichkeit, klärt ihre Bedingungen jedoch nicht.

Einige wenige Anhaltspunkte zur Soziologisierung des Sounds finden wir in der Systemtheorie, die in ihr selbst aber ebenfalls zugunsten von Sprache, Sprachlichkeit und Semantik marginalisiert bleiben. Bei Luhmann erscheint die Problematik bei der Definition von Sprache (1.), in einem Exkurs zur Poesie innerhalb seiner Erörterungen zu Form und System der Kunst (2.) sowie anlässlich der Konstitutionsprinzipien von Interaktion (3.).

(1.) In „Die Gesellschaft der Gesellschaft" wird Lautlichkeit als eine Komponente der Sprachdefinition eingeführt. Allerdings geht es dabei nicht wie in der Gestaltpsychologie oder in den Sprachwissenschaften um die Differenzen zwischen Lautbildungen und ihre Auordnung zu Silben, Worten und Sätzen. Die Sprachdefinition arbeitet mit einer Differenz, deren eine Seite durch den Laut, die andere Seite durch die Form von Sinn gebildet wird. „Als Form mit zwei Seiten besteht sie (die Sprache, d. Verf.) in der Unterscheidung von *Laut und Sinn*." (1997: 213). Bedeutsam ist an dieser Definition, dass Sprache gerade *nicht* auf einer der beiden Seiten zu finden ist, sondern im Verweis der einen auf die andere Seite; oder auch in der immer nur momentanen Kopplung der einen mit der anderen Seite. Was immer die Sprachwissenschaften von dieser merkwürdigen Definition eines Außenseiters halten mögen: Für unsere Fragestellung ist interessant, dass diese Definition *offen hält*, dass auch Laute, die nicht Silben, Worte oder Sätze sind, am Sprachspiel, an der Kopplung von Laut und Sinn teilhaben *könnten*; unter Bedingungen und mit Folgen, die durch theoretische Fortentwicklung und empirische Untersuchungen noch zu ermitteln wären. Luhmann

selbst hat diesen Weg nicht beschritten. Im Kontext seiner Medientheorie hat er
sich auf Sprache konzentriert, vor allem, um sie mit zwei anderen Medientypen,
den Verbreitungs- und den Erfolgsmedien zu vergleichen.

(2.) Eine Ausnahme findet sich in einem Exkurs zur Poesie in „Die Kunst
der Gesellschaft" (Luhmann 1995: 199-203). Selbstverständlich kommt es gerade Dichtern und Gedichten auf Silben, Worte und, je nach Gedichtstyp, auch auf
Sätze an. Aber „der Reiz", die Attraktion, der Überraschungswert oder die
„Informativität" eines Gedichts rührt nicht vom Sinn der Worte, sondern von
ihrer Gestalt her: aus ihrem Klang, aus ihrem Rhythmus und aus ihrem Tempo.
Poesie spielt auch, aber eben nicht nur mit der Form der Worte, sondern mit ihrem Medium, mit der Lautlichkeit der Worte selbst. Sie spielt mit der Differenz
von Form und Medium der Worte und realisiert, obgleich im „Material" der
Worte gebildet, auf ihre spezifische Weise non-verbale Kommunikation.

(3.) Ein dritter Anhaltspunkt findet sich im Begriff und Mechanismus der
„reflexiven Wahrnehmung" (1984: 560-564); ein Mechanismus, der als Kataly-
sator und Grenzbestimmer von Kommunikation unter Anwesenden, von Interaktion (auch im Goffman'schen Sinne) gilt. Reflexive Wahrnehmung bezeichnet
nicht etwa eine bedenkende oder gar beurteilende Wahrnehmung. Der Ausdruck
„reflexiv" grenzt ein auf die *Artgleichheit* von Prozessor und Prozessiertem
(1984: 601), von Subjekt und Objekt eines Geschehens. Im Falle von Wahrnehmung handelt es sich demnach um das Wahrnehmen des Wahrnehmens oder in
Umkehrrichtung: um das Wahrnehmen des Wahrgenommenwerdens. Viel weiter
ist dieser Begriff bei Luhmann gar nicht ausgearbeitet. Die Plausibilisierungen
laufen über das Sehen, das Gesehenwerden, das Sehen des Gesehenwerdens –
also über jene Formen reflexiven Wahrnehmens, die wir schon bei Simmel unter
dem Titel des Blicks kennengelernt haben. Die Reflexivität des Hörens wird
nicht eigens thematisiert, also auch nicht jenes Problem, das Simmel mit der Me-
tapher des egoistischen Ohres zu fassen versuchte. Gibt es ein Hörenhören, ein
Hören des Gehörtwerdens, irgendein Äquivalent des „Wunder des Blicks" im
Medium der Laute? Ein Kandidat wäre sicherlich die Stimme. Aber damit wäre
nur das Resultat, die erfolgreiche Reduktion von Wahrnehmungswahrnehmung
auf eine von beiden Adressen benannt; nicht aber die Form, in der sich eine
Stimme *im* Lautlichem *von* allen anderen Lauten und *von anderen Stimmen*, unter anderem der *eigenen* Stimme absetzen kann. Wenn die Philosophie beispielsweise ihr Denken von der Stimme her zu denken versucht (Lagaay 2008),
setzt sie doch daran an, dass *jemand etwas* sagt und sucht nur nach dem Unterschied, den es macht, dass jemand etwas sagt und es nicht schreibt.

Jenseits der Soziologie werden gehaltvolle Ansatzpunkte zur Soziologisierung des Sounds von einer Forschungsrichtung gegeben, die man als „Kulturgeschichte der Kommunikationsmedien" bezeichnen könnte (siehe den Kurzüber-

blick bei Havelock 1992). Luhmann hat sich von ihr informieren und anregen lassen; und auch die Medienwissenschaften in der Richtung eines Marshall McLuhan nähren sich aus ihr. Die strukturgebende Unterscheidung ist die von *oral und literal* (orale versus literale Kulturen; orale versus literale Gesellschaften; oder nahe am Paradoxen orale versus literale Literalität). Bemerkenswert im Vergleich zu den vorangehenden Erörterungen ist zunächst der Perspektivenwechsel. „Oral" signalisiert, dass der Fokus weg von der Rezeption, dem Hören, und hin zur Produktion von Lauten, zum Mund respektive allgemeiner zu den Stimm„werkzeugen" geht. Unseres Erachtens bietet Walter Ong (1987) die prägnanteste Ausformung der Problemstellung, obwohl sie ähnlich auch bei Autoren wie Erik Havelock, Harold Innis (dem Lehrer McLuhans) oder Jack Goody und Ian Watt nachgezeichnet werden könnten.

Ong setzt nicht bei den (vermeintlichen) Leistungsunterschieden der verschiedenen Sinne für die Wahrnehmung an. Er geht von einem *Problem* jeder Kultur aus, vom *Problem der Erinnerung und des Gedächtnisses*. Seine Grundfrage lautet: Wie kann komplexer Sinn tradiert werden in einer Gesellschaft, die nicht schreibt und in der man deswegen *nichts nachschauen* kann? Sein Argument lautet, dass es in solch einer Situation gar nicht jene *Trennung von Wort und Bedeutung* geben konnte, von der die moderne, die schriftverfügende Kultur immer schon ausgeht und die sich deswegen ein Verständnis schriftloser Kulturen von vornherein verbaut. Denn die Differenz von Wort und Bedeutung setzt die Idee eines situationsunabhängigen Lexikons oder zumindest irgendeines Schriftkorpus voraus, in dem man die Bedeutung eines Wortes nachschauen könnte, wenn man sie nicht kennt oder wenn man sie vergessen hat. Die „Lexikographierung" der Worte (allgemein: der Sprache), die *Differenzierung* von Wortform und Semantik, von Phonem und Morphem, von Signifikant und Signifikat ist jener soziohistorische Prozess, den Ong als „die Technologisierung des Wortes" bezeichnet.

Doch wie, wenn nicht lexikographisch, kann man sich das Gedächtnis schriftloser, „oraler" Kulturen vorstellen? Im Bild gesprochen: Der „Stift" der schriftlosen Kultur war die Stimme, seine „Schreibunterlage" der menschliche Körper als „Resonanzobjekt". Die Form der Oralität ist „immersiv" (und nicht persuasiv, was schon ein „kritisches", also ein lesendes Publikum voraussetzt). Das Gedächtnis schriftloser Kulturen darf nicht lexikographisch, es muss „musikalisch" gedacht werden. Die Erinnerung, der Aufruf komplexer Sinnmuster, arbeitet mit Klang- und Lautassoziationen (mit Reimen), mit dem Rhythmus, mit dem Tempo, mit Intonationen usw. – mit allen Formen von lautlichen Redundanzen eben, die man heutzutage allein der Musik zuschreiben würde, die *vor* der Schrift aber gerade nicht von Sprache abgetrennt waren, weder praktisch noch „begrifflich". Rollenmäßig ist das „orale" Gedächtnis nicht im Schreiber, sondern im Sänger verkörpert. Mithin muss auch eine weitere „typische" Trennung, die von Sprache und Musik, als eine *moderne* Trennung begriffen werden, die nicht für alle „auditory cultures" allgemeingültig angesetzt werden darf.

5. Ausblick für eine Ethnosonographie

Was ließe sich den wenigen vorhandenen Bestimmungsstücken für eine Soziologisierung des Sounds im Allgemeinen, für eine Ethnosonographie im Besonderen entnehmen? Zunächst und vor allem werden eigentlich stichhaltige *Gründe für die Soundabstinenzen* der theoretischen und der empirischen Soziologien erkennbar. Sprachlaute und Musiklaute können, egal, von welcher Theorie aus man kommt, als die prägnanten Ordnungsformate im Medium des Akustischen angesehen werden – Ordnungsformate, ohne die Sozialität nicht vorstellbar erscheint. Darüber hinaus sorgt „unsere Kultur", die „moderne", von sich aus dafür, dass Musik ein klar distinktes Spezialphänomen darstellt. Die Einschränkung auf geschriebene oder prinzipiell transkribierfähige Rede, die den Startpunkt unserer Problematisierung bildete, ist mithin eine große theoretische wie kulturelle „Triftigkeit" zuzuerkennen. Wir müssen von daher durchaus die Möglichkeit offen lassen, dass die traditionelle Soziologie mit ihrer Soundvergessenheit letztlich recht behalten wird. Doch sollte dies nicht davon abhalten, wenigstens zu versuchen, ob nicht „hinter" den Grenzen kultureller Konventionen Erkenntnischancen auszumachen und für eine theoretisch sensibilisierte und methodisch neu gerüstete Empirie auszubeuten sind. Wenn wir nichts Soziologisches über den Sound wissen, nehmen wir dies einfach als „Grund" für die Entdeckung von Neuem.

Die Soundscape-Studies liefern in unseren Augen noch keinesfalls Ergebnisse einer Ethnosonographie. Sie markieren aber den *Ansatzpunkt* für soziologische Fragestellungen. Ihre Erkenntnis- und Gestaltungsinteressen richten sich unter anderem auf die *nicht-sprachliche und nicht-musikalische Lautlichkeit* – also genau auf jenen Phänomenbereich, der wie gezeigt aus der Soziologie bislang systematisch herausfällt. Sie beschäftigen sich in diesem Sinne mit einer „Restgrösse", mit allem, was jenseits von Sprache und Musik als „Lärm" übrigbleibt und „soziologisch ungeordnet" erscheint. Mit einer Luhmann-Figur könnte man als theoretische Leitlinie formulieren: Der Ethnosonographie geht es um die Entdeckung des *Mediums*, das der Soziologie bislang nur als *Form* (als Ordnung, als Muster, als klare Distinktion von Sprache und Musik) erscheint (siehe eingehend zur Differenz von Medium und Form als *Motiv* von Kommunikation und Systembildung Luhmann 1995). Die *soziologische* Frage daran wäre, ob sich innerhalb dieses Mediums Möglichkeiten der *Prozess-, Struktur- und Ordnungs-*

bildung ausmachen lassen, die der Soziologie bislang aus den genannten Gründen systematisch entgangen sind.[10] Aus den wenigen Theoriestücken – Simmels Auge-Ohr-Entgegensetzung, Ongs „sekundärer Oralität" (1987: 136) und Luhmanns Laut-Sinn-Definition von Sprache – lässt sich immerhin ein *Anfangsverdacht* generieren, der bei Bestätigung unser Forschungsprogramm doch mit soziologischer Relevanz aufladen würde.

Diese Startthese lautet: Das Medium der Laute ist im Verhältnis zur nichtsozialen Umwelt der Dinge und Körper *unspezifischer* als das Medium der Visualität. Es prozessiert *weniger Information* beziehungsweise nimmt zur Prozessierung von komplexer Information erheblich mehr *Zeit* (und damit: Gedächtnis) in Anspruch. Was im Erkenntnissinne als defizitär erscheint, könnte im sozialen Sinne *mehr Freiheit, mehr Offenheit, mehr Gestaltungsspielraum* bedeuten – denn weniger Information und weniger Wissen könnte sich für mehr Kommunikation, für mehr Unsicherheit, für mehr Offenheit und für weiterreichende „Abstimmungsprozeduren" ausnutzen lassen. Die Evolution von Sprache im Medium der Laute bietet zweifellos das eindrucksvollste Beispiel für die „Befreiung" des Sozialen von den Einschränkungen der Objekte und ihrer Sichtbarkeiten. Aber die Dominanz der Sprache muss ja nicht ausschließen, dass sich unsere Kultur (vielleicht gerade unter dem Druck massiver „neuer" Visualitäten im Reich der „neuen Medien") längst auf die *Entdeckung neuer Freiheiten im Medium des Sounds* gemacht hat.

Von einer Operationalisierung dieser starken These sind wir natürlich noch meilenweit entfernt. Hierfür können wir die Soundscape-Studies, ihre Methoden und ihre Begriffe als Stützen heranziehen, erste Versuche unternehmen und erproben, was sich in einem soziologischen Zugriff zu bewähren verspricht und eine Integration in das soziologisch-ethnographische Methoden- und Begriffsarsenal lohnen könnte. Dabei wird es anfangs wohl darauf ankommen, den vorherrschenden *Raum-* respektive *Orts*bezug der Soundstudies sanft auf soziale Referenzen umzuschreiben, etwa auf Interaktionstypen oder allgemeiner auf Typen von „sozialen Situationen". Ob der Sound dann Neuheiten an (bekannten) Situationstypen oder gar neue Situationstypen zu entdecken verhilft, kann ohne entsprechende Versuche nicht vorhergesehen werden; ebenso wenig wie die Antwort auf die Frage, ob solche Neuheiten für die Soziologie im Allgemeinen jemals relevant sein werden.

---

10 Siehe zu einer Soziologisierung der Differenzierung von *Musik und Lärm* die ethnosystemtheoretische Studie über Barbershop in Lee 2005.

Literatur

Augoyard, Jean-Francois, and Henry Torgue (eds.) (2006): Sonic Experience: A Guide To Everyday Sounds. Montréal: McGill-Queen's University Press

Bull, Michael, and Les Back (eds.) (2004): The Auditory Culture Reader. Oxford, New York: Berg Publishers

Fischer, Joachim (2002): Simmels ,Exkurs über die Soziologie der Sinne'. Zentraltext einer anthropologischen Soziologie. In: Österreichische Zeitschrift für Soziologie 27. 2. 6-13

Fuchs, Peter (1993): Moderne Kommunikation: Zur Theorie des operativen Displacements. Frankfurt am Main: Suhrkamp

Gumbrecht, Hans Ulrich/Pfeiffer, K. Ludwig (Hrsg.) (1995): Materialität der Kommunikation. Frankfurt am Main: Suhrkamp

Havelock, Eric A. (1992): Als die Muse schreiben lernte. Frankfurt am Main: Hain

Kieserling, André (1999): Kommunikation unter Anwesenden. Studien über Interaktionssysteme. Frankfurt am Main: Suhrkamp

Lagaay, Alice (2008): Zwischen Klang und Stille. Gedanken zur Philosophie der Stimme. In: Paragrana 17. 1. 168-181

Lee, Daniel (2005): Making Music Out of Noise: Barbershop Quartet Singing and Society. In: Soziale Systeme. Zeitschrift für soziologische Theorie 11. 2. 271–292

Luhmann, Niklas (1984): Soziale Systeme. Grundriß einer allgemeinen Theorie. Frankfurt am Main: Suhrkamp

Luhmann, Niklas (1995): Die Kunst der Gesellschaft. Frankfurt am Main: Suhrkamp

Luhmann, Niklas (1997): Die Gesellschaft der Gesellschaft. Frankfurt am Main: Suhrkamp

Ong, Walter (1987): Oralität und Literalität. Die Technologisierung des Wortes. Opladen: Westdeutscher Verlag

Schaeffer, Pierre (1982): L'orielle primitive. In: L'oreille oubliée, Paris: Centre Pompidou

Schafer, Murray R. (1994[1977]): Soundscape. Our Sonic Environment and the Tuning of the World. Rochester, Vermont: Destiny Books

Schulze, Holger (Hrsg.) (2008). Sound Studies: Traditionen – Methoden – Desiderate: Eine Einführung. Bielefeld: transcript

Simmel, Georg (1998): Soziologie der Sinne. In: Ders.: Soziologische Ästhetik. Darmstadt: Wissenschaftliche Buchgesellschaft: 135-149

Trabant, Jürgen (1995): Vom Ohr zur Stimme. Bemerkungen zum Phonozentrismus zwischen 1770 und 1830. In: Gumbrecht, Hans Ulrich/Pfeiffer, K. Ludwig (Hrsg.) (1995): 63-79

Truax, Barry (2001): *Acoustic Communication. 2nd Edition.* Westport (Connecticut), London: Ablex Publishing

Vannini, Phillip/Waskul, Dennis/Gottschalk, Simon/Rambo, Carol (2010): Sound Acts: Elocution, Somatic Work, and the Performance of Sonic Alignment. In: Journal of Contemporary Ethnography 39. 3. 328-353

Epiphaniebasierte Medizin?
Zur Konstruktion diagnostischer Gewissheiten in der Fernsehserie „Dr. House"

Ronald Hitzler, Michaela Pfadenhauer

1. Der Gegenstand der Betrachtung

Das Material, das diesem Beitrag zugrunde liegt, ist eine Fernsehserie, die wir seit Jahren mit einiger Begeisterung anschauen. Wir analysieren dieses Material aber nicht so, wie man, wenn man auch nur ein wenig von Jo Reichertz (z.B. 2000 und 2007) und anderen Experten visueller Wissenssoziologie (vgl. z.B. Knoblauch 2004, Raab 2008, Schnettler/Knoblauch 2007, Soeffner 2001) gelernt hat, ein Medienformat der bewegten Bilder des Fiktionalen, eine filmische Als-ob-Inszenierung – und hier eben speziell eine US-amerikanische Fernseh-Unterhaltungsserie – analysieren sollte. D.h., wir stellen hier *keine* Videoanalyse in einem strengeren (etwa im von Knoblauch/Schnettler/Raab/Soeffner 2006 herausgegebenen Band vorfindlichen und ganz aktuell von Reichertz/Englert 2010 forcierten) Sinne vor. Wir illustrieren vielmehr einen schon lange gehegten methodologisch-methodischen Gedanken von Jo Reichertz mit ein paar wenigen Transkripten von Sequenzen aus jener Fernsehserie.

Im Weiteren äußern wir uns z.B. (auch) nicht über Schauspieler, nicht über deren Rollen, nicht über Drehbücher und auch nicht über Produktionsbedingungen. Wir beschreiben weder das Besondere von Handlungen *vor* einer Kamera, noch sprechen wir von dem, was Jo Reichertz (z.B. 2001) als die „Handlung der Kamera" bezeichnet. Wir rekonstruieren weder die ‚Logiken' von TV-Serien ‚an sich' (vgl. dazu aber z.B. Seiler 2008, Williamson 2008, auch Cardwell 2006), noch die Prinzipien, nach denen diese spezielle Serie gemacht ist – außer im ausschließlichen Hinblick darauf, wie in dieser Serie (die wir hier so betrachten, als dokumentiere sie auf mysteriöse Weise einen realen Alltag in einer Klinik) von den Protagonisten typischerweise diagnostische Gewissheiten (im Sinne der von Arnold Gehlen so genannten „gültigen Gewissheiten" – vgl. aktuell dazu Berger/Zijderveld 2010) konstruiert werden. Wir sind uns also durchaus im Klaren darüber, dass wir bei unseren auf *ein* spezielles Interesse fokussierten Bemerkungen die Spezifika der visuellen Gattung *ignorieren*, auf die wir uns beziehen, und dass wir auch der dramaturgischen Komplexität dieser Serie keineswegs gerecht werden.

Was wir hier machen, ähnelt, um damit sogleich „ganz oben" in die Schubladen der Vergleichsmöglichkeiten zu greifen, in bestimmter, aber auch wieder nur in *bestimmter* Weise dem, wie Alfred Schütz (2003) mit Miguel de Cervantes' „Don Quijote" umgegangen ist: Schütz hat an diesen mehr als vielschichtigen Roman eine einzige Frage gestellt – die nach der Konstitution mannigfaltiger Wirklichkeiten. Keineswegs zu diesem Schütz'schen Thema, aber sozusagen in dieser seinem Sujet gegenüber brachialen Analysetechnik[1] konzentrieren wir uns im Weiteren auf die Frage, wie in *dieser* auf Diagnostik spezialisierten Abteilung einer (fiktiven) Klinik von einem auf wundersame Weise von einer Kamera beobachteten Team von Ärztinnen und Ärzten *„Neues"* *entdeckt* wird.

An diesen Entdeckungen sind stets (zumindest) alle zu diesem Team gehörenden Akteure ‚irgendwie' beteiligt. Die entscheidende und zumeist verblüffende Einsicht aber kommt in aller Regel (wenn auch nicht ausnahmslos) von immer demselben Akteur: von dem fachlich (nachgerade ‚dämonisch'-)'genialen', ethisch (zumindest scheinbar) skrupellosen und sozial (und das heißt vor allem: umgangsförmig) defizitären Chef des eindeutig *für* ihn arbeitenden und *unter* ihm dienenden Teams (vgl. dazu Lyubansky/Shpungin 2008), von Dr. Gregory House:

In der die Serie deutenden Populär-Literatur – zu nennen ist hier vor allem der Sammelband „Dr. House – unautorisiert" (Wilson 2008), „Die kleine House Apotheke I und II" (Reufsteck/Stöckle 2008 und 2009) und „Das House-Buch für Hypochonder" (Schaab/Schaab 2009) – wird immer wieder auf die vielfältigen Parallelen zu den Sherlock-Holmes-Geschichten von Arthur Conan Doyle hingewiesen (vgl. z.B. Klock 2008 und Mamatas 2008). Nun gelten die für Sherlock Holmes typischen Schlussfolgerungen zwar zumindest als originell und oft auch genial. Gleichwohl, so argumentiert Jo Reichertz (2003, S. 82f, FN 6) entgegen den einschlägigen semiotischen und literaturwissenschaftlichen Deutungen, entdecke Holmes *nicht* wirklich Neues, denn er schlussfolgere *nicht* abduktiv, sondern subsumiere eher einen gegebenen Fall unter vorhandenes Wissen, von dem – für den nichtgenialen Beobachter des Detektivs – vorher nicht klar war, dass es auch für den gegebenen Fall zutrifft. Für Reichertz (2003, S. 37, FN 24) ist Sherlock Holmes mithin der „Idealtyp des hypothetischen Schließers". Auf diese Interpretation Bezug nehmend fragen wir folglich, welchen ‚Logiken' nun die Schlussfolgerungen in „Dr. House" folgen.

---

1   Deutlich weniger ambitioniert – und vielleicht auch naheliegender – wäre hier der Verweis auf die Analysetechnik etwa in Hitzler 2004.

2. Das Scheitern des subsumptionslogischen Vorgehens

In der typischen Situation, in der wir die ärztlichen Protagonisten sehen, ist das Team mit Krankheitssymptomen einer Patientin bzw. eines Patienten konfrontiert, die House aus irgendwelchen Gründen nicht banal, nicht trivial und folglich nicht „langweilig" erscheinen. Diese Palette an Krankheitssymptomen, die sich im Verlaufe der weiteren Untersuchungen und Behandlungen zumeist erweitert, verändert und verkompliziert, unterzieht das House-Team immer wieder Differenzialdiagnosen (vgl. dazu Jeschonek 2008):

> CAMERON *(ex-member of House's team)*: I think you can help this guy.
> HOUSE: *[rattling his Vicodin vial]* Drug-seeking patients —
> CAMERON: Don't attempt suicide with medicine cabinets full of narcotics.
> THIRTEEN *(member of House's team)*: Sounds like fibromyalgia.
> CAMERON: Sounds like you don't work for House. A diagnosis that provides neither an explanation nor a cure is by definition not a diagnosis.
> FOREMAN *(House's supervisor)*: The American College of Rheumatology would disagree. There are specific diagnostic criteria.
> CAMERON: Which this guy doesn't meet. Putting pressure on his pain helps, doesn't make it worse. He's got abdominal pain, severe headaches, muscle cramps that come and go.
> TAUB *(member of House's team)*: And he tried to off himself. He's obviously mentally ill. Pain's probably psychological.
> CAMERON: It is not a sign of mental illness to want to be pain-free.
> *[House is standing at his desk. He pours the last Vicodin in the bottle into his hand. He stares at the pills and the empty bottle.]*
> TAUB: It is if your solution is sucking on a tailpipe. Sane people don't attempt suicide.
> KUTNER *(member of House's team)*: Not ever? So if you were being burnt at the stake… And someone handed you a gun…
> TAUB: I'd shoot the guys with the torches. Not one doctor this guy has seen in the past three years has been able to find a single thing wrong with him. What does that tell you?
> HOUSE: *[who has continued to stare at the pills without taking them]* It means they're idiots. It means we got to start from the beginning. *[to Taub]* We'll do a pain profile to rule out psychosomatic pain. *[to Thirteen]* Search the home. *[to Cameron]* Go home. *[to Kutner, tossing him the empty bottle]* Get a refill… And a doughnut.[2]

Wie dieses Beispiel zeigt, werden die meisten der im Raum medizinisch plausibler Möglichkeiten von den Team-Mitgliedern in die Diskussion gebrachten Er-

---

2 Folge „Painless" (# 5.12); Transkript übernommen aus http://community.livejournal.com/clinic_duty

klärungsvorschläge sofort – als im Widerspruch zu bestimmten Fallspezifika
stehend – negiert. Andere werden als optionale ‚Lesarten' bis auf Weiteres bzw.
hypothetisch akzeptiert und mittels der üblichen diagnostischen Tests (wie körperlichen Untersuchungen, Laboruntersuchungen, bildgebenden Verfahren,
elektrischen Körper-Feldmessungen, Funktionsuntersuchungen usw.) geprüft.
Nach und nach erweisen sich dann alle – im Rahmen der immer wieder neu an-
setzenden Differenzialdiagnostik gemachten – Versuche, aus den gegebenen und
den (vor allem im Zuge von Untersuchungen und Behandlungen) hinzukommen-
den Symptomen *induktiv* auf die jeweilige *fallspezifische* Erkrankung bzw.
Krankheit zu schließen, als unzulänglich, irreführend und oft sogar das Leben
des Patienten akut gefährdend:

> HOUSE: No angiokeratomata.
> KUTNER: Lightning pain from syphilis.
> HOUSE: All the syph tests were negative. *[They silently follow him into the Diag-
> nostics Conference Room.]* Why aren't you guys still talking?
> TAUB: Because we ran out of ideas.
> THIRTEEN: Nothing explains this.
> FOREMAN: Something has to.
> HOUSE: Unless… Nothing does.
> TAUB: So now you think —
> HOUSE: Mine's a more interesting version of nothing. It used to be something. We
> can't find anything because whatever injury caused the original pain healed a long
> time ago. The only thing left is the drugs.
> FOREMAN: Opioid induced pain.
> HOUSE: Pain and the drugs that treat pain work by changing brain chemistry, some-
> times to the point where pain receptors read painkillers as killer pain. Take him off
> the drugs.
> KUTNER: We can't cure him, so we're gonna torture him?
> HOUSE: Torture is the cure. Eventually his body will recalibrate itself.
> TAUB: Assuming you're right.
> HOUSE: Yes. I find it confusing to assume otherwise.
> THIRTEEN: How would you like to stop taking Vicodin?
> HOUSE: Good thing I'm not the patient.[3]

Der Arbeitsalltag des House-Teams besteht also darin, das gesamte diagnostische Instrumentarium auf dem aktuellen Stand sogenannter evidenzbasierter Medizin[4] mit konfrontativer Virtuosität durchzuspielen und seine inhärente Sub-

---

3   Folge „Painless" (# 5.12); Transkript übernommen aus http://community.livejournal.com/
    clinic_duty
4   Vgl. dazu z.B. Vogd 2002.– Zur Kritik an House im Rekurs auf evidenzbasiertes Medizin-
    Wissen vgl. Morrison 2007.

sumptionslogik letztlich am Einzelfall scheitern zu sehen.[5] Wenn bzw. weil dem so ist, drängt sich eine in Teilen der sogenannten „qualitativen Sozialforschung" ebenso wie in weiten Bereichen der sogenannten „alternativen Medizin", aber eben auch bei vielen sogenannten „praktischen Ärzten" ungemein beliebte Methode der Erkenntnisgewinnung nachgerade auf: die Methode der kommunikativen Validierung (vgl. dazu z.B. Heinze 2001, S. 91-94). Und natürlich redet auch das House-Team mit seinen jeweiligen Patienten und deren Angehörigen und Freunden. Irgendwann im Laufe der jeweiligen Fallbearbeitung redet sogar Gregory House *selber* mit den Leuten. Gegenüber dem uns allen als ‚üblich' vertrauten Arzt-Patienten-Gespräch (vgl. Rehbein 1993, Pfadenhauer 2003: 133-137, Honer 1994) pflegt House allerdings vorzugsweise thematisch ‚abseitige' und ablauftechnisch seltsam strukturierte, im gegebenen Kontext nicht selten skurril anmutende Formen der Konversation:

Typischerweise redet er mit seinem Gegenüber entweder sozusagen über Gott und die Welt (macht also scheinbar „small talk"), oder er streitet, er beschimpft und drangsaliert den anderen. Er provoziert seinen Gesprächspartner, deckt von diesem bis anhin gut gehütete Geheimnisse auf und entlockt ihm beschämende Bekenntnisse (vgl. zu dieser kommunikativen Technik auch die einschlägigen Befunde aus der Polizeiforschung von Reichertz 1991 und von Schröer 1992). Hingegen fragt er den Patienten weder nach seiner Krankengeschichte noch gar danach, woraus nach Ansicht des Patienten dessen Erkrankung resultiert. Denn House *weiß*, dass „Patienten lügen":

TAUB: She doesn't have Wegener's. Kidney function's normal. It's not byssinosis. It's not mitral valve stenosis. Nothing fits.
HOUSE: If it doesn't fit any diagnosis, it just leaves one diagnosis.
[Cut to a married couple'sroom. The husband is sitting in bed.]
HOUSE: I'm Dr. House. *[to the wife]* You have hypertrophic cardiomyopathy. His heart is too weak. Yours is too strong. Good news is it's fixable. We induce a massive heart attack and kill off the extra muscle.
WIFE: You wanna give me a heart attack?
HOUSE: It's only dangerous if your heart is normal size. But since all the —
HUSBAND: Are you serious?
HOUSE: No. This is actually very annoying and I'm getting really bored of lying to patients to scare them into telling me the truth. *[to the husband]* She's faking. And yes, if she keeps faking I'm going to eventually do something that will kill her.

---

5   Dementsprechend folgerichtig etikettieren die Protagonisten der Objektiven Hermeneutik subsumptionslogisches Vorgehen ja auch als Gegenteil professionellen bzw. professionalisierten Handelns (vgl. Oevermann 1996: 126ff). – Zur u.E. plausiblen Kritik an der *empirischen* Relevanz des in der Objektiven Hermeneutik (normativ) deklarierten „Fallverstehens" für professionelles Handeln vgl. z.B. Bollinger/Gerlach 2008.

HUSBAND: How could she be... The windpipe thing?
HOUSE: That was real. Treatment made her better. But good for her was bad for
you which was bad for her. So she made herself bad. It's all so simple. She figured
the sicker she was, the longer you'd hang on.[6]

Dieses eine Beispiel steht hier für das immer und immer wieder ‚empirisch‘ be-
stätigte Credo von House, dass *alle* Patienten lügen. Und alle Patienten lügen
immer, weil sie alle immer irgendwelche Geheimnisse haben, die sie warum
auch immer nicht preisgeben wollen, und die deshalb den Fall verdunkeln und
die Diagnose verlangsamen und erschweren. (Für House steht seine Meinung,
dass Patienten lügen, dermaßen außer Frage, dass man ihm fast schon eine Technik der *negativen* kommunikativen Validierung attestieren könnte: Wenn der
Diagnostiker glaubt, was der Patient ihm erzählt, liegt er auf jeden Fall falsch –
vgl. dazu auch Derksen 2008.)

3.   Differenzialdiagnostische Kurz- und Ausschlüsse

Nun gehört die Entwirrung der kleinen und großen, der marginalen und zentralen
Lügengeschichten von Verdächtigen ja sozusagen zum Standardrepertoire großer
Detektive zumindest der ‚klassischen‘ Kriminalromane. Ist House also nichts
anderes als ein auf *medizinische* Rätsel spezialisierter Holmes?

Wie angekündigt sind die mannigfaltigen, von David Shore, dem Erfinder
der Serie, explizit intendierten Parallelen zu und die mehr oder minder unschwer
erkennbaren Zitationen von Arthur Conan Doyles Detektivgeschichten in „Dr.
House"[7] hier aber *nicht* unser Thema. Und auch den (wenigstens) ebenso interes-
santen *Unterschieden* in den Charakteren der jeweiligen Figuren-Tableaus von
Arthur Conan Doyle hier und von David Shore da wollen wir *nicht* nachspüren
(vgl. dazu etwa Hancock 2008 und Swendson 2008).

Stattdessen stellen wir die Frage „Ist House nichts anderes als ein auf medizinische Rätsel spezialisierter Holmes?" (nochmals) ansetzend bei der von Jo
Reichertz (2003: 25-38 und 39-66) – im Rekurs auf Charles Sanders Peirce –
protegierten Differenzierung zwischen hypothetischem und abduktivem Schlussfolgern: Beim Ersteren geht es grosso modo um das geltend Machen, um die

---

6   Folge „Simple Explanation" (#5.20); Transkript aus http://community.livejournal.com/
     clinic_duty
7   Z.B. phonetische Ähnlichkeiten: Holmes – House, Watson – Wilson; Drogenkonsum der bei-
     den Hauptprotagonisten: Kokain – Vicodin; beide spielen ein Instrument: Violine – Gitarre;
     beide haben die Haus- bzw. Apartmentnummer 221b – und vieles andere mehr.

Festigung und um die Verdeutlichung von bereits vorhandenem Wissen an einem Fall, und (*nur*) beim Letzteren geht es um die Entdeckung von Neuem.

„Was neu und was nicht neu ist, bezieht sich ... stets auf einzelne handelnde Subjekte, nicht auf das Wissen einer Interaktionsgemeinschaft oder gar einer Gattung" (Reichertz 2003: 51). Und genau in diesem Sinne ist auch das Neue, das House entdeckt, zunächst einmal das, was House *selber* noch nicht weiß, was er aber wissen *will. Legitimiert* jedoch erscheint (uns) sein Wissen-Wollen in aller Regel dadurch, dass er damit (besser als andere) diagnostiziert, woran *ein* Mensch erkrankt und das heißt, was das *spezifische* Problem seines jeweiligen Falles ist. Denn was hier ,*wirklich* ' los ist, das eben weiß man vor der – typischerweise verblüffenden – finalen Diagnose durch House *nicht*. In der dieser vorhergehenden, mehrstufigen und mehr oder weniger spiralförmigen Differenzialdiagnose, die – mit Blick vor allem auf die Forderungen und Anweisungen von House, kooperierend und zugleich um Deutungsmacht qua (relativ) überlegenen Erkenntnissen konkurrierend – das ganze Team durchführt, werden Symptome beobachtet, Veränderungen registriert, Tests aller möglichen Art gemacht und auf üblicherweise dazu ,passende' Krankheiten Schlüsse gezogen, die sich im weiteren Verlauf dann als Kurz-Schlüsse erweisen und die Diagnostiker zu Aus-Schlüssen zwingen.

Bliebe dergestalt am Ende dieses Ausschlussverfahrens als einzig plausible Lesart *eine* und exakt nur *eine* Erkrankung übrig, dann wäre bei diesem Erkenntnisprozess ein professioneller Sonderwissensvorrat ,durchdekliniert' und fallspezifisch appliziert (d.h., im Oevermannschen Sinne lediglich „professionell" deduziert – vgl. Oevermann 1997: 17) worden – wie uns das grosso modo für die CSI-Serien typisch zu sein scheint (vgl. dazu z.B. die Beiträge in Allen 2007). In „Dr. House" aber bleibt symptomatischer Weise eben *nicht* eine jener Erkrankungen übrig, auf die ,normale' Ärzte aufgrund ihres gewachsenen Praxiswissens oder ihrer sogenannten evidenzbasierten Fachinformationen von den gegebenen Symptomen rückschließen bzw. rückschließen würden. In „Dr. House" wird ,am Ende' jedes Falles eben keine der „kanonisch" erwartbaren Krankheiten (auch) in *diesem* Fall wieder gefunden. Stattdessen macht sich im Laufe der Fall-Entwicklung ob des in dieser ,Logik' Un-Erklärbaren zunehmend Ratlosigkeit, Hilflosigkeit, Mutlosigkeit – und bei den moralisch affizierten Mitgliedern des Teams mitunter auch Verzweiflung – breit.

4. Der abduktive Blitzschlag: Eine Epiphanie?

In diese, aus Hektik, Konfusion und Frustration resultierende, desolate Stimmung hinein platzt House dann förmlich mit einer ,alle' überraschenden Lesart, die alles Widersprüchliche aufhebt, die alle Ungereimtheiten ausräumt, die allem Verstreuten *einen* Sinn gibt und die wir mithin als einzig plausible, ja mehr noch: schlicht als *die richtige* Diagnose erkennen und an-erkennen (wollen). Einen Großteil dieser ‚zwingenden' Lesart des Falles verdankt Gregory House augenscheinlich tatsächlich den gleichen Erkenntnistechniken wie Sherlock Holmes. Gemeint sind damit: Scharfe Beobachtungen, Detailgenauigkeit, präzise Schlussfolgerungen, ausgeprägte Kombinatorik, hohe Reflexivität, moralische Distanziertheit usw.

> HOUSE: Guy's taken the finest opiates Blue Cross can buy. How come they didn't trigger a placebo effect?
> *[Four beepers go off simultaneously.]*
> *[Cut to the hallway outside a patient's room. The patient's little son is on the floor, wailing. The boy's mother (patient's wife) and a nurse are kneeling beside him. The team rounds the corner by the nurses' station, followed by House. Passers-by are staring at the boy.]*
> THIRTEEN: What happened?!
> BOY'S MOTHER: He just started screaming, do something! Please, God, do not let it be what his father has.
> *[House stands midway between boy and patient's room. He looks at one, then the other.]*
> HOUSE: I think he's faking.
> BOY'S MOTHER: How dare you?! What makes you think —
> FOREMAN: House, the kid's in excruciating — *[He's talking to House's back.]*
> BOY'S MOTHER: Where is he going?
> *[Cut to patient's room. House starts tossing the bedding around while Taub and Thirteen look on from the doorway.]*
> HOUSE: Where is it?
> PATIENT: Where's what?
> HOUSE: *[producing an empty bottle of rubbing alcohol from under the sheets.]* His idiot son distracted the orderlies so that daddy death wish here could down a bottle of isopropyl. Get him on dialysis, or in half an hour, he'll be a corpse.
> *[House returns to the corridor and hauls the boy to his feet by the forearm.]*
> BOY: You're hurting me.
> HOUSE: Remember the feeling. Maybe next time you want to help pops, you'll do a better acting job.[8]

Nicht nur in diesem Beispiel, sondern vor allem im Kontext und in der Kritik der differenzialdiagnostischen Diskussionen mit seinem Team betätigt auch House sich also als – dadurch seinen induktiv und deduktiv argumentierenden Kolle-

---

8   Folge „Painless" (# 5.12); Transkript übernommen aus http://community.livejournal.com/ clinic_duty

ginnen und Kollegen in aller Regel schon qua Flexibilität gegenüber Rigidität (vgl. dazu Helper 2007) und mithin durch Originalität überlegener – „hypothetischer Schließer".

Das *Besondere* an House – das Besondere eben auch gegenüber Holmes – aber ist unseres Erachtens der in fast jeder Folge bei ihm einschlagende „abduktive Blitz", der gleichsam ‚angezogen' wird durch die aus „großem Handlungsdruck" und „erhöhtem Alarmzustand" der Ärzte resultierende mentale Konzentration auf die und in der Differenzialdiagnose (vgl. dazu Reichertz 2003: 79f, 85 und 58). Als „abduktiv" ist dieses Phänomen, Jo Reichertz zufolge, nun allerdings in Abgrenzung nicht nur zur bereits genannten hypothetischen Schlussfolgerung, sondern auch in Abgrenzung zum „Raten ins Blaue hinein" zu verstehen: *„Abduktives Schlussfolgern mag eine Form des Ratens sein, aber es ist gewiss kein zufälliges Raten, sondern ein Raten mit guten Gründen, die allerdings nicht zwingend auch die besten Gründe sind"* (Reichertz 2003: 88).[9]

Der Begriff „Abduktion" bezeichnet den *Prozess* des Entdeckens; der Begriff „Hypothese" hingegen bezeichnet das *Ergebnis* dieses Entdeckungsprozesses (vgl. Reichertz 2003: 41 und 91f). Aus der Abduktion resultiert demnach im Peirceschen Sinne eine Hypothese. Und erst der Hypothesentest entscheidet dann (sozusagen mittelbar) über die Brauchbarkeit der Abduktion (vgl. Reichertz 2003: 60). Das impliziert, dass – anders als beim schlichten Herum-Raten – die abduktiv gewonnene (im Sinne von Peirce: hypothetische) Erkenntnis, im weiteren Verlauf tatsächlich noch, wie Norbert Schröer (2009: 81) schreibt, *„qualitativ induktiv abgetestet, ausdifferenziert und ggf. modifiziert werden (muss), bis sie Handlungsorientierung sichern und damit Gültigkeit beanspruchen kann"*.

Die für die Momente *seiner* abduktiven Blitzeinschläge typische *Mimik* von House jedoch suggeriert dem Beobachter (unsereinem also) eher, House habe soeben ein *definitives Gewissheitserlebnis* (d.h. er habe eine Erlebnisqualität, die phänomenologisch in etwa der „assertorischen Evidenz", also der Gewissheit einer individuellen Gegebenheit, oder zumindest der „relativen Evidenz" im Alltagsdenken entspricht, und die mithin dem, was in der einschlägigen Literatur (seit Sackett et al. 1996) als „evidenzbasiert" bezeichnet wird, nachgerade diametral gegenübersteht[10] (vgl. dazu in der Kurzversion Vetter 2004: 177-179):

---

9   Derzeit versuchen wir zu klären, ob das, was landläufig (und möglicherweise auch wissenschaftlich) unter „Kreativität" verstanden wird, eine notwendige Voraussetzung oder womöglich gar ein ‚Essential' der Abduktion darstellt.

10 In der (politischen) Forderung nach „evidenzbasiertem" professionellem Handeln konnotiert, vereinfacht formuliert, „Evidenz" das, was in der in Frage stehenden Profession (hier der Medizin) als dem Stand der Forschung entsprechend und somit als qua Forschung bewiesen gilt. Im alltäglichen Sprachgebrauch konnotiert „Evidenz" so etwas wie „Augenscheinlichkeit". In der phänomenologischen Terminologie konnotiert „Evidenz" die schlechthin unzweifelhafte Bewusstseinserscheinung – also das, was in *theologischer* Konnotation als „Epiphanie" be-

[Diagnostics Conference Room. House comes in, wearing his outer coat. Taub and Foreman are doing paperwork.]
HOUSE: Good thing we don't have a suicidal patient with a horrific, undiagnosed pain disorder.
FOREMAN: We did till we diagnosed it. We found intestinal edema and air in the blood vessels. Pain was vascular.
HOUSE: If it was vascular, we would've seen uneven pulses.
FOREMAN: His blood pressure was uneven. Thirteen and Kutner are doing an angio.
HOUSE: He had hemorrhages in his fingers.
TAUB: There's air in the intestine. It has to have come from somewhere.
HOUSE: *[Epiphany.]*[11] Yes, it does. *[He leaves.]*
[Cut to the patient's room. Thirteen is helping him into a wheelchair while Kutner explains the procedure to the patient's wife and son. House is in the hall, approaching fast.]
KUTNER: After we thread the catheter through his groin and into position, the blood will start flowing freely again.
BOY: Will that take away the pain?
HOUSE: It will be completely ineffective, and the pain will completely go away. Cancel the angio.
Thirteen: He has air in his blood vessels. If we don't open the artery to his intestines
—
HOUSE: *[handing Thirteen his cane]* Where can air come from? Hmmm. [He inspects the IV line, started at the patient and moving toward the IV stand.] Air can either come from a breach in the lumen in the small intestine, or in rare instances, air can come from the air. *[He opens a connector in the line and shows it to hem.]* Teeth marks. I'm guessing from when he blew into his IV tube.
KUTNER: Air bubble caused the PE and cardiac arrest.
HOUSE: You tried to finish the job that you started at home.[12]

Der abduktive Blitz, der bei House einschlägt, initiiert zwar oft, aber keineswegs immer, einen Prozess der Überprüfung der „Richtigkeit" der plötzlichen diagnostischen Sicherheit von House. Mitunter endet die Aufklärung des Falles auch einfach damit, dass der mit den (im wahrsten Sinne des Wortes) *augenscheinlich* ‚zwingenden' Schlussfolgerungen durch House konfrontierte Patient (zu-)

---

zeichnet wird (zum letzteren vgl. Kerckhoven 2009; vgl. auch die Beiträge in Knechtges/ Schenuit 2009).
11   Wir vermuten – voranalytisch – eine starke Struktur- bzw. ‚Familien'-Ähnlichkeit, können der theologischen Frage, inwieweit Epiphanie im Sinne von Erleuchtung bzw. Offenbarung mit dem abduktiven Blitz *gleichgesetzt* werden kann, hier jedoch nicht systematisch nachgehen (vgl. aber Heine 1999, Ritter 2009).
12   Folge „Painless"(# 5.12); Transkript übernommen aus http://community.livejournal.com/ clinic_duty

gesteht, dass House ‚hinter sein Geheimnis gekommen' ist. Und das bedeutet, dass House eben *wieder einmal* recht hat mit seiner Deutung:

> WILSON *(House's colleague and friend, oncologist)*: Oh right a dying girl mistook hazy for happy, because dying people see happiness everywhere. She's miserable.
> HOUSE: She wasn't miserable.
> WILSON: Of course she was miserable you just told her she was...
> HOUSE: She was no different then she ever been. *[Epiphany.]* She was no different than she'd ever been.... Oh god. I got to go. *[Leaves and slams the door behind him, much to the dismay of Wilson who cringes and rubs his face.]*
> *[Cut to House walking into patient's room.]*
> HOUSE: Need a minute with your daughter.
> PATIENT'S FATHER: Dr House get out of here before...
> HOUSE: She's going to live, does that help? Now get out.
> PATIENT'S MOTHER: Are you jerking us around?
> HOUSE: Get out! *[Parents leave, House shuts the door.]* You... Have got leprechauns in ya. *[Said in an Irish accent.]* Depression manifests in lots of different ways. Some people can't get out of bed all day. Others have serial relationships and become oncologists.
> PATIENT: I'm dying I'm not depressed.
> HOUSE: Wrong and wrong. You tried to kill yourself by throwing down kitchen cleanser. Now most normal suicidal morons would have just drank the stuff, burned the hell out of their mouth and throat, painful, but not deadly. But being a college educated suicidal moron you wrapped it in gel caps or gum. *[We follow the gel cap along its path down the throat and into the intestines where it dissolves and starts burning a hole.]* Which left no trace but burned a hole in your intestine. But the body can repair almost anything, which is cool. But in your case scar tissue closed up the hole but it also formed a bridge between a vein and an artery. *[We see the bridge being formed.]* Now veins are supposed to help the intestine flush bacteria away but the bridge allowed the bacteria entrance to the artery. *[We see the bacteria crossing the bridge.]* Where they got a free ride, everywhere.
> PATIENT: *[Starts to cry.]* Can you fix me?
> HOUSE: Surgery to fix the bridge will take about 2 hours. Psychotherapy is going to take a little longer.[13]

Dass – wie in diesem Beispiel – aufgrund dieser ‚richtigen' Diagnose der in Frage stehende Patient in den meisten (wenn auch durchaus nicht in allen) Fällen auch noch erfolgreich behandelt werden kann, ist somit eher als emotionale Zugabe für Rührstück-Anhänger anzusehen, als dass die Be-Handlung essentiell wäre für die dramaturgische Klimax der Handlung. Die Klimax liegt jeweils darin, dass House immer und immer wieder einmal mehr sich als ‚kreativ-genialer'

---

13   Folge „Resignation" (# 3.22); Transkript übernommen aus http://www.twiztv.com/scripts/house/

Diagnostiker erweist. Und im Lichte dieser ‚genialen Kreativität' erscheinen alle sozialen Unerträglichkeiten des Dr. Gregory House, wenn schon nicht als liebenswerte Marotten, so jedenfalls doch als zumindest zu tolerierende und tolerierbare Sonderlichkeiten eines extraordinären, ja eines singulären Deutungskünstlers.

5. Im Hermeneutenhimmel

Wir wollen uns mit unserem Befund nicht so weit vor wagen wie Ronald Kurt (2010), der mit der ihm eignenden hermeneutischen Virtuosität plausibel gemacht hat, dass die Beatles bei Hans-Georg Soeffner ‚abgekupfert' haben. Aber wir finden es doch verblüffend, wie viel Reichertz'sches Gedankengut sich, durchaus nicht sonderlich verborgen, in der Konstruktionslogik der hier in Betracht gezogenen TV-Serie wiederfindet, und wie viele Eigenschaften die Figur House von dem hat, was Jo Reichertz (2003, S. 99) einem „guten Hermeneuten" attestiert: *„Der Stachel, der ihn treibt, ist der echte Zweifel an den bisherigen Überzeugungen. Er verzichtet bei der Entwicklung einer neuen Überzeugung nicht auf sein bisheriges Wissen – im Gegenteil: er weitet es systematisch aus, um es dann zur Disposition zu stellen. Er beobachtet, liest, spricht mit sich und anderen, beachtet vor allem das Unauffällige, das Kleine. Er konstruiert mit Hilfe seines gesamten zur Disposition gestellten Wissens immer wieder neue Typen und Regeln und prüft (...), ob das Ungewöhnliche dazu passt. Hat er ein gutes Gefühl, dann passt es."* – So gesehen lebt Gregory House sozusagen im Reichertz'schen Hermeneuten-Himmel. Denn anders als in unserem banalen Alltag sind in *seiner* Welt Abduktionen nicht etwa selten, sondern nachgerade *ständig* vonnöten.

Literatur

Allen, Michael (2007) (eds.): Reading CSI. London: Tauris
Berger, Peter L./Zijderveld, Anton C. (2010): Lob des Zweifels. Freiburg: Kreuz
Bollinger, Heinrich/Gerlach, Anke (2008): Professionalität als Kompetenz und Element der Qualitätssicherung in den Gesundheitsberufen. In: Matzig, Sigrid (Hrsg.): Qualifizierung in den Gesundheitsberufen. Weinheim, München: Juventa, S. 139-158
Cardwell, Sarah (2006): Television Aesthetics. In: Critical Studies in Television, Vol. 1, No. 1, Spring 2006 , pp. 72-80(9)
Derksen, Craig (2008): Jeder lügt, außer dem Computer-Tomographen. In Wilson, S. 28-45
Hancock, Jullian (2008): House und sein Zuhause. In Wilson, S. 153-167

Heine, Susanne (1999): Virtualität – Imagination – Epiphanie. Zur Phänomenologie religiöser Erfahrung im Medienzeitalter. In: Zeitschrift für Pädagogik und Theologie, H. 3, S. 246-264

Heinze, Thomas (2001): Qualitative Sozialforschung. München, Wien: Oldenbourg

Helper, Alexandra N. (2007): Is There a Doctor in "House"? In: Psychiatric Times, Vol 24, No. 7

Hitzler, Ronald (2004): Ripleys Befremdung. In: Schetsche, Michael (Hrsg.): Der maximal Fremde. Würzburg: Ergon, S. 113-124

Honer, Anne (1994): Die Produktion von Geduld und Vertrauen. In: Hitzler, Ronald/Honer, Anne/Maeder, Christoph (Hrsg.): Expertenwissen. Opladen: Westdeutscher, S. 44-61

Jeschonek, Robert T. (2008): Seid wie House! In Wilson, S. 76-92

Kerckhoven, Guy van (2009): Epiphanie – reine Erscheinung und Ethos ohne Kategorie. Bielefeld: Transkript

Klock, Geoff (2008): Hugh Lauries House. In Wilson, S. 48-61

Knechtges, Martin/Schenuit, Jörg (2009) (Hrsg.): Der Schein des Unendlichen: Epiphanie I. Paderborn u.a.: Schöningh

Knoblauch, Hubert (2004): Die Video-Interaktionsanalyse. In: Sozialer Sinn 1, S. 123-138

Knoblauch, Hubert/Schnettler, Bernt/Raab, Jürgen/Soeffner, Hans-Georg (2006) (eds.):Video Analysis. Frankfurt a.M.: Lang

Kurt, Ronald (2010): We can work it out. In: Soziologie, Jg. 39, H. 1, S. 19-26

Lyubansky, Mickhail / Shpungin, Elaine (2008): Wir spielen House. In Wilson, S. 93-124

Mamatas, Nick (2008): Warum wir Holmes lieben und House lieber hassen. In Wilson, S. 62-73

Morrison, Scott F. (2007): In search of obscure diagnoses: House. In: Virtual Mentor, Vol. 9, No. 3, S. 197-200

Oevermann, Ulrich (1996): Theoretische Skizze einer revidierten Theorie professionalisierten Handelns. In: Combe, Arno/Helsper, Werner (Hrsg.): Pädagogische Professionalität. Frankfurt a.M.: 70-182

Oevermann, Ulrich (1997): Die Architektonik einer revidierten Professionalisierungstheorie und die Professionalisierung rechtspflegerischen Handelns. Vorwort zu: Wernet, Andreas: Professioneller Habitus im Recht: Berlin: Sigma, S. 9-19

Pfadenhauer, Michaela (2003): Professionalität. Opladen: Leske + Budrich

Raab, Jürgen (2008): Visuelle Wissenssoziologie. Konstanz: UVK

Rehbein, Jochen (1993): Ärztliches Fragen. In: Löning, Petra/Rehbein, Jochen (Hrsg.): Arzt-Patienten-Kommunikation. Berlin/New York: de Gruyter, S. 311-364

Reichertz, Jo (1991): Aufklärungsarbeit. Stuttgart: Enke

Reichertz, Jo (2000): Die frohe Botschaft des Fernsehens. Konstanz: UVK

Reichertz, Jo (2001): The Raving Camera oder: Die Dekonstruktion eines Events. In: Hitzler, Ronald/Pfadenhauer, Michaela (Hrsg.): Techno-Soziologie. Opladen: Leske + Budrich, S. 253-262

Reichertz, Jo (2003): Die Abduktion in der qualitativen Sozialforschung. Opladen: Leske + Budrich

Reichertz, Jo (2007): Die Macht der Worte und der Medien. Wiesbaden: VS Verlag für Sozialwissenschaften

Reichertz, Jo/Englert, Carina (2010): Einführung in die qualitative Videoanalyse. Wiesbaden: VS Verlag für Sozialwissenschaften

Reufsteck, Michael/Stöckle, Jochen (2008): Die kleine House Apotheke I. Köln: Egmont VGS

Reufsteck, Michael/Stöckle, Jochen (2009): Die kleine House Apotheke II. Köln: Egmont VGS

Ritter, Ina (2009): Die Epiphanie des Augenblicks. Frankfurt a.m.: Lang

Sackett, David L. et al. (1996): Evidence-based medicine: What it is and what it isn't. In: British Medical Journal 312, S. 71-72

Schaab, Niklas/Schaab, Felix (2009): Das House-Buch für Hypochonder. Köln: Egmont VGS

Schnettler, Bernt/Knoblauch, Hubert (2007) (Hrsg.): Powerpoint-Präsentationen. Konstanz: UVK

Schröer, Norbert (1992): Der Kampf um Dominanz. Berlin, New York: de Gruyter

Schröer, Norbert (2009): Interkulturelle Kommunikation. Essen: Oldib

Schütz, Alfred (2003): Don Quijote und das Problem der Realität. In ders.: Theorie der Lebenswelt 1 (ASW V.1). Konstanz: UVK, S. 285-324

Seiler, Sascha (2008) (Hrsg.): Was bisher geschah. Köln: Schnitt – der Filmverlag

Soeffner, Hans-Georg (2001): Zum Sehen geboren, zum Schauen bestellt? In: Bohn, Cornelia/Willems, Herbert (Hrsg.): Sinngeneratoren. Konstanz: UVK, S. 449-468

Swendson, Shanna (2008): Die Bestandteile von Franksteins Doktor. In Wilson, S. 168-185

Vetter, Helmuth (2004): Wörterbuch der phänomenologischen Begriffe. Hamburg: Meiner

Vogd, Werner (2002): Professionalisierungsschub oder Auflösung ärztlicher Autonomie. In: Zeitschrift für Soziologie, g. 31, H. 4, S. 294-315

Williamson, Lisa E. (2008): Contentious Comedy: Negotiating Issues of Form, Content, and Representation in American Sitcoms of the Post-Network Era. The University of Glasgow: Doctoral Thesis

Wilson, Leah (2008) (Hrsg.): Dr. House – unautorisiert. Köln: Egmont VGS

Inszenierung und Kontingenz. Das „Neue" als Produkt von kommunikativen Kollisionen

Andreas Dörner, Ludgera Vogt

1.

Wenn das Rahmenthema „Die Entdeckung des Neuen" lautet, wird man an die Wahrheitssuche der Wissenschaft,[1] an Erfindungen oder – ganz klassisch – an geographische Erkundungen denken, aber sicher nicht zuerst an Fernseh-Talkshows. Wir möchten dennoch genau diesen Gegenstand wählen, um aufzuzeigen, wie das „Neue" aus Kontingenz und Kollisionen selbst in solchen Rahmungen entstehen kann, in denen man es kaum erwartet.

Für eine solche Wahl gibt es gerade im vorliegenden Kontext mindestens drei gute Gründe:
Erstens führen wir derzeit ein empirisches, von der DFG gefördertes Projekt durch, das sich mit dem Spannungsverhältnis von Inszenierung und Kontingenz bei Politikerauftritten in Personality-Talkshows beschäftigt.[2] An der Genese dieses Projekts war Jo Reichertz vor dem Hintergrund seiner neueren Forschungen zu den Medien als eigenständigen Akteuren in der Öffentlichkeit[3] mit wichtigen Ratschlägen und Kritiken maßgeblich beteiligt.

Zweitens fällt der Gegenstand unserer Betrachtung in jenes Ressort, mit dem sich Jo Reichertz schon seit vielen Jahren beschäftigt: die populäre Fernsehunterhaltung. Wir denken, es ist kaum übertrieben, wenn man die ordnungsstiftende Funktion von Unterhaltungsformaten als eines seiner zentralen Forschungsthemen betrachtet: Hier geht es etwa um polizierende Wirkungen des Fernsehens als Bestandteil des gesellschaftlichen Sicherheitsdiskurses oder um die Stiftung religiöser Orientierung durch die Verkündigung froher Unterhaltungsbotschaften (Reichertz 2000):

---

1   Siehe dazu Jo Reichertz' Analyse zum abduktiven Schlussfolgern als Bestandteil der qualitativen Sozialforschung (Reichertz 2003).

2   Der genaue Titel des an den Universitäten Marburg und Wuppertal durch die Autoren geleiteten Projekts lautet: „Die doppelte Kontingenz der Inszenierung. Zur Präsentation politischer Akteure in Personality-Talkshows des deutschen Fernsehens" und wird seit Mai 2009 durch die Deutsche Forschungsgemeinschaft gefördert.

3   Siehe dazu ausführlich vor allem Reichertz (2007) sowie jetzt Reichertz (2009).

„Seit einigen Jahren bietet das Fernsehen in seinen Räumen (Studios) zunehmend auch Sinnentwürfe, Inhalte, Symbole, Formen, Formate und Rituale für konkrete Einzelne und für das Kollektiv an, die zuvor (fast) exklusiv im Zuständigkeitsbereich der Kirche lagen. Sehr viele Menschen suchen heute nicht mehr die Kirchen auf, um diese Dienstleistungen in Anspruch zu nehmen, sondern statt dessen das Fernsehen. Und in vielen Fällen arbeitet das Fernsehen heute effektiver als die Kirche" (Reichertz 2000: 258).

Da fügen sich die heute üblichen Talkformate nahtlos ein, da sie nicht selten religiöse Züge tragen. So ging beispielsweise Ministerpräsident Dieter Althaus im Beisein eines Abtprimas in die Talkshow von Johannes B. Kerner, der wohlbemerkt mit zweitem Vornamen „Baptist" heißt, und nutzte die Show, um nach seinem für das Unfallopfer tödlich verlaufenen Skiunfall eine öffentliche Beichte abzulegen. Ähnliche Beichtsituationen stellen sich regelmäßig auch bei „Beckmann" her, wenn beispielsweise Boris Becker seine Vergehen in der Besenkammer darlegt, Radprofis ihre Dopingsünden gestehen oder Guido Westerwelle gelobt, nie wieder mit beschrifteten Schuhsolen in eine Talkshow zu gehen. Als schließlich die politisch unkorrekt argumentierende Fernsehmoderatorin Eva Herman bei Kerner im Jahr 2007 mit großer Geste aus dem Fernsehstudio verwiesen wurde, glich das ohne Zweifel dem Ritual der Exkommunikation aus dem Kreise der Rechtgläubigen.

Drittens aber, und hier wird nun explizit das Rahmenthema aufgegriffen, liegen die Talkshow und das „Neue" durchaus nahe beieinander, wenn man die elementaren Funktionsbedingungen des Genres berücksichtigt. Die Talkshow bezieht einen großen Teil ihrer Popularität aus der Verheißung, „Neues" zu offenbaren. Das Publikum, so hat Klaus Plake (1999) überzeugend aufgezeigt, sitzt deshalb so treu vor den Bildschirmen, weil es paradoxerweise im Format des Seriellen auf die Erscheinung des Unbekannten, Ungewollten und Überraschenden lauert. Und diese Erwartung wird auch bedient: nicht immer, und schon gar nicht immer spektakulär, aber deutlich öfter, als man vielleicht erwarten würde.

Was für den Talk insgesamt gilt, das trifft auch für das von uns genauer untersuchte Sub-Genre der Personality-Talkshow zu. Gemeint sind Formate wie „Beckmann", „Johannes B. Kerner", „3 nach 9" oder „Kölner Treff", in denen neben der boulevardüblichen Showprominenz immer wieder auch politische Amts- und Mandatsträger eingeladen werden. Wenn hier Politiker auftreten, dann geht es jedoch nicht um die harte politische Debatte, wo man Gegner und Moderatoren mit aggressiven Strategien an die Wand zu reden sucht, sondern um eher entspannte Plaudereien, in denen das „Menschliche" und Persönliche der Akteure im Vordergrund steht.

Grundsätzlich bewegt sich die Personality-Talkshow dabei in einem Spannungsverhältnis.[4] Die politischen Akteure treten gleichsam in zwei Rollen ihres Selbst auf: einerseits in der Berufsrolle als Politiker, die mit dem öffentlichen Auftritt ein Segment ihres professionellen Rollensets aufführen. Und andererseits in ihrer Rolle als Privatmenschen, was beim Publikum gewisse Hoffnungen weckt, man könne hier gleichsam einen Blick auf die Hinterbühne der öffentlichen Person werfen. Diese Hoffnung ist jedoch eigentlich vermessen in einer Zeit, in der Politiker und ihre Beraterstäbe sehr genau wissen, dass sich Wahlentscheidungen personalisiert haben und sehr stimmungsabhängig getroffen werden.[5] Die Rolle des Privatmenschen ist im Zuge dieses Wandels ein zentraler Gestaltungsraum geworden: keine Hinterbühne, sondern eine zweite Vorderbühne, auf der Politiker als „Menschen" jenseits ihrer Professionsrolle inszeniert werden.

Die einschlägigen Diagnosen aus der neueren Wahl- und Wahlkampfforschung sind sich einig darin, dass im Zuge der Modernisierung der westlichen Gegenwartsgesellschaften das politische Feld nachhaltige Veränderungen erfahren hat. An die Stelle langfristig gewachsener, sozialstrukturell und kulturell begründeter Bindungen ist im Zuge von Prozessen der Individualisierung und Enttraditionalisierung ein dynamisches Marktgeschehen gerückt. Wählergruppen sind kaum noch aus Tradition, sozialer Position oder Weltanschauung heraus an Parteien gebunden.[6] Sie treffen ihre Wahlentscheidungen immer kurzfristiger und stimmungsabhängiger. Genau das macht es heutzutage so schwierig, Wahlausgänge zuverlässig zu prognostizieren. Parteien und Kandidaten betreiben umfangreiches politisches Marketing, um ihre Mehrheiten jeweils neu zu organisieren (Balzer u.a. 2005). Und dabei spielen Personen eine besonders wichtige Rolle, stellen sie doch in einer Situation zunehmender Komplexität von politischen Systemen und Sachfragen einen orientierungsfreundlichen Anker für Aufmerksamkeiten und emotionale Zuwendung dar. Daher ist „Personalisierung" des Wahlkampfs ein weithin akzeptierter Befund der Forschung.[7]

Und genau an diesem Punkt wird die Relevanz der Personality-Talkshow deutlich. Sie ist ein Medienformat, in dem sich prominente Politiker als „Mensch" präsentieren können. Sie erreichen dabei auch das politikferne Publikum, das ansonsten in Verfolgung des von der Mediennutzungsforschung so

---

4   Siehe dazu ausführlich Dörner (2001: 133ff) und Dörner (2004) sowie jetzt Dörner/Vogt (2009).
5   Vgl. dazu die Beiträge in Dörner/Vogt (2002); siehe auch die neueren Befunde der politischen Kommunikationsforschung im „State-of-the-Art"-Band von Marcinkowski/Pfetsch (2009).
6   Vgl. schon Alemann (2000) und Korte (2000: 95ff).
7   Siehe dazu Probst (1998), Brettschneider (2002), Hoffmann u.a. (2006), Holtz-Bacha (2001), Holtz-Bacha (2006).

genannten „Unterhaltungsslaloms" (Hasebrink 1998) jegliche Informationsformate weitgehend meidet. Sendereihen wie „Johannes B. Kerner", „Beckmann", „Kölner Treff", „3 nach 9" oder die „NDR-Talkshow" bieten den Akteuren die Möglichkeit, sich jenseits ihrer professionellen Funktionsrolle darzustellen und Sympathien zu erheischen. Die Politiker und ihre Berater haben das große Potential, das sich für Imagekampagnen in diesem Bereich darbietet, längst erkannt und sorgsam bearbeitet. Wir wissen aus unseren Interviews, dass erhebliche Ressourcen an Zeit und Geld investiert werden, um ein erfolgreiches „impression management" zu leisten.[8] Bis in die letzten Sekunden vor Sendungsbeginn studieren Politiker ihre Skripte, um etwa bei Kerner und Beckmann bestehen zu können.

Nun geht die gängige Forschung, etwa bei Schultz (2002), davon aus, dass den politischen Akteuren im Personality-Talk die Bühne zur menschelnden Selbstdarstellung weitgehend frei überlassen würde. Unser Forschungsprojekt folgt dagegen einer anderen Hypothese. Was oft im Modus des Feel-Good daher kommt, erweist sich bei näherem Hinsehen als ein komplexes Geschehen mit riskanten Bühnen. Es lässt sich mit einer Formulierung von Ronald Kurt (1998) als fortlaufender „Kampf um Inszenierungsdominanz" kennzeichnen. Dadurch, dass unterschiedliche kommunikative Strategien aufeinander prallen, entsteht neben erwartbaren Inszenierungen auch Kontingenz. Politiker, Publikum und Medienschaffende gehen mit durchaus unterschiedlichen Interessen in diesen Kampf hinein.

Die Interessenlage von Publikum und Medien ist mit Unterhaltungslust und Neugier einerseits, Quotenorientierung und Marktlegitimation andererseits noch häufig gut vereinbar. Bei den Politikern liegt die Sache jedoch deutlich anders. Sie wollen sympathisch erscheinen und kommunikative Unfälle vermeiden, während die Medienakteure es immer auch versuchen müssen, die Personen aus dem Konzept zu bringen, zu provozieren oder zu entlarven, um daraus Unterhaltungseffekte zu ziehen.

So wird aus dem vitalen Amtsträger Kurt Beckstein durch die immer wiederkehrende Einblendung der Hinterkamera, die deutlich sein Hörgerät sichtbar werden lässt, fast schon ein gebrechlicher Mann. Andrea Ypsilanti, durch Einspielfilme und aggressive Moderatorenfragen ohnehin in die Lügnerecke gedrängt, wird in ihren Rechtfertigungen endgültig dementiert, wenn die Regie mitten im Statement einen Zwischenschnitt aufs Publikum bringt, wo eine Zuschauerin heftig den Kopf schüttelt. Und die Großaufnahme von Dieter Althaus' Händen, die nervös am Ehering schrauben, unterläuft das sorgsam auf Stabilität

---

8   Siehe dazu auch Jens Tenschers empirische Untersuchung zur Branche der „Spin Doctors", die
     in allen westlichen Demokratien boomt (Tenscher 2003).

ausgerichtete Inszenierungskonzept des Gastes. Das „Ensemble" im Goffman'schen Sinne[9] lässt es bei der Talkshow also oft an Kooperation und darstellerischer Loyalität mangeln. Konflikte und Kontingenz resultieren aus divergierenden Handlungslogiken – und zum Kampf kommt es häufig sogar da, wo es auf den ersten Blick sehr kooperativ abläuft.

2.

Wenden wir uns nun einer Fallanalyse zu, um an einem unspektakulären Beispiel Kontingenz und den Raum des Neuen in der Talkinteraktion zu verdeutlichen. Es handelt sich um den Auftritt der Professorin Gesine Schwan, die im Zuge ihrer Medienkampagne zur Wahl des Bundespräsidenten gleich mehrfach in Personality-Talks eingeladen wurde. Das ausgewählte Format ist eine NDR-Produktion mit dem Titel „Die Tietjen und Dibaba", die einmal monatlich am Freitagabend um 22 Uhr in mehreren dritten Programmen ausgestrahlt wurde.[10] Mit einer Reichweite von ca. 400.000 Zuschauern im Sendegebiet (Marktanteil ca. 16 Prozent) und bundesweit etwas über 1 Mio. Zuschauern liegt die Show im mittleren Bereich der abendlichen Talksendungen.

Der Auftritt Gesine Schwans erfolgte am 8. Mai 2009 und damit im Vorfeld der Bundespräsidentenwahl, die am 23. Mai stattfand. Obwohl diese Wahl in Deutschland bekanntlich nicht als Direktwahl stattfindet, hatte Schwan nach dem Beschluss zu ihrer Kandidatur sehr konsequent eine öffentliche Kampagne geführt. Sie zielte darauf, Sympathien und Zustimmung in der Bevölkerung zu gewinnen und damit einen gewissen Meinungsdruck aufzubauen, der sich möglicherweise auf die Entscheidung der Wahlmänner und Wahlfrauen würde auswirken können. Bereits bei ihrer ersten Kandidatur gegen Horst Köhler im Jahr 2004 war es Schwan gelungen, 10 Stimmen aus dem Lager von CDU/CSU und FDP zu sich herüber zu ziehen.

Ein Element ihrer Kampagne waren neben zahlreichen, mitunter provokanten Meinungsäußerungen die Auftritte in Personality-Talks. So war sie im März

---

9   Zur Goffman'schen Begrifflichkeit der Beschreibung von sozialen Inszenierungen siehe grundlegend Goffman (2009) sowie, unter den Bedingungen der Mediengesellschaft, Willems (2009).

10   Es handelt sich um das Nachfolgeformat von „Herman und Tietjen", das seit 1999 aus Hamburg als Live-Show mit bis zu acht Gästen ausgestrahlt worden war. Die erfolgreiche Sendereihe musste jedoch eingestellt werden, als eine der beiden Moderatorinnen, Eva Herman, im Jahr 2007 aufgrund von politisch unkorrekten Äußerungen zur Familienpolitik im Nationalsozialismus vom NDR entlassen wurde. Bettina Tietjen, die zweite Moderatorin, führte das Format mit ihrem neuen Kollegen Yared Dibaba fort. Nach dessen Ausstieg übernahm 2009 der Komiker und Arzt Eckard von Hirschhausen die Komoderation in der nun „Tietjen und Hirschhausen" benannten Show.

des Jahres im „Nachtcafe" des SWR , im April bei Jörg Thadeusz im RBB und bei Kerner im ZDF zu Gast. Der Auftritt bei „Die Tietjen und Dibaba" stellt den letzten in der Reihe dar.[11] Die Zusammensetzung der Gäste in der live ausgestrahlten Sendung war ganz branchenüblich: neben Schwan haben sich die Schauspieler Alexander Wussow, Barbara Wussow und Jan-Gregor Kremp eingefunden, die Journalistin Bärbel Schäfer, der Kabarettist Georg Ringswandl, der Tennis-Spieler Michael Stich, der Physiker Metin Tolan und der Komiker und Imitator Matze Knop, der gleich zu Beginn der Sendung in seiner Rolle als Fußballstar Luca Toni einen heiteren Auftakt der Sendung sicherstellt. Das Gespräch zwischen Moderatorin Tietjen und Gesine Schwan erfolgt dann als zweiter Programmpunkt. Es dauert insgesamt etwa 15 Minuten, unterbrochen von einem einminütigen Einspielfilm, der Stationen aus der Biographie der Kandidatin nachzeichnet.

Die Sendung war auf der Homepage des Senders mit dem Titel angekündigt worden: „Gegenwind als Antrieb: Bärbel Schäfer und Gesine Schwan". Im Text heißt es dann:

> „Die Powerfrauen sprechen über Niederlagen, Krisen und Kampfgeist. (...) Trotz ihrer Niederlage 2004, als Gesine Schwan gegen Horst Köhler verlor, tritt sie am 23. Mai erneut gegen ihn als Bundespräsidentschaftskandidatin an. Einige Kritiker konnte die Sozialdemokratin für sich gewinnen, volle Rückendeckung ist wohl dennoch nicht zu erwarten. Doch Gesine Schwan setzt ihren Weg unbeirrt und lächelnd fort.
> Moderatorin Bärbel Schäfer durchstand eine schwere Beziehungskrise mit ihrem Lebenspartner Michel Friedman. Seit 2004 sind die beiden verheiratet und haben zwei Söhne. Mittlerweile ist die Wahl-Frankfurterin erfolgreiche Autorin und beschäftigt sich in ihrem neuen Buch mit dem Glücksgeheimnis prominenter Paare".[12]

Diese Rahmung der Sendung durch den Ankündigungstext macht schon eine Richtung deutlich, in die der Auftritt Schwans gehen soll: Nicht politische Sachfragen oder Programme, die im Rahmen des Amtes ggf. später umgesetzt werden sollen, sondern persönliche Aspekte wie „Niederlagen, Krisen und Kampfgeist" stehen im Mittelpunkt. Die Parallelisierung der beiden Frauen, die sich ja in völ-

---

11 Interessanterweise gab es im Vorfeld der Sendung eine öffentliche Debatte darüber, ob die Politikerin in dem öffentlich-rechtlichen Format überhaupt auftreten dürfe, da es eine übliche Praxis der ARD-Anstalten gibt, derzufolge Personen, die an einem Wahlkampf beteiligt sind, einige Wochen vor dem Wahltermin nicht in Unterhaltungssendungen auftreten sollen. Der NDR betonte jedoch in einer dpa-Meldung vom 5. Mai 2009, dass für Frau Schwan kein Auftrittsverbot gelte – vermutlich aus dem plausiblen Grund, dass hier kein „Wahlkampf" im üblichen Sinne geführt wurde.

12 Siehe   http://www3.ndr.de/sendungen/die_tietjen_und_dibaba/dietietjenunddibaba100_sid-484962.html, Zugriff 28.1.2010.

lig unterschiedlichen Berufsrollen bewegen, verstärkt die Konzentration auf das Persönliche. Zugleich wird erkennbar, wie das Marketing des NDR für diese Talkfolge die Relevanzen setzt: Schwan und Schäfer werden gegenüber den anderen Gästen, die im Folgetext lediglich kurz vorgestellt werden, deutlich schwerer gewichtet.

Innerhalb der Sendung wird Schwan aus dem Off mit den Worten vorgestellt: „Fröhlich, fraulich, furchtlos. Sie rüttelt an den Gittern von Schloss Bellevue. Frau Professor Doktor Gesine Schwan. Herzlich Willkommen." Mit dieser Einführung wird zweierlei geleistet: zum einen wird der Fokus des Gesprächs mit den alliterierenden Adjektiven auf Charaktereigenschaften fokussiert. Zum anderen jedoch wird auch ein politischer Kontext eröffnet, indem Schwans Kandidatur einen Bezug zu Gerhard Schröders berühmtem Rütteln an den Toren des Kanzleramtes erhält, das den Auftakt zum erfolgreichen Wahlkampf 1998 darstellte. Damit ist exakt jenes Spannungsverhältnis zwischen beruflicher und persönlich-privater Rolle hergestellt, das den Personality-Talk konstituiert.

Im weiteren Verlauf macht sich jedoch eine Strategie von Redaktion und Moderation geltend, die eindeutige Akzente setzt, indem sie Schwans politisches Handeln nicht als genuines Motiv einer politischen Biographie erscheinen lässt, sondern als Resultat privat-biografischer Ereignisse modelliert. Im Gespräch wie im Einspielfilm rückt der Tod von Schwans Ehemann, des Politikwissenschaftlers Alexander Schwan, als Wendepunkt und geradezu als Weckruf zur eigenen politischen Karriere ins Zentrum. Daneben ist es dann die Beziehung zum zweiten Ehemann, dem Ex-Weltbankmanager und Gründer von „Transparency International" Peter Eigen, die als Motor von Schwans politischen Ambitionen in den Vordergrund gerückt wird.

Durch diese Perspektivierung, die mit zahlreichen Fragen zu den Hobbys und Lebensgewohnheiten von Schwan ergänzt wird, rückt das Private der Kandidatin eindeutig in den Vordergrund. Diese versucht zwar, dann und wann auch ein politisches Motiv ins Gespräch einzubringen, macht jedoch insgesamt das Spiel von Redaktion und Moderation kooperativ mit. Sie vermeidet weitgehend jegliche Konfrontativität, um die Kontaktmöglichkeit zum politikfernen Publikum nicht zu stören und die Feel-Good-Atmosphäre der Sendung zu erhalten.

Der Rahmen bei vergleichbaren Politikerauftritten, etwa denen Frank-Walter Steinmeiers oder Guido Westerwelles, war eher der eines Kandidaten-Castings, bei dem Privates *und* Politisches zur Sprache kommt. Hier jedoch ist das Politische gleichsam im Biografischen einer Homestory aufgelöst, erscheint die Kandidatur als eine Art Bewältigungsstrategie persönlicher Krisen und als Resultat privater Konstellationen. Auch die Kompetenz Schwans als renommierte Politologin bleibt weitgehend unbeachtet.

Ein Versuch der ebenfalls eingeladenen Journalistin Bärbel Schäfer, das boulevardeske Gespräch mit einem Hinweis auf das denkwürdige Datum des 8. Mai und Richard von Weizsäckers berühmte Rede zu politisieren, wird von Schwan nur ganz kurz aufgegriffen und bleibt folgenlos. Die kontingenzfördern-de Intervention des Gastes wird der relativ einvernehmlichen Inszenierungsstra-tegie von Redaktion, Moderation und Gesine Schwan sofort untergeordnet. Wäh-rend die Medienschaffenden auf den Unterhaltungswert der Geschichte einer Frau setzen, die durch Schicksalsschläge und Liebesbeziehungen besondere Kraft zu schöpfen scheint, gibt sich Schwan mit diesem Design des Auftritts zu-frieden, um ihre sympathiegenerierende Kampagne bruchlos fortzusetzen und Imagegewinne einzufahren.

Dieses einvernehmliche Inszenierungskonzept wird dann jedoch zum Schluss des Auftritts interessant irritiert. Urheber der Irritation ist Physikprofessor Metin Tolan, mittlerweile Prorektor für Forschung an der TU Dortmund. Er war aus Anlass des Erscheinens eines Buches eingeladen worden, in dem physikalische Rekonstruktionen von Special Effects in James-Bond-Filmen vorgenommen werden (Tolan 2009). Tolan ist einerseits ein ungewöhnlicher Gast, weil er aus dem akademischen Kontext und nicht aus dem Bereich des Unterhaltungsge-schäfts kommt. Andererseits hat der Dortmunder Professor schon seit einiger Zeit durchaus ein erhebliches Quantum an Publizität erworben, indem er immer wieder populärwissenschaftliche und unterhaltsame Ausflüge aus der Wissen-schaft ins Entertainment unternommen hat.[13]

Abbildung 1: Metin Tolan (r.) im Gespräch mit Yared Dibaba (l.), im Vordergrund Georg Ringswandl (l.) und Bettina Tietjen (r.) (Die Tietjen und Dibaba, NDR, 08.05.2009), E 52

---

13   Beispielsweise physikalische Betrachtungen über die „Star-Trek"-Filme, den Untergang der Titanic oder zur „Physik des Fußballs" sowie Prognosemodelle zur Fußball-Weltmeisterschaft.

Ausgangspunkt seiner Intervention ist der gesprächstypische Schluss des Schwan-Interviews, in dem Moderatorin Tietjen die Kandidatin fragt, ob denn auch bei einer Wahl ins Amt die gewohnte Frisur erhalten bliebe. Schwan bejaht diese Frage, denn sie sei im Grunde ein konservativer Mensch. Der Schlussakzent passt also ganz in die Gesamtinszenierung, es „menschelt". Damit ist der Programmpunkt eigentlich beendet, es folgt der Schlussapplaus und der etwa eine Minute lange Einspielfilm für den Dortmunder Professor als nächsten Gast. Und dann passiert das Unerwartete. Tolan lässt sich nicht, wie zu erwarten wäre, auf „sein" Interview zu James Bond und der Physik ein, sondern greift das Gespräch zwischen Tietjen und Schwan mit einer provokativen Frage auf:

> „Ich beantworte Ihnen die Frage gleich. Ich möchte eine Sache nur noch aufgreifen. Mich würde mal interessieren, was eigentlich mit einer Moderatorin oder einem Moderator passieren würde, der oder die Horst Köhler fragt, ob er seine Frisur nach der Wahl noch behält."[14]

Obwohl die Sequenzen durch Moderation und Einspieler klar geklammert und voneinander abgetrennt waren, sprengt Tolan den Rahmen, greift die Moderatorin Tietjen offen an und politisiert gleichsam im Nachhinein das vorangegangene Gespräch unter dem Aspekt gendertypischer Konventionen. Das, was die Kandidatin selbst in ihrer Konsens- und Feel-Good-Orientierung sich nicht zu trauen schien (sie sagt, relativ leise, in die Situation hinein: „Danke, Herr Kollege"), wird hier von dem Physiker als Akt der Dekonstruktion und politischen Kritik nachgereicht. Das scheinbar private Thema der Frisur, das von der Moderatorin mit dem Hinweis auf ein typisches Frauenthema noch im Privaten zu halten versucht wird, gerät durch die Äußerungen Tolans zu einem Politikum. Das Politische wird gleichsam im Privaten sichtbar gemacht, eine Forderung, die gerade die frühe Frauenbewegung immer wieder erhoben hatte. Damit decouvriert Tolan zugleich ein noch immer wirksames Muster der patriarchalischen Gesellschaft und die Strategie der unterhaltungsorientierten Talkshow, die das Politische im Privaten eher aufgelöst als sichtbar gemacht hatte.

Zwar wird die Brisanz der Intervention bald im Lachen aufgelöst, Tolan selbst bemüht sich später, das Thema der Frisuren ad acta zu legen (siehe Protokoll im Anhang), und damit bleibt auch der Rahmen der Show gewahrt, in der es anschließend wieder um James Bond und die Physik geht. Die Irritation jedoch schuf für einen kurzen Moment in den Diskursroutinen des Talk-Formats Raum für das Neue und Überraschende.

---

14 Ein ausführliches Einstellungsprotokoll mit genauer Transkription der Äußerungen befindet sich im Anhang dieses Aufsatzes.

Spannend an der Sequenz ist, dass hier zugleich eine Kollision der ansonsten sehr kooperativ agierenden Akteure Moderation und Regie sichtbar wird. In dem Moment, als Bettina Tietjen sich gegen den Angriff Tolans zur Wehr setzt und sich zu legitimieren sucht („Das ist 'ne Frauenfrage, Herr Tolan, das ist 'ne Frauenfrage, ja, ja, von Frau zu Frau"), wird sie nicht etwa erwartungsgemäß auch dazwischengeschnitten und ins Bild geholt, sondern das Bild bleibt auf dem Störer Tolan, der schließlich kommentiert: „'Ne Frauenfrage? Dann hab ich's jetzt verstanden".

Die Sequenz ist insofern sehr interessant, als hier eine wichtige Funktionslogik deutlich wird. Das Interesse des Unterhaltungsformats an dem Unruhestifter Tolan hat hier eindeutig Vorrang. Er hat mit seiner Intervention dem alten Versprechen des Personality-Talks auf Neues und Unerwartetes zur Geltung verholfen. Dieses Sich-Ereignen des Neuen ist für den nachhaltigen Markterfolg des Formats so wichtig, dass ihm in aller Deutlichkeit eine höhere Priorität zukommt als dem Bedürfnis der Moderatorin Tietjen, sich nach dem für sie peinlichen Rüffel durch einen Gast zu rechtfertigen. Der Unterhaltungsimperativ erhält bei dieser Entscheidung der Regie, die ja bei einer Livesendung in Sekundenschnelle getroffen werden muss, das höhere Gewicht als die durchaus auch wichtige Solidarität im Ensemble, die geboten hätte, dass die Regie die Moderatorin bei ihren Äußerungen ins Bild geholt hätte.

Die düpierte Moderatorin versucht dann später im Gespräch zwischen Tolan und dem interviewenden Moderator Dibaba mehrfach in diesem Kampf um Inszenierungsdominanz durch Interventionen doch noch zu punkten, indem sie das Frauenthema aufgreift und Tolan beispielsweise bittet, einen bestimmten physikalischen Sachverhalt doch bitte einmal so zu erklären, dass es auch Frauen verstehen würden. Aber die Störung und der partielle Gesichtsverlust, den Tietjen hier erlitten hat, ist dadurch natürlich nicht aus der Welt zu schaffen.

Die dominante Strategie von Redaktion und Moderation der Talkshow, die vom interviewten Gast Gesine Schwan – aus welchen Gründen auch immer – weitgehend kooperativ mitgetragen wurde, konnte also durch einen Gast massiv irritiert werden. Indem der Gast diese irritierende Rolle spielte, hat er einerseits dem Neuen einen Raum in formatspezifischen Diskursroutinen eröffnet. Andererseits gehorcht die Intervention dennoch in letzter Konsequenz der Logik des Formats. Denn nur dann, wenn immer wieder Unerwartetes passiert, bleibt die Neugier der Zuschauer und damit der für einen dauerhaften Erfolg der Sendereihe wichtige Marktanteil gewahrt.

Tolans Vorstoß macht aber schließlich auch den Zusammenhang des „Neuen" in der Talkshow und in der Wissenschaft deutlich. Der Professor hat für den aufmerksamen Zuschauer in einer routiniert aufgeführten Talksendung durch eine provokante Frage gleich mehrere Erkenntnisse möglich gemacht: zum einen die Erkenntnis, dass auch in einer genderbezogen sich sehr aufgeklärt gerierenden Gegenwartsgesellschaft immer noch patriarchalische Muster die politischen Diskursroutinen bestimmen können, denen folgend bei weiblichen Akteuren nach Küchentischen und Frisuren gefragt wird, während bei männlichen Akteuren solche Fragen keinen Raum finden würden. Und zum anderen, dass Personality-Formate das Politische nach den Regeln des Boulevards mitunter völlig im Privaten einer Homestory auflösen. Hier „menschelt" es dann tatsächlich in dem von Schultz (2002) beschriebenen Sinne. Aber Tolans Attacke macht doch zugleich auch deutlich, dass das Talkgespräch Kontingenzräume eröffnet, die gleichsam widerständig gegen die dominante Präsentationsstrategie der Sendung gewendet werden können.

Die Talkbühne erwies sich hier in letzter Konsequenz auch für Gesine Schwan als *riskante Bühne*. Denn sie hat hier, möglicherweise mit Rücksicht auf die Feel-Good-Stimmung der Sendung, nicht selbst die Initiative ergriffen, um gegen Redaktion und Moderation politische Inhalte zu setzen. Stattdessen erscheint sie im Kontext des Tolan'schen Vorstoßes als passiv und geradezu hilfebedürftig – Schwan wartet gleichsam ab, bis „Schwanenritter" Tolan für sie das Wort ergreift. Damit aber könnte sie – ungewollt und paradoxerweise – gerade jene Genderstereotypen bedienen, gegen die sie selbst sonst so häufig zu Felde zieht.

Eine kurze Nachbemerkung zum Abschluss: Dass es in diesem Fall ein *Dortmunder* Akteur war, der hier als eine Art Diskurspartisan das Erscheinen des Neuen ermöglichte, ist eine schöne Referenz an die private Biografie von Jo Reichertz, der viele Jahre in dieser Stadt gelebt und durch Abduktion in Theorie und Praxis die Entdeckung des Neuen entschieden gefördert hat.

3.

Anhang: „Partitur" der Auftritte Gesine Schwans und Metin Tolans[15]

Die Tietjen und Dibaba, NDR
08.05.2009

Siehe Seiten 196-198

Siehe Seiten 196-198

---

15 Zur Systematik der Transkription audiovisueller Daten mittels „Partituren" siehe Raab (2008) und Raab/Tänzler (2006). Für die verwendeten Abkürzungen im Transkriptionssystem siehe Keppler (2006).

Cut	Zeit	Visuelle Daten		Audiodaten
		Kameraeinstellung	*Szene/ Ablauf*	
1	00:00	Nah Gesine Schwan (GS)	GS lächelt, schließt kurz die Augen,	Bettina Tietjen (BT): Der große Küchen
2	00:01	Nah BT	BT blickt nach li, macht eine ausladende Armbewegung	BT: tisch (.) der soll doch bei Ihnen ne wichtige Rolle spielen für Ihre Familienessen;
3	00:03	Nah GS, S^{rel}	GS lächelt, schaut kurz nach u, dann nach re,	BT: der muss doch mit, oder [der große? GS: [ja=äh also GS: die privaten Gemächer kenn ich gar nich in Schloss Bellevue [deswegen weiß ich nich ob da G: [((Lachen in der Runde))
			schüttelt leicht den Kopf,	GS: [Platz für einen großen Küchentisch=is. G: [((Lachen in der Runde)) GS: Wenn da kei:ner? wäre dann geht=s nich.
			einmalige, ausladende Handbewegung, lacht und nickt heftig mit dem Kopf	G: ((lacht)) GS: [s=muss=n großer Küchentisch sein. G: [((vereinzeltes Lachen))
4	00:11	Groß: VG Alexander Wussow (AW), HG Barbara Wussow (BW) im Profil, S^{il}	BW und AW blicken nach links, lächeln,	BT: Dann müssen=Sie wieder abtreten; wenn da kein [großer Küchentisch;
			AW stützt ihr Kinn auf die Fäuste	GS: [Nei::n (.) da finde [ich BT: [((lacht))
5	00:14	Nah GS	GS blickt nach re, lächelt.	GS: andere Auswege. G: [((lacht)) BT: [Werden Sie denn
6	00:16	Nah BT	BT blickt nach li, nickt auffordernd	BT: ihre Fri:sur; behalten. GS: Ja:=öh
7	00:17	Nah GS, S^{il}, S^{rel}	GS blickt kurz nach li u, dann nach re, lächelt breit, GS schaut nach u, immer noch breit lächelnd	GS: warum denn nich? (-) [((lacht)) BT: [Ja, man könnt' ja natürlich sagen BT: [das ist ein Einschnitt im Leben; dann änder' ich das jetzt.
			Publikum (PU) im HG klatscht GS legt den Kopf zurück und lacht	G: [((vereinzeltes Klatschen)), G: ((ansteigender Applaus))
8	00:25	Halbtotale: Runde mit Publikum (VG Yared Dibaba (YD) von hinten, HG GS und BT frontal, MG Gesprächsrunde)	PU und Teile der Gesprächsrunde klatschen	G: ((Starker Applaus, nach 2sec ausklingend)) BT: Wir waren so überrascht, wir haben nämlich ge

9	00:29	Nah BT	BT blickt nach li, schüttelt knapp den Kopf, Handgeste auf Kopfhöhe	BT:	guckt und haben gesehen (.) Sie ham=w' un:glaub:lich lange schon diese Frisur, Wann hab=n Sie denn angefangen sich die Haare hochzustecken.
10	00:36	Überblendung zu Standbild	Foto (schwarzweiß): Nah: VG jüngere GS im Profil von re mit hochgesteckten Haaren und gesenktem Blick, HG: zwei Männer mit Blick zu GS	GS: BT: GS:	(-) Ho:chgesteckt waren die Haare schon ganz lange, Sie ha=m da glaub' in diesem kurzen Film [ja [Ja, was aus der Studentenzeit gesehen, Ja ich bin ein sehr konservativer Mensch?
11	00:42	Überblendung auf Nah GS, $S^{re,l}$, $S^{li,l}$	GS blickt lächelnd nach re, wendet den Kopf zur Kamera und lacht, blickt wieder nach re	GS: BT: GS: BT:	wie Sie sehen [((lautes Lachen)) [(((lacht)) Aber sie waren etwas weniger gelockt:. ((lacht)) Also ob mit
12	00:49	Nah BT	BT blickt lächelnd nach li, nickt mit Nachdruck, Geste mit nach außen geöffneten Handflächen, nickt aufmunternd	BT: GS: BT: G:	oder (.) o:hne diese Frisur und egal (.) was: aus Ihnen wird in Ihrer weiteren persönlichen und politischen Karriere (-) ich wünsch' Ihnen Glück; [Dankeschön. [Schön dass Sie hier sind. ((Applaus setzt ein))
13	00:56	Nah GS, $S^{li,o,l}$	GS schließt die Augen, lächelt und nickt ausladend, GS lächelt, richtet sich leicht auf, setzt sich zurecht	G: GS: G:	((Starker Applaus)) Vielen Dank. ((HG: dumpfes Geräusch))
14	00:58	Totale: Aufsicht MG Gesprächsrunde, Bildränder Publikum	PU und Gäste klatschen	G: M:	((Starker Applaus)) ((Auftakt Trommelschläge))
(((... E15-E46, Einspieler MT))					
47	01:57	Überblendung zu G: Metin Tolan (MT), $S^{li,l}$, $S^{re,l}$	MT blickt nach re, u, lächelt, blickt auf, nickt in die Kamera, schaut nach li	G: YD:	((einsetzender Applaus)) Ja, Herr Professor. Herzlich willkommen;
48	02:05	Nah: in BM YD, am BR^{re} MT im Profil von li 1h, $Z^{v,l}$	HG: Publikum klatscht, YD schaut nach re und lächelt, blickt zu Boden und fasst sich mit der li Hand an die Nase, blickt auf und nach re, gestikuliert mit der linken Hand, MT nickt leicht	G: G: G: YD:	((Applaus, 2sec)) ((HG: Husten)) ((Applaus ebbt ab, 1sec)) Steigen wir mal gleich ein (.) Ist das wirklich möglich (.) dass ein Mensch (.) im frei:en Fall (.) ein Flu:gzeuch überholen kann, (.) wie wir=s g=rade gesehen haben.

49	02:14	Nah MT, S^{re,l}	MT lächelt, schaut nach li und winkt mit der rechten Hand ab, wendet sich nach re und weist mit der Hand nach re, Dreht den Kopf nach li, dann nach re, Insert: „DIE TIETJEN UND DIBABA | PROF. DR. METIN TOLAN" MT blickt nach re und lacht breit, wendet den Kopf zur Kamera, hebt kurz beide Hände	MT: Ich=ich beantworte Ihnen die Frage gleich (.) ich möchte eine Sache nur noch aufgreifen (.) mich würde mal interessier=n, (.hh) was eigentlich mit ein=äh (.) Moderatorin oder einem Modera:tor passieren würde (.h) ähm (hhh) der oder die Horst Köhler fragt ob er seine [Frisur; nach der Wahl noch behält; [((leise vereinzeltes Raunen)) G: (-) BT: [ha=nich; MT: [ha (.) Das interessiert mich einfach [gar=nich; GS: [ha=ha=ha=so. (-) aber= (YD): [<<p> Danke (.) Herr Kollege,> G: <<p> (aber hallo.>> MT: ((<<p> Raunen, Lachen>)) aber das=äh=das (.)
50	02:33	G: VG GS im Profil von li	GS schaut nach li, lacht, wiegt vor und zurück, führt die Hand ans Kinn	MT: das ging mir nur so durch den Kopf. (.) Ja also [ähm BT: [Das=is 'ne...
51	02:35	Nah MT, S^{il}	MT schaut nach re, lacht gezwungen, schaut zu Boden, wiegt den Kopf hin und her, senkt das Haupt und hebt beide Hände über den Kopf, MT schaut von links nach rechts, macht dabei Handbewegungen schaut nach li, schaut zu Boden, lächelt, hebt beide Hände vors Gesicht, blickt auf und macht eine wegwischende Handbewegung	BT: Frauen?frage. Herr To:lan; MT: [s= is echt 'ne Fr'? ja, BT: [Das ist 'ne Frauenfrage ja=ja (.) v=von Frau zu Frau. MT: Ja, hm. BT: ((lacht)) MT: G=g' ok. (-) Das (.) dann (.) dann hab ich=s jetzt verstanden (.) so (.) [dann YD: [Bei so=nem Thema bin ich auch immer außen vor. MT: Ja:. G: ((BT und Runde lachen, dann auch Publikum)) MT: Ja gut. (.) Ich äh (-) lassen wir jetzt die Frisuren beiseite; (-) ähm

Literatur

Alemann, Ulrich von (2000): Das Parteiensystem der Bundesrepublik Deutschland. Opladen.

Balzer, Axel u.a. (Hg.) (2005): Politik als Marke. Politik zwischen Kommunikation und Inszenierung. Münster u.a.

Brettschneider, Frank (2002): Spitzenkandidaten und Wahlerfolg: Personalisierung – Kompetenz – Parteien; ein internationaler Vergleich. Wiesbaden.

Brosda, Carsten/Christian Schicha (Hg.) (2002): Politikermittlung in Unterhaltungsformaten. Medieninszenierungen zwischen Popularität und Populismus. Münster u.a.

Bußkamp, Heike (2002): Politiker im Fernsehtalk. Strategien der medialen Darstellung des Privatlebens von Politikprominenz. Wiesbaden.

Dörner, Andreas (2001): Politainment. Politik in der medialen Erlebnisgesellschaft. Frankfurt/M.

Dörner, Andreas (2004): Power Talks. Zur Transformation der politischen Elite in der medialen Erlebnisgesellschaft. In: Ronald Hitzler/Stefan Hornbostel/Cornelia Mohr (Hg.): 239-260.

Dörner, Andreas/Ludgera Vogt (Hg.) (2002): Wahl-Kämpfe. Betrachtungen über ein demokratisches Ritual. Frankfurt/M.

Dörner, Andreas/Ludgera Vogt (2009): Personality-Talkshows: Riskante Bühnen für politische Akteure. In: Sascha Michel/Heiko Girnth (Hg.): 191-205.

Fischer-Lichte, Erika u.a. (Hg.) (2009): Wahrnehmung und Medialität. Tübingen, Basel.

Goffman, Erving (2009): Wir alle spielen Theater. Die Selbstdarstellung im Alltag. 7. Aufl. München.

Hasebrink, Uwe (1998): Politikvermittlung im Zeichen individualisierter Mediennutzung. Zur Informations- und Unterhaltungsorientierung des Publikums. In: Ulrich Sarcinelli (Hg.): 345-367.

Hitzler, Ronald/Stefan Hornbostel/Cornelia Mohr (Hg.) (2004): Elitenmacht. Wiesbaden.

Hoffmann, Jochen/Juliana Raupp (2006): Politische Personalisierung. Disziplinäre Zugänge und theoretische Folgerungen. In: Publizistik 51. 456-478.

Holtz-Bacha, Christina (2001): Das Private in der Politik: Ein neuer Medientrend? In: Aus Politik und Zeitgeschichte 41-42. 20-26.

Holtz-Bacha, Christina (2006): Personalisiert und emotional: Strategien des modernen Wahlkampfes. In: Aus Politik und Zeitgeschichte 7. 13-21.

Keppler, Angela (2006): Mediale Gegenwart. Eine Theorie des Fernsehens am Beispiel der Darstellung von Gewalt. Frankfurt/M.

Knoblauch, Hubert u.a. (Hg.) (2006): Video-Analysis. Methodology and Methods. Frankfurt/M.

Korte, Karl-Rudolf (2000): Wahlen in der Bundesrepublik Deutschland. 3. Aufl. Bonn.

Kurt, Ronald (1998): Der Kampf um Inszenierungsdominanz: Gerhard Schröder im ARD-Politmagazin ZAK und Helmut Kohl im Boulevard Bio. In: Herbert Willems/Martin Jurga (Hg.): 565-583.

Marcinkowski, Frank/Barbara Pfetsch (Hg.) (2009): Politik in der Mediendemokratie (= PVS Sonderheft 42). Wiesbaden.

Michel, Sascha/Heiko Girnth (Hg.) (2009): Polit-Talkshows – Bühnen der Macht. Ein Blick hinter die Kulissen. Bonn.

Plake, Klaus (1999): Talkshows. Die Industrialisierung der Kommunikation. Darmstadt.

Probst, Lothar (1998): Politisierung des Privaten. Privatisierung des Politischen. In: Blätter für deutsche und internationale Politik 10. 1181-1190.

Raab, Jürgen (2008): Visuelle Wissenssoziologie. Theoretische Konzeption und materiale Analysen. Konstanz.

Raab, Jürgen/Dirk Tänzler (2006): Video Hermeneutics. In: Hubert Knoblauch et al. (Hg.): 85-97.

Reichertz, Jo (2000): Die frohe Botschaft des Fernsehens. Kulturwissenschaftliche Untersuchung medialer Diesseitsreligion. Konstanz.

Reichertz, Jo (2003): Die Abduktion in der qualitativen Sozialforschung. Wiesbaden.

Reichertz, Jo (2007): Die Macht der Worte und der Medien. Wiesbaden.

Reichertz, Jo (2009): Kommunikationsmacht. Was ist Kommunikation und was vermag sie? Und weshalb vermag sie das? Wiesbaden.

Sarcinelli, Ulrich (Hg.) (1998): Politikvermittlung und Demokratie in der Mediengesellschaft. Beiträge zur politischen Kommunikationskultur. Bonn.

Schultz, Tanjev (2002): Menschelnde Unterhaltung mit Politikern. Daten und Überlegungen zu Auftritten in Promi-Talkshows. In: Carsten Brosda/Christian Schicha (Hg.): 134-151.

Tenscher, Jens (2003): Professionalisierung der Politikvermittlung?: Politikvermittlungsexperten im Spannungsfeld von Politik und Massenmedien. Wiesbaden.

Tolan, Metin (2009): Geschüttelt, nicht gerührt. James Bond und die Physik. 4. Aufl. München.

Willems, Herbert (2009): Medientheatralität. In: Erika Fischer-Lichte u.a. (Hg.): 385-402.

Willems, Herbert/Martin Jurga (Hg.) (1998): Inszenierungsgesellschaft. Ein einführendes Handbuch. Opladen, Wiesbaden.

Kontingenz in der Fallanalyse. Über den Umgang mit unsicherem Wissen in der Polizeipraxis

Harald Dern, Christa Dern

1 Einführung

Jedwede Entdeckung von Neuem setzt zunächst Altbekanntes voraus. Wir benötigen eine solide Basis vermeintlich gesicherten Wissens, von der aus wir hinaus schauen auf das, was wir uns noch nicht zu eigen gemacht haben. Als Menschen, die wir sind, sind wir neugierig und bedürfen des Wissens, um die Welt in unserem Sinne zu ordnen, letztlich auch zu kontrollieren. Was wir einordnen und ‚begreifen' können, haben wir ‚erfasst', es gehört uns und wir können disponieren. Nicht zufällig kreist die Metaphorik des Wissens um Begriffe des Greifens und Festhaltens. In diesem Streben jedoch sind wir Gefangene unserer Körper in ihrer spezifischen Beschaffenheit, unseres Geistes und unserer Kultur, welche uns nur gewisse Dinge sehen, nur gewisse Dinge greifen lassen. Anderes bleibt uns auf ewig verborgen, weil wir der uns eigenen anthropomorphen Sicht der Welt unausweichlich verhaftet sind. In diesem bescheidenen Rahmen jedoch versuchen wir zu kategorisieren und zu benennen im ständigen Streben danach, die Welt ‚fassbar' werden zu lassen. Und da es anmaßend wäre, gleich das große Ganze begreifen zu wollen, so konzentrieren wir uns jeder auf einen kleinen Teil, für den wir uns zuständig fühlen und den wir überblicken. Dass sich diese vielen Teile sodann zu einem großen Mosaik zusammenfügen können, welches unsere Welt umreißt, lässt Erkenntnis entstehen, die wir in Aufsätzen, Büchern oder Lehre weitergeben und die schließlich zu einer Wissensbasis konsolidiert, von der aus es wiederum Neues zu entdecken gibt.

Eine vielleicht eher nüchterne, aber sehr pragmatische und lebensnahe Ausprägung unseres Strebens, das Unbekannte zu entdecken, ist die der kriminalistischen Ermittlung. Konfrontiert mit dem meist unerfreulichen Zustand von Regelbruch und Viktimisierung, versucht man, sein Zustandekommen zu rekonstruieren und zu erklären, um das Unfassbare fassbar zu machen und Verantwortliche zur Rechenschaft zu ziehen. Nicht nur entzieht sich das Geschehen unserer unmittelbaren Anschauung, der Hauptakteur war in der Regel bemüht, den genauen Hergang zu verdecken und sein Wissen um das, was sich zugetragen hat, nach Möglichkeit nicht zu teilen. Eine ganze Berufsgruppe ist damit befasst, dieser Kraft entgegen zu wirken und das Unbekannte aufzudecken, damit das Geschehen im Nachhinein bewertet werden, damit Recht gesprochen werden kann: Kriminalisten im Allgemeinen und Fallanalytiker im Besonderen.

Der Umgang mit unsicherem Wissen ist das tägliche Brot dieser Berufsgruppen und so haben sich Methoden und Verfahren herausgebildet, Unsicherheit zu reduzieren und sich dem Wissen um Tatsachen, der in Fahndungsmaßnahmen umsetzbaren und damit in gewisser Weise auch justiziablen Wahrheit also, anzunähern, so weit es eben geht. Ein Begriff, der sich in diesem Zusammenhang als nützlich erwiesen hat, ist der soziologische Begriff der Kontingenz (Luhmann 1987). Dieser Begriff, der wurde durch Jo Reichertz als wesentliches Kriterium der Logik von Mordermittlungen identifiziert, sprich, der Mordermittler weiß darum, dass er für eine Wirklichkeit offen bleiben muss, die sich nicht gerne in Schubladen aufhält und sich dagegen sträubt, die Ecke frühzeitig preiszugeben, aus der Lösung des Falles schließlich hervortreten wird (Reichertz 1991). Und selbst wenn die Lösung da ist, der Täter also ermittelt wurde, dann räumt selbst das Geständnis eines mutmaßlichen Täters nicht die Möglichkeit aus, dass sich ein Geschehen auch vollkommen anders hätte zutragen können. Sicherheit gibt es nicht und unser Rechtssystem muss sich dieser Herausforderung stellen. Eine Annäherung jedoch erscheint möglich, und je mehr gesicherte – soweit man hier überhaupt von Sicherheit sprechen kann – Erkenntniselemente es gibt, desto besser lässt sich mit der am Ende des Erkenntnisprozesses stehenden Annäherung an die Wahrheit leben. Diesen heiklen Weg beschreitet in der deutschen Polizei die so genannte *Operative Fallanalyse*.

2 Operative Fallanalyse (OFA)

2.1 Grundlagen

Erweisen sich die Ermittlungen in einem noch ungeklärten Fall aufgrund mangelnder Spuren oder besonderer Komplexität der Tatzusammenhänge als besonders schwierig oder sind auf konventionellem kriminalistischem Wege keine Erkenntnisfortschritte mehr zu erwarten, so bietet die Operative Fallanalyse ein ergänzendes kriminalistisch-kriminologisches Instrument der Fallbearbeitung. Sie macht sich zur Aufgabe, unbekanntes in Bekanntes zu verwandeln und auf diese Weise möglichst viele Informationslücken zu schließen. Mit ihrer Hilfe sollen sachbearbeitenden Polizeidienststellen polizeilich zugängliche Suchräume eröffnet werden, die bis dahin verschlossen schienen, sowie Prioritäten hinsichtlich anstehender Ermittlungshandlungen nahe gelegt werden, die trotz knapper personeller Ressourcen zielführend sind. Erkenntnisgewinn erfährt hier eine pragmatische Zweckbindung. Eine Bund-Länder-Projektgruppe der Polizeien des Bundes und der Länder definiert die Operative Fallanalyse als „ein kriminalistisches Werkzeug, welches das Fallverständnis bei [...] geeigneten Fällen von besonderer Bedeutung auf der Grundlage objektiver Daten und möglichst umfassender Informationen zum Opfer mit dem Ziel vertieft, ermittlungsunterstützende Hinweise zu erarbeiten." (Dern et al. 2003: 17).

Das inzwischen etablierte Verfahren wurde auf der Grundlage US-amerikanischer Vorbilder und unter dem Einfluss des an die Bedingungen der polizeilichen Praxis angepassten sozialwissenschaftlichen Ansatzes der *objektiven Hermeneutik* nach Ulrich Oevermann[1] durch die kriminalistisch-kriminologische Forschungsgruppe des Bundeskriminalamts entwickelt[2] und wird in den OFA-Einheiten des Bundeskriminalamtes und der Landeskriminalämter inzwischen routinemäßig angewandt. Das Ziel der Fallanalyse beschreiben Dern/Baurmann (2006) dabei wie folgt:

> „Grundsätzlich wird bei der Fallanalyse versucht, das Verhalten eines noch unbekannten Täters, welches er am Tatort gezeigt hat, nachträglich zu rekonstruieren (zu „lesen"), und zwar auf der Basis der Spuren, die er hinterlassen hat. Ziel ist es, die Handlungsabläufe zwischen ihm und dem Opfer zu verstehen. Daraus sollen dann Schlüsse für weitere Ermittlungshinweise sowie bezüglich einer möglichen Täterpersönlichkeit und bezüglich seines möglichen sozialen Umfelds gezogen werden" (Dern/Baurmann 2006: 2623f.)

Zu den Eckpfeilern der Operativen Fallanalyse gehören die Konzentration auf objektiv gegebene Daten (z.B. Befunde zu Tatort, Verletzungen, Spuren), eine schrittweise Analyse von Handlungssequenzen, Toleranz im Hinblick auf konkurrierende Rekonstruktionsentwürfe sowie sich daraus ergebende Hypothesenbildung. Es ist wichtig, darauf hinzuweisen, dass eine Fallanalyse Ermittlungen keinesfalls ersetzen kann, sondern sich als zusätzliches, ergänzendes analytisches Instrument der *Tathergangsrekonstruktion* einerseits, der *Täterprofilerstellung* andererseits versteht, und sie sich insofern auf die Optimierung einzelner Teilprozesse des großen Gesamts einer kriminalpolizeilichen Ermittlung bezieht. Im Rahmen einer Tathergangsrekonstruktion werden Handlungssequenzen einer Tat

---

1   Vgl. u. a. Oevermann et al. 1979, Oevermann 2000; eine gute Einführung in die objektive Hermeneutik bietet Wernet 2006; eine einführende Darstellung der Anwendung der objektiven Hermeneutik in der Verbrechensbekämpfung findet sich in Dern 1994 sowie Hoffmann/Musolff 2000. Informationen zu in der Anwendung des Ansatzes gewonnenen Erfahrungen in der kriminalistischen Praxis finden sich in Dern 1996.

2   Ausführungen zur Entwicklung der OFA finden sich in Vick 1998a und 1998b, Dern 2000, Baurmann 2003 sowie Baurmann et al. 2009.

methodisch rekonstruiert, gegebenenfalls auch nachgestellt, um ihre Machbarkeit zu überprüfen, vom Täter getroffene Entscheidungen werden dahingehend untersucht, welche Faktoren sie beeinflusst haben mögen und ob ihnen womöglich individualisierende Funktion zukommt. Die Täterprofilerstellung dagegen dient in erster Linie der Kategorisierung eines unbekannten Täters: „Das Täterprofil ist eine fallanalytisch hergeleitete Tätertyp-Hypothese. Sie umreißt die Kategorie Mensch, die als Akteur für die Handlungen, die im Rahmen des Tatgeschehens gesetzt wurden, in Frage kommt." (Dern 2000: 538)

Operative Fallanalysen werden stets im Team durchgeführt, welches sich aus im kritischen Umgang mit Hypothesen geschulten Mitarbeiterinnen und Mitarbeitern zusammensetzt. Inzwischen ist dieser sog. Team-Ansatz, der die Operative Fallanalyse von anderen, z.B. US-amerikanischen Ansätzen des „Profiling" abgrenzt, zentrales Element der Qualitätskontrolle.[3] Der einzelgängerische, geniale und grüblerische Profiler, von dessen Eingebungen allein die Geschicke der Beteiligten abhängen, ist Fiktion (Baurmann 2004, Reichertz 2006). Ausgebildete Kriminalbeamte, Psychologen und Rechtsmediziner sichten die Fakten und bewerten sie auf der Basis von Erfahrungswissen sowie Methoden der Ableitung (deduktives und induktives Schlussfolgern). Die nachstehenden heuristischen Prinzipien sind für die Fallanalyse von grundlegender Bedeutung (Dern 2009: 22 ff.):

- Primat objektiver Daten (z. B. Tatortbefund, Tatortfotos, Umgebungsfotos, Luftaufnahmen vom Tatort, rechtsmedizinischer Befund, Daten zum Opferhintergrund; Zeugenaussagen, die stets subjektiv sind und sich häufig als unzuverlässig erweisen, sind – sofern sie überhaupt einbezogen werden – von sekundärer Bedeutung)
- Primat der Einzelfallperspektive (Unvoreingenommenheit gegenüber der Einzigartigkeit eines Falles, Vermeidung einer übereilten Analogiebildung)
- Sequenzierung des Tathergangs (Aufteilung des Tathergangs in handlungslogische Sequenzen)
- Chronologischer Nachvollzug des Täterhandelns (Beleuchtung von Handlungsalternativen und Entscheidungen entlang der Zeitachse)
- Nachstellen von Tatsequenzen (Prüfung der Machbarkeit fraglicher Tatsequenzen)

---

3   Es ist in diesem Zusammenhang interessant zu beobachten, dass es mittlerweile möglich ist, einen Beitrag zur Fallanalyse ausschließlich mit deutschsprachigen Literaturhinweisen zu versehen. Anschlüsse an die internationale Forschungslage finden sich in Hoffmann/Musolff (2000) oder in Dern/Baurmann (2006). Ein internationaler Diskussionsbeitrag wurde in jüngerer Zeit durch Dern et al. (2009) vorgelegt.

- Prinzip der Hypothesenvielfalt (Zulassen einer Konkurrenz von alternativen Hypothesen zum Tathergang und einzelnen Sequenzen, Fokussierung auf den Bewegungswert von Hypothesen; Dern 2010)
- Hypothetiko-deduktives Vorgehen (deduktive Hypothesenreduktion auf der Basis der Falldaten; Nordby 2000)
- Kommunikative Validierung (Bewertung von Hypothesen in der Diskussion im Team)
- Modellentwicklung (Aufstellung einer Tathergangshypothese sowie ggf. eines Täterprofils)

Charakteristisch für die Fallanalyse und Verdienst der deutschen Polizei in der Entwicklung des Verfahrens sind eine strenge Systematisierung des Vorgehens, die Etablierung des Team-Ansatzes, die kritische Prüfung und Einbeziehung der einschlägigen Kriminologie, die Etablierung eines Ausbildungsgangs zum Polizeilichen Fallanalytiker sowie – im Bundeskriminalamt – die Akkreditierung nach der internationalen Norm ISO 17020. Zur Anwendung kommt sie klassischerweise bei Tötungsdelikten, Sexualdelikten, Seriendelikten, Erpressung und Entführung sowie bei atypischen, jedoch herausragenden Delikten, wie sie die Bedrohungslagen in der Folge des 11. September 2001 darstellten. Inzwischen wird auch ein Transfer in neue Deliktsbereiche wie z. B. den der Wirtschaftskriminalität erwogen und in ersten Ansätzen erprobt.

Die Fallanalyse, so wie sie in Deutschland praktiziert wird, steht auch in der Schuld des Soziologen und Kommunikationswissenschaftlers Jo Reichertz, dem dieser Sammelband gewidmet ist. Die Systematik des Schlussfolgerns nach Peirce, das Desiderat einer genauen Prüfung relevanter Regeln, die Einordnung der Abduktion, die Bewertung des (vermeintlich) genialischen Elements innerhalb der kriminalistischen Kombinatorik, die Absage an einen naiven Expertensystem-Optimismus, die Beleuchtung der Logik von Mordermittlungen sowie die Betonung des Kontingenzprinzips sind seinem konstruktiven Eingreifen in den Prozess der wissenschaftlichen Fundierung des Ansatzes geschuldet. In seiner Person stellt sich die Wissenschaft der praktischen Anwendung und lässt sich ein auf die Unwägbarkeiten der doch so komplexen Realität.[4]

2.2 Ein Fallbeispiel

Ein typischer Fall, zu dessen Aufklärung die Fallanalyse hat beitragen können, stellt sich wie folgt dar:

---

4   Vgl. hierzu etwa Reichertz 1990, 1991, 1994, 1998, 2003 oder 2006).

Eine junge Frau wird in ihrem Haus tot aufgefunden. Sie ist gewaltsam um ihr Leben gebracht worden. Mit einem vom Täter am Tatort vorgefundenen Gürtel wurde sie erdrosselt. Lediglich mit einem Nachthemd bekleidet wird sie von ihrem Ehemann im Hausflur aufgefunden. Ihr kleiner Sohn befindet sich bei Auffindung der Leiche noch im Nebenraum. Äußerungen des Kindes deuten darauf hin, dass es Zeuge tatrelevanter Geschehnisse geworden sein könnte. Die von dem Kind geschilderte Beobachtung ist jedoch wegen ihrer infolge des traumatischen Kontextes erfolgten Umdeutung nicht belastbar. Aufbruchspuren sind an Türen und Fenstern nicht zu erkennen. Die Spurenlage deutet darauf hin, dass der Tötung des Opfers eine letzte Aussprache zwischen Täter und Opfer in der Küche des Hauses vorausging. Den Ermittlern bietet sich ein nur lückenhafter Spurentext, der in viele Richtungen lesbar ist. Das Geschehen, von dem der Tatort nur schemenhaft zeugt, könnte sich auf eine bestimmte Art zugetragen haben. Aber auch alternative Tathergänge sind durchaus denkbar. Zu den Fragen, die sich stellen, gehören z. B. die Frage, ob das Opfer den Täter kannte, und wenn ja, wie gut, die Frage, ob die Tat geplant oder Ergebnis einer situationsbedingten Eskalation war, ob, und wenn ja warum das Opfer im Schlafzimmer getötet und dann in einen anderen Raum gebracht wurde, welche Rolle, wenn überhaupt, die Anwesenheit des Kindes gespielt haben mag.

Ein Team von Fallanalytikern, zu dem auch Beamte der zuständigen Ermittlungsbehörde gehören, sichten die objektiv gegebenen Falldaten, zu denen Tatortfotos, forensische Gutachten wie auch Informationen zum Opfer und dessen Umfeld gehören. Bereits gegebenen Hypothesen der ermittelnden Dienststelle bleiben zunächst unbeachtet, ein distanzierter, offener Blick auf die gegebenen Tatsachen soll Neues entdeckbar werden lassen. Ein möglicher Tathergang wird in handlungslogische Sequenzen aufgeteilt, das mögliche Täterhandeln sowie dazugehörige Entscheidungen des Täters entlang der Zeitachse wird chronologisch nachvollzogen, Handlungsalternativen werden dabei stets eingeräumt. Wo nötig, werden Tatsequenzen nachgestellt, die Machbarkeit spezifischer Tatsequenzen erscheint zunächst fraglich. Nach und nach werden die auf der Basis der gegebenen Falldaten denkbaren Hypothesen im Rahmen eines hypothetiko-deduktiven Vorgehens reduziert. Durch eingehende Diskussion im Team werden die verbleibenden Hypothesen kommunikativ validiert. Die Fallanalyse mündet schließlich in einer Modellentwicklung, der Aufstellung einer Tathergangshypothese sowie ggf. eines Täterprofils.

Im vorliegenden Falle stellt sich das Ergebnis der Fallanalyse wir folgt dar: Ein zunächst in der Küche des Hauses geführtes Gespräch zwischen Opfer und Täter wird vom Opfer als beendet aufgefasst oder aber unterbrochen. Sie begibt sich ins Schlafzimmer, um nach ihrem kleinen Sohn zu schauen. Das Geschehen, welches als eine Form der letzten Aussprache zwischen den Beteiligten aufgefasst werden kann, nimmt aus der Perspektive der Beteiligten unterschiedliche Verläufe. Für das Opfer ist ein Schlusspunkt erreicht und eine Position bezogen, ein Vorgang wurde abgeschlossen. Für den Täter, dessen Ziele noch lange nicht erreicht sind und dessen Position weiterer Verhandlung bedarf, bedeutet die Abkehr des Opfers eine Unterbrechung eines für ihn existentiellen Prozesses und damit einhergehend ein Kollabieren seiner Perspektive, was mit einer entsprechenden Affektüberflutung einhergeht. Folgt man dieser Tathergangshypothese, so lassen sich weitere Ableitungen ziehen: Die Tötung war nicht geplant (Beleg: Suche nach einem Tatwerkzeug am Tatort) und für das Opfer nicht vorhersehbar (Beleg: keine Abwehrverletzungen). Dies wiederum wirkt sich auf die Konturierung der Tätertyp-Hypothese aus.

3 Die Entdeckung des Neuen in der Fallanalyse

3.1 Akteure der Fallanalyse

Das Beispiel der Fallanalyse macht deutlich, dass die Entdeckung des Neuen nicht auf genialische Einfälle, Expeditionen in weit entfernte Regionen oder hochtechnisierte Analysen fast unsichtbarer Mikroorganismen beschränkt ist. Ein Perspektivwechsel, eine Systematisierung ungeordneter Fakten oder ein unbefangener, analytischer Blick auf eine recht alltägliche Gemengelage kann durchaus Neues hervorbringen, die Bewertung komplexer Zusammenhänge verändern oder sogar erst ermöglichen und zu Handlungssicherheit in einem Zusammenhang beitragen, der für die Beteiligten von existenzieller Bedeutung ist. Ordnung und Kategorisierung, kognitive Grundfähigkeiten des Menschen, stehen hier wie – in vielen Lebensbereichen – im Vordergrund des Erkenntnisprozesses.

Vergleicht man die hier beschriebene Vorgehensweise der Operativen Fallanalyse mit den medialen Darstellungen intuitiv handelnder Profiler, die (vermeintlich) in die Seele des Täters zu blicken vermögen, dort deren innerste Antriebskraft erkennen und sie eigenhändig zur Strecke bringen, so besticht die professionelle Distanz und hermeneutische Strenge. Ein bedingungsloses Streben nach Erkenntnis endet offenbar dort, wo unsere eigenen Schwächen zum Gegenstand werden. Es dürfte schlicht der Eitelkeit des Menschen geschuldet sein, dass sich noch immer Individuen als Profiler präsentieren und dem medial geprägten Wunschbild nacheifern. In den Fokus eines derartigen Profilers möchte man selbst nicht unverschuldet geraten. Und so ist es richtig, dass die Operative Fallanalyse streng systematisiert ist. Die Selbststilisierung (vermeintlich) genialischer Helden taugt nicht als Handlungsmodell (Reichertz 2006). Auch ein naiver Software-Optimismus, der die Lösung von Fällen durch den Computer verspricht (z.B. die automatisierte Bestimmung des Täterwohnortes betreffend), ist nur wenig hilfreich. Expertensysteme, wie z. B. die zur Serienerkennung durch die Dienststellen der Operativen Fallanalyse eingesetzte Computeranwendung ViCLAS (*Violent Crime Linkage Analysis System*), können wichtige unterstützende Instrumente darstellen. Durch ihren Einsatz wird der Möglichkeit der computergestützten Zusammenführung ähnlich gelagerter Fälle auf der Basis spezifischer Falldaten Rechnung getragen[5]. Sie können jedoch nur grobe Vorarbeiten leisten, die in jedem Falle der eingehenden Prüfung und Korrektur durch den Fallanalytiker mit seinen spezifischen Erfahrungen bedürfen.[6] Es wird vergleichsweise häufig vermutet, dass die Ablösung des Menschen durch seine Hilfsmittel etwas Neues sei, was es zu entdecken gelte. Zuverlässige Realität sind derartige Vorstellungen zum gegenwärtigen Zeitpunkt nicht – möglicherweise gerade weil es ihnen nicht möglich ist, dem Kontingenzprinzip gerecht zu werden, welches das Herzstück der Fallanalyse darstellt (Reichertz 1998).

3.2 Die Wissensbasis der Fallanalyse

Unsicheres Wissen – so muss man letztlich einräumen – stellen sowohl das gegenwärtig praktizierte Verfahren der Fallanalyse als auch die ihr zugrunde liegenden kriminologischen Erkenntnisse dar. Und so werden die Methoden der Fallanalyse sowie die durch sie gewonnenen Erkenntnisse im Sinn einer Momentaufnahme zu Wissensbeständen verstanden, deren Betrachtung interessante Perspektiven eröffnet und heuristische Rahmungen ermöglicht. Es wäre naiv zu glauben, hier Pflöcke eingeschlagen zu haben, deren Dauerhaftigkeit mit größerer Sicherheit prognostiziert werden kann. Denn es gibt eine Reihe von für die Kriminalistik relevanten Aspekten menschlichen Verhaltens, die sich – zumindest derzeit – nicht abschließend beantworten lassen. Manche davon, weil uns das entsprechende Wissen noch nicht vorliegt, andere vielleicht deshalb, weil wir uns mit dem zu ihrer Beantwortung erforderlichen Perspektivwechsel so schwer tun.

So fragen wir uns immer wieder, ob im Zusammenhang mit der Begehung schwerwiegender, mit als abweichend empfundenem Sozialverhalten assoziierter Straftaten wie z. B. der der Vergewaltigung oder gar des Sexualmordes Verhal-

---

5   Nähere Informationen zu ViCLAS finden sich u. a. in Nagel/Horn 1998, Addicks/Klinger 1999, Baurmann 1999 oder Dewald 2002.

6   Insofern hat Ulrich Oevermann im Zusammenhang mit Datenbankanwendungen, die dem Erkennen von Serienzusammenhängen dienen sollen, schon in den 90er Jahren richtigerweise davon gesprochen, dass diese lediglich die Funktion einer „grobmusternden Suchhilfe" einnehmen können (Oevermann et al. 1994).

tensmuster im Allgemeinen und in Tatverläufen mit fatalen Ausgängen im Besonderen auf langfristig wirkende kausale Ursachen zurückgeführt werden können. Wenn auch die moderne Kriminologie hier monokausale, lineare Aussagen vermeidet und eher in Richtung multikausal wirkender Risikokonstellationen weist, so gilt es, das recht wirkungsmächtige menschliche Streben nach der – oft genug im Reich einschlägiger Mythen zu verortenden – Ursache, die den Akteur zu seiner Handlung vermeintlich prädisponiert hat, zu beachten. Eine Qualität von Fragen mag nach der Möglichkeit suchen, zwischen Situativität und längerfristig wirkender Kausalität einen Trennstrich zu setzen. Dieser Punkt steht häufig mit dem vorherigen in enger Beziehung, wenn Zweifel an Kausalität mit der prinzipiellen Unbestimmtheit von Situativität begründet werden und dieser Zweifel seinerseits wiederum angezweifelt wird, indem eingewandt wird, dass die Phänomene mit situativer Aufladung eben aus dem Kausalitätsparadigma herausfallen und dieses somit keineswegs entkräften. Man könnte aber auch eine ganz andere Perspektive einnehmen und fragen, ob die Fähigkeit des menschlichen Geistes, komplexe Erklärungen für Verhalten zu finden, möglicherweise Verstehen grundsätzlich erschwert. Dieser Ansatz steht (scheinbar) im Gegensatz zu klugen multifaktoriell orientierten Betrachtungen, doch kann zumindest darüber nachgedacht werden, ob ein komplexer Geist nicht geradezu zwingend nach komplexen Erklärungen verlangt und damit die Ebene weniger komplexer Zusammenhänge gewissermaßen gewohnheitsmäßig verlässt.

Man könnte in diesem Zusammenhang weiter fragen, ob sich menschliches Verhalten nicht auf wenige basale Linien zurückführen lässt und die Ausprägungen von Kultur wenig mehr als deren Epiphänomene sind. Aber auch hier dürfte sich die Wahrheit kaum im Wege eindimensionaler Betrachtungen finden lassen. Natürlich könnte man sagen, dass alles Lebendige letztlich um die Verfügbarkeit von Ressourcen wie Nahrung, Territorium und Sex kreist und dies auch für den Menschen zu gelten habe. Stehen diese Ressourcen nicht für alle in gleicher Weise zur Verfügung, so werden sie gewaltsam erzwungen. Andererseits hat sich dieses ,Grundmuster' beim Menschen überaus vielfältig ausdifferenziert und es wird der Zugang zu Ressourcen über ein äußerst komplexes System von biologischen und sozialen Qualitäten und dem durch sie generierten Impaktfaktor sowie dem erreichten Machtpotenzial gesucht. Dass sich das Streben nach Macht und Anerkennung in manchmal bewundernswerter, manchmal lächerlicher und mitunter fatalistischer Weise ausprägen kann, muss nicht der Hypothese einer im Hintergrund stehenden grundlegenden Tendenz zur Ressourcenoptimierung stehen. Schließlich wäre zu fragen, ob die Unterscheidung biologischer von sozialen Faktoren – insofern sie getrennt betrachtet werden – nicht grundsätzlich in die Irre führen müssen. Diese Vermutung ist längst über die Abgabe eines politisch korrekten Statements zur Befriedung verfeindeter Positionen hinausgelangt.

Als eine Grundformel könnte hier angeführt werden, dass die biologische Ausstattung die Möglichkeiten des Agierens in sozialen Situationen beeinflusst und so wechselwirkend eine spezifische individuelle Lerngeschichte generiert wird. Ein untererregbarer und klar strukturierter Mensch wird in sozialen Situationen andere Reaktionen erfahren als ein hyperaktiver Mensch mit Tendenz zu emotionaler Labilität. Noch überzeugender wird die Hypothese eines Zusammenspiels von Biologie, Situation und Sozialität, wenn man auf das Forschungsgebiet der Epigenetik schaut. Hier mehren sich die Hinweise, dass Gene kein stures artspezifisch-uniformes Eigenleben führen, sondern dass äußere Ereignisse in der Zelle Mechanismen beeinflussen, die sich auf die Aktivierung oder Hemmung von Genen auswirken. Diese Zusammenhänge lassen sich zum Teil generationenübergreifend nachweisen, wenn etwa in einem bestimmten Lebensabschnitt erlittener Hunger ein spezifisches Krankheitsrisiko der Abkömmlinge des einst Hungernden in Nachfolgegenerationen beeinflusst (Pembrey et al. 2006). Hier muss man auch feststellen, dass es aus der Sicht des Lebendigen schlichtweg Sinn macht, durch flexible genetische Prozesse auf Umwelteinflüsse in einer Weise reagieren zu können, die Individuen einer Art schon bevor die bekannten adaptiven Prozessen des genetischen Wandels greifen können, schützt.

Interessanterweise deuten nicht nur Tierexperimente darauf hin, dass intensiver sozialer Stress in frühen Entwicklungsphasen im Wege solcher epigenetischer Prozesse zu einer somatisch nachweisbaren Vulnerabilität führt, die das adulte Individuum in Richtung vermehrter Ängstlichkeit und verminderter Aktivität beeinflusst. Diese Erkenntnisse, die sehr gut mit Befunden der Bindungsforschung vereinbar sind (vgl. z.B. Sroufe et al. 2005), sind naheliegenderweise interessant beispielsweise im Hinblick auf das Feld sexuell assoziierter Tötungsdelikte. Unabhängig von dem Umstand, dass hier eine große Vulnerabilität im Hinblick auf die eigenen Affekte (samt einer entsprechenden Lerngeschichte!) häufig zu vermuten ist, ist doch sehr augenfällig, dass unter den Tätern sicher gebundene und glückliche Männer fast nie anzutreffen sind. Insofern könnte der epigenetische Ansatz hier durchaus einen Paradigmenwechsel markieren, indem nach innen und nach außen gewandte Destruktivität, eine spezifische Stimulationsneigung oder affektive Labilität in einem neuen Licht erscheinen könnten. Doch auch hier gelten die grundlegenden Bedenken hinsichtlich der Frage, ob das als abweichend Eingestufte (z. B. eine infolge perinatalen oder frühkindlichen Stresses veränderte Häufigkeit aktiver Stressrezeptoren) im Hinblick auf das zu erklärende Phänomen (hier die sexuell assoziierten Tötungsdelikte) in einer Exklusivität ausgeprägt ist, die das Nachdenken über diese Form von Kausalität erlaubt.

3.3 Die Rolle der Kontingenz in der Fallanalyse

Über Paradigmen und ihr Wechselspiel lässt sich vergleichsweise leicht reden, solange man nicht innerhalb des Kreises ihrer Vertreter (und damit auch Nutznießer) verortet ist. Einen Paradigmenwechsel zu fordern, birgt das Risiko von Anfeindungen und bringt potenziell Aufmerksamkeit. Ein anderes Vorgehen könnte darin bestehen, einer integrativen Perspektive im Hinblick auf die bestehenden Wissensbestände das Wort zu reden. Hiermit setzt man sich allerdings potenziell dem Vorwurf der Beliebigkeit bzw. des Verzichts auf die Einnahme einer eigenen Perspektive aus. Beides – das Fordern eines Umschwenkens hin auf neue Territorien sowie die Integration von allem – sind schwierig. Eine Herauslösung aus diesem Dilemma könnte in der Einnahme einer pragmatischen Perspektive bestehen. Nach Charles Sanders Peirce erwächst Erkenntnis aus der Lösung konkreter Handlungsprobleme. Hier ließe sich nun aus der Sicht eines Fallanalytikers fragen, was sich innerhalb des Feldes z. B. der sexuell assoziierten Tötungsdelikte als hilfreich im Hinblick auf die Suche nach dem unbekannten Täter herausgestellt hat. Hier haben sich Konzepte, die auf sexuell-pathologischer Devianz aufgebaut haben, als nicht oder nur in Ausnahmefällen zielführend erwiesen. Erfolgreicher hingegen sind Strategien, die das Individuum ‚Täter' in seinen sozialen Bezügen – z. B. sein geografisches Verhalten, seine Tendenzen zu normabweichendem Verhalten betreffend – in den Blick nehmen. Man könnte daher aus pragmatischer Sicht sagen, dass Individuen, die sich – ggf. als Träger einer spezifischen Form von ‚Beschädigung' – ungebremst der Kontingenz des sozialen Lebens aussetzen, am ehesten über die Rückführung auf empirisch generierte Wissensbestände identifizierbar sind. Dabei scheint es in der Natur dieser ‚Beschädigung' zu liegen, dass sie nicht in die Form langfristig angelegter und unmittelbar tatbezogener Verhaltensskripte eingegossen ist. Anders scheint es sich mit Individuen zu verhalten, deren ‚Beschädigung' in engem Zusammenhang mit längerfristig angestrebten sexuell-devianten Handlungszielen steht. Diese Individuen setzen sich gerade nicht einer allumfassenden Kontingenz aus, sondern sie versuchen Kontingenz so weit zu reduzieren, dass die Bedingungen für die Umsetzung ihrer pathologischen Verhaltensskripte optimiert werden. Es ließe sich daher vermuten, dass es im Hinblick auf die ‚Beschädigung' – wie immer diese auch aussehen mag – eine recht einfache Grundformel geben könnte: Ist die Beschädigung diversifiziert und mit der Kontingenz des je individuellen Alltags verwoben, bedarf es des Zusammenwirkens einer Reihe von vor allem situativer Faktoren, um das fatale Ereignis entstehen zu lassen. Konnte der Impakt der Beschädigung jedoch nicht oder nur kurzfristig aus dem Fokus des Weltzugangs gerückt werden, steigt die Wahrscheinlichkeit, dass im Wege einer Kontingenzreduktion das fatale Ereignis aktiv angestrebt wird.

Über die Natur dieser Beschädigung ist viel spekuliert worden. Ob eine tiefenpsychologisch beschreibbare frühe Konfliktszene oder eine physiologische Anlage eines gestörten Affekterlebens hier entscheidend sind, wird sich letztendlich nicht entscheiden lassen. Es spricht jedoch einiges dafür, dass dem Wechselspiel zwischen einer biologisch determinierten Vulnerabilität hinsichtlich des Affekterlebens und der Unmöglichkeit bzw. Unfähigkeit des Sozialen, sich dem gegenüber als belastbares Netz zu installieren, hier eine wichtige Rolle zukommt.

4   Fazit

Die hier skizzierte heuristische Rahmung kann jedoch nicht darüber hinwegtäuschen, dass das beschriebene Wechselspiel eine Reihe von Schattierungen zulässt, die sich typisierender Anstrengungen hartnäckig entziehen. Am Ende wird man sich nicht der Erkenntnis verschließen können, dass – um bei einem zentralen Gegenstandsbereich der Operativen Fallanalyse zu bleiben – destruktive Fatalität als Bestandteil der *conditio humana* nicht immer zu erklären ist. Dies vielleicht auch deshalb, weil sie (scheinbar) nicht das zentrale Element des menschlichen Miteinanders darstellt und dieses Miteinander enorme Anstrengungen darauf verwendet, im Rahmen sozialer Rituale eine permanent wirksame Qualität von Befriedung hervorzurufen. Darauf muss der Mensch als soziales Wesen vor dem Hintergrund von Abgrenzung, Synergie und Ressourcenoptimierung vielfältige Anstrengungen verwenden. Das destruktive Ereignis erfolgt fast immer unvermutet, nur selten lassen sich „rote Flaggen" identifizieren, die die als solche häufig ungeheuere Tat in einer Weise angekündigt haben, dass deren Eintreten im Nachhinein als eine rekonstruierbare Unvermeidlichkeit bewertet werden kann. Das Wissen über die Tat ist also regelmäßig lückenhaft und unsicher. Ihre Entstehungsbedingungen werden sich nur höchst selten vollständig aufklären lassen. Affekte und ihre kontextuelle Dynamisierung lassen sich nicht direkt beobachten, ja sie können durch den Täter häufig gar nicht exakt wiedergegeben werden (Pfäfflin 1997). Die Operative Fallanalyse als ein professionelles Feld des gewohnheitsmäßigen Umgangs mit unsicherem Wissen kann sich daher lediglich darauf konzentrieren, die Verhaltenselemente der Tat zu rekonstruieren, die den Anschluss an polizeilich zugängliche Suchräume ermöglichen. Es mag banal erscheinen, wenn hier z.B. nur gesagt werden kann, dass der Täter für das Opfer kein Fremder war, dass er in einem Umkreis von bis zu zehn Kilometern vom Tatort einen Ankerpunkt haben dürfte und seine auch im Alltag erkennbare Impulsivität ihn bereits mit dem Gesetz in Konflikt gebracht haben dürfte. Wer sich allerdings jemals in der Situation befunden hat, z.B. im Fall eines Tötungsdeliktes an einem Kind, in der man zunächst vieles nicht weiß, vor Ermittler zu treten, die unter dem ungeheuren Druck stehen, den Fall aufklären und weitere verhindern zu müssen, wird in den allermeisten Fällen hinsichtlich der Selbststilisierung der „Profiler", wie sie durch Jo Reichertz beschrieben wurde, eine nachhaltig einschlägige Haltung gewinnen. Natürlich wäre es schön, wenn sich empirische Regeln in einer Eindeutigkeit generieren ließen, die ein Set sicherer Ableitung und daraus deduzierbarer Handlungsempfehlungen ermöglichen würde. Die kriminalistische Realität hält es jedoch eher mit der Kontingenz. Insofern sind Funktionalitäten, die damit beauftragt sind, diese spezifische Form von unsicherem Wissen aufzuhellen, gut beraten, offen für die entsprechenden Mahnungen von Jo Reichertz zu bleiben.

5. Literatur

Addicks, Susanne, Klinger, Thomas (1999): Das ViCLAS System in Kanada. Übersetzung einer Informationsbroschüre der Kanadischen Polizei. Wiesbaden: Bundeskriminalamt

Baurmann, Michael C. (1999): ViCLAS – Ein neues polizeiliches Recherchenwerkzeug. *Kriminalistik* 12/99, S. 824-826

Baurmann, Michael C. (2003): Die Operative Fallanalyse des Bundeskriminalamtes. In: Lorei, Clemens (Hrsg.) Polizei & Psychologie. Kongressband der Tagung „Polizei & Psychologie" am 18. und 19. März 2003 in Frankfurt am Main (Schriftenreihe Polizei & Wissenschaft). Frankfurt, Verlag für Polizeiwissenschaft, S. 7-53

Baurmann, Michael C. (2004): Monster und Supermänner? Mythen und Realitäten über Tatverdächtige, Straftäter und polizeiliche Ermittlungsarbeit. In: Albrecht, Hans-Jörg, Walter, Michael, Kania, Harald (Hrsg.): Alltagsvorstellungen von Kriminalität. Individuelle und gesellschaftliche Bedeutung von Kriminalitätsbildern für die Lebensgestaltung. Kölner Schriften zur Kriminologie und Kriminalpolitik, Band 5, S. 435-455

Baurmann, Michael C./Dern, Harald/Straub, Ursula (2009): Eine neue Fragestellung: Welche Rolle spielt die Fallanalyse in der Hauptverhandlung? In: Bundeskriminalamt (Hrsg.): Die Operative Fallanalyse in der Hauptverhandlung. Ergebnisse eines BKA-Kolloquiums. Köln, Wolters Kluwer/Luchterhand, S. 1–17

Dern, Harald (1994): Perseveranzhypothese und kriminalistisches Handlungsfeld. Zur Diskussion kriminalistischer Schlussprozesse in der Perspektive der objektiven Hermeneutik – Eine Einführung. In: Oevermann, Ulrich, Leidinger, Erwin, Simm, Andreas et.al. (Hrsg.): Kriminalistische Datenerschließung. Zur Reform des Kriminalpolizeilichen Meldedienstes (Sonderband der BKA-Forschungsreihe). Wiesbaden: Bundeskriminalamt, S. 9-119

Dern, Harald (1996): Erfahrungen mit der objektiven Hermeneutik innerhalb der Anwendung qualifizierter kriminalistischer Auswertungsverfahren. In: Reichertz, Jo, Schröer, Norbert (Hrsg.): Qualitäten polizeilichen Handelns. Opladen, Westdeutscher Verlag, S. 263-295

Dern, Harald (2000): Operative Fallanalyse bei Tötungsdelikten. *Kriminalistik* 8/00, S. 533-541

Dern, Harald (2009): Die Operative Fallanalyse und ihre Methodik. In: Bundeskriminalamt (Hrsg.): Die Operative Fallanalyse in der Hauptverhandlung. Ergebnisse eines BKA-Kolloquiums. Köln, Wolters Kluwer/Luchterhand, S. 18–30

Dern, Harald (2010): Heuristische Grundlagen der Fallanalyse. *Forensische Psychiatrie, Psychologie, Kriminologie* 4(2), S. 98–106

Dern, Harald, Horn, Alexander, Baurmann, Michael et. al. (2003): Fallanalyse bei der deutschen Polizei. Die Qualitätsstandards der Fallanalyse sowie das Anforderungsprofil und der Ausbildungsgang für Polizeiliche Fallanalytiker in Deutschland. Wiesbaden: Bundeskriminalamt

Dern, Harald, Baurmann, Michael C. (2006): Operative Fallanalyse. In: Widmaier, Gunter (Hrsg.) Münchener Anwaltshandbuch Strafverteidigung. München: Beck, § 84, S. 2617-2654

Dern Harald, Dern, Christa, Horn, Alexander, Horn, Ursula (2009): The Fire Behind the Smoke: A Reply to Snook and Colleagues. *Criminal Justice and Behavior* 36(10), S. 1085-1090

Dewald, Michael (2002): Die Datenbank ViCLAS. *Kriminalistik* 04/02, S. 248–255

Hoffmann, Jens, Musolff, Cornelia (2000): Fallanalyse und Täterprofil. Geschichte, Methoden und Erkenntnisse einer jungen Disziplin (BKA-Forschungsreihe 52). Wiesbaden, Bundeskriminalamt

Luhmann, Niklas (1987): Soziale Systeme. Grundriß einer allgemeinen Theorie. 13. Aufl. Frankfurt am Main, Suhrkamp

Nagel, Udo, Horn, Alexander (1998): ViCLAS – Ein Expertensystem als Ermittlungshilfe. *Kriminalistik* 1/98, S. 54-58

Nordby, Jon J. (2000): Dead Reckoning. The Art of Forensic Detection Boca Raton, CRC Press

Oevermann, Ulrich (2000): Die Methode der Fallrekonstruktion in der Grundlagenforschung sowie der klinischen und pädagogischen Praxis. In: Kraimer, Klaus (Hrsg.): Die Fallrekonstruktion. Sinnverstehen in der sozialwissenschaftlichen Forschung. Frankfurt am Main, Suhrkamp, S. 58-156

Oevermann, Ulrich, Allert, Tilman, Konau, Elisabet et. al. (1979): Die Methodologie einer „objektiven Hermeneutik" und ihre allgemeine forschungslogische Bedeutung in den Sozialwissenschaften. In: Soeffner, Hans-Georg (Hrsg.): Interpretative Verfahren in den Sozial- und Textwissenschaften. Stuttgart, Metzler, S. 352-434

Oevermann, Ulrich, Leidinger, Erwin, Simm, Andreas et. al. (Hrsg.) (1994): Kriminalistische Datenerschließung. Zur Reform des Kriminalpolizeilichen Meldedienstes – mit einem Beitrag von Harald Dern und dem Abschlussbericht der Fachkommission Kriminalpolizeilicher Meldedienst. Sonderband der BKA-Forschungsreihe. Wiesbaden

Pfäfflin, Friedemann (1997): Angst und Lust. Zur Diskussion über gefährliche Sexualtäter. *Recht und Psychiatrie* 15(2), S. 59-67

Pembrey, Marcus E., Bygren, Lars Olov, Kaati Gunnar et. al. (2006): Sex-specific, male-line transgenerational responses in humans. *European Journal of Human Genetics* 14(2), S. 159-166

Reichertz, Jo (1990): „Meine Schweine erkenne ich am Gang". Zur Typisierung typisierender Polizisten. *Kriminologisches Journal* 22(3), S. 194-207

Reichertz, Jo (1991): Aufklärungsarbeit – Kriminalpolizisten und Feldforscher bei der
Arbeit. Stuttgart, Enke

Reichertz, Jo (1994): Polizeiliche Expertensysteme: Illusion oder Verheißung. In: Hitzler,
Ronald, Honer, Anne, Maeder, Christoph (Hrsg.): Expertenwissen. Die institutiona-
lisierte Kompetenz zur Konstruktion von Wirklichkeit. Opladen, Westdeutscher
Verlag, S. 193–213

Reichertz, Jo (1998): Kriminalistische Expertensysteme oder Experten für kriminalistisches Denken? In: Bundeskriminalamt (Hrsg.): Neue Freiheiten, neue Risiken, neue
Chancen – BKA-Arbeitstagung 1997. BKA-Forschungsreihe, Bd. 48. Wiesbaden, S.
165-196

Reichertz, Jo (2003): Zur Organisation polizeilicher Aufklärungsarbeit. In: Reichertz, Jo,
Schröer, Norbert (Hrsg.): Hermeneutische Polizeiforschung. Studien zur Inneren Sicherheit 5, Opladen, Leske + Budrich, S. 39-59

Reichertz, Jo (2006): „Meine Mutter war eine Holmes". Über Mythenbildung und die
tägliche Arbeit der Crime-Profiler. In: Hoffmann, Jens, Musolff, Cornelia (Hrsg.):
Täterprofile bei Gewaltverbrechen. 2. überarbeitete und erweiterte Auflage. Heidelberg, Springer Medizin Verlag, S. 27–50

Sroufe, L. Alan, Egeland, Byron, Carlson, Elisabeth A., Collins, W. Andrew (2005): The
Development of the Person. The Minnesota Study of Risk and Adaption from Birth
to Adulthood. New York und London, The Guilford Press

Vick, Jens (1998a): Vorbemerkung. In: Bundeskriminalamt (Hrsg.): Methoden der Fallanalyse. Ein internationales Symposium. BKA-Forschungsreihe Bd. 38.1. Wiesbaden: Bundeskriminalamt, S. 7-14

Vick, Jens (1998b): Methoden des Forschungsprojekts „Kriminalistisch-kriminologische
Fallanalyse" im Bundeskriminalamt Wiesbaden. In: Bundeskriminalamt (Hrsg.):
Methoden der Fallanalyse. Ein internationales Symposium. BKA-Forschungsreihe
Bd. 38.1. Wiesbaden: Bundeskriminalamt, S. 271-282

Wernet, Andreas (2006): Einführung in die Interpretationstechnik der Objektiven Hermeneutik. Wiesbaden, VS Verlag für Sozialwissenschaften

Ein Geschehnis im Kiez und ein paar Einsichten im Streifenwagen und in der Polizeiwache

Joachim Kersten

Mit Ausnahmen in der Berufssparte TV-Medien und in unserer Fußball-Nationalmannschaft sind Nachkommen aus zugewanderten Familien in gut bezahlten und statushohen Jobs in Deutschland eher selten anzutreffen (vgl. Reimann 2010). Im langfristigen Verlauf zeigen sich neueren Daten zufolge zwar einige Integrationserfolge, insgesamt sieht es im Vergleich zu anderen Einwandererländern finster aus: 13% der Kinder haben keinen Schulabschluss, Zugewanderte sind doppelt so häufig arbeitslos wie die Einheimischen. Obwohl die Raten der Kriminalitätsbelastung bei diesen Personen rückläufig sind, und man bei gleicher sozialer Lage gleich viel oder gar weniger Kriminalität bei dieser Bevölkerungsgruppe antrifft, haben spektakuläre Tötungsdelikte und Gewaltstraftaten den Eindruck entstehen lassen, dass wir es in unseren Großstädten mit einer ungebändigten Masse entwurzelter Gewalt- und Intensivtäter mit Migrationshintergrund zu tun haben, die wie Raubtiere darauf lauern, unbeteiligte Bürger anzugreifen.

In den Medien wird eine Diskussion um die Integrationsprobleme von Jugendlichen und jungen Männern mit muslimischem kulturellen Hintergrund geführt und dabei mit wenig subtilen Stereotypen hantiert. Dazu gehören die Bezeichnung „Machotürken" und die Behauptung, die Orientierung am Islam sei ursächlich für die vergleichsweise höhere Auffälligkeit des männlichen Nachwuchses aus zugewanderten Familien vor allem aus der Türkei, aber auch aus dem Libanon und Nordafrika.

Die Daten des Kriminologischen Forschungsinstituts Niedersachsen (KFN) umfassen große Zahlensätze befragter Schüler verschiedener deutscher Städte und haben bisher wichtige Zusammenhänge offen legen können. So zum Beispiel den zwischen beobachteter oder selbst erlittener Misshandlung in der Familie (um die es in diesem Beitrag gehen wird) und der eigenen Gewaltbereitschaft.

Auch die in solchen Großbefragungen erhobene Orientierung von Jugendlichen an „Gewaltlegitimierenden Maskulinitätsnormen" hat einigen Erklärungswert. Aber: Zum einen ist diese Einstellungskategorie nicht ausreichend theoretisch begründet. Sie verhält sich zur differenzierten empirischen Forschung in der Abteilung „gender"/"masculinity" wie ein Brühwürfel zu einem Chateaubriand für zwei Personen. Darüber hinaus finden wir in Aaron Cicourels Werken, die zurzeit in den Sozialwissenschaften wenig beachtet werden, Begründungen für eine heilsame Skepsis gegenüber den Ergebnissen solcher Einstellungsforschung. Das, was in den Medien zu den „Machotürken" und zum Zusammenhang „Islam und Gewalt" geäußert wird oder auch zur „Orientierungslosigkeit" als Ursache der „Jugendgewalt", beruht zum größten Teil auf Ergebnissen von Einstellungsbefragungen. Befragte Jugendliche machen Kreuzchen hinter Antwortvorgaben, meist in Situationen, die mit der untersuchten Problematik nichts zu tun haben. Die Schüler sitzen in Gemeinschaftskundeklassen oder an ihrem Schreibtisch zu Hause und füllen die Erhebungsbögen aus. Aus solchen Daten kann man auf Zusammenhänge schließen, kein Zweifel, aber es handelt sich um Korrelationen, nicht um kausale Zusammenhänge.

Begrüßenswert wäre etwas mehr Vorsicht bei der Interpretation der Ergebnisse. Gewalt findet vor allem in Situationen statt, ob auf dem Schulweg, vor der Disco, in der nächtlichen Fußgängerzone, in der Küche der Etagenwohnung (aber auch im Salon der Villa im Grünen). Diese Situationen gälte es stärker zu beachten und in die Forschung zu integrieren. Einstellungen und Handlungen sind und bleiben zwei verschiedene Größen, das wird zu häufig ignoriert, ob es nun um „Islamophobie" oder „Gewaltbereitschaft" geht. Natürlich sagt uns berichtete Gewalt- und Opfererfahrung (dies wechselt sich in der Realität von Jugendgewaltszenarios einigermaßen regelmäßig ab) etwas über das Gewaltproblem in unserer Kultur und eine regelmäßig wiederholte Opferbefragung (*victimisation survey*) würde Trends und Schwerpunkte erkennen lassen. Es ist deshalb auch nicht nachvollziehbar, weshalb solche Datensätze in Deutschland, anders als in Großbritannien und weiteren EU Ländern und in den USA, hier nicht verfügbar sind.

Die nachfolgenden Beobachtungen und Interpretationen beziehen sich auf die Frage Integration und im engeren Blickwinkel auf das Problem „Gewalt in der Familie". Die Daten stammen aus der Feldforschung des Verfassers. Die Handlung hat mehrere Akteure: einen halbwüchsigen Jungen aus einer zugewanderten Familie, die gemischtgeschlechtliche Besatzung einer großstädtischen Polizeistreife, die Eltern des Jungen, seine Geschwister und den nicht ganz teilnahmslosen Beobachter, der in der Hochschullehre für den höheren Dienst der deutschen Polizeien tätig ist. Dazu gibt es noch Nachbarskinder und ihre Mütter.

Ein unerwartetes Geschehnis
(19:00 - 06:00 Uhr, Nachtdienst, aus den Feldnotizen)

Ein Junge kommt auf die Wache, die in einem Großstadt-Kiez liegt. Er steht vor dem Tresen. Gefragt, was er denn möchte, antwortet er, er wolle seinen Vater anzeigen. Dieser habe ihn mit einer Flasche ins Gesicht geschlagen, nachdem der Sohn die falsche Zigarettenmarke vom Automaten geholt habe. Man sieht keine Verletzung, es sei eine Plastikflasche gewesen, sagt der Junge. Ich sitze hinten im Wachraum. Es gibt eine Diskussion unter den anwesenden Polizeibeamten. Ob es vielleicht nur eine „verdiente Backpfeife" gewesen sei, ob er nicht noch mehr Prügel kriegen würde, wenn er mit der Polizei zu Hause auftauche? Der Dienstgruppenleiter, ein Hauptkommissar, ordnet an: „Hinfahren, Nachgucken!". So fahre ich mit den Schutzpolizisten Herrn P. und Frau L. in den hinteren Rand des Reviers. Dort findet nachts der Straßenstrich statt. Zwischen verlassenen Industrieanlagen - einige wenige scheinen auch noch in Betrieb – steht ein größeres Wohnhaus, umzäunt wie ein Baum in der Wüste. Das Gebäude diente ehemals als Asylantenunterkunft, es wird jetzt von mehreren zugewanderten Familien bewohnt.

Im Auto sitze ich hinten neben dem Jungen, er ist knapp 14, nicht besonders groß für sein Alter. Die Beamtin fragt ihn: Wie oft schlägt dich dein Vater? Schlägt er dich mit Gegenständen? So alle zwei Monate vielleicht würde sein Vater ihn schlagen, sagt der Junge, aber nicht mit Gegenständen. Schuhe? Gürtel? Bügel? Nein, so was nicht. Ob er Geschwister habe? Ja, Brüder und eine ältere Schwester. Die könnten beide gut Deutsch sprechen. Ob der Vater die auch schlagen würde? Oder die Mutter? Nein, die nicht, nur ihn. In der Schule hätte der Lehrer gesagt, wenn sie Schläge bekämen, sollten sie zur Polizei gehen.

Vor der Wohnung steht eine Sammlung von Schuhen. Wir lassen die Schuhe an. Die kleine türkische Mutter mit Kopftuch guckt auf unsere Füße. Hauptmeister P. ist ein südländisch aussehender Mann. Er hat dunkle Augen, einen olivfarbenen Teint und einen pechschwarzen, etwas widerspenstigen Haarschopf. Nur die Uniform macht ihn zum Mitglied der Landespolizei. P. fragt den Vater, ob er Deutsch verstehe. Ja er versteht, er spricht allerdings schnell, gebrochen und kaum verständlich. Die Mutter spricht kein Deutsch, sagt der Vater. Die Schwester des Jungen, eine junge Frau ohne Kopftuch, hilft bei der Verständigung. Man habe den Jungen aufgegriffen, sagt P. Der Sohn habe Angst gehabt nach Hause zu gehen, und er habe gesagt, dass der Vater ihn schlagen würde. Der Vater hat ein steinernes Gesicht, der Junge weint heftig.

Die Schwester geht zu ihm, versucht, ihn in den Arm zu nehmen und mit ihm zu sprechen. Der Junge stößt sie weg. Er weint noch stärker. Er sei aber nicht verletzt, sagt die Schwester, es sei nur ein Streit über die Zigaretten gewesen. Der Vater habe sich aufgeregt, der kleine Bruder auch. Der Vater und die Mutter wirkten wie Statuen aus Granit. Nichts bewegt sich in ihren Gesichtern. Der ältere Bruder kommt heim. Er trägt noch seine Arbeitskleidung, einen Monteurskittel. Auch er hat ein offenes Gesicht uns gegenüber. Er fragt, was los sei. Seine Schwester erklärt es ihm in deutscher Sprache. Der Beamte P. sagt zum Vater, dass die Polizei wiederkommen würde, falls der Kleine wieder geschlagen würde. Vater und Mutter stehen im Flur, erstarrt wie Salzsäulen. Es wird nicht mehr gesprochen.

Ich gehe aus der Wohnung raus, während P. und L. die Personalien der Eltern aufnehmen. Aus der anderen Wohnung kommen zwei Frauen und eine Kinderschar. Sie laufen zum Bauzaun, der neben dem Schotterstreifen steht. „Wass'n passiert?" fragt ein Mädchen, als sie den Streifenwagen sieht. Nichts passiert, sage ich, siehst du etwas? Nee, meint sie. Sie erzählt mir, wie sie und ihre Geschwister heißen. Die Mütter sind jung, sie tragen kein Kopftuch, sie lachen freundlich.

Auf der Rückfahrt zur Wache sprechen wir über das Thema Schuhe. Neulich auf einer Fortbildung habe ein Psychologe gesagt, man müsse bei türkischen Familien immer die Schuhe ausziehen. Aber wie wolle man das denn machen, bitteschön, speziell bei Tätlichkeiten in der Familie? Sich erst einmal bücken und die Schuhe aufbinden? Viele Beamtinnen und Beamte tragen knöchelhohes, wanderstiefelartiges Schuhwerk, insbesondere während der Nachtschicht. Am Uferbereich des nahegelegenen Flusses gibt es in dieser Jahreszeit häufig Trinkgelage mit anschließenden Prügeleien. Die Wanderstiefel haben ihren Sinn. Außerdem sei es völlig unrealistisch, ohne Schuhe in eine potenziell bedrohliche Situation zu gehen, nur weil die Wohnung von Türken bewohnt sei.

Nach der Rückkehr der Streife findet im Wachraum eine Diskussion statt. Der Dienstgruppenleiter fragt seine Mannschaft: Was hätte der Junge gedacht, von uns, von unserem Land, von unserem Staat, von unserer Polizei, wenn man ihn einfach wieder weggeschickt hätte?

Do the Right Thing

Das ist der Titel eines Films von Spike Lee (1989). Er zeigt die Latenz von Aggression (*static*) am heißesten Tag des Jahres in einem amerikanischen Kiez, ein von armen und arbeitslosen afro-amerikanischen New Yorkern bewohnter Teil von Brooklyn. Eine vom gutmütigen Italiener (Danny Aiello) und seiner Familie (John Turturro) geführte Pizzeria (mit Spike Lee als dem Pizzaboten) ist bis zu diesem Tag der akzeptierte Treffpunkt für Jung und Alt. Die Pizzeria wird zum Ort, an dem es zur Explosion von Gewalt kommt. In der (etwas pointiert ausgedrückten) Sicht des Verfassers begreift dieser Film das Problem der Gewalt im sozial benachteiligten Minderheitsviertel sehr viel besser, tiefgründiger aber auch verstörender als die medienpräsente Gewaltforschung mit ihren sich stets wiederholenden Floskeln oder Diskriminierungen vom Typus „Machotürke". In der Filmhandlung ereignet sich die unaufhaltsame Katastrophe, als die Polizei kommt. Ein junger unangepasster Mann aus dem Stadtteil verliert durch den Würgegriff von Polizisten sein Leben. Im hier beschriebenen Geschehnis kommt die Polizei und es passiert etwas ganz Anderes.

Das Geschehnis ist unerwartet, zumindest aus der Perspektive der türkischen Familie, die von der Polizei Besuch erhält. Der Verlauf ist auch für den teilnehmenden Beobachter nicht voraussehbar. Die Diskussion im Wachraum („hat er die Schläge des Vaters verdient?") zeigte, dass die Akzeptanz züchtigender Gewalt kein ausschließliches Merkmal in der Einstellung türkischer Väter und älterer Brüder ist (wobei der ältere Bruder in dieser Geschichte nicht in diese Kategorie gehört, sondern sich dem „Kleinen" verständnisvoll zuwendet). Die älteren Polizeibeamten teilen die Ansicht, dass bei Ungehörigkeit des pubertierenden Nachwuchses einem Vater „schon mal die Hand ausrutschen" kann.

Selbstredend verlangt das Vorkommnis Interpretation, was das Handeln der Polizisten betrifft. Im Kiez erleben sie solcherlei täglich und nächtlich mehr oder weniger andauernd. Zunächst wird aber das Ereignis in der Zuwandererfamilie Spuren hinterlassen. Dabei lohnt sich ein genaueres Hinschauen.

Für den Jungen ist die Gewalt seines Vaters nicht unerwartet. Er wird häufiger misshandelt, aber dieser spezielle Anlass hat ihn aufgebracht. Er erbringt für den Vater eine Dienstleistung, indem er Zigaretten holt. Weil er die falsche Marke bringt, wird er gezüchtigt. Er ist nicht an seinem Körper verletzt, im Unterschied zu reichlich vielen anderen Jungen und Mädchen seiner sozialen Lage und Herkunft. Es geht ihm um den Anlass und das ungerechte Ausmaß der väterlichen Gewalt. Er bringt die Energie auf, zur recht weit entfernten Polizeiwache des Stadtteils zu gehen, den Mut, dort vorzusprechen, weil er die erfahrene Demütigung durch den Vater nicht hinzunehmen bereit ist.

Er weiß durchaus, dass sein Verhalten, die Polizei zu informieren, nicht belanglos ist, keine billige Retourkutsche gegen seinen unbeherrschten Vater. Er kommt mit der Polizei zurück, er bringt das deutsche Normensystem, die Zivilisation eines Rechtsstaats in die elterliche Wohnung. Und die trägt Uniform und zieht sich bei Gewaltstraftaten nicht die Schuhe vor der Tür aus. Ansonsten kann man das Auftreten dieser Beamten des mittleren Dienstes nur als rundum interkulturell kompetent bezeichnen. „Interkulturelle Kompetenz" wird nicht nur in der Polizei häufig komplett missverstanden. Doch dazu später.

Der türkischstämmige Junge stellt mit seiner Anzeige gegen den Vater die Ehre seiner Familie radikal infrage. Er lässt dem Familienvorstand auf die einzige ihm zur Verfügung stehende Art eine Rückmeldung über sein Gewaltverhalten zukommen, eine Normverdeutlichung durch die Polizei. Er weiß dabei die Normen der deutschen Gesellschaft in seinem Rücken. Woher? Durch die Schule, genauer durch seinen Lehrer. Aber er ist sich auch durchaus der Ungeheuerlichkeit seines Vorgehens bewusst. In der Polizeiwache und im Streifenwagen ist er eher kleinlaut, er fühlt sich überhaupt nicht überlegen, es ist keine rebellische Auflehnung vom Typus James Dean gegen die Vätergeneration. Der Junge ist aufgewühlt und verzweifelt, und in der Situation zuhause bricht es aus ihm heraus, er weint so heftig, dass ihn niemand beruhigen, niemand trösten kann, selbst die ihm zugeneigte ältere Schwester nicht.

Der Lehrer gehört in die „*Do the Right Thing*" Abteilung. Er weist im Unterricht auf das bestehende Problem und eine wirksame Abhilfe hin. Es wäre eigentlich die Aufgabe von sozialen Diensten, Familienkonflikte zu befrieden, aber dieser Aufgabe werden die Agenturen sozialer Dienstleistung zu selten gerecht, so scheint es. Entweder, weil solche Stadtteile sozialarbeiterisch unterversorgt sind, oder weil die dort tätigen Kräfte nicht zum Ansprechpartner werden, oder weil sie gegenüber diesen Problemen machtlos sind.

Die Eltern stehen für die erste Einwanderergeneration aus dem Osten der Türkei. Sie haben hart gearbeitet, aber aus der glorreichen Rückkehr in die Heimat ist nichts geworden. Die Gastsprache beherrschen sie kaum oder – im Fall der Mutter – überhaupt nicht. Es ist bei ihr wie bei vielen nachgezogenen Bräuten und Frauen fraglich, ob sie in der Muttersprache, also in Türkisch, die Schrift und das Lesen beherrschen. Auch wenn Frauenforscherinnen gegen die empirische Evidenz der von ihnen selbst erhobenen Daten behaupten, Gewalt gegen Frauen sei sozial durch alle Schichten gleich verteilt, so lassen diese Daten keinen Zweifel daran, dass türkische Frauen wesentlich häufiger misshandelt werden als einheimische (Reimann 2010). Und das mit schwereren Folgen, weil ihnen kaum Wege offen stehen, dies abzustellen (außer in das mit Migrantinnen überbelegte Frauenhaus zu fliehen). Der Junge sagt, dass seine Mutter nicht geschlagen werde, aber er kann die Möglichkeiten seiner neuen Heimat nutzen, um die Gewalt gegen ihn abzustellen, auch wenn es ihm und seiner Familie wehtut. Wie alle Einwanderer wollten auch diese Eltern eine Rückkehr in die Türkei, nicht mehr arm und rückständig, sondern mit Auto und Geld. Ihre Kinder legen einen anderen Weg für die Familie fest. Sie sind in Deutschland aufgewachsen und haben Chancen genutzt. Die älteren Geschwister haben Arbeit, sie sprechen akzentfreies Deutsch, sie haben sich auch aus den Fesseln der unter der Käseglocke der Immigrantenexistenz noch massiver normierten kulturellen und religiösen Traditionen befreit, so scheint es zumindest, denn die ältere Tochter trägt anders als ihre Mutter kein Kopftuch (wie übrigens auch die jüngeren Mütter in diesem Haus). Und wie alle Einwandererfamilien der ersten Generation wollen sie vor allem eines überhaupt nicht: Auffallen. Das Erscheinen des Streifenwagens vor dem Haus, das Betreten der Wohnung durch die Beamten, der Hinweis auf mögliche weitere Maßnahmen, falls der Vater seinen Sohn schlägt, all das schlägt in der älteren Generation ein wie ein Donnerkeil. Tradition, Religion, Beharren auf den althergebrachten Sitten und Hierarchien, das sind scheinbar verlässliche Anker der Identität in der Fremde wie Werner Schiffauer gezeigt hat. Das Erscheinen der Polizei ist der Hinweis auf die Brüchigkeit dieser Entwürfe.

Die Normverdeutlichung durch die städtische Streife erfolgt auf fast homöopathische, aber dadurch eben sehr wirksame Art. Es gibt sehr wohl Diversion im deutschen Polizeihandeln, auch wenn das die Dogmatiker ayatollahähnlich abstreiten. Ohne Ermessensspielräume würde die polizeiliche Arbeit in den großen Städten, vermutlich aber gerade auch auf ländlichen Polizeiposten, einfach kollabieren. Der Sohn will seinen Vater anzeigen, es würde sich um ein Offizialdelikt handeln, wenn der Sohn auch nur einen Splitterbruch im kleinen Finger hätte. Dann würde Anzeige erstattet. In diesem Fall tut der erfahrene Streifenpolizist *„the Right Thing"*. Er sagt, der Sohn habe Angst, weil er Schläge erwarte, das ist sogar richtig. Dass Misshandlung erfolgt ist, führt der Beamte nicht weiter aus, obwohl er das als Strafverfolger könnte, wohl aber die Konsequenzen erneuten Schlagens. Er führt dem Vater keinen Gesichtsverlust vor der Familie zu, die Situation ist schlimm genug für alle, Sohn inklusive. Aber die Normverdeutlichung, dass nämlich Schlagen von Kindern oder anderen Familienangehörigen in Deutschland nicht geduldet wird, erfolgt in absoluter Klarheit. Der Polizist spricht den Vater in höflicher, respektvoller Form an. Er siezt ihn und spricht einfaches, aber grammatikalisch korrektes Deutsch, keine deutsche Kanaksprak (Du können Deutsch? Du mich verstehen? Du Kind gehauen?).

Das Auftreten von Polizei in Situationen der familiären Gewalt ist die Visitenkarte des Rechtsstaats. Die Kinder, sowohl der Junge als auch seine älteren Geschwister, sehen, dass der Mann und die Frau in Uniform anständig mit ihren Eltern und mit der Situation umgehen. Dieser Lerneffekt ist unverzichtbar und Beamte, die so ihre Arbeit tun (und das sind sehr viele in unseren Polizeien der Länder, das ist meine feste Überzeugung nach fünfzehn Jahren Erfahrung in Forschung und Lehre bei der Polizei) sollte man stärker belohnen und fördern. Die zweite Generation muss polizeiliches Handeln als „anständig" und fair wahrnehmen. Das prägt das Bild von unserer Kultur in dem oft grausamen Zwiespalt der Normen und Loyalitäten im moslemischen Zuwanderungsmilieu, in dem sich die Nachkommenschaft der Zuwanderer befindet.

„Interkulturelle Kompetenz" heißt in den Polizeien des Bundes und der Länder manchmal wenig mehr als Vokabeln in Fremdsprachen („Führerschein, Kraftfahrzeugschein") und die Kenntnis von oberflächlichen kulturellen Gepflogenheiten des Typus „Schuhe aus, Tee trinken, Frauen nicht die Hand schütteln". Dazu kommen vielleicht noch die „fünf Säulen des Islam", ein Besuch beim Moscheeverein und die Behauptung, dass eine Sure im Koran das Schlagen von Frauen rechtfertige. Das ist keine interkulturelle Kompetenz, sondern das genaue Gegenteil, ein kulturell eingeschränkter Blickwinkel, kurz Borniertheit.

Interkulturelle Kompetenz besteht vielmehr gerade für Polizeibeamte in kreativen Lösungen für die Bearbeitung von Konflikten, wodurch Respekt, Vertrauen und Achtung gefördert werden sollen. Dies allerdings muss auf Gegenseitigkeit beruhen. Aufgaben der Polizei bestehen gerade in benachteiligten, von Zuwanderern bewohnten Vierteln (dabei erscheint der Ausdruck „Kiez" zutreffender als der naiv benutzte Begriff „Ghetto"), in Strafverfolgung, Opferschutz und Gewaltprävention. Die Polizei nimmt eine bedeutsame Vorbildfunktion bei Interventionen ein, sie ist die „Visitenkarte der Zivilgesellschaft" oder wie Avishai Margalit (*The decent society*) es nannte, der „anständigen Gesellschaft". Damit leisten Polizisten Schutzfunktionen für die Wahrung von Menschenrechten und eine nicht zu unterschätzende Rückenstärkung für Akteure im Feld der interkulturellen Pädagogik und Sozialarbeit.

Für professionelle Polizeiarbeit ist im Deutschland/Europa des 21. Jahrhunderts interkulturelle Kompetenz unverzichtbar (Kersten und Kiefner 2007). Die Grundfrage: *Was macht das „Anders-Sein" von Fremden aus?* kann nur beantwortet werden, wenn sich die „Straßenarbeiter" der Polizei der eigenen kulturellen Verortung, ihrer „mentalen Software" (Geert Hofstede) bewusst werden. Das Erkennen der eigenen kulturellen Muster geht nur interaktiv, durch reflexive Schritte: Die Zusammensetzung der eigenen kulturellen Muster wird nur dann bewusst, wenn ein Einbeziehen der eigenen Person und ihres kulturellen Selbstverständnisses gefördert wird. Kaum eine Berufstätigkeit bedingt so sehr alltägliche Stereotypenbildung wie die der Streifenbeamten in unseren Städten. Umso wichtiger ist eine bewusste Auseinandersetzung mit der Bedeutung von Typisierungen/ Stereotypen in sozialen Handlungsfeldern, die Kenntnis alltagsbezogener Kulturmuster von Menschen aus anderen Kulturen sowie die Konfrontation eigener kultureller Muster mit denen traditionalistischer (kollektivistischer) Kulturen. Nur über die Zuordnung der eigenen Muster kann das Erkennen und Verstehen fremder Muster geschehen. Wichtig ist dabei, wie überall, wo Grenzen gezogen werden müssen, dass Verstehen nicht unbedingt mit Verständnis gleichgesetzt werden kann. Das zeigt das hier besprochene Geschehnis und – hoffentlich – auch seine Deutung.

Literatur

Cicourel, Aaron V.(1974), *Methode und Messung in der Soziologie.* Frankfurt am Main.

Erdogan, Kazim (2009), Türkische Männer – „Ein Ehrenmann schlägt seine Frau nicht" Spiegel-online Interview, 28. April. (abgerufen am 15. August 2010)

Kersten, Joachim/ Ahmari, Reza (2009), Die Reichweite von Interkultureller Kompetenz, in: Polizei und Fremde – Fremde in der Polizei, hrsg. von Karlhans Liebl. Studien zur Inneren Sicherheit. VS Verlag für Sozialwissenschaften, S. 239-242.

Kersten, Joachim/ Kiefner, Philip (2007), „Wir sind, wie wir sind. Aber warum sind die anderen anders?" (Interkulturelle Kompetenz) in: POLIZEI-heute Heft 1, S. 18- 26

Lee, Spike (1989), *„Do the Right Thing"* Spielfilm. 40 Acres & Mule Filmworks.

Preuß, Roland (2010), „Die Faust zum Gebet", Süddeutsche Zeitung, S. 2, 5./6. Juni.

Reichertz, Jo (2003), *Die Abduktion in der qualitativen Sozialforschung.* Wiesbaden.

Reimann, Anna (2010), Deutsches Märchen Integration in: Spiegel-online, 7. Juli (aufgerufen am 8. Juli 2010).

Rödder, Andreas (2010), „Zahl und Sinn", Frankfurter Allgemeine Zeitung, S. 7, 5. Juli.

Schiffauer, Werner (2005), „Migration und Religion", Kölnischer Kunstverein, S. 562 – 577.

Schmoll, Heike (2010), „Im Einwanderungsland angekommen", Frankfurter Allgemeine Zeitung, S. 11, 19. Mai.

Soeffner, Hans-Georg (2010), Interview im SWR1 zum Thema „Multikulti und Fußball" 7. Juli, 19:50.

Das Unmögliche ermöglichen: Zur ‚rationalen' Konstruktion ‚irr-rationaler' Beratungsallmacht

Ulrike Froschauer, Manfred Lueger

Beratung ist in modernen westlichen Industriegesellschaften inzwischen in alle Poren des organisationalen Alltags eingedrungen. Während Universitäten und Politik erst seit kurzer Zeit verstärkt in den beraterischen Fokus geraten sind und in den letzten Jahren die damit verbundenen Beratungshonorare die Gemüter erhitzen, so greifen Unternehmen schon seit Langem auf Beratungsleistungen zu: Konzentriert sich bei Kleinst- und Kleinunternehmen die Beratung noch auf den Gründungsprozess, auf Steuerberatungen oder Kreditverhandlungen, ist in international tätigen Konzernen das Betätigungsfeld für externe Beratung schier unerschöpflich. Beratung ist aber kein neuzeitliches Phänomen: EigentümerInnen, ManagerInnen und MitarbeiterInnen haben sich immer schon auf dem Laufenden gehalten, indem sie sich bei anderen informierten. In den folgenden Ausführungen steht jedoch die professionalisierte Form moderner Beratungsdienstleistungen auf vertraglicher Basis im Zentrum.

Professionelle Beratung umfasst ein enormes Leistungsspektrum, das von der Hilfestellung bei der Unternehmensgründung, über die Formulierung von Verträgen, die Gestaltung von Unternehmen, die Vermittlung von Kunden und Lieferanten, die Unterstützung bei organisationalen Prozessen oder einfach die Beistellung von Kompetenzen zur Abwicklung interner Projekte (etwa im IT-Bereich) umfasst. Dazu kommen noch die persönlichen Coaches, die Führungskräften eine fachliche und/oder emotionale Stütze bieten sollen. Überdies findet sich noch eine Reihe meist nicht offen genannter Funktionen, wie die externe Legitimierung von unangenehmen Entscheidungen (wie Kündigungen), die Bestätigung manageriellen Handelns (etwa bei Beratungsmisserfolgen) oder die Auslagerung von Aktivitäten, die nicht im direkten unternehmerischen Kontext stattfinden sollten (bestimmte Formen von Lobbying). Die Vielfalt der im Kontext der Beratung verfügbaren Literatur ist daher gewaltig, wobei insbesondere Beratungsfirmen Spezialpublikationen zu unterschiedlichsten Themen oder Beratungsansätzen auf den Markt bringen (z.B. zur Fachberatung: Pricewaterhouse-Coopers: Gerlach 2009, Sponring, Pinter, Mörtl 2009; Boston Consulting Group: Oetinger 2000, Villis, Hardy Lewis 2009; McKinsey: Kluge u.a. 2003, McKinsey & Company 2007; z.B. zur Prozessberatung: Trigon:Glasl, Kalcher, Piber

2008, Beratergruppe Neuwaldegg: Exner, Exner, Hochreiter 2009; Königswieser & Network: Königswieser, Sonuç, Gebhardt 2006; osb international: Nagel, Wimmer 2002). Dabei machen sich in den letzten Jahren mehrere Trends bemerkbar: Eine Ausweitung der Betätigungsfelder, begleitet von einer verstärkten Konkurrenz zwischen Beratungsunternehmen (Wagner 2004: 28ff.). Es ist daher wenig überraschend, dass in den letzten beiden Jahrzehnten der Bereich der Organisationsberatung – mit einer kurzen Stagnationsphase in den Jahren 2002 bis 2004 – durch massive Expansion gekennzeichnet war (vgl. Ittermann 1998, Wimmer 2004: 9ff., Bundesverband Deutscher Unternehmensberater 2009). Trotz der Vielfalt an Beratungsliteratur finden sich dennoch nur vereinzelt kritische Betrachtungen oder wissenschaftliche Analysen von Beratung (z.B. Rügemer 2004, Degele u.a. 2001).

Fachberatungsansätze – wie sie besonders auffällig in den großen Beratungsfirmen vertreten sind (etwa im Bereich der Wirtschaftsprüfung) – und Prozessberatungsansätze (eher kleinere Firmen) vertreten unterschiedliche Beratungsschwerpunkte. Kunden artikulieren daher immer wieder die Hoffnung, fachliche Kompetenzen mit Prozesskomponenten möglichst umfassend zu kombinieren. Daran ist eine klare Erwartung geknüpft, nämlich die mit fachlichen Maßnahmen verbundenen Veränderungen oder die an Organisationsentwicklungen geknüpften fachlichen Anforderungen so zu gestalten, dass die Belegschaft bereitwillig den Intentionen des Managements folgt und Widerstand erst gar nicht aufkommt oder zumindest minimiert wird. Hier setzen auch die folgenden Ausführungen an, indem sie sich mit der Kombination von Fach- und Prozessberatung befassen. Im Zentrum stehen dabei drei Fragen: (1) Worauf beruht der Erfolg von Beratung? (2) Worauf beruhen die Erwartungen, die an eine solche Kombinationsberatung gestellt werden? (3) Was passiert, wenn man in der Praxis beide Beratungsansätze kombiniert? Dabei wird auf Materialien aus zwei in Beratungskontexten durchgeführten Studien zurückgegriffen: Eine Studie zu den Vorstellungen von ManagerInnen und BeraterInnen über beide Beratungsansätze; sowie eine Begleitstudie zu Beratungsprojekten in Großunternehmen, die als Kombination von Fach- und Prozessberatung geplant bzw. durchgeführt wurden und entweder wichtige Teile des jeweils beratenen Unternehmens oder wesentliche Umstrukturierungen betrafen (vgl. Froschauer, Lueger 2010).

Zur Rationalität rationaler Beratungserwartungen

Zygmunt Baumann beschreibt in seinem Büchlein „Liquid Times. Living in an Age of Uncertainty" die endemische Verflüssigung früherer Gewissheiten, die sich als massive Herausforderung an die Beweglichkeit der Menschen in einer durch Unsicherheit geprägten Welt darstellt (Baumann 2007). In dieser Welt bieten Institutionen keinen stabilen Rückhalt mehr für eine langfristige Lebensplanung, Macht entschwindet zunehmend in einem diffusen globalen Raum und entzieht sich der Kontrolle, soziale Auffangnetze werden löchrig und die Verantwortung für die aufkommenden Risiken werden den Individuen übertragen, für die das Leben in fragmentierte Abschnitte zerfällt und die sich tunlichst auf die neuen Herausforderungen einstellen müssen, wenn sie nicht scheitern wollen. Ähnlich argumentiert Richard Sennett (2002), wenn er vom flexiblen Menschen in einer Kultur des „neuen Kapitalismus" spricht. Dass hier nicht nur die ArbeiterInnen gemeint sind, zeigt sich bei Sennett, wenn er Bill Gates in Anspielung auf die jährlichen Weltwirtschaftsgipfel als „Homo Davosiensis" bezeichnet, also als Musterbeispiel eines flexiblen Wirtschaftsbosses, der anpassungsfähig und ohne langfristige Bindungen bereit ist, Entwicklungen zu zerstückeln und im Bedarfsfall das Geschaffene auch wieder zu zerstören, ohne dabei die eigenen Interessen zu vergessen.

Flexible Anpassung – das ist die neue Herausforderung an die modernen Menschen, mit der auch das Management konfrontiert ist. Aber von ManagerInnen wird mehr erwartet, nämlich dass sie als verantwortungsvolle Kapitäne mit umfassendem Wissen und klarem Vorausblick ihr unternehmerisches Schiff sicher durch das Meer der Ungewissheit mit ihren verborgenen Strudeln und unvermittelten Stürmen führen. Dabei sollten sie zuversichtlich alle Geschäftsgelegenheiten ergreifen, die MitarbeiterInnen mit Feingespür zu Höchstleistungen mobilisieren und für das unternehmerische Wohl begeistern, aber dennoch energisch Entscheidungen im Rahmen ausgeklügelter strategischer Entwicklungspläne durchsetzen und Widersprüche konsequent eliminieren. Konzerne sollten dabei noch tatkräftig das Vermögen ihrer Shareholder vergrößern und dafür möglichst sparsam agieren. Das Grundproblem dabei: Die soziale Welt ist widerständig, Maßnahmen entwickeln ein Eigenleben, das sich dem manageriellen Zugriff entzieht, Betroffene sind ‚uneinsichtig' (oder auch weitsichtig?) und torpedieren Entscheidungen, Kunden, Lieferanten oder Banken verfolgen eigene Interessen und die eigenen, penibel auf die konkreten Umstände abgestimmten Handlungsstrategien zeitigen – wie Giddens (1997) in seiner Strukturationstheorie feststellt – nichtintendierte Folgen, die ihnen plötzlich als neue Rahmenbedingungen gegenübertreten und Handlungen mit Strukturen verzahnen.Permanent auf alle Imponderabilien zu reagieren führt bestenfalls in hektischen Aktionismus, der den Prozess nur beschleunigt, aber deshalb nicht notwendig zum Erfolg führt, sondern nur neue Ungewissheiten schafft. Abwarten bietet sich auch nicht als Ausweg an, weil dieses als Inkompetenz ausgelegt werden könnte. Sowohl die handelnden Personen als auch Organisationen sehen sich offenbar permanent einem Druck ausgesetzt, drängende Probleme zu bewältigen, Anschlussmöglichkeiten zu eröffnen und Optionen offen zu halten – aber nichts davon wirklich jemals bewältigen zu können. Gerade in einer durch Beschleunigung geprägten Gesellschaft lockt das Versprechen, durch schnelles Handeln Autonomie zu gewinnen, wenngleich diese umgehend durch neue Anforderungen unterlaufen wird (vgl. Rosa 2005) und die Rahmenbedingungen des eigenen Handelns sich der Kontrolle entziehen.

Auf Organisationsebene bieten sich dem Management unter anderem zwei Möglichkeiten an, mit diesem Druck umzugehen und sich zu entlasten: Die Delegation auf das mittlere Management, auf das man notfalls die Konsequenzen mangelnden Erfolgs abschieben kann und die sich vor Ort um eine funktionierende Kooperation kümmern. Da jedoch der interne Bewegungsspielraum durch die Rahmenbedingungen der Organisation überaus begrenzt ist, schafft der Einkauf von Expertise auf einem dafür spezialisierten Beratungsmarkt eine zweite Option. Externe Beratung hat eine Reihe von Vorzügen: man kann sich im Misserfolgsfall gut aus der Affäre ziehen, man kann unliebsame Entscheidungen extern und damit ‚unabhängig' legitimieren; vor allem kann man Fachkompetenz für jeden Zweck verfügbar machen. Beratung bietet also die nötige Flexibilität, welche dazu dienen soll, die potentiell verlorene Kontrolle über die Entwicklung wieder zu erlangen.

Eine solche Externalisierung beruht auf drei Voraussetzungen: (1) eine Hierarchisierung der Beziehung zwischen Beratung und Management, wobei dem Management die Verfügungsgewalt zugeordnet wird (auch wenn dieses entscheidet, dass für bestimmte Entscheidungen die Beratung zuständig ist); (2) die Erwartbarkeit und damit Berechenbarkeit von Ereignissen als Grundlage einer vernünftigen Planung sowie die praktische Beherrschbarkeit des Entwicklungsprozesses als Voraussetzung für Steuerbarkeit (sonst wäre eine Externalisierung unnötig); (3) die Verfügung der Beratung über entsprechende Fähigkeiten zur Problemlösung bzw. zur Steuerung (sonst bräuchte man keine Beratung). Während der erste Punkt leicht regelbar ist (auch wenn sich der Beratungsprozess mitunter verselbständigt), erweisen sich die beiden anderen Punkte als überaus problematisch: Anspruchsvollere organisationstheoretische Ansätze von Weber (1980) über Simon (1981) bis hin zu Weick (1985), Ortmann (2004) oder Luhmann (2000) machen schnell klar, dass in der Vorstellung einer rational planbaren Steuerung die Fußangel der Beratung liegt. Aus deren Blick erweisen sich Organisationen als eigendynamische und heterogene Gebilde, in denen Akteure widersprüchliche Interessen verfolgen, wo sich Regeln von deren Handhabung unterscheiden (Ortmann 2003), in denen bei Entscheidungsanlässen unterschiedlichste Aspekte auftauchen, die sich angesammelt haben und nun unversehens reaktiviert werden (Cohen, March, Olsen 1990), deren Strukturen intransparent sind (Dörner 1991), in denen also die Geschehnisse permanent die sorgfältig verlegten Kanäle verlassen und sich eigene Wege bahnen.

Dennoch liegt gerade in dieser Schwierigkeit die Anziehungskraft von Beratung, weil sie die Auslagerung der Problembearbeitung und damit auch eine Externalisierung von Misserfolg ermöglicht. Also macht gerade die schlechte Kalkulierbarkeit von Entwicklungen vor dem Hintergrund intransparenter und wenig stabiler Strukturen Beratung so attraktiv, weil sie das organisationale Leben in überschaubare Bahnen zu lenken verspricht. Und diese muss auf die Rationalität verweisen, um die Vernünftigkeit des Handelns und die Problemlösungskompetenz glaubhaft zu vermitteln. Die praxisbezogene Erwartung an rationale Entscheidungen verhüllt zudem Herrschaftsinteressen, indem sie die sachliche Vernünftigkeit in den Vordergrund stellt, was selbst „harte Schnitte" legitimieren soll (Heitger, Doujak 2002).

Im Anschluss an Reichertz könnte man dieses Auseinanderklaffen von Theorie und praktischer Hoffnung auch unter dem Gesichtspunkt der Differenz von Zweifel und Zuversicht betrachten: Während für die Wissenschaft der Zweifel im Vordergrund steht (es könnte immer auch anders sein), produziert Beratung systematisch Zuversicht: „Obwohl die Situation nicht optimal aussieht, wird es dennoch gelingen. Vertraue mir und vertraue auf Dich." (Reichertz 2009: 241) Beratung springt also ein, indem sie verspricht, das Unmögliche zu ermöglichen, nämlich die mit der Ungewissheit verbundene Gefahr in eine planbare Entwicklung mit kontrollierbarem Risiko zu transformieren. Das Management verbindet damit die Erwartung, zu minimalen Kosten bestimmte Ziele möglichst schnell und zuverlässig mit hoher Qualität zu erreichen – oder (wenn das nicht gelingt) zumindest sichtbar zu machen, dass alles unternommen wurde, um den Erfolg sicher zu stellen. Diese Ansprüche treffen auf damit durchaus kompatible Interessen auf Beratungsseite, die diese für die eigenen Geschäftsinteressen nutzt, indem sie potentiellen Kunden kommuniziert, auf der Basis neuester Erkenntnisse das Management bestmöglich zu unterstützen. Gemeinsam vertrauen beide – und das ist durchaus rational im Sinne von vernünftig – auf die Rationalität ihres Unterfangens (zu unterschiedlichen Rationalitätskonzepten siehe March 1990: 304ff.): die Beratung, indem sie die Wirksamkeit ihrer Konzepte verspricht; das Management in der Hoffnung, dass die Beratung auch ihr Versprechen einlöst. Und beide können sich durch wechselseitige Externalisierung wirksam gegen die Folgen eines Misserfolgs schützen: das Management durch die externe Legitimierung ihrer eigenen Handlungsstrategien; die Beratung durch Zuweisung der Verfügungsgewalt an die beratene Organisation, die letztlich für die Umsetzung von Maßnahmen oder Konzepten verantwortlich ist. Allerdings weisen sie im Falle eines Misserfolgs nicht wechselseitig Schuld zu, sondern ihre Misserfolgsbewältigung richtet sich an das jeweils eigene System: Beide haben im Rahmen ihrer Möglichkeiten und Kompetenzen das Beste gegeben. Deshalb beeinträchtigt ein mangelnder Erfolg nicht notwendig die Beziehung zwischen Beratung und Management. Also entspringt der Beratungsbedarf einem Bewusstsein der Unvollkommenheit, die man durch Beratung kompensieren kann (daher auch der Begriff Komplementärberatung; Königswieser, Sonuç, Gebhardt 2006) und legitimiert durch deren Inanspruchnahme die eigenen Handlungsweisen mitsamt deren Folgen.

Gemeinsam transportieren beide Seiten im Rahmen des symbolischen Managements den Mythos der Plan- und Steuerbarkeit und erzeugen dadurch geradezu ein Musterbeispiel einer Win-win-Fiktion. Neuberger erkennt darin eine organisationale Heuchelei der Beratung: „Sie erweckt nach innen und außen den Anschein, dass die Verantwortlichen an Rationalität, Kontrolle, Planbarkeit, Transparenz, Effizienz etc. glauben und sich bemühen, die Dinge in Ordnung zu bringen, um dann hinter dieser vorgehaltenen Hand das zu tun, was die Realpolitik erfordert oder ermöglicht." (Neuberger 2002: 159) Tatsächlich ist dies etwas zu eng gefasst: Wahrscheinlicher ist es, dass die beratene Organisation als auch die Beratung in einer Kollusion diesen Mythos schaffen und erhalten, der beiden Vorteile bringt, obwohl die Praxis die Ansprüche nicht einzulösen vermag. Wenn dies aber so ist, dann stellt sich die Frage, welche Beratung sich dafür besonders gut eignet.

Fach- und Prozessberatung als Kombination: Eine ganzheitliche Problemlösung?

Mit den bisherigen Ausführungen zeichnet sich schon ab, wo für das Management die gravierende Schwachstelle liegt: in der Auswahl der Beratung, die deshalb im Zweifelsfall begründungsbedürftig ist, weil sie in der Verfügungsgewalt des Managements liegt. Kommt das Management unter Rechtfertigungsdruck, so muss es nachweisen, dass es eine seriöse und kompetente Beratung beauftragt hat. Nur so wird auch die Legitimation durch Beratung wirksam. Allerdings ist dies vom Typus des Beratungsauftrags abhängig, wobei die Brisanz mit dem Auftragsvolumen, der Folgelastigkeit der Konsequenzen sowie der Dringlichkeit der Beratung zunimmt. In diesem Sinne sind Aufträge, die im Rahmen einer Krisenbewältigung mit massiven Umstrukturierungen einhergehen besonders heikel. In solchen Fällen vertraut man daher auf große oder im Beratungsfeld bekannte Unternehmen mit hoher Reputation, welche die Sorgfalt der Entscheidung unterstreichen – und große Beratungsfirmen (mit Rationalisierungspotential) demonstrieren diesen Anspruch besonders sichtbar (sonst wären sie auch nicht so erfolgreich), während die Auswahl kleiner Beratungsfirmen einen höheren Legitimationsbedarf erzeugt.

Darüber hinaus ist wahrscheinlich, dass jene Angebote besonders attraktiv erscheinen, die sowohl von fachlicher Seite unbestritten sind, aber auch die Hoffnung nähren, die interne Umsetzung von Maßnahmen möglichst friktionsfrei zu gestalten oder zumindest die Voraussetzung zur Absicherung des Managements in sich tragen. Meist weisen Beratungsfirmen jedoch nur in einer Richtung eine Spezialisierung auf: Fachberatung konzentriert sich auf Problemlösungen, vertraut in der Umsetzung auf die unternehmensinternen Führungsfähigkeiten oder fordert die Umsetzung von Maßnahmen autoritativ ein und unternimmt bestenfalls kosmetische Maßnahmen zur Vertrauensbildung; Prozessberatung konzentriert sich auf die Unterstützung der Problemlösungskompetenz im Unternehmen und setzt dafür auf die kontrollierte Selbstregulierungstendenz von Organisationen. Zunehmend stößt aber diese gängige Ausdifferenzierung am Beratungsmarkt auf Kritik bei den Kunden, die sich ein maßgeschneidertes Angebot erwarten, das fachliche Erfordernisse und Prozesskompetenz miteinander kombiniert. Auf diese Weise fordern sie eine Beratung, die gleichzeitig alle Probleme in Angriff nimmt und die Stärken beider Seiten vereint.

Mit einem solchen „goldenen Mittelweg" verknüpfen sowohl Kunden als auch Beratungsunternehmen eine Reihe von Hoffnungen, nämlich widersprüchliche Anforderungen bewältigen zu können: so könnte er zugleich der Problemlösung und der Vermittlung zwischen Management und Belegschaft dienen; mit ihm ließen sich normativ Ansätze vorgeben, parallel dazu aber die interne Reflexionsfähigkeit erhöhen; er könnte quantitative (etwa im Sinne von Einsparungen) und qualitative Verbesserungen (z.B. Arbeitsklima) ermöglichen; er würde kurzfristige Erfolge erzielen lassen, ohne nachhaltige Entwicklungen vergessen zu müssen; er würde klare Planungen zulassen, gleichzeitig aber auch neue Anforderungen berücksichtigen; er wäre flexibel in Hinblick auf fachliche Ansprüche, die beliebig in die Prozessgestaltung eingebaut werden könnten. Ein solcher Kombinationsansatz würde das Management nachhaltig bei seiner Arbeit auf allen Ebenen unterstützen und als nichttriviale Steuerungsintervention bei der Navigation durch unwegsames Gelände helfen. Aus der Vielfalt dieser Vorzüge entspringt eine gleichsam mystische Vorstellung omnikompetenter Beratungsleistungen, die sich gerne der Vielfalt auftretender (auch widersprüchlicher) Probleme annehmen und diese einer dauerhaften Lösung zuführen.

Diese Kombinationsvorstellung weist durchaus rationale Züge auf. Aber schon ein oberflächlicher Blick in die Praxis und auch die entsprechende Literatur genügen für die Erkenntnis, dass es sich eher um eine durchaus rational begründete Allmachtsphantasie handelt, die stärker die modellierende Konstruktion (wie es sein soll) als die empirischen Handlungsweisen (wie es ist) berücksichtigt und viele Entscheidungsprobleme in Situationen unter Unsicherheit (und das ist der organisationale Normalfall) ignoriert. So gehen etwa Cyert und March (1998) in ihren Überlegungen zu einer verhaltenswissenschaftlichen Theorie der Firma nicht nur von der begrenzten Rationalität von Entscheidungen aus, sondern auch von der unvollkommenen Umweltpassung und der Präsenz ungelöster Konflikte; March (1990) verdeutlicht das Problem mit Präferenzordnungen (dass diese etwa sozialem Druck ausgesetzt sind, strategischen Überlegungen folgen, dass sie mit Handlungsweisen nicht zusammenpassen); und Dörner (1991) zeigt die Problematik von Entscheidungen in komplexen Systemen auf, in denen die einzelnen Faktoren in Wechselwirkung stehen, Entscheidungen unter Zeitdruck stattfinden, ohne dass man genau die Zusammenhänge kennt und die zugrunde gelegten Annahmen möglicherweise nicht zutreffen. In einem solchen Zusammenhang auf eine allmächtige Steuerungsfähigkeit der Beratung zu hoffen, ist wohl äußerst gewagt.

Aber selbst die Beratungsbranche hat schon früh die mit einer solchen kombinierten Beratung verbundenen Schwierigkeiten erkannt und angezweifelt, dass es einen einzig richtigen Ansatz geben kann. Dabei wurde eine ganze Reihe von Problemen angesprochen (Hernsteiner 4/2001): etwa dass die Beratungsformen einfach zu unterschiedlich sind, Fachberatung wohl nur sehr ungern die Designhoheit der Prozessberatung überlassen würde, dass man schnell zwischen zwei Stühlen landet, dass es vielleicht unterschiedliche Beratungsauffassungen insbesondere über das Prozessverständnis bei den BeraterInnen geben könnte, dass schon die Beauftragung konfligierende Ziele anspricht; dass möglicherweise sogar die Auftraggeber von der Komplexität einer solchen Entscheidung überfordert wären. Die praktischen Erfahrungen, auf die hier verwiesen wird, zeigen eine beträchtliche Skepsis, zumal ja anzunehmen wäre, dass gerade für die Beratung ein solcher Ansatz vergleichsweise ideal wäre und viele Probleme lösen könnte. Aber zugleich würde ein solcher Beratungsansatz Beratungsunternehmen massivem Druck aussetzen, weil die wechselseitigen Externalisierungen von Schwierigkeiten zumindest auf Seiten der Beratung beschnitten wären, was wiederum die Reputation von Beratungsunternehmen gefährdet, wenn sich die hehren Ansprüche nicht einlösen lassen.

Eine wesentliche Bedingung gemeinsamen Handelns im Beratungskontext ist der Aufbau einer von Auftraggebern und Auftragnehmern geteilten Sichtweise darüber, was Beratung in einer bestimmten Situation sinnvoll macht und welche Form von Beratung es dafür braucht. Nur so können die an der Beratungsentscheidung beteiligten Personen aus der Organisation und dem Beratungsunternehmen ihre Entscheidung fundieren und eine kooperative Handlungsstrategie entwickeln. Unter Bezug auf Weick (1995) kann man in diesem Zusammenhang vom Prozess der Sinngenerierung sprechen, der die Menschen handlungsfähig macht, indem er die Welt mit Kohärenz als integrierenden Zusammenhang unterlegt und dadurch Ordnung bzw. Erwartbarkeit schafft. Aus diesem Grund werden im nächsten Schritt jene Sichtweisen über unterschiedliche Beratungsansätze erkundet, an denen sich die involvierten Akteure orientieren, um im Anschluss die Bedingungen und praktischen Erfahrungen mit Kombinationsversuchen genauer zu durchleuchten.

Beratungserwartungen: Wo liegt der Schlüssel zum Erfolg?

Im Rahmen einer qualitativ-empirischen Studie wurde untersucht, inwieweit sich die Erwartungshaltungen und Vorstellungswelten in Hinblick auf die beiden Beratungsansätze unterscheiden. Dafür wurden sowohl in Unternehmen, die Erfahrungen mit beiden Ansätzen hatten, als auch mit Fach- und ProzessberaterInnen Gespräche geführt. Für die Analyse wurden deren Einschätzungen in Hinblick auf die beiden Beratungsansätze kontrastiert. Damit sollten die mit Beratungen verknüpften Erwartungshaltungen und Vorstellungen sowie die gemeinsame Verständigungsbasis erkundet werden.

Ausgangspunkt dafür war, dass auf beiden Seiten eine Beratungsexpertise aufgebaut wird, die sich aus Elementen des für den Arbeitsalltag erforderlichen Wissensbestandes ableitet und über Beobachtung, Interaktion bzw. allgemein im Zuge der beraterischen Sozialisation vermittelt wird. Die entsprechenden Sinnstrukturen sind dabei Grund und Folge von Beratungsaktivitäten und deren organisationale Einbettung. Darüber hinaus repräsentieren sie die beratungsspezifische Organisierung von Wissen und damit den für sie etablierten Schlüssel zum Erfolg. So gesehen bildet das im Beratungskontext gehandhabte Erfahrungswissen auf beiden Seiten ein sozial angeeignetes Wissen, das mit hoher Wahrscheinlichkeit für jene Personengruppen, die in vergleichbaren Situationen agieren, ähnlich ist. Wenn sich also der Beratungsalltag in den beratenen Organisationen zwischen Fach- und Prozessberatung tatsächlich wesentlich unterscheidet, so müssten sich die damit verbundenen jeweiligen Vorstellungswelten ebenfalls deutlich unterscheiden.

Die folgende tabellarische Übersicht zeigt die typischen Unterschiede zwischen Fach- und Prozessberatung in Hinblick (a) auf das dem Ansatz zugrundeliegende Organisationsverständnis, (b) worauf offenbar im Zuge von Beratungen besondere Aufmerksamkeit gelenkt wird und (c) wie auf dieser Basis Beratungshandeln eingeschätzt wird:

Basisannahmen über Organisationen	
Fachberatung	**Prozessberatung**
Ihr Organisationsverständnis ähnelt in den Grundzügen einer modernen Variante des Scientific Managements, das in aktuellen REFA-Systemen der Prozessoptimierung, Kostenreduktion oder Qualitätsmanagement zum Ausdruck kommt, bzw. modernen Management-Konzepten wie Business Re-Engineering oder Lean-Production entspricht. Organisationen sind demzufolge rationale, auf Effizienz getrimmte Gebilde, die jedoch nicht über die zur Problembearbeitung erforderlichen Kompetenzen bzw. Informationen verfügen.	Dieses Organisationsverständnis wurde bereits im Zuge der Human Relations Bewegung entwickelt und orientiert sich in Hinblick auf die Veränderungsdynamik in Organisationen an Überlegungen der Aktionsforschung, wobei in den letzten Jahrzehnten eine starke argumentative Ausrichtung an der modernen Systemtheorie beobachtbar ist. Organisationen werden als prozessuale Gebilde betrachtet, die mit internen Widersprüchen oder Konflikten konfrontiert sind, die ihren Erfolg maßgeblich beeinflussen.
Beratene Organisationen haben die Aufgabe, sich entweder die von der Beratung angebotenen Kompetenzen anzueignen oder die von ihr definierten Maßnahmen umzusetzen.	Beratene Organisationen haben die Aufgabe, sich die angebotenen Problembearbeitungsstrategien anzueignen und in der Folge aktiv und eigeninitiativ zu nutzen.
Gezielte Interventionen sind möglich, sodass man genau umgrenzte Probleme mit konkreten Maßnahmen lösen und die erwünschten Ergebnisse erreichen kann.	Interventionen können bestenfalls Folgeaktivitäten anregen, wobei nur ein gemeinsames Engagement der Beteiligten diese in eine erwünschte Richtung lenkt.

Zentrale Beobachtungskriterien im Beratungskontext	
Fachberatung	**Prozessberatung**
Fachberatung konzentriert sich auf die wirtschaftliche Rationalität organisationaler Prozesse und versucht, die Denk- und Handlungslogik der Organisation zu verstehen, um sich dieser anzupassen. Die Einstiegsanalyse bezieht sich auf die Identifikation der fachlichen Defizite sowie die Adaptionsnotwendigkeiten der Organisation.	Prozessberatung konzentriert sich auf die Analyse organisationaler Prozesse und versucht, blinde Flecken der Organisation aufzudecken und Handlungsspielräume auszuloten. Die Einstiegsanalyse bezieht sich auf die Identifikation unterschiedlicher organisationaler Sichtweisen und damit verbundene Handlungsstrategien.
Die Beratung versucht, in der Organisation jene Probleme zu identifizieren, die sich mittels Fachberatung bearbeiten lassen. Diese gehen in die Zielformulierung der Beratung ein. Generell orientiert man sich an der organisationalen Hierarchie und die damit verbundenen Erwartungen; insofern stabilisiert die Beratung die vorhandenen Organisationsstrukturen.	Die Beratung versucht, in der Organisation jene Probleme zu identifizieren, die sich mittels Prozessberatung bearbeiten lassen. Diese werden für die Formulierung einer allgemeinen Beratungsstrategie genutzt. Prozessberatung orientiert sich am Zusammenspiel der ausdifferenzierten Erwartungen der involvierten bzw. betroffenen Akteure und hinterfragt dabei die spezifische Dynamik der Organisation.
Im Zentrum stehen wirtschaftliche Aspekte organisationalen Handelns, wobei man sich aus kausalanalytischer Perspektive vorrangig an der Effizienz und Effektivität rational geplanter Aktivitäten orientiert. Entscheidend ist der quantitativ messbare Erfolg der Beratung, wobei mitunter Erfolgshonorare diese Orientierung verstärken.	Im Zentrum steht der Prozess organisationalen Handelns, wobei der Wechselseitigkeit kommunikativen Handelns besondere Aufmerksamkeit geschenkt wird. Entscheidend ist die Zufriedenheit der involvierten Gruppen mit dem Veränderungsprozess.

Grundsätze des Beratungshandelns	
Fachberatung	**Prozessberatung**
Beratung beruht auf ihrer Überlegenheit bezüglich des Wissens, was zu tun ist.	Beratung beruht auf ihrer Überlegenheit bezüglich des Wissens, wie etwas zu tun ist.
Da die Organisation in einem spezifischen Feld ein Defizit ausweist, ist es Aufgabe der Beratung, hier ihre Fachkompetenz einzubringen. Beratung bietet daher schnelle und in der Regel ökonomisch messbare Erfolge an. Dafür müssen Ziele operational definiert sein, um detaillierte Maßnahmen zu deren Erreichung anbieten zu können. Im Verhältnis zur Organisation übernimmt die Beratung im Rahmen der fachlichen Expertise eine Art Führungsfunktion.	Prozessberatung bietet dort Unterstützung an, wo die Organisation aufgrund interner Faktoren ihr Potential nicht adäquat umzusetzen kann. Insofern soll Beratung die Kunden befähigen, künftig mit Problemen besser umgehen zu können. Aufgrund der prozeduralen Offenheit erfolgt periodisch eine Überprüfung des Entwicklungsstandes. Beratung wird als Ko-Konstruktion verstanden, in deren Verlauf Zielsetzungen und Maßnahmen verhandelt werden.
Kontakte seitens der Beratung werden auf die Führungsebene konzentriert, weil diese für den Beratungsauftrag und die Umsetzung der Maßnahmen entscheidend sind.	Beratung sucht Kontakte zu möglichst vielen Organisationsmitgliedern, weil dadurch die Anschlussfähigkeit zu den Beratungsprozessen hergestellt wird.
Die Organisation entscheidet über die Beratung vorrangig im Zuge der Auftragsvergabe, die Beratung bestimmt hingegen den konkreten Beratungsablauf. Angestrebt wird eine langfristige Beziehung zur beratenen Organisation im Rahmen von Folgeaufträgen.	Die Organisation kooperiert mit der Beratung, wird von dieser in den Entscheidungen unterstützt, überlässt aber die Verantwortlichkeit der Organisation. Die Beratungsnotwendigkeit sollte begrenzt werden und sich auf Prozessbegleitung beschränken.

Im Zuge der Analyse zeigte sich, dass die Sichtweisen im Kontext der Beratung zwischen BeraterInnen und involvierten Organisationsmitgliedern in hohem Maße homogenisiert sind. Dies spricht für die oben genannte Kollusion zwischen Beratung und beratener Organisation. Allerdings gibt es noch einen weiteren Grund für diese weitgehende Übereinstimmung: Nicht nur die Beratung, sondern auch die beratene Organisation verfügt (sofern sie Beratungserfahrung hat) über eine Beratungsexpertise. Aufseiten der beratenen Organisation fördert dies die Entscheidungskompetenz über Beratung. Betrachtet man diese Expertise als Sedimentierung, Einlagerung und Disponibilität von privilegierter Erfahrung im Beratungskontext, so agieren beide aus einem spezifischen lebensweltlichen Hintergrund, der mit den erlebten Beratungsstrategien verknüpft ist. Die Entscheidung über eine Beratung findet so in einem nach Beratungsphilosophien getrennten Erfahrungsraum statt, was eine ,kompetente' Entscheidung ermöglicht, die wiederum auf einem kompatiblen Erwartungshorizont beider Vertragspartner aufbaut. Dabei ist der für Beratung relevante Wissensvorrat an die Situiertheit beruflich relevanter Erfahrungen des Subjekts gebunden und hilft bei der Bewältigung alltäglicher Entscheidungssituationen im Beratungskontext. Insofern könnte man nach Bourdieu von einem beraterischen Habitus sprechen, der als Wahrnehmungs-, Interpretations- und Handlungsmatrix fungiert und solcherart ein generatives Prinzip der Beratungspraxis bildet (Bourdieu 1979: 169f.; 1987: 103f.). Damit wird wahrscheinlich, dass sich das Verhalten der BeraterInnen und jener Akteure, die aufseiten der Organisation über Beratung entscheiden, ohne direkte Kommunikation aufeinander abstimmt, indem sie sich ähnlich wahrgenommenen organisationalen Bedingungen ausgesetzt sehen. Allerdings bedeutet dies nicht eine Gleichsetzung der Akteure, sondern sie übernehmen komplementäre Rollen. Insofern erfolgt die Aushandlung entlang der gemeinsamen beraterischen Erfahrungen, in das Wissen als strukturiertes Prinzip inkorporiert ist und das generativ als strukturierendes Prinzip wirkt.

Die typisierte Gegenüberstellung der beiden Ansätze macht aber auch deutlich, dass in allen Bereichen erhebliche Differenzen auftauchen, wobei Erfolgsstrategien auf verschiedene Weise definiert sind, die Verkoppelung der Beratung mit den Sinnstrukturen potentieller Kunden mit unterschiedlichen Argumenten erfolgt und gleichzeitig spezifische Bedingungen für die interne Entwicklung der Beratungsfirmen erzeugt werden: (a) Erfolg gründet im Rahmen von Fachberatung auf einer effizienten Problembewältigung, wofür die Problemlage genau bestimmt sein muss, um Maßnahmen zu entwickeln, die eine kostensparende Lösung der ursprünglichen Probleme herbeiführen. Prozessberatung hingegen setzt auf eine nachhaltige Entwicklung der Organisation in Hinblick auf die organisationsinterne Bearbeitung ihrer eigenen Problemlagen, weshalb eine Verbesserung organisationaler Problemlösungsstrategien und die damit verbundene Zufriedenheit der Organisationsmitglieder als Erfolg gilt. (b) Fachberatung ist, weil sie auf eine Beseitigung von Kompetenzdefiziten sowie an raschen Maßnahmen zur Problemlösung getrimmt ist, gerade in (künftigen) Krisenzeiten einer Organisation und unter Zeitdruck gefragt. Dagegen bietet Prozessberatung eine nachhaltige Unterstützung, um in der Organisation eine flexible und eigenständige Problembearbeitung zu fördern, die möglicherweise in Krisenzeiten hilfreich sein kann. (c) In Hinblick auf die spezialisierten Kompetenzen ist Standardisierung und Arbeitsteilung für Fachberatung eine wichtige Komponente,

mit der auch jüngere BeraterInnen im Rahmen eines elaborierten Wissensmana-
gements in die Beratung eingegliedert werden können, wobei zwischen den BeraterInnen und zwischen der Organisation und der Beratung ein institutionelles
Vertrauen vorhanden sein muss (formalisierte Erwartungssicherheit). Da gerade
die Erfahrung mit Organisationen, die soziale Sensibilität und die flexible Rück-
sichtnahme auf die unterschiedlichsten Interessen eine entscheidende Rolle in
der Prozessberatung spielen, braucht es eine langwierige beraterische Sozialisation, um mit diesen Anforderungen bei einem Kunden zurechtzukommen. Deshalb sind in solchen Beratungsfirmen (zumindest in den am Markt etablierten)
meist erfahrene BeraterInnen zu finden, wobei die Kooperation generell auf der
Basis wechselseitigen persönlichen Vertrauens erfolgt (man vertraut BeraterInnen als Personen).

Ausgehend von der Logik der typisierten Beratungsansätze ist es keineswegs naheliegend, deren Kombination zu wünschen. Vielmehr wäre zu erwarten,
dass man die beiden Ansätze für verschiedene Aufgabenstellungen einsetzt und
in der Praxis eine punktuelle Ergänzung hin zum anderen Ansatz aufnimmt, allerdings immer unter der Leitung des vorherrschenden Ansatzes. Aber offenbar
hat die mit einer Kombination verbundene Hoffnung einer Lösung aller auftre-
tenden Probleme einen verführerischen Charme. Deshalb soll in nächsten Abschnitt geprüft werden, ob und inwiefern eine Kombination von Fach- und Prozessberatung in der Praxis überhaupt funktionieren kann, wenn doch deren innere Logik in krassem Widerspruch steht.

Kooperation im Beratungsteam: Verbindung von Gegensätzen?

Die Gegenüberstellung macht deutlich, dass Beratungskunden gerne eine Verbindung zwischen beiden Ansätzen herstellen würden, obwohl sie die Kluft zwischen ihnen sehen. Gleichzeitig sind diese Differenzen auch im Selbstverständnis
der Beratung präsent (z.B. Hernsteiner 4/2001). In der Praxis entwickeln BeraterInnen und Mitglieder der beratenen Organisationen ein gutes Gespür für gegenseitige Erwartungen, was wechselseitig anschlussfähige Sichtweisen und eine
tragfähige Kooperation entstehen lässt. Dies gilt auch für die Forderung nach
einer Kombination der beiden Beratungsansätze, die sowohl beratene Organisationen als auch immer öfter Beratungsfirmen fordern, auch wenn die eigenen
Überzeugungen – konsequent zu Ende gedacht – dagegen sprechen würden.

In einer Begleitstudie wurden nun verschiedene Kombinationsformen von
Fach- und Prozessberatung anhand mehrerer solcher Beratungsvorhaben bzw.
-projekte untersucht. Im Zuge dieser Studie wurden mit Kunden und BeraterInnen Gespräche über diese Projekte geführt und darüber hinaus Workshops zur

Diskussion und Planung dieser Projekte beobachtet. Auf diese Weise war es möglich, die Besonderheiten der Beratungskooperation genauer zu untersuchen. Erwartungsgemäß waren die untersuchten Kooperationen keineswegs friktionsfrei, was sich in vielen Bereichen äußerte, die hier exemplarisch angeführt werden:

- Das Erscheinungsbild der Beratung gegenüber der beratenen Organisation: Dieser Aspekt macht zwar einen belanglosen Eindruck, umfasst aber sehr weitreichende Aspekte des Eindrucksmanagements. So treten Fachberatungen (insbesondere die von erfolgreichen großen Firmen) deutlich ‚uniformierter' auf, was von der Kleidung bis hin zur Darstellung der Corporate Identity bei den vorbereiteten Präsentationsunterlagen reicht. Dies soll das institutionelle Vertrauen stabilisieren: Entscheidend dafür ist die Entkoppelung des Vertrauens von der Person und dessen Übertragung auf die Beratungsrolle. In der Folge ist es möglich, verschiedene BeraterInnen in der Organisation einzusetzen, ohne Irritationen zu erzeugen. Eine solche Vorgehensweise ist in der Regel ProzessberaterInnen fremd. Sie operieren auf der Basis persönlichen Vertrauens, das die Individualität der BeraterInnen und auch die besondere Berücksichtigung der Anliegen der beratenen Organisation stilisiert. Insofern geht es um die erkennbare Unterscheidbarkeit zu anderen, die auch die Heterogenität der BeraterInnen einschließt.

  Dazu kommen Abrechnungsfragen, etwa ob Tagsätze verrechnet werden, oder ob ein pauschales Beratungshonorar für bestimmte Leistungen verhandelt wird. Dies ist nicht bloß ein technisches Detail, sondern dahinter stehen unterschiedliche Beratungsphilosophien, die mit den Funktionen der Beratung zu tun haben: Fachberatung vereinbart vorzugsweise eine bestimmte fachliche Leistung zu einem fixen Preis, wobei die Leistung, nicht die Zeit von der Firma eingekauft wird. Ganz anders in der Prozessberatung, mit der ein zeitlich umgrenztes Engagement verkauft wird, woraus die Orientierung an Tagsätzen resultiert. Beide können Beratung dafür verwenden, Problemlagen ins organisationale Bewusstsein zu heben, die eine Folgeberatung abdecken kann. Nur unterscheiden sich die Typen identifizierter Probleme, die jeweils im eigenen Beratungsansatz zu bearbeiten sind.

  In diesen Konfliktsituationen zeigt sich in den untersuchten Fällen ein interessantes Bild, dass nämlich an der Oberfläche die Ansprüche der Fachberatung in den Vordergrund rücken, weil sie eine professionelle Kooperation zum Ausdruck bringen, während Prozessberatung situative Anpassungsfähigkeit demonstriert. Insofern dominiert eine einheitliche Verrechnungsform und ein einheitliches Erscheinungsbild in den Unterlagen, allerdings bleibt das Auftreten vor Ort individualisiert. Dies wiederum löst manchmal

Irritationen unter den BeraterInnen aus, weil sie selbst nicht genau abschät-
zen können, was im Zuge der Beratung passiert und womit sie zu rechnen
haben.

- Der Kontakt zwischen Beratung und beratener Organisation: Generell
braucht es eine Regelung der Beziehungen zwischen beiden Seiten der Beratung, was den besonders heiklen Punkt der internen Beratungsorganisation
betrifft. Insbesondere stellt sich hier die Frage, wer in welcher Form auf eine Kontaktnahme der Organisation reagiert und wie dieses Zusammenspiel
beratungsintern reguliert wird. Ähnlich wie es für die Beratungsfirma sinnvoll ist, Verhandlungen möglichst über konkrete AnsprechpartnerInnen in
der Organisation zu führen, ist es für die Beratung wichtig, auf Anfragen so
zu reagieren, dass sie der Beratungskonzeption entsprechen. Auf Beratungsseite ist das deswegen ein sensibler Punkt, weil man in der Regel einer beratenen Organisation ihre Kontaktaufnahmen zur Beratung bzw. einzelnen BeraterInnen nicht vorschreiben kann. Würde aber jede/r BeraterIn individuell
darauf antworten, wären aufgrund der verschiedenen Handlungsorientierun-
gen in beiden Ansätzen Widersprüche und Konflikte im Beratungsprozess
vorprogrammiert. Dies gilt vor allem dann, wenn unterschiedliche Bera-
tungspositionen potentiell gegeneinander ausgespielt werden.

Um diese Konflikte zu vermeiden, braucht man eine interne Abstimmung der Kommunikation. Die Analyse zeigt, dass dies in der Praxis einer
kombinierten Beratung auf zwei Arten geregelt wird: (a) Über eine Kon-
taktperson des Beratungsteams, die damit, je nachdem aus welcher Bera-
tungstradition sie kommt, die Führung übernimmt. Diese Dominanz wirft
im Beratungsalltag große Probleme auf, weil sie eine Über- bzw. Unterord-
nung zum Ausdruck bringt, die für BeraterInnen nur schwer erträglich ist,
wenn ihr Ansatz nicht in der Führungsrolle verankert ist. Zumeist sind die
VertreterInnen der beiden Ansätze der Meinung, dass ihre Rolle bedeutender
ist: Die Prozessberatung, weil sie die Kommunikation und die Aushand-
lungsprozesse leitet und damit Akzeptanz herstellt; die Fachberatung, weil
sie die nötigen inhaltlichen Kompetenzen verfügbar macht. (b) Oder man
entscheidet je nach Anfrage über die Zuständigkeit. In diesem Fall wird zuerst die Anfrage besprochen und dann ein/e VertreterIn des angesprochenen
Ansatzes damit betraut. Auch diese Variante schafft Probleme weil sie einen
enormen Kommunikationsaufwand erfordert, direkte Antworten verunmöglicht, damit Verzögerungen auslöst und in der Folge die Beziehung zur Organisation gefährdet, ohne dabei wirkungsvoll Konflikte zu vermeiden.

- Die Beziehungen zwischen den BeraterInnen: Hier zeigte die Analyse, dass
die bereits oben angesprochenen Beziehungen zwischen VertreterInnen der
beiden Ansätze alles andere als einfach sind. Schon die Sprache erweist sich

als Hindernis, weil beide Seiten in der Regel von ihren Selbstverständlichkeiten annehmen, dass sie auch für andere selbstverständlich sind. Somit kommt es nicht selten vor, dass beide dieselben Begriffe verwenden, aber mit unterschiedlichen Bedeutungen unterlegen. Selbst bei sehr grundsätzlichen Begriffen, wie etwa dem „Beratungsprozess", ist dies deutlich zu erkennen: Während die Prozessberatung den Anspruch auf eine besondere Kompetenz in diesem Bereich erhebt und häufig mit Komponenten des Beratungsdesigns verbindet, glauben Fachberater, dass dieser ohnehin ein integraler Bestandteil jeder Fachberatung ist, und sehen darin eine wichtige Nebensache.

Im Verhältnis zwischen den BeraterInnen spielt Vertrauen eine Schlüsselrolle. Es reicht nicht, bloß die VertreterInnen des anderen Ansatzes mit Wertschätzung zu versehen. Wertschätzung bleibt meist als äußerliche Versicherung stehen, die Arbeit der jeweils anderen für wichtig zu halten und ernst zu nehmen. Aber man ist sich dabei nicht sicher, ob man sich in heiklen Situationen auch auf die BeratungskollegInnen so verlassen kann, dass deren Handlungsweisen abschätzbar sind. Deshalb taucht in der Diskussion der BeraterInnen immer wieder die Befürchtung auf, kein stimmiges Bild über die Beratung zu vermitteln. Vertrauen erfordert hingegen, Risiken eingehen zu können, sich dem anderen auch ausliefern zu können, ohne dabei Schaden zu erleiden. Und hier werden doch meist die Grenzen in der Beziehung erreicht: Es bleibt, zumindest in den untersuchten Kombinationsprojekten, bei einem gewissen Misstrauen bezüglich der Folgen, die Aktivitäten der jeweils anderen auslösen und mit denen man dann umgehen muss. Für beide Seiten entsteht hier der Eindruck, dass es einem die andere Seite vergleichsweise schwer macht, sie selbst jedoch die größere Bürde zu tragen haben.

- Die Inkompatibilitäten in den Beratungsstrategien: Bereits die Gegenüberstellung macht deutlich, dass sich die beiden Beratungsansätze in so vielen Komponenten massiv unterscheiden, sodass eine problemlose Kombination ausgeschlossen ist. Vor allem widerspricht sich die Logik der Beratungsansätze, was sich nicht durch kosmetische Operationen auflösen lässt. Während für die Prozessberatung die flexible situative Orientierung und die Authentizität der BeraterInnen wesentlich sind, verfolgen FachberaterInnen ein vorab beschlossenes Konzept und versuchen im Sinne des Auftraggebers dieses umzusetzen.

Besonders heikel ist die Beziehung zum Auftraggeber, weil Fachberatung sich diesem unbedingt verpflichtet fühlt, damit die Hierarchie und die Ordnung des Unternehmens sichert und die vorgegebenen Ziele konsequent verfolgt. Hingegen ist es im Zuge einer Prozessberatung durchaus üblich, den Kunden zu irritieren, um Lernprozesse anzuregen und Transparenz mittels wiederholter Feedbackschleifen herzustellen. Während also für die Fachberatung die Ordnung im Vordergrund steht, ist es für Prozessberatung gerade das Hinterfragen der Ordnung und die Suche nach Alternativen.

Es ist naheliegend, dass die gemeinsame Arbeit hier grundsätzliche Konflikte provoziert, deren Ausgangpunkte zwar mitunter in gemeinsamen Diskussionen angesprochen werden, die man aber in der Logik des eigenen Ansatzes nicht überwinden kann. Kompromisse sind hier nur bedingt möglich, weil diese letztlich ein Aufgeben der zentralen eigenen Positionen verlangen würde. Kooperation würde dann als Kapitulation verstanden, weshalb gerade hier der Kampf um die Beratungsdominanz immer wieder aufbricht.

In den Kooperationsprojekten ließ sich eine besonders häufig gewählte Strategie identifizieren, mit diesem Problem fertig zu werden: Man versucht, die Projekte über Designvarianten so zu steuern, dass man klar voneinander abgrenzbare Verantwortlichkeiten zuweist. Die einfachste, aber gleichzeitig unbefriedigendste Lösung dafür ist die Dekomposition des Projekts in Teilprojekte, die zwischen den beiden Ansätzen verteilt werden. Faktisch umgeht man damit eine Kooperation und führt verschiedene, weitgehend voneinander unabhängige Projekte durch. Anspruchsvoller ist jene Variante, die beide Ansätze so miteinander verbindet, dass etwa spezifische fachliche Zuständigkeiten und Aktivitäten in ein übergreifendes Prozessmanagement eingebunden sind. Dies erfordert in der Regel, dass in den Projektgruppen immer eine Vertretung beider Ansätze eingebunden ist, um die Einheit der Beratung sicher zu stellen. Eine solche Vorgangsweise sorgt für eine gute Einbindung in den Kommunikationsprozess, was zumindest den Austausch in der Beratung erleichtert. Hierbei sind die Reibungsflächen reduziert, sofern die Zeitstruktur des Projekts für beide Seiten befriedigend ausgehandelt wird und zumindest kurzfristig immer wieder klare Ziele ausgehandelt werden.

- Die verschiedenen Zeithorizonte im Beratungsprozess: Bereits im letzten Punkt wurde sichtbar, dass beide Beratungsansätze unterschiedlichen Zeitvorstellungen folgen. So wird das Beratungstempo in der Fachberatung durch die Struktur der einzelnen Beratungsabschnitte bestimmt, wobei in der Regel die Aktivitäten einem engen Zeitschema folgen. Ganz anders die Prozessberatung, die davon ausgeht, dass man die internen Zeitvorstellungen in der beratenen Organisation berücksichtigen sollte. Zu dieser Vorstellung gehört, dass etwa die ersten Erhebungen zur Bestimmung von Maßnahmen als Vorbereitung von Interventionen gesehen werden und daher meist mehr als die unbedingt erforderlichen Personen eingebunden werden.

Dem liegt die Idee zugrunde, dass man für erfolgreiche Interventionen auch die potentiellen GegnerInnen überzeugen muss und vor allem die Stimmung in der Organisation aufbereiten muss. Dies braucht Zeit und Feedback-Schleifen zur Abstimmung und Korrektur.

Allerdings erfordert eine solche Vorgangsweise die Vermeidung von Zeitdruck, weil die Diffusion von Wirkungen zu berücksichtigen ist. Dies wiederum bedingt einen Ablauf, in dem immer wieder Unterbrechungen vorgesehen sind, was einer konsequenten Durchführung eines fachlich orientierten Projekts widerspricht. Diese permanenten „Verzögerungen", das wiederholte Feedback und die ständigen Korrekturen in der Beratungsaktivität sind für FachberaterInnen meist sehr irritierend, weil sie deren Arbeitsabläufe immer wieder behindern. Insofern ist das Zeitmanagement in Kombination mit den fachlichen Anforderungen ein ständiges Thema in den Aushandlungsprozessen.

Solche Konflikte sind dann bearbeitbar, wenn sie im Beratungsteam ausgetragen werden und alle BeraterInnen der Versuchung widerstehen, die beratene Organisation in diese Auseinandersetzungen hineinzuziehen. Aber genau diese Versuchung ist sehr groß, kann man doch die als problematisch wahrgenommenen Entwicklungen (diese werden übrigens auch verschieden interpretiert) der anderen Seite zuordnen und sich in der Organisation besser positionieren. Mitglieder der beratenen Organisation wiederum können in dieses Spiel einsteigen und die Konflikte für die eigenen Interessen instrumentalisieren. Diese Wechselseitigkeit wiederum unterläuft nicht bloß die systematische Durchführung eines Beratungsprojekts, sondern verschärft insgesamt die beratungsinternen Konflikte im Umfeld der Beratung (dabei geht es um Kundenschutz und Konkurrenz um Folgeaufträge). In den untersuchten Kombinationsprojekten ließen sich auch tatsächlich immer wieder Konfliktsituationen identifizieren, die über die beratene Organisation ausgetragen wurden und die Beziehungen zwischen den BeraterInnen beeinträchtigten.

Noch ein anderes Phänomen ist in diesem Zusammenhang interessant: Die meisten der untersuchten Beratungsprojekte scheiterten bereits im Vorfeld. Die Gründe dafür können allerdings nur schwer zugeordnet werden. Aber es ist auffällig, dass solche Projekte die potentiellen Kunden kaum so stark beeindrucken, dass diese freudig solche Aufträge vergeben. Offenbar wird die geforderte Verbindung dann doch nicht ganz so vorteilhaft erlebt. Auch in der Analyse der Anbote scheint die Symmetrie doch etwas unausgewogen: So konnten in der Powerpoint-Präsentation (91 Folien) zu einem Großprojekt von den eindeutig zuordenbaren Folien mehr als 2/3 der Fachberatung zugeordnet werden (für die Prozessberatung waren auch nur 1/4 der eingeplanten BeraterInnen vorgesehen).

Dies sagt zwar wenig über die tatsächliche Gewichtung aus; jedoch ist zu vermuten, dass im Konfliktfall die Fachberatung dominiert.

Dennoch kann das Prinzip funktionieren, wenn man die Ansprüche zurück-
schraubt. Jedoch landet man dann dort, wo ohnehin immer schon Kombinations-
varianten angesiedelt werden: als Ergänzung zu einem dominanten Beratungsansatz. In der Praxis bedeutet dies, dass man seitens einer Beratungsfirma zusätzliche Kompetenzen aus dem anderen Ansatz bezieht, jedoch nur als Teil eines Projekts. Auf diese Weise sind viele Konflikte zumindest teilweise entschärft. Was
bleibt, ist der größere Kommunikationsaufwand, den man dadurch minimiert,
dass man sich stabile KooperationspartnerInnen sucht, mit denen man bereits
Erfahrungen gesammelt hat und denen man vertraut. Dabei ist es mehr eine Ver-
einnahmung einer fehlenden Beratungskompetenz als eine integrierte Beratung.

Eine kombinierte Beratung löst also Widersprüche nicht auf oder gleicht gar die
Nachteile eines Ansatzes mit den Vorzügen des anderen aus. Die beteiligten BeraterInnen versuchen vielmehr, im Rahmen einer gemeinsamen Linie Spielräume
für den eigenen Ansatz auszuloten. Aber auch das funktioniert nur unter bestimmten Bedingungen, nämlich die grundsätzliche Akzeptanz der Rahmenbedingungen und der Eigenständigkeit des jeweils anderen Ansatzes, eine genaue
Analyse der Organisationsanforderungen zur Abstimmung einer gemeinsamen
Beratungsstrategie und die permanente kritische Reflexion des Beratungsprozesses in Hinblick auf die eigenen Handlungs- und Kooperationsstrategien.

Schlussfolgerungen: Was leistet Beratung?

Angesichts dieser Befunde stellt sich die Frage, was den Markterfolg von Beratung begründet. Die Ergebnisse legen zwei Schlussfolgerungen nahe: (a) Zum
einen profitiert Beratung von der Verunsicherung des Managements, von dem
man wirtschaftliche Erfolge verlangt, die aber angesichts der Konkurrenzsituati-
on und der äußerst schlecht abschätzbaren Marktentwicklungen immer schwieriger zu erreichen sind. Die Inanspruchnahme von Beratung ist für das Management ein probates Mittel, die eigenen Aktivitäten abzusichern, sodass ihm auch
im Falle von Misserfolg kein Vorwurf gemacht werden kann. Daher ist es nicht
verwunderlich, dass gerade große Beratungsfirmen in Krisenzeiten vergleichsweise vermehrt Marktchancen in Aufträge umsetzen können, weil sie bekannt
sind, man ihnen Durchschlagskraft zutraut und die somit hohe Legitimation vermitteln. (b) Da die Funktion der Beratung sich partiell vom inhaltlichen Bera-
tungserfolg entkoppelt, ist dieser nur von sekundärer Bedeutung. Paradoxerweise
bestätigen sowohl „Erfolge" als auch „Misserfolge" die Aktivitäten des Managements: Wenn sich trotz Beratung kein wie immer gearteter „Erfolg" einstellt,

erscheinen Organisationsprobleme als vom Management unabhängige Faktoren (z.B. externe Entwicklungen). Sowohl Erfolg als auch Misserfolg rechtfertigen daher die Entscheidung für eine Beratung. Vor allem in Krisenzeiten ist die Inanspruchnahme von Beratung wichtig, weil sie signalisiert, dass der Ernst der Situation erkannt wurde. Dies ist auch deshalb so wichtig, weil in den letzten Jahren das Management (speziell von größeren Organisationen) zunehmend mit permanenten Forderungen nach Legitimationsnachweisen konfrontiert sind (siehe auch Ortmann 2010).

Beratungsfirmen leben also keineswegs von ihren tollen erzielten Ergebnissen, sondern davon, dass ihre Inanspruchnahme für das Management mit einem geringeren Risiko verbunden ist als die Verweigerung von Beratung. Angesichts der Verbreitung von Beratung würde man sogar fahrlässig handeln, nimmt man diese in einer Krise nicht in Anspruch (vgl. Meyer, Rowan 1991: 54ff.). Erfolg ist vorrangig also dann gegeben, wenn das Management bestätigt wird. Daraus ergeben sich zumindest drei Anforderungen an die Beratung: (a) Sie muss Seriosität vermitteln (Erfolg, Größe, Bekanntheit). (b) Sie muss sich anschlussfähig an die Interessen des Managements halten. (c) Sie muss sich an konkrete Problemlagen anpassen.

Fach- und Prozessberatung erfüllen dabei unterschiedliche Funktionen: Fachberatung kann etwa Kompetenzen in die Organisation bringen, die diese nicht erbringen kann oder will und die zentralen Aufgabenstellungen der Organisation nicht tangieren (z.B. Steuerberatung als typischer Fall der unproblematischen Auslagerung von Leistungen); Prozessberatung unterstützt kommunikativ die Entwicklung organisatorischer Handlungsstrategien. Jedoch erschweren Inkompatibilitäten eine einfache Kombination. Aber kein Ansatz kann das entscheidende Steuerungsproblem lösen. Vielmehr handelt es sich um unterschiedliche Strategien, einen mehr oder weniger befriedigenden Umgang mit diesem zu finden. Die Leistungsfähigkeit von Beratung beruht also wesentlich auf ihrer Legitimationskraft für das Management sowie ihren organisationalen Wirkungen. Letztere stützen sich vorrangig auf unterschiedliche Formen der Beziehungsarbeit: Fachberatung im Rahmen der etablierten Herrschaftsverhältnisse; Prozessberatung im Rahmen der laufenden Machtbeziehungen. Insofern erzielt Beratung, selbst wenn Ansprüche und Wirklichkeiten auseinanderklaffen, in vielen Fällen (zumindest für das Management) eine befriedigende Praxis im Kontext der jeweiligen organisationalen Vorstellungswelten.

Insgesamt zeigt sich also: Beratung und deren Erfolg ist eine Frage der Interpretation und nicht ein objektiv feststellbarer Sachverhalt. Entscheidend ist der institutionalisierte Mythos einer „Beratungsrationalität", der die Aktivitäten des Managements legitimiert und der den Beratungsfirmen ihr Geschäftsfeld sichert. Dabei geht es weniger um die Effektivität oder Effizienz von Beratung,

sondern um den im organisationalen Umfeld verbreiteten Glauben an die Vernünftigkeit von Beratung (siehe dazu die neoinstitutionalistische Position im
Sammelband von Powell, DiMaggio 1991). Beratung tritt dabei als scheinbar
allmächtiger Partner zur Legitimation manageriellen Handelns in Erscheinung:
allmächtig, weil sie spezialisierte Kompetenzen verfügbar macht. Scheitert die
Beratung, so hat man zumindest die Gewissheit, das Mögliche versucht zu haben. Das gilt aber nur unter zwei Bedingungen: Wenn der Beratung allgemein
eine außergewöhnliche Kompetenz zugeschrieben wird (nur dann kann sie die
legitimatorische Funktion erfüllen); und wenn man die Auswahl der Beratung
gut begründen kann (das ist jedoch abhängig von den jeweiligen Beratungsan-
forderungen – und der plausiblen nachträglichen Rationalisierung der Entscheidung).

Ohne die Beratungsleistungen schmälern zu wollen: Entscheidend für die
Verbreitung von Beratung ist der institutionalisierte Glaube an sie, nicht die von
ihr erbrachten Leistungen. Eine kombinierte Beratung stärkt nun den Mythos der
Steuerung und Rationalität: Man erkennt zwar die mit Beratung verbundenen
Schwierigkeiten, führt dies aber nicht auf ein basales Steuerungsproblem zurück
und stellt auch nicht das zugrunde gelegte Rationalitätsprinzip infrage. Vielmehr
versucht sie, die identifizierten Schwierigkeiten in den Griff zu bekommen, indem sie hofft, mit der Verbindung der spezifischen Stärken zugleich die jeweiligen Schwächen zu eliminieren. Mit einer kombinierten Beratung wird versucht,
noch rationaler und noch effizienter zu steuern – genauer: mehr vom selben rationalen Steuerungsprinzip, jedoch mit erweiterten Repertoire. Dahinter steckt die
irr-rationale Sehnsucht, Probleme objektiv und vernünftig zu lösen, damit Konflikten den Boden zu entziehen und somit die organisationale Entwicklung in den
festen Griff zu bekommen. Allerdings ist das etwas zu kurz gedacht, weil Inte-
ressenlagen nicht neutralisiert werden können und eine Erweiterung des Steue-
rungsrepertoires vielfach neue Problemlagen schafft. Leider zeigt sich, was viele
Organisationstheoretiker ohnehin wissen: Die Eigendynamik von Organisationen
lässt sich nicht so einfach durch rationale Planungen und Steuerungsmaßnahmen
ausschalten.

Literatur

Baumann Zygmunt (2007): Liquid Times. Living in an Age of Uncertainty. Cambridge-
      Malden: Polity Press.
Bourdieu Pierre (1979): Entwurf einer Theorie der Praxis. Frankfurt/M.: Suhrkamp.
Bourdieu Pierre (1987): Sozialer Sinn. Kritik der theoretischen Vernunft. Frankfurt/M.:
      Suhrkamp.

Bundesverband Deutscher Unternehmensberater (2009): Facts & Figures zum Beratermarkt 2008/2009. Bonn: BDU.

Cohen Michael D., March James G., Olsen Johan P. (1990): Ein Papierkorb-Modell für organisatorisches Wahlverhalten. In: March (1990): 329-372.

Cyert Richard M., March James G. (1998): A Behavioral Theory of the Firm. Hall-Malden-Oxford: Blackwell.

Degele Nina, Münch Tanja, Pongratz Hans J., Saam Nicole J. (Hrsg.) (2001): Soziologische Beratungsforschung. Analyseperspektiven für Theorie und Praxis der Organisationsberatung. Opladen: Leske + Budrich.

Dörner Dietrich (1991): Die Logik des Misslingens. Reinbek bei Hamburg: Rowohlt.

Egger Walter, Hasenzagl Rupert, Stocker Ferry, Wagner Christian (Hrsg.) (2004): Wirtschaftsberatung in Österreich. Struktur und Entwicklungen. Wien-Graz: NWV.

Exner Alexander, Exner Hella, Hochreiter Gerhard (2009): Selbststeuerung von Unternehmen. Ein Handbuch für Manager und Führungskräfte. Frankfurt/M.-New York: Campus.

Froschauer Ulrike, Lueger Manfred (2010): Reflexiv-differenzierende Organisationsberatung. Überlegungen zur Kombination von Prozess- und Fachberatung. In: Kühl, Moldaschl (2010): 145-269.

Gerlach Ulf (2009): Steuerung des Mitarbeiterportfolios auf Basis von Mitarbeiterwerten. Frankfurt/M.: Fachverlag Moderne Wirtschaft.

Giddens Anthony (1997): Die Konstitution der Gesellschaft. Grundzüge einer Theorie der Strukturierung. Frankfurt/M.-New York: Campus, 3. Aufl.

Glasl Friedrich, Kalcher Trude, Piber Hannes (Hrsg.) (2008): Professionelle Prozessberatung: Das Trigon-Modell der sieben OE-Basisprozesse. Stuttgart: Verlag Freies Geistesleben, 2. Aufl.

Heitger Barbara, Doujak Alexander (2002): Harte Schnitte, neues Wachstum: Die Logik der Gefühle und die Macht der Zahlen im Changemanagement. Das Konzept der un:balanced Transformation. Frankfurt/M.-Wien: Ueberreuter.

Hernsteiner Fachzeitschrift für Managemententwicklung 4/2001: Fachberatung oder Prozessberatung? Wien: Hernstein International Management Institute, 14. Jahrgang.

Howaldt Jürgen, Kopp Ralf (Hrsg.) (1998): Sozialwissenschaftliche Organisationsberatung. Auf der Suche nach einem spezifischen Beratungsverständnis. Berlin: Sigma.

Ittermann Peter (1998): Unternehmensberatung: Umrisse einer Wachstumsbranche. In: Howaldt, Kopp (1998): 201-213.

Kluge Jürgen, Stein Wolfram, Licht Thomas, Kloss Wolfgang (2003): Wissen entscheidet. Wie erfolgreiche Unternehmen ihr Know-how managen – eine internationale Studie von McKinsey. Frankfurt/M.: Ueberreuter.

Köngswieser Roswita, Sonuç Ebrû, Gebhardt Jürgen, Hillebrand Martin (2006): Komplementärberatung. Das Zusammenspiel von Fach- und Prozeß-Know-how. Stuttgart: Klett-Cotta.

Kühl Stefan, Moldaschl Manfred (Hrsg.) (2010): Organisation und Intervention. Ansätze für eine sozialwissenschaftliche Fundierung von Organisationsberatung. München-Mering: Rainer Hampp.

Luhmann Niklas (2000): Organisation und Entscheidung. Opladen-Wiesbaden: Westdeutscher Verlag.

March James (Hrsg.) (1990): Entscheidung und Organisation. Wiesbaden: Gabler.

March James (1990): Beschränkte Rationalität, Ungewissheit und die Technik der Auswahl. In: March (1990): 297-328.

McKinsey & Company (Hrsg.) (2007): Planen, gründen, wachsen. Mit dem professionellen Businessplan zum Erfolg. Heidelberg: Redline, 4. Aufl.

Meyer John W., Rowan Brian (1991): Institutionalized Organizations: Formal Structures as Myth and Ceremony.In: Powell, DiMaggio (1991): 41-62.

Mohe Michael, Heinecke Hans J., Pfriem Reinhard (Hrsg.) (2002): Consulting – Problemlösung als Geschäftsmodell. Theorie, Praxis, Markt. Stuttgart: Klett-Cotta.

Nagel Reinhart, Wimmer Rudolf (2002): Systemische Strategieentwicklung, Modelle und Instrumente für Berater und Entscheider. Stuttgart: Klett-Cotta.

Neuberger Oswald (2002): Rate mal! Phantome, Philosophien und Phasen der Beratung. In: Mohe, Heinecke, Pfriem (2002): 135-161.

Oetinger Bolko von (2000): Das Boston Consulting Group Strategie-Buch: Die wichtigsten Managementkonzepte für den Praktiker. Düsseldorf: Econ Verlag.

Ortmann Günther (2003): Regel und Ausnahme. Paradoxien sozialer Ordnung. Frankfurt/M.: Suhrkamp.

Ortmann Günther (2004): Als Ob. Fiktionen und Organisationen. Wiesbaden: VS Verlag.

Ortmann Günther (2010): Organisation und Moral. Die dunkle Seite. Weilerswist: Velbrück.

Powell Walter W., DiMaggio Paul J. (eds.) (1991): The New Institutionalism in Organizational Analysis. Chicago-London: Univ. of Chicago Press.

Reichertz Jo (2009): Kommunikationsmacht. Was ist Kommunikation und was vermag sie? Und weshalb vermag sie das? Wiesbaden: VS Verlag.

Rosa Hartmut (2005): Beschleunigung. Die Veränderung der Zeitstrukturen in der Moderne. Frankfurt/M.: Suhrkamp.

Rügemer Werner (Hrsg.) (2004): Die Berater. Ihr Wirken in Staat und Gesellschaft. Bielefeld: transcript.

Sennett Richard (2002): Der flexible Mensch. Die Kultur des neuen Kapitalismus. Berlin: Berlin Verlag.

Simon Herbert A. (1981): Entscheidungsverhalten in Organisationen. Eine Untersuchung von Entscheidungsprozessen in Management und Verwaltung. Landsberg am Lech: verlag moderne industrie, 3. Aufl.

Sponring Christina, Pinter Gerold, Mörtl Johannes (2009): Erfolgsfaktor Unternehmensplanung im Klein- und Mittelbetrieb. Graz: dbv.

Villis Ulrich, Hardy Pia, Lewis Thomas (2009): Creating Social Impact. Strategic Use of Ressources in the Social Sector. Boston: The Boston Consulting Group.

Wagner Christian (2004): Unternehmensberatung. Anbieterstruktur – Leistungsspektrum – Entwicklungstendenzen. In: Egger et al. (2004): 11-98.

Weber Max (1980): Wirtschaft und Gesellschaft. Tübingen: Mohr, 5. Aufl.

Weick Karl E. (1985): Der Prozeß des Organisierens. Frankfurt/M.: Suhrkamp.

Weick Karl E. (1995): Sensemaking in Organizations. Newbury Park-London-New Delhi: Sage.

Wimmer Rudolf (2004): Organisation und Beratung. Systemtheoretische Perspektiven für die Praxis. Heidelberg: Carl-Auer.

Ansprache und Auswahl. Die Macht der Worte und der Entscheidung in Prozessen der Organisationsberatung

Sylvia Marlene Wilz

Die Überzeugung, man könne nicht nicht kommunizieren, gehört zu den Grundlagen der Kommunikationswissenschaft, und sie ist längst eingegangen in alltagsweltliche Wissensbestände: Sobald Menschen miteinander in Kontakt treten, kommunizieren sie miteinander, und das nicht nur, wenn sie das mit sprachlichen Mitteln, verständigungsorientiert und absichtsvoll tun.[1] Dieser Annahme der Allgegenwärtigkeit des Kommunizierens wird mitunter (und in zunehmendem Maße) eine in vielfacher Hinsicht ebenso weit reichende Annahme an die Seite gestellt – nämlich die, man könne nicht nicht entscheiden. Das Leben in modernen Gesellschaften beruhe nachgerade darauf, dass die Menschen sich immerfort zwischen einer Vielzahl an Handlungsoptionen entscheiden müssten und dafür die Verantwortung zu übernehmen hätten, und auch eine Nicht-Entscheidung stelle eine Entscheidung dar.

Diese Debatte um das Entscheiden hat eine große Tradition in der sozialwissenschaftlichen Forschung, insbesondere mit Blick auf handlungs- und systemtheoretische Begriffsbildungen, mit Blick auf Diagnosen der Gegenwartsgesellschaft und mit Blick auf spezifische Felder des Entscheidens (zum Beispiel Organisation, Management oder Berufswahl).[2] In jüngerer Zeit befassen sich vor allem andere Disziplinen (natur- und verhaltenswissenschaftliche) und die populäre Ratgeber- und Erbauungsliteratur mit dem Phänomen des Entscheidens. Vor allem die Neurowissenschaften mit der weitreichenden und allen gängigen Annahmen zuwiderlaufenden Annahme, Entscheidungen würden via neuronale Vernetzungen getroffen, noch bevor sie den handelnden und entscheidenden Akteuren ins Bewusstsein rückten, beeinflussen die aktuelle öffentliche Diskussion.[3] Wenn wir beide Annahmen – dass sowohl das Kommunizieren als auch das Entscheiden allgegenwärtig sind, dass beides bewusst und intentional, aber

---

1   Watzlawick/Beavin/Jackson (1967), vgl. zusammenfassend: Reichertz (2009).
2   Vgl. zum Beispiel: Baecker (2005), Dimbath (2003), Gross (1994), Luhmann (1984, 1993, 2000), March (1994), Ortmann (2009), Schimank (2005), Schreyögg (2000).
3   Vgl. nur: Prinz et al. (2005), Reichertz/Zaboura (2006), Roth (1998, 2007), Singer (2002, 2003).

auch nicht bewusst und nicht intentional geschehen kann – Ernst nehmen, dann
haben wir auch in der Soziologie Anlass genug, uns (einmal mehr, immer wieder) damit zu befassen, was das Kommunizieren und was das Entscheiden eigentlich ausmacht, wie Entscheidungen fallen, wer sie wie trifft (Kopf oder
Bauch, bewusst oder unbewusst, vor der Überlegung oder nachher), und wie wir,
über Kommunikation und Entscheidungen, Einfluss nehmen auf das alltägliche
Tun und Lassen von uns und anderen. Im Mittelpunkt des vorliegenden Beitrags
steht nun, einige zentrale Aspekte dieses Fragenkomplexes zu betrachten: die
Frage, wie Entscheidungen zustande kommen, welche Bedeutung Intentionalität
im Kommunizieren und Entscheiden hat und wie Macht in Kommunikationen
und in Entscheidungen ausgeübt wird. Diese Fragen sollen am Beispiel der Organisationsberatung erörtert werden – zuvor ein paar knappe Hinweise auf den
Stand der Diskussion.

Kommunikation und Entscheidung

Aus kommunikationstheoretischer Perspektive betrachtet Reichertz (2009) einmal den Aspekt der Intentionalität, und er betont zum Zweiten die Verbindungen
zwischen Kommunikation, Macht, Identitätsbildung und Anerkennung. Beides
ist auch für die Diskussion um das Entscheidung-Treffen von Belang. Die Frage,
um mit dem ersten Punkt zu beginnen, ob man es nur dann mit Kommunikation
zu tun habe, wenn es der Absicht des Sprechers entspricht, dem Hörer etwas –
und zwar etwas Spezifisches – zu übermitteln, beantwortet Reichertz einmal
mehr mit einem klaren Nein, natürlich nicht. Auch all das, was an nicht-intendierten, nicht explizit thematisierten, körperlichen Elementen in eine Situation
zwischen Akteuren einfließt, ist Bestandteil der Kommunikation. Kommunikation besteht damit nicht nur in einer Situation, in der Akteure bewusst und zielge-
richtet miteinander sprechen, sondern auch in einer Bezugnahme der Akteure
aufeinander, die nicht zwingend der kognitiven Leistung und Steuerung bedarf.
Kommunizieren und Handeln kann man entsprechend als bewusste Akte deuten-
der und einander verstehender Subjekte ansehen – man kann (und muss) aber
ebenso sehen, dass sie im unbewussten, praktischen, nicht-diskursiven Handeln
und sich-Ereignen bestehen.[4]

Für das Entscheiden gilt eher das Gegenteil. Hier wird weithin argumentiert,
dass es genau das: das zielgerichtete, absichtsvolle und begründungsfähige, auf
benennbaren Motiven und Gründen eines entscheidenden Akteurs beruhende
Auswählen einer Alternative sei, was das Entscheiden zum Entscheiden macht

---

4   Vgl. hierzu auch beispielsweise Bourdieu (1987), Esser (1990, 1996), Giddens (1992).

(und von anderen Formen des Verhaltens und Handelns unterscheidet).[5] Diese Sicht ist von verschiedenen Seiten kritisiert worden. Aus systemtheoretischer Perspektive argumentiert Luhmann (1984, 1993 u.ö.), das Entscheiden sei als vom Willen und Handeln der Akteure losgelöst, als Modus der Kommunikation und Zurechnung zu betrachten. Aus der Perspektive der Neurowissenschaften verschwimmen Kommunizieren, Handeln und Entscheiden; „Entscheidungen können bewusst oder unbewusst getroffen werden, sie können eher von Gefühlen oder eher von Überlegungen geleitet sein, und sie können schnell und spontan oder nach einer gewissen Zeit des Abwägens oder Abwartens erfolgen" (Roth 2007: 164). Und auch innerhalb der soziologischen und betriebswirtschaftlichen Entscheidungsforschung, die an der Vorstellung einer zielgerichteten Auswahl von Alternativen festhält, werden Differenzierungen vorgenommen: Vor allem mit Blick auf das Niveau der unterstellten Nutzenorientierung und die Begrenztheit der Rationalität des Entscheidens, auf iteratives und unsystematisches Vorgehen und auf die Rolle von Zufälligkeiten im Entscheiden.[6] Im Kern bleibt aber die Vorstellung bestehen, Entscheiden sei „Alternativen bedenkend zu handeln" (Schimank 2005: 49) – auch wenn nicht mehr ganz klar zu fassen sein scheint, wie viel Reflexion, wie viel Zielgerichtetheit und wie wenig Routine, Unwichtigkeit und Unbewusstheit dabei im Spiel sein darf.

Die Frage nach dem Stellenwert der Intentionalität in Kommunikation und Entscheidung ist also eine der Theoriebildung, die bisher, zumindest für das Entscheiden, nicht trennscharf beantwortet ist. Eine Lösung des Problems könnte darin gesehen werden, zwei Modi des Entscheidens anzunehmen (einen rational-reflexiven und einen emotional-intuitiven Modus, in etwa, wie Esser es für das Handeln tut) – oder es wäre weiter an einer Klärung zu arbeiten, wie viel Intentionalität nötig ist, dass man von einer Entscheidung sprechen kann und ob es sich auch dann noch um eine Entscheidung handelt, wenn sie losgelöst von Reflexion und Intention zustande kommt. Diese Begriffsbestimmung ist ohne empirische Fundierung nicht tragfähig vorzunehmen. Entsprechend besteht eine weiterhin aktuelle Aufgabe sozialwissenschaftlicher Forschung darin, durch die Analyse von empirischen Entscheidungsprozessen dem auf die Spur zu kommen, was das Entscheiden ausmacht.[7]

Einen solchen Versuch, Entscheidungsprozesse empirisch zu betrachten, möchte ich nun am Beispiel der Arbeit von Personalberatern in der „Executive Search", also der Direktansprache von Fach- und Führungskräften, vorstellen. Ich möchte schildern, was Personalberater tun, erörtern, welche Funktion die

---

5   Vgl. zusammenfassend: Schimank (2005).
6   Vgl. exemplarisch: Cohen/March/Olsen (1972), March (1994), Lindblom (1959), Schimank (2005, 2009).
7   Vgl. zusammenfassend: Schimank/Wilz (2008), Wilz (2009, 2010).

Beratung für die beratene Organisation hat – und daraus einige Schlussfolgerungen ziehen, die Impulse für die Diskussion um Kommunikation, Entscheidung und Macht geben können. Dabei möchte ich eine These zur Diskussion stellen: und zwar die, dass im Mittelpunkt der Tätigkeit von Personalberatern einerseits sachliche Orientierungen stehen (gesucht, vermittelt und besetzt werden Funktionen und Positionen, nicht Personen – das klingt banaler als es ist), und dass die Aufgabe der Berater andererseits darin zu bestehen scheint, ein Ritual zu inszenieren, und zwar dafür, dass jemand in eine Position gebracht wird, für die er oder sie sich nicht „offiziell" qualifizieren muss. Der Auswahlprozess durch einen Headhunter ersetzt nicht nur eine Prüfung oder Leistungsprobe, sondern macht den Kandidaten zu dem, was er werden soll. Um diese These zu entwickeln, werde ich zunächst einige zentrale Aspekte der soziologischen Forschung zur Organisationsberatung skizzieren, anschließend die Aufgaben von Personalberatungen umreißen und dann im dritten Schritt analysieren, was Headhunter tun, wie sie es tun, zu welchem Zweck – und was das für das Kommunizieren und Entscheiden bedeutet.[8]

Headhunter: Personalberatung und -vermittlung als Beispiel für Kommunikation und Entscheidung

Ob er die Bezeichnung „Kopfjäger", „Headhunter", für sich akzeptieren könne, wird ein Personalberater der Firma Kienbaum Executive Consultants in einem Hörfunk-Interview gefragt, und er antwortet:

> „Wir als Personalberater (begeben) uns sicherlich auf die Suche nach den besten Köpfen für unsere Auftraggeber (…). Aber eigentlich verstehen wir uns schon als Unternehmensberater, weil wir sozusagen nicht nur den Lieferantenstatus haben wollen, sondern wir wollen die Unternehmen auch im Hinblick auf Profile, auf Vergütungen und am Ende auch auf die richtigen Personen hin beraten." (Kracht 2007)

Diese Antwort ist mit Blick auf die Aufgabe der Personalberater klar: Es geht um die „Suche nach den besten Köpfen". Mit Blick auf ihren Status und ihre Funktion ist sie bemerkenswert uneindeutig. In ihrem Selbstverständnis („verstehen wir uns") sind Personalberater Unternehmensberater – dies jedoch mit Einschränkung („eigentlich schon") und vorsichtig vorgebracht: Als Wunsch beziehungs-

---

8   Die Basis meiner Überlegungen ist die Sekundäranalyse von 16 qualitativen Interviews mit Personalberatern. Nur eine der Befragten ist eine Personalberaterin; wenn im Folgenden ausschließlich von „Beratern" die Rede ist, dann dient das dazu, diese Geschlechterverteilung kenntlich zu machen. Vgl. zur Datenbasis auch Schumacher (2011).

weise Ziel formuliert („wir wollen") sind sie Berater und „sozusagen nicht nur" Lieferanten.

Der Befragte stellt also zwei Tätigkeiten einander gegenüber – das Zuliefern und das Beraten – und führt damit zwei Spannungsverhältnisse ein: eines im Verhältnis zwischen Auftraggebern (den Kunden, der beratenen Organisation) und Auftragnehmern (der beratenden Organisation) und eines in der Aufgabe. Wären die Personalberater Lieferanten, wären sie Dienstleister, Zuarbeiter, sie wären natürlich nicht machtlos, aber abhängig Positionierte. Wären sie Berater, die mit Blick auf „Profile, Vergütungen und Personen" zentrale Dimensionen von Organisationen (Aufgaben, Entlohnung/Vertragsgestaltung und Mitglieder) (mit) gestalten, dann stünden sie mit im Zentrum der organisatorischen Prozesse. In diesem Fall wären sie mindestens auf Augenhöhe mit den beratenen Unternehmen, wenn nicht sogar höhergestellt, denn Berater beraten Beratungsbedürftige, und das ist eine dem Lieferantenstatus gewöhnlich entgegen gesetzte Asymmetrie der Beziehung. Inwiefern die Suche nach Personal also eine beratende Tätigkeit darstellt und inwiefern sie eine zuarbeitende oder eine gleich gestellte, möglicherweise überlegene Tätigkeit des „Hineinregierens" in organisatorische Prozesse bedeutet, das scheint eine komplexe Sache zu sein. Und das gilt, wenn man genau hinschaut, nicht nur dafür, welches Verhältnis zwischen Beratern und Kunden tatsächlich besteht, sondern auch für die Aufgabe selbst: Erst „am Ende" geht es „auch" um die „richtigen Personen". Welche Aufgaben und Funktionen hat Personalberatung also?[9]

In der soziologischen Forschung zum Gegenstand der Organisationsberatung[10] (und in der Praxis der Beratung) werden verschiedene Typen der Beratung

---

9   Eine Funktion, die die Beratung sowohl für die beratene als auch für die beratende Organisation hat, wird dabei vor die Klammer gezogen, und zwar die offensichtlichste: Geld zu verdienen beziehungsweise zu sparen. Es darf unterstellt werden, dass Organisationen, die Berater hinzuziehen, dies nur dann tun, wenn sie davon ausgehen, dass alle anderen Lösungen mit noch höheren Kosten verbunden sind, und es darf noch eindeutiger unterstellt werden, dass Berater mit ihrer Tätigkeit Profite erzielen wollen und daher eine möglichst zeitsparende und gering komplexe Suche unternehmen. Die hier vorliegende Analyse setzt oberhalb dieser für kapitalistische Wirtschaftssysteme als allgemein gültig unterstellten Funktion an und will klären, wie Beratung in der organisationalen Praxis funktioniert. Eine Untersuchung, ob und inwiefern die Funktion, kostengünstig zu wirtschaften für beratene Organisationen tatsächlich zutrifft, wäre in eine umfassendere Analyse von Beratungsprozessen einzubeziehen – es ist schließlich ohne Weiteres denkbar, dass aus Gründen der Legitimierung, der Anpassung an organisationsfeldspezifische Prozeduren, der Mode oder der Hilflosigkeit auch kostenintensive Vorgehensweisen gewählt werden, obwohl sie sachlich nicht zwingend erforderlich wären.

10 Vgl. zum Beispiel: Ameln/Kramer/Stark (2009), Armbrüster (2004), Birke (2007), Degele et al. (2001), Elbe/Saam (2008), Faust (2002, 2005, 2006), Froschauer/Lueger (1999), Glückler (2004), Güttler/Klewes (2002), Iding (2000, 2001), Kipping/Engwall (2003), Kühl (2007), Leif (2008), Reichertz/Marth (2004), Resch (2005), Rudolph/Okech (2004), Rügemer (2004), Saam (2007), Schützeichel (2004), Schützeichel/Brüsemeister (2004).

unterschieden, vor allem: a) die „Strategieberatung", das heißt eine Beratung, deren Ziel es ist, eine bestimmte Lösung zu einem bestimmten Problem zu einem bestimmten Zeitpunkt vorzulegen, b) die „Prozessberatung", also eine Beratung, die darauf zielt, die Prozesse der beratenen Organisation zu begleiten und die Organisation in ihrer Problemlösungs- und Konfliktlösungskompetenz zu stärken, und c) die Fachberatung, zum Beispiel Technikberatung, IT-Beratung oder Rechtsberatung. Für die Personalberatung treffen in gewisser Hinsicht alle drei Typisierungen zu: Sie ist Strategieberatung insofern, als dass sie ein Sachproblem löst, indem sie einen Besetzungsvorschlag für eine vakante Stelle macht, wenn die Organisation selbst dazu nicht willens oder in der Lage ist. Prozessberatung ist sie in dem Sinn, dass sie den Stellenbesetzungsprozess einer Organisation nicht nur begleitet, sondern auch teilweise übernimmt, daran teilnimmt – dies allerdings definitiv nicht mit der Absicht der Hilfe zur Selbsthilfe, im Gegenteil: Ist wieder eine Stelle zu besetzen, möchte der Berater erneut hinzugezogen werden – es macht einen Teil seines Erfolges aus, sich nicht überflüssig, sondern als Berater unentbehrlich zu machen. Fachberatung ist Personalberatung in dem Sinn, dass sie sich rein auf die Vermittlung von Personal und den Bereich des Human Ressources Managements konzentriert.

Die Frage nach den Funktionen von Beratung wird in der Literatur mit Hinweis auf folgende zentrale Dimensionen beantwortet: 1. Dient sie dazu, Wissen, Fach- und Expertenwissen zu nutzen, um es (je nach theoretischem Standpunkt) in die Kundenorganisation zu transferieren oder um die Kundenorganisation in ihren Kommunikationen zu irritieren. 2. dient sie dazu, Unsicherheit zu absorbieren, Probleme, Konflikte, Risiko und Verantwortung zu verschieben und/oder eigenen Entscheidungen externe Legitimation zu verschaffen. Dabei sind sie 3. mikropolitische Spieler – sie verändern Akteurkonstellationen, sind Ressource für Akteure oder Akteursgruppen und verändern die Regeln in einem „Innovationsspiel". Und sie trägt 4. zur Sinnstiftung in Organisationen bei: Berater formulieren Leitbilder, sie können Organisationsmitglieder motivieren, und sie tun das über Rituale wie zum Beispiel Großevents der ‚Managementgurus'. Ein Berater hat dann, so beispielsweise Kieser (1998) oder Fuchs (2004), die Funktion eines Zeremonienmeisters oder Schamanen, der Übergangssituationen markiert und neue Sinnangebote macht.

Diese Dimensionen finden sich mit Blick auf Prozesse der Personalberatung allesamt wieder.[11] Das Ziel der Personalberatung besteht zunächst einmal darin, eine Aufgabe zu lösen, die der Klient nicht selbst lösen kann oder will, und diese Lösung zu präsentieren. Da, wo man sich nicht auf einen Kandidaten einigen

---

11   Vgl. als Überblick zur Personalberatung zum Beispiel: Dincher/Gaugler (2000, 2002), Fink/Knoblach (2003), Finlay/Coverdill (1999, 2000), Füchtner/Wegerich (2008), Herbold (2002), Jochmann (1995), Sackmann/Elbe (2000).

kann oder wo keiner, weder extern noch intern, aus eigener Anstrengung gefunden werden konnte, da verlagert man die Aufgabe nach außen und beauftragt einen Berater, einen geeigneten Kandidaten zu finden. Bereits dieser erste Schritt ist häufig nicht unabhängig von der Aktivität eines Personalberaters: Er akquiriert Aufträge – und zwar entweder auf Ansprache seitens des Kunden oder von sich aus, indem er Kontakte zu Kunden sucht, pflegt und seine Kompetenzen und Dienstleistungen anbietet. Die Tätigkeit des Personalberaters besteht dann darin, sich über die suchende Organisation, ihre Aufgaben, Ziele, ihre Marktsituation, Unternehmenskultur usw. zu informieren. Diese Informationen bezieht er aus seinen eigenen Wissensressourcen, aber auch aus der Kommunikation mit Mitgliedern der Kundenorganisation; sie mündet in eine Aufgabenbeschreibung und ein Kandidatenprofil. Anschließend wird eine so genannte „target list" erstellt, eine Liste aller Unternehmen, in denen die beschriebene Funktion vermutet wird. Diese Liste wird mit dem Klienten abgestimmt (vor allem mit Blick darauf, welche Unternehmen gegebenenfalls aus der Liste auszuschließen sind).

Danach wird auf der Basis der eigenen Branchenkenntnis, interner und externer Datenbanken, Fachpublikationen oder der Kontakte zu anderen Branchenangehörigen recherchiert, wo diese Funktion tatsächlich existiert und wer sie innehat (das ist der so genannte „Ident"). In der Regel wird die identifizierte Person telefonisch angesprochen und es findet ein erster Austausch von Informationen zu Stelle und Qualifikationen der angefragten Person statt. Diese Phase des Suchens und Findens geeigneter Kandidaten bearbeitet – außer in sehr kleinen Beratungsfirmen – nicht der Berater selbst, sondern ihm zuarbeitende Mitarbeiter/innen, die „Researcher". Bei wechselseitigem Interesse gibt es dann ein persönliches Gespräch zwischen Berater und Kandidaten. Schließlich präsentiert der Berater dem Klienten – schriftlich und mündlich – einen oder eine Auswahl an Kandidaten. Dann führt die Kundenorganisation ihre Gespräche mit dem oder den Kandidaten, wählt aus, führt Vertragsverhandlungen und stellt ihn – „so Gott will", wie einer der Befragten formulierte – ein. Auch diese Phase wird häufig noch von Beratern begleitet.

Im Mittelpunkt des „Executive Search" steht erstens also die Position (oder Funktion), die in der Interaktion mit den Mitgliedern der Kundenorganisation definiert wird und dann vom Berater gefunden werden muss – und nicht die Person, die die Stelle ausfüllen soll. Ein Personalberater durchforstet im Regelfall nicht als Erstes seine Adressbücher mit dem Ziel, in seinen persönlichen Netzwerken geeignete Kandidaten zu finden; er setzt an Organisationen, deren Aufgaben und Stellen an. Zweitens aber geht es, das zeigt die Analyse der Interviews, auch nicht um eine ausführliche Suche. Personalberater erhöhen die Komplexität für den Klienten nicht, indem sie ihm eine Auswahl attraktiver Kandidaten vorlegen, sondern sie reduzieren sie, indem sie vorab einen Kandidaten auswählen (dem sie gegebenenfalls einen oder zwei Vergleichskandidaten zur Seite stellen). Sie suchen auch möglichst nur einen: Eine optimale Recherche führt nicht dazu, einen möglichst ansehnlichen Kreis sehr gut passender Kandidaten zu finden, aus denen der Klient dann auswählen kann. Es kommt vielmehr darauf an, möglichst sofort *einen* Kandidaten zu finden.[12] Im Idealfall sieht das so aus, dass die Berater „einfach die Zugänge hinkriegen – und gibt es im Markt", so beschreibt ein Befragter, „zehn Leute, können wir mit allen zehn telefonisch uns austauschen und wir schaffen es, am Ende des Tages sind in der Regel drei oder vier an den Tisch zu kriegen. Und davon einen Fall zu präsentieren." (PB 8) Als ‚Headhunter' tätig zu sein bedeutet also nicht, salopp formuliert, ein Kopfjäger im Sinne des ‚Köpfe Jagens', sondern ein Kopfgeldjäger zu sein – es geht um einen konkreten Kopf, mit dem Geld zu verdienen ist (schaff mir einen bestimmten herbei, nicht: bring mir viele). Der Prozess der Personalberatung hat aber, siehe oben, nicht nur eine ökonomische Dimension, sondern auch eine der Sinngebung und der normativ fundierten Bindung. Man kann ihn, so lässt sich die Analyse weiter führen, als Ritual verstehen – als ein Ritual für einen Übergang dafür, dass eine Führungskraft, wie ein Befragter formuliert, aus einer Organisation „herausgeneriert" (PB 4) und in eine andere installiert wird.

Rituale sind formalisierte, auf die Gesellschaft – hier: auf die Organisation – gerichtete Handlungen, die leicht erkennbar, erinnerbar und wiederholbar sind. Rituale sind Bestandteile der sozialen Interaktion und Kommunikation. Sie dienen der Konstitution und der Sicherung des Gruppenzusammenhalts – auch und vor allem, weil sich die Beteiligten ihrer gemeinsamen Werte versichern. Damit verbunden ist, dass Rituale normative Kraft entfalten, Macht ausüben können – sie können Einzelne und Gruppen (ver)binden, weil sie verbindlich sind (vgl. Turner 1992, Soeffner 1992, Reichertz 2000). Rituale finden vor allem überall dort statt, wo Altes auf Neues, Bekanntes auf Unbekanntes trifft, Dinge sich wandeln, Krisen heraufziehen und Grenzen überschritten werden. Rituale thematisieren die jeweilige Erfahrung der Grenze (und die sie begleitenden Emotionen), sie spielen den Grenzübergang und die Folgen durch und besiegeln ihn. Solche „Übergangsriten", die Übergänge wie Geburt, Initiation, Hochzeit und Tod gesellschaftlich organisieren und herstellen (vgl. Gennep 1986), finden sich in fast allen Kulturen – und auch in modernen Organisationen. Dort werden sie kaum als solche thematisiert (was aber auch nicht in allen Gesellschaften der Fall sein muss, vgl. Douglas 1981), sie haben jedoch eine gewichtige Funktion: Sie

---

12   Dieses Vorgehen ist natürlich als Vorgehen einer „simple minded search" und dem Einstellen der Suche bei einem zufriedenstellenden Ergebnis – also dem „satisfycing" im Entscheidungsprozess – zu beschreiben (vgl. March 1994, zusammenfassend: Schimank 2005). Hier soll aber weiter analysiert werden, inwiefern diese Form des Entscheidung-Treffens eingepasst ist in das Zusammenwirken zweier Organisationen und welche Funktion es erfüllt.

binden ihre Mitglieder, und da Rituale den Weg zu Neuem öffnen, sichern sie nicht nur das Vergangene, sondern ermöglichen auch Innovationen.

Genau das ist im Personalberatungsprozess der Fall: Es geht um Integration, um die Aufnahme eines Kandidaten in die beratene Organisation und um eine Innovation – und nicht um eine Leistungsprüfung. Gleich zu Beginn des Suchprozesses werden potentielle Kandidaten daraufhin überprüft, ob sie bestimmte Basisanforderungen hinsichtlich Ausbildung, Karriereverlauf und Alter erfüllen. Erst zu einem sehr späten Zeitpunkt des Findungsprozesses wird eine Verifizierung der Qualifikation und der Leistungsfähigkeit des Kandidaten unternommen, und zwar durch Referenzen, die der Berater einholt. Eine aktive Arbeitsprobe, einen konkreten Nachweis seiner Leistung hat der Kandidat jedoch an keiner Stelle zu erbringen; wichtig ist, so frühzeitig wie möglich festzustellen, „dass die Qualifikation und die Kompetenz des Kandidaten in etwa auf die Profilanforderungen des Kunden passt" (PB 10). Die Qualität und Leistungsfähigkeit des Kandidaten, das wäre eine Lesart dieses Sachverhalts, scheint ‚vor die Klammer gezogen' – es ist klar, dass jeder, der in der gesuchten Position tätig ist, auch die Anforderungen der neuen Position ausfüllen kann, im Beratungsprozess wird dann ‚nur' überprüft, ob „die Chemie stimmt".

Dieses Phänomen könnte man aber auch so deuten, dass die sachliche Ebene zweitrangig ist, (weil Qualifikation sowieso gegeben, Leistung immer kontingent ist)[13], und dass es vornehmlich darauf ankommt, einen Kandidaten als den Richtigen zu ‚auratisieren'. Durch den Prozess der Suche selbst wird der Kandidat zu dem gemacht, der er sein soll: Der funktional passende Kandidat durchläuft eine Statuspassage – von der Herauslösung aus der alten Organisation über die Zwischenphase der etappenweisen Kommunikation bis zur Integration in die neue Organisation. Durch die gesamte Tätigkeit des Beraters, durch die Annäherung, das (An)Rufen, das Umwerben und Kommunizieren bis zur Präsentation vor dem Klienten wird er als der geeignete Nachfolger zu einem ‚Ausgezeichneten', er wird zu der in der neuen Organisation a priori anzuerkennenden Füh-

---

13 Im Fall von Führungskräften ist Fachwissen, so könnte man auch argumentieren, weniger relevant als es andere persönliche Kompetenzen (wie Entscheidungsfreude, Durchsetzungskraft und Kommunikationsfähigkeit) sind. Das gilt, wenn überhaupt, jedoch allenfalls für Spitzenpositionen – nicht für Experten, die auf mittleren und oberen Leitungspositionen gesucht werden. Das Leistungsprinzip gilt darüber hinaus durchgängig; es wird im Prozess der Personalvermittlung durch Headhunter, so zumindest die Befunde der vorliegenden explorativen Studie, aber nicht in der Form abgeprüft, wie es an anderen Stellen in Organisationen üblich ist. Dieses Thema könnte man weiter vertiefen und zum Beispiel mit Blick auf Dimensionen des Weberschen Bürokratiemodells (an der Spitze der Bürokratie findet sich ein nicht-bürokratisches Element, vgl. Weber 1980) oder mit Blick auf Luhmanns Beobachtung der Rekrutierung von Führungskräften als vormoderne Form der Bindung durch Dankbarkeit und Verpflichtung (vgl. Luhmann 2000: 295f.) diskutieren.

rungskraft gemacht. Der passende Kandidat wird also nicht entdeckt, er wird vielmehr ‚aufgebaut' – und zwar innerhalb kurzer Zeit und innerhalb der Regeln und Prozesse der Organisation, in der er künftig als Führungskraft tätig sein soll: „Wir verkaufen nicht jedem Kunden einen Kandidaten, und noch verkaufen wir einem Kandidaten einen Job, und wir versuchen auch nicht, jemandem einen Knopf an die Backe zu nähen", sagt einer der Befragten. „Es muss immer 100% Wille und Bereitschaft vorhanden sein. Und dafür sorgen wir von Anfang an." (PB 7) Die Qualifikation des Kandidaten ist dabei nicht belanglos, aber es geht nicht um den per se ‚exzellenten Mann', sondern darum, dass er durch die Auswahlprozesse des Beraters als passender Kandidat anerkannt wird: „Wichtig ist,", so formuliert es ein Befragter, „ist das ein vertrauenswürdiger Mensch, kann man mit dem was machen und ist der irgendwie zu begreifen, und passt der zu uns" (PB 9). Das wird a) vom Berater verbürgt und b) im Prozess des Herauslösens aus der alten und Einführens in die neue Organisation kommunikativ und interaktiv hergestellt und bestätigt – letztlich geht es darum, „eine Bindung und Beziehung aufzubauen zwischen Kandidaten und potentiellen Mitarbeitern und dem Unternehmen" (PB 2).

Die Besetzung einer vakanten Stelle beruht also nicht darauf, dass die persönlichen Netzwerke der Berater eine Fülle von geeigneten Kandidaten umfassen, die ‚nur noch' alloziert werden müssen. Es geht hier nicht zentral um die Wirkung von ‚Vitamin B', Kandidaten werden nicht von Bekannten vermittelt – sie werden aber von Bekannten, von Vertrauten als passend und geeignet ausgewiesen. Die Person des Beraters wird gebraucht, um Vertrauen aufzubauen, um Kompetenz, Status und Homogenität zu signalisieren, und um eine funktionierende Berater-Klienten-Beziehung aufzubauen. Und genau darauf basiert das Ritual: das Verfahren der Initiation eines Gleichen in eine Gemeinschaft von Gleichen, ‚beurkundet' von einem, der Gewährsmann dafür ist, dass es sich um einen Gleichen handelt. Damit ist sowohl die Einführung des Kandidaten als Führungskraft unter Führungskräften als auch seine Einführung als Führungskraft ‚an sich' gewährleistet: die künftige Anerkennung des ‚Neuen' durch Kollegen und Mitarbeiter wird durch das ‚als Führungskraft erwählt sein' vorab gesichert.

Für die Kandidaten bedeutet dieses Verfahren a) Anerkennung (man wird angerufen, man ist interessant für andere, hat Marktwert, es ist ein „positives Feedback") und b) ein Abenteuer (es ist aufregend, vollzieht sich, zumindest teilweise, bei Nacht und Nebel, an fremdem Ort, mit heimlich ausgetauschten Unterlagen, unter nur sukzessiver Aufdeckung von Identitäten, es führt in unbekanntes Terrain, es verspricht Gold und Dukaten, bei Aufdeckung drohen Sanktionen). Dieses Abenteuer ist eine Bewährungsprobe: Da die Leistungen der Kandidaten vorausgesetzt und im Beratungsverfahren auch kaum thematisiert werden, ist der Bezugspunkt der Bewertung des Kandidaten allein seine Haltung und sein Verhalten im Beratungsprozess: Er muss sich erwählen lassen, Zustimmung signalisieren, angemessen kommunizieren und sich gut anziehen, sich einpassen.

Für die Interpretation der Funktion von Personalberatung und des Modus/Verfahrens der Entscheidung ist das eine folgenreiche Schlussfolgerung. Wenn es so ist, wenn die Kür eines Kandidaten ein Initiationsritus ist, dann fallen nämlich im Prozess der Beratung die Entscheidung über die Personalauswahl und die Umsetzung der Entscheidung, also die Einführung der neuen Führungskraft, zusammen. Der Prozess der Personalberatung stellt dann weniger einen Auswahlprozess dar, in dem Berater beraten und Auftraggeber entscheiden oder aber Berater durch ihre Vorauswahl quasi (oder de facto) entscheiden und die Auftrag gebende Organisation die Form wahrt und eine Entscheidung, deren Ausgang bereits feststeht (also eine Nicht-Entscheidung) trifft. Beraten heißt dann weniger, etwas besser zu wissen und zu können (oder zumindest so zu tun) und aus *dieser* Position heraus organisatorische Prozesse zu beeinflussen, oder umgekehrt, einer von Seiten der Organisation bereits getroffenen Entscheidung Legitimation zu verleihen. Beraten heißt dann: gemeinsam und verteilt entscheiden.

Damit ist Personalberatung mehr und etwas anderes als ein Ritual im Sinne von Magie und Schamanentum, wie es in der Beratungsforschung bislang thematisiert wird. Es geht nicht vornehmlich (und in einem unspezifischen, allgemein motivationalen Sinne) darum, Sinn zu erzeugen, sondern darum, eine Innovation – eine neue Person – „gangbar" zu machen (indem alle Beteiligten von der Einzigartigkeit der Person und der Passung von Person und Organisation überzeugt werden). Die Frage danach, ob Personalberater „beraten" oder „liefern", verliert damit an Bedeutung: Die Tätigkeit und die Machtposition von Beratern entfalten sich in den Praktiken des Beratungsprozesses – und ihre Funktion besteht darin, Teilnehmer in einem Innovationsspiel zu sein und eine Führungskraft zu ‚inthronisieren'. Die Passung zwischen Position und Person wird dabei über das handelnde Zusammenwirken von Organisationsberatern und Organisationsmitgliedern der Kundenorganisation hergestellt – und zwar in einem geteilten und zum Teil gemeinsam neu kreierten Set von Regeln und Ressourcen. Damit ist Personalberatung auch ein Element der Eliterekrutierung, das, wie Hartmann (1996, 2002) argumentiert, eine „geschlossenen Gesellschaft" reproduziert. Dadurch, dass Gleiche Gleiche auswählen, wird die soziale Homogenität gewahrt. Beim Ausschluss habituell nicht passfähiger Personen durch Personalberatung handelt es sich aber nicht (oder nicht nur) um strategisch durchdachte, gezielte, rationale Entscheidungen in der Auswahl von Führungskräften und auch nicht (oder nicht nur) um eine personalisierte, individualisierte Form der Personalauswahl. Das

Verfahren „Personalberatung" stellt vielmehr eine spezifische Entscheidungs-
praktik dar, die institutionalisiert ist – und zwar innerhalb und außerhalb der lokalen Ordnung einer Organisation.

Kommunikation und Entscheidung – Intentionen, Interessen und Identität

Was heißt das, um auf den Ausgangspunkt zurückzukommen, mit Blick auf die
Intentionalität von Kommunikation und Entscheidung und mit Blick auf die
Macht der Worte und der Entscheidung? Machtausübung in Organisationen beruht darauf, dass Akteure bestimmte Interessen verfolgen, Steuerungsabsichten
hegen und auf der Basis organisational ungleich verteilter Ressourcen (die in
Hierarchie, Expertentum u.a. gründen) die Chance haben, ihre Interessen durch
Entscheidungen durchzusetzen und damit andere in ihren Entfaltungsmöglichkei-
ten binden. Daran darf (und muss) eine akteur- und handlungsorientierte Organisationsforschung festhalten. Sie muss aber ebenso erkennen (und das tut sie ja
auch), dass die Intentionalität von Entscheidern und Entscheidungen ihre Grenzen hat. Das Beispiel der Personalberatung zeigt sehr deutlich, dass Entscheidungen nicht vornehmlich auf den Intentionen und Steuerungsmöglichkeiten
einzelner Akteure beruhen, sondern sich innerhalb der Praktiken der Organisation „ereignen". Ein Entscheider (sei es ein Berater, sei es ein Auftraggeber) befindet sich dabei in einem spezifischen organisationalen Rahmen, innerhalb dessen je bestimmte Normen und Vorstellungen aktualisiert, in dem Räume guter
Gründe definiert werden, auch Beziehungen vor-definiert werden qua Zielset-
zung, Hierarchie, Aufgabenteilung, formaler Regeln usw. Es gibt also eine durch
spezifische organisatorische Regeln und Ressourcen gestützte Macht zu entscheiden, die bewusst und strategisch genutzt werden kann. Diese Form der Ent-
scheidungsmacht ist aber an jedem Punkt verbunden mit der alltäglichen, sozialen, in Beziehungen eingebetteten Macht der Kommunikation: Macht erwächst,
so argumentiert Reichertz (2009: 242) in und aus Kommunikation, indem sie
wechselseitige Erwartungen mit definiert, Identität stiftet (oder verletzen kann)
und Anerkennung gewährt (oder nicht). Auch das gilt für den Fall der Personalberatung. Hier zeigt sich die Verbindung der Kommunikation und des Entscheidens im Prozess der Ansprache, der Auswahl und der Präsentation des Kandidaten, in dem Macht sich äußert in der Möglichkeit, Verfahren, Normen und Deu-
tungsmuster zu definieren, in dem sie aus der Verfügung über hierarchischen
Status, Wissen, Geld, und die Kontrolle von Unsicherheitszonen entsteht,[14] *und*

---

14 Vgl. Ortmann (1995), OrtmannWindeler/Becker/Schulz (1990) im Anschluss an Crozier/
    Friedberg (1993) und Giddens (1992).

daraus erwächst, dass in diesem Verfahren Anerkennung erfahren und Identität gestiftet wird – und zwar durch und für die Berater, die Kandidaten und die Auftrag gebende Organisation.

Beides, die Macht der Worte und die Macht der Entscheidung ist also relational, beides entfaltet sich in Beziehungen, und beides ereignet sich in der Praxis der alltäglichen und organisationalen Lebensführung – und so sind ‚(An)sprache' (Kommunikation) und ‚Auswahl' (Entscheidung) in mehr als einem Sinn gekoppelt. Worin die Spezifika des Entscheidens bestehen, das ist damit zunächst eher unklarer als klarer geworden: Entscheidungen sind erkennbar an der Thematisierung und Auswahl von Alternativen – dies aber durchaus als rückblickende Zuschreibung (vgl. zum Beispiel Brunsson 2007, Laroche 1995), nicht notwendig als ziel- und vorwärts gerichteter Auswahlprozess, und Elemente der Intentionalität und der Nicht-Intentionalität bestehen nebeneinander. Wenn man also die umfassende Sicht auf Kommunikation und Entscheidung akzeptiert und um eine allzu abstrakte oder einseitig auf Kognition und Intention fokussierte Sicht auf das Entscheiden herumkommen will, dann hat man, zumindest in diesen ersten Schritten der Überlegung, theoretische Unschärfen in Kauf zu nehmen – und muss weiter gehen, um theoretisch und empirisch Neues zu entdecken.

Literatur

Ameln, Falko van, Josef Kramer, Heike Stark (2009): Organisationsberatung beobachtet. Wiesbaden: VS Verlag für Sozialwissenschaften

Armbrüster, Thomas (2004): Rationality and its symbols: Signalling effects and subjectification in management consulting. In: Journal of Management Studies, 41, 2004, 8, S. 1247-1269

Baecker, Dirk (2005): Wer rechnet schon mit Führung? In: OrganisationsEntwicklung, 24, 2005, 2, S. 62-69

Birke, Martin (2007): Nach den Beratererzählungen – ein Rück- und Ausblick auf den Wandel der Unternehmensberatung als gesellschaftlicher Institution. In: Arbeit, 16, 2007, 3, S,. 231-245

Bourdieu, Pierre (1987): Sozialer Sinn. Frankfurt am Main: Suhrkamp Verlag

Brunsson, Nils (2007): The consequences of decision making. Oxford: Oxford Univ. Press

Cohen, Michael, James G. March, Johan P. Olsen (1972): A garbage can model of organizational choice. In: Administrative Science Quarterly, 17, 1972, S. 1-25

Crozier, Michel, Erhard Friedberg (1993, zuerst: 1977): Macht und Organisation. Die Zwänge kollektiven Handelns. Königstein/Ts.: Athenäum

Degele, Nina et al. (Hg.) (2001): Soziologische Beratungsforschung. Perspektiven für Theorie und Praxis der Organisationsberatung. Opladen: Leske + Budrich

Dimbath, Oliver (2003): Entscheidungen in der individualisierten Gesellschaft. Wiesbaden: Westdeutscher Verlag

Dincher, Roland, Eduard Gaugler (2000): Private Arbeitsvermittlung in Deutschland. Mannheim: Forschungsstelle für Betriebswirtschaft und Sozialpraxis

Dincher, Roland, Eduard Gaugler (2002): Personalberatung bei der Beschaffung von Fach- und Führungskräften. Mannheim: Forschungsstelle für Betriebswirtschaft und Sozialpraxis

Douglas, Mary (1981). Ritual, Tabu und Körpersymbolik. Frankfurt am Main: Suhrkamp

Elbe, Martin, Nicole J. Saam (2008). „Mönche aus Wien, bitte lüftets eure Geheimnisse." Über die Abweichungen der Beratungspraxis von den Idealtypen der Organisationsberatung. In: Gruppendynamik und Organisationsberatung, 39, 2008, S. 326-350

Esser, Hartmut (1990): Habits, Frames und Rational Choice. Die Reichweite von Theorien rationaler Wahl (am Beispiel der Erklärung des Befragtenverhaltens). In: Zeitschrift für Soziologie, 19, 1990, S. 231-247

Esser, Hartmut (1996): Die Definition der Situation. In: Kölner Zeitschrift für Soziologie und Sozialpsychologie, 48, 1996, S. 1-34

Faust, Michael (2002): Warum boomt die Managementberatung? Und warum nicht zu allen Zeiten und überall? In: Schmidt, Rudi, Hans-Jürgen Gergs, Michael Pohlmann (Hg.): Managementsoziologie. Themen, Desiderate, Perspektiven. München: Hampp, S. 19-55

Faust, Michael (2005): Managementberatung in der Organisationsgesellschaft. In: Jäger, Wieland, Uwe Schimank (Hg.): Organisationsgesellschaft. Facetten und Perspektiven. Opladen: VS Verlag für Sozialwissenschaften, S. 529-588

Faust, Michael (2006): Soziologie und Beratung – Analysen und Angebote. In: Soziologische Revue, 29, 2006, 3, S.277-290

Fink, Dietmar, Bianka Knoblach (2003): Die großen Management Consultants. Ihre Geschichte, ihre Konzepte, ihre Strategien. München: Vahlen

Finlay, William, James E. Coverdill (1999): The Search Game. Organizational Conflicts and the Use of Headhunters. In: The Sociological Quarterly, 40, 1999, 1, S. 11-30

Finlay, William, James E. Coverdill (2000): Risk, Opportunism, and Structural Holes. How Headhunters manage Clients and earn Fees. In: Work and Occupations, 27, 2000, 3, S. 377-405

Froschauer, Ulrike, Manfred Lueger (1999): Unternehmensberatung: Die Moralisierung der Wirtschaft. In: Honer, Anne, Ronald Kurt, Jo Reichertz (Hg.): Diesseitsreligion. Konstanz: UVK, S. 119-134

Fuchs, Peter (2004): Die magische Welt der Beratung. In: Schützeichel, Rainer, Thomas Brüsemeister (Hg.) (2004), a.a.O., S. 239-257

Füchtner, Stephan, Thomas Wegerich (Hg.) (2008): Das Handbuch der Personalberatung. Frankfurt am Main: FAZ-Institut für Management-, Markt- und Medieninformationen

Gennep, Arnold van (1986, zuerst: 1909): Übergangsriten. Frankfurt am Main: Campus Verlag

Giddens, Anthony (1992): Die Konstitution der Gesellschaft. Grundzüge einer Theorie der Strukturierung. Frankfurt am Main: Campus Verlag, Studienausgabe

Glückler, Johannes (2004): Reputationsnetze. Zur Internationalisierung von Unternehmensberatern. Eine relationale Theorie. Bielefeld: transcript

Gross, Peter (1994): Die Multioptionsgesellschaft. 10. Aufl. Frankfurt am Main: Suhrkamp Verlag

Güttler, Alexander, Joachim Klewes (2002): Drama Beratung! Consulting oder Consultainment. Frankfurt am Main: Frankfurter Allgemeine Zeitung

Hartmann, Michael (1996): Topmanager. Die Rekrutierung einer Elite. Frankfurt am Main: Campus Verlag

Hartmann, Michael (2002): Der Mythos von den Leistungseliten. Spitzenkarrieren und soziale Herkunft in Wirtschaft, Politik, Justiz und Wissenschaft. Frankfurt am Main: Campus Verlag

Herbold, Isabel (2002): Personalberatung und Executive Search. Instrumente der Führungskräftesuche. Sternenfels: Verlag Wissenschaft und Praxis

Iding, Hermann (2001): Hinter den Kulissen der Organisationsberatung. Macht als zentrales Thema soziologischer Beratungsforschung. In: Degele, Nina et al. (Hg.) (2001), a.a.O., S. 71-85

Iding, Hermann (2000): Hinter den Kulissen der Organisationsberatung. Qualitative Fallstudien von Beratungsprozessen im Krankenhaus. Opladen: Leske + Budrich

Jochmann, Walter (Hg.) (1995): Personalberatung intern. Philosophien, Methoden und Resultate führender Beratungsunternehmen. Göttingen: Verl. für Angewandte Psychologie

Kipping, Matthias, Lars Engwall (Hg.) (2003): Management Consulting. Emergence and dynamics of a knowledge industry. Oxford: Univ. Press

Kracht, Timo (2007): Interview: Feines Näschen für gesuchte Köpfe. Die boomende Branche Personalberater". In: WDR 5: Redezeit, 22.11.2007

Kühl, Stefan (2007): Formalität, Informalität und Illegalität in der Organisationsberatung. Systemtheoretische Analyse eines Beratungsprozesses. In: Soziale Welt, 58, 2007, S. 271-293

Laroche, Hervé (1995): From decision to action in organizations: Decision-making as a social representation. In: Organization Science, 6, 1995, 1, S. 62-75

Leif, Thomas (2008): Beraten und verkauft. McKinsey & Co. – der große Bluff der Unternehmensberater. München: Goldmann

Lindblom, Charles E. (1959): The Science of "Muddling Through". In: Amitai Etzioni (ed.): Readings on Modern Organizations. Englewood Cliffs: Prentice-Hall, S. 154-166

Luhmann, Niklas (1984): Soziologische Aspekte des Entscheidungsverhaltens. In: Die Betriebswirtschaft, 44, 1984, S. 591-603

Luhmann, Niklas (1993): Die Paradoxie des Entscheidens. In: Verwaltungs-Archiv, 83, 1993, 3, S. 287-310

Luhmann, Niklas (2000): Organisation und Entscheidung. Opladen: Westdeutscher Verlag

March, James G. (1994): A primer on decision making. How decisions happen. New York: The Free Press

Ortmann, Günther (1995): Formen der Produktion. Organisation und Rekursivität. Opladen: Westdeutscher Verlag

Ortmann, Günther (2009): Management in der Hypermoderne. Wiesbaden: VS Verlag für Sozialwissenschaften

Ortmann, Günther, Arnold Windeler, Albrecht Becker, Hans-Joachim Schulz (1990): Computer und Macht in Organisationen. Opladen: Westdeutscher Verlag

Prinz, Wolfgang et al. (2005): Psychologie im 21. Jahrhundert. In: Gehirn und Geist, 7/8, 2005, S. 56-60

Reichertz, Jo (2000): Die frohe Botschaft des Fernsehens. Kulturwissenschaftliche Untersuchung medialer Diesseitsreligion. Konstanz: UVK

Reichertz, Jo (2009): Die Macht der Worte und der Medien. Wiesbaden: VS Verlag für Sozialwissenschaften

Reichertz, Jo, Nadine Marth (2004): Abschied vom Glauben an die Allmacht der Rationalität? oder: Der Unternehmensberater als Charismatiker. Lässt sich die hermeneutische Wissenssoziologie für die Interpretation einer Homepage nutzen? In: ZBBS, 5, 2004, 1, S. 7-28

Reichertz, Jo, Nadia Zaboura (Hg.) (2006): Akteur Gehirn – oder das vermeintliche Ende des handelnden Subjekts. Wiesbaden: VS Verlag für Sozialwissenschaften

Resch, Christine (2005): Berater-Kapitalismus oder Wissensgesellschaft?: Zur Kritik der neoliberalen Produktionsweise. Münster: Verl. Westfälisches Dampfboot

Roth, Gerhard (1998): Das Gehirn und seine Wirklichkeit. Frankfurt am Main: Suhrkamp

Roth, Gerhard (2007): Persönlichkeit, Entscheidung und Verhalten. Stuttgart: Klett-Cotta

Rudolph, Hedwig, Jana Okech (2004): Wer andern einen Rat erteilt ... Wettbewerbsstrategien und Personalpolitik von Unternehmensberatungen in Deutschland. Berlin: edition Sigma

Rügemer, Werner (Hg.) (2004): Die Berater. Ihr Wirken in Staat und Gesellschaft. Bielefeld: transcript

Saam, Nicole J. (2007). Organisation und Beratung. Münster: LIT-Verlag

Sackmann, Sonja, Martin Elbe (2000): Tendenzen und Ergebnisse empirischer Personalforschung der 90er Jahre in West-Deutschland. In: Zeitschrift für Personalforschung, 14, 2000, 2, S.131-157

Schimank, Uwe (2005): Die Unaufhörlichkeit des Entscheidens. Wiesbaden: VS Verlag für Sozialwissenschaften

Schimank, Uwe (2009): Wichtigkeit, Komplexität und Rationalität von Entscheidungen. In: Weyer, Johannes, Ingo Schulz-Schaeffer (Hg.) (2009): Management komplexer Systeme. München: Oldenbourg, S. 55-71

Schimank, Uwe, Sylvia Wilz (2008): Entscheidungen: rationale Wahl oder praktisches Gelingen? In: Rehberg, Karl-Siegbert (Hg.): Die Natur der Gesellschaft. Verhandlungen des 33. Kongresses der Deutschen Gesellschaft für Soziologie in Kassel 2006. CD-Rom. Frankfurt am Main: Campus Verlag, S. 4977-4985

Schreyögg, Georg (Hg.) (2000): Funktionswandel im Management. Berlin: Duncker & Humblot

Schützeichel, Rainer (2004): Skizzen zu einer Soziologie der Beratung. In: Schützeichel, Rainer, Thomas Brüsemeister (Hg.) (2004), a.a.O., S. 273-285

Schützeichel, Rainer, Thomas Brüsemeister (Hg.) (2004): Die beratene Gesellschaft. Zur gesellschaftlichen Bedeutung von Beratung. Wiesbaden: VS Verlag für Sozialwissenschaften

Schumacher, Christof (2011): „Wir wollen doch keinen Scherbenhaufen hinterlassen" – Headhunting als kommunikative Gattung. Duisburg-Essen: Universität, Diss. (Erscheint voraussichtlich: Frühjahr/Sommer 2011)

Singer, Wolf (2002): Der Beobachter im Gehirn. Frankfurt am Main: Suhrkamp Verlag

Singer, Wolf (2003): Ein neues Menschenbild? Frankfurt am Main: Suhrkamp Verlag

Soeffner, Hans-Georg (1992): Die Ordnung der Rituale. Frankfurt am Main: Suhrkamp Verlag

Turner, Victor (2000): Das Ritual. Struktur und Anti-Struktur. Frankfurt am Main: Campus Verlag

Watzlawick, Paul, Janet H. Beavin, Don D. Jackson (1967): Pragmatics of human communication. London: Faber and Faber

Weber, Max (1980, zuerst: 1921): Wirtschaft und Gesellschaft. 5., rev. Aufl., Studienausg. Tübingen: Mohr Siebeck

Wilz, Sylvia Marlene (2008): Entscheidungen als Prozesse gelebter Praxis. In: Böhle, Fritz, Margit Weihrich (Hg.): Handeln unter Unsicherheit. Wiesbaden: VS Verlag für Sozialwissenschaften, S. 105-120

Wilz, Sylvia Marlene (2010): Entscheidungsprozesse in Organisationen. Wiesbaden: VS Verlag für Sozialwissenschaften

Autorinnen und Autoren

Oliver Bidlo, Dr., ist wissenschaftlicher Mitarbeiter am Institut für Kommunikationswissenschaft der Universität Duisburg-Essen im DFG-Projekt „Medien als Akteure der Inneren Sicherheit", Lehrbeauftragter im Masterstudiengang „Kriminologie und Polizeiwissenschaft" der Ruhr-Universität Bochum, Verleger. Jüngere Publikationen u.a.: (Zusammen mit C. Englert/J. Reichertz): *Securitainment. Die Medien als eigenständige Akteure.* VS Verlag für Sozialwissenschaften, 2011, *Tattoo. Die Einschreibung des Anderen*, Oldib Verlag, 2010, *Rastlose Zeiten. Die Beschleunigung des Alltags.* Oldib Verlag, 2009, *Vilém Flusser. Einführung.* Oldib Verlag, 2008

Achim Brosziewski ist Professor an der Pädagogischen Hochschule Thurgau / Schweiz. Forschungsschwerpunkte in Bildungs- und Medienforschung, Organisations- und Professionssoziologie sowie Kommunikationstheorie. Auswahl jüngerer Publikationen: (gem. mit Daniel Lee) *Observing Society. Meaning, Communication, and Social Systems.* Amherst, NY 2010; *Kulturelles Kapital, Bildung und die Selbstbeschreibung des Erziehungssystems – Gesellschaftstheoretische Impulse für eine Selbst-kritische Bildungssoziologie.* In: Zeitschrift für Soziologie der Erziehung und Sozialisation 30 (2010), H. 4, S. 360-374; (gem. mit Christoph Maeder): *Lernen in der Be-Sprechung des Körpers. Eine ethnosemantische Vignette zur Kunst des Bogenschießens.* In: Honer, Anne/Meuser, Michael/Pfadenhauer, Michaela (Hrsg.): *Fragile Sozialität. Inszenierungen, Sinnwelten, Existenzbastler.* VS Verlag für Sozialwissenschaften, 2010, S. 395-408.

Christa Dern, Dr., ist Sprachwissenschaftlerin und gegenwärtig als Referentin im Leitungsstab des Kriminaltechnischen Instituts des Bundeskriminalamtes tätig. Sie ist gleichzeitig Behördensachverständige sowie öffentlich bestellte und vereidigte Sachverständige der Industrie- und Handelskammer Wiesbaden für Autorenerkennung sowie Linguistische Textanalyse. Ihre Forschungsschwerpunkte bilden die die Autorenerkennung sowie alltagssprachliche Metaphorik im Paradigma der holistischen kognitiven Semantik. Publikationen insbesondere zur Autorenerkennung (2009, 2008, 2006, 2003), zu aktuellen Entwicklungen der forensischen Wissenschaften (2009, 2006) sowie zu kognitiv begründeter Metaphorik in der Alltagssprache (2003, 2000, 1997, 1996) sowie im polizeistrategi-schen Diskurs (in Vorbereitung).

Harald Dern ist Polizeilicher Fallanalytiker und leitet das Sachgebiet „Fallanaly-se und Forschung" im Fachbereich KI 13 des Kriminalistischen Instituts des Bundeskriminalamtes. Er war maßgeblich an der Einführung der Operativen Fallanalyse bei der deutschen Polizei sowie der Entwicklung entsprechender Qualitätsstandards und Ausbildungsinhalte beteiligt. Er hat bei einer Vielzahl von Kapitaldelikten Fallanalysen durchgeführt und polizeiliche Ermittlungsdienst-stellen beraten. Seine Forschungs- und Publikationsschwerpunkte umfassen die Phänomenologie sexueller Gewaltdelikte (aktuelle Monografie in Vorbereitung) sowie die Fallanalyse-Methodik (zuletzt 2010).

Andreas Dörner ist Professor für Medienwissenschaft an der Philipps-Universität Marburg. Seine Forschungsschwerpunkte sind die politische Kommunikation, politische Kulturforschung und das Medium Fernsehen. Publikationen u.a. *Poli-tischer Mythos und symbolische Politik*, Reinbek 1996, *Politische Kultur und Medienunterhaltung*, Konstanz: 2000, *Politainment. Politik in der medialen Er-lebnisgesellschaft*. Frankfurt 2001, *Politik im Spot-Format. Zur Semantik, Prag-matik und Ästhetik politischer Werbung in Deutschland*. VS Verlag für Sozial-wissenschaften, 2008 (hg. mit Chr. Schicha).

Thomas S. Eberle ist Professor für Soziologie und Co-Leiter des Soziologischen Seminars an der Universität St. Gallen. Von 1998-2005 war er Präsident der Schweizerischen Gesellschaft für Soziologie und seit 2007 als Vize-Präsident der European Sociological Association. Seine Forschungsschwerpunkte sind phänomenologische Wissenssoziologie und Ethnomethodologie, Kultur- und Kommunikationssoziologie, Organisationssoziologie, interpretative Sozialfor-schung und Methodologie der Sozialwissenschaften. Publikationen u.a.: *Lebens-weltanalyse und Handlungstheorie*. Konstanz 2000; *Ethnomethodologie und Konversationsanalyse*. In: R. Schützeichel (Hg.), *Handbuch Wissenssoziologie und Wissenschaftsforschung*. Konstanz 2007; *Phenomenological Life-world ana-lysis and the methodology of social science*. *Human Studies* (in press). *Organiza-tional ethnography* (mit Christoph Maeder). In: D. Silverman (Ed.), *Qualitative Research. Issues of theory, method and practice*. London: 2011.

Ulrike Froschauer ist Ass.-Professorin am Institut für Soziologie an der Univer-sität Wien. Ihre Forschungsschwerpunkte sind Interpretative Sozialforschung und Organisationsforschung. Publikationen u.a.: (gem. mit M. Lueger) Interpre-tative Sozialforschung. Der Prozess Wien 2009; (gem. mit M. Lueger) Das qualitative Interview. Zur Praxis interpretativer Analyse sozialer Systeme. Wien 2003; *Veränderungsdynamik in Organisationen.* In: Tänzler Dirk, Knoblauch Hubert, Soeffner Hans-Georg (Hg.): *Zur Kritik der Wissensgesellschaft. Konstanz 2006; Was heißt 'Steuerbarkeit'? Verblassende Mythen zielorientierter Kommunikation in Organisationen.* In: Neumann-Braun Klaus (Hg.): *Medienkultur und Kulturkritik.* Wiesbaden: VS Verlag für Sozialwissenschaften, 2002.

Ronald Hitzler ist Professor für Allgemeine Soziologie an den Fakultäten 12 und 11 der Technischen Universität Dortmund. Seine Arbeitsschwerpunkte sind Allgemeine Soziologie, Verstehende Soziologie, Modernisierung als Handlungsproblem und Methoden der explorativ-interpretativen Sozialforschung. Weitere Informationen unter www.hitzler-soziologie.de.

Reiner Keller ist Professor für Allgemeine Soziologie an der Universität Koblenz-Landau. Seine Forschungsschwerpunkte sind Wissens- und Kultursoziologie, Diskursforschung, Umwelt- und Risikosoziologie, Französische Soziologie. Publikationen u. a.: (hg. gem. mit M. Meuser) *Körperwissen.* Wiesbaden 2011, *Wissenssoziologische Diskursanalyse. Grundlegung eines Forschungsprogramms.* 3. Aufl. Wiesbaden 2011, *Diskursforschung. Eine Einführung.* 4. erw. Aufl. Wiesbaden: VS Verlag für Sozialwissenschaften, 2010, *Michel Foucault.* Konstanz 2008, *Michel Maffesoli.* Konstanz 2006.

Joachim Kersten ist Fachgebietsleiter und Professor an der Deutschen Hochschule der Polizei in Münster. Seine Forschungsschwerpunkte sind Police Accountability, Polizei und Medien, Sicherheitsbewusstsein in sozialen Brennpunkten und Interkulturelle Kompetenz. Veröffentlichungen: *Der Kick und die Ehre* (gem. mit H.V. Findeisen) 1999; *Gut und (Ge)schlecht,* 1997 und Zeitschriften-/ Buchbeiträge zu Medien, Beschämung und Jugendgewalt.

Hubert Knoblauch ist Professor für Allgemeine Soziologie/ Theorie moderner Gesellschaften an der Technischen Universität Berlin. Seine Schwerpunkte sind Wissen, Kommunikation, Religion. Jüngere Buchpublikationen: *Wissenssoziologie,* 2. Aufl. Konstanz (UTB) 2010; *Populäre Religion.* Frankfurt/ New York 2009.

Ronald Kurt ist Professor für Soziologie am Fachbereich Soziale Arbeit der evangelischen Fachhochschule Rheinland-Westfalen-Lippe in Bochum und Senior Fellow am Kulturwissenschaftlichen Institut in Essen. Seine Forschungsschwerpunkte sind Kultursoziologie, Sozialphänomenologie und Qualitative Sozialforschung (insb. Hermeneutik). Publikationen: *Interkultur – Jugendkultur.*

Bildung neu verstehen. Wiesbaden: VS, 2010. (gem. mit Alfred Hirsch); *Indien und Europa. Ein kultur- und musiksoziologischer Verstehensversuch.* Bielefeld: transcript, 2009; *Hermeneutik. Eine sozialwissenschaftliche Einführung.* Konstanz: UVK, 2004.

Manfred Lueger ist Professor am Institut für Soziologie und Empirische Sozialforschung sowie am Forschungsinstitut für Familienunternehmen der Wirtschaftsuniversität Wien. Seine Forschungsschwerpunkte sind Interpretative Sozialforschung und Organisationssoziologie. Publikationen u.a.: *Interpretative Sozialforschung: Die Methoden*, Wien, 2010; (gem. mit U. Froschauer) *Interpretative Sozialforschung. Der Prozess*, Wien 2009; *Auf den Spuren der sozialen Welt. Methodologie und Organisierung interpretativer Sozialforschung*, Frankfurt am Main, 2001. *Contextualizing influence activities. An objective hermeneutical approach* (gem. mit R. Meyer, K. Sandner, G. Hammerschmid. In: Organization Studies 26 (8) 2005

Christoph Maeder ist Professor für Soziologie an der Pädagogischen Hochschule Thurgau / Schweiz. Forschungsschwerpunkte in ethnographischer Organisationsforschung, der Berufs- und Wissenssoziologie. Auswahl jüngerer Publikationen: Eberle, Thomas S. and Christoph Maeder. 2010. *Organisational Ethnography* Pp. 54-73 in Qualitative Research. Theory, Method and Practice, London, Thousand Oaks, New Dehli: Sage Publications. Maeder, Christoph. 2009. *Excellenz und Transzendenz. Bildungsinstitutionen im Fadenkreuz symbolischer Kreuzzüge.* Bulletin 136 der Schweizerischen Gesellschaft für Soziologie. 12-16. Nadai, Eva and Christoph Maeder. 2009. *Contours of the Field(s): Multi-sited Ethnography as a Theory-driven Research Strategy for Sociology.* Pp. 233-250 in Multi-Sited Ethnography. Theory, Practice and Locality in Contemporary Research, Farnham, Burlington: Ashgate.

Michaela Pfadenhauer ist Professorin für Soziologie an der Geistes- und Sozialwissenschaftlichen Fakultät und am House of Competence des KIT – Karlsruher Institut für Technologie. Ihre Arbeits- und Forschungsschwerpunkte sind Wissenssoziologie und Handlungstheorie (u.a. Soziologie kompetenten Handelns); Kultur- und Konsumsoziologie (u.a. Kommunikationsbarrieren und deren gelingende Überwindung beim Online-Shopping) Methoden interpretativer Sozialforschung (u.a. Experteninterview und lebensweltanalytische Ethnographie). Weitere Informationen unter www.pfadenhauer-soziologie.de

Norbert Schröer ist Professor für ‚Empirische Sozialforschung mit Schwerpunkt qualitative Methoden‘ im Fachbereich Sozial- und Kulturwissenschaften an der

Hochschule Fulda, Dozent für ‚Qualitative Verfahren der Sozialwissenschaften'
an der Wirtschaftsuniversität Wien und Co-Leiter des DFG.-Forschungsprojekts
„Fremde Eigenheiten und eigene Fremdheiten. Interkulturelle Verständigung und
transkulturelle Identitätsarbeit unter Globalisierungsbedingungen am Beispiel
indisch-deutscher Flugbegleitercrews" an der Universität Duisburg-Essen. Wichtigste Buchpublikationen: *Der Kampf um Dominanz*, Berlin, New York 1992;
hrsg. *Interpretative Sozialforschung*, Opladen 1994; (gem. mit Ronald Hitzler
und Jo Reichertz) hrsg. *Hermeneutische Wissenssoziologie*, Konstanz 1999; *Verfehlte Verständigung*. Konstanz 2002; (gem. mit Jo Reichertz) hrsg. *Hermeneutische Polizeiforschung*, Opladen 2003 und *Interkulturelle Kommunikation*, Essen
2009.

Hans-Georg Soeffner ist Professor em. für Allgemeine Soziologie (zuletzt Uni-
versität Konstanz) Er ist seit 2007 Vorsitzender der Deutschen Gesellschaft für
Soziologie, Senior Fellow und Vorstandsmitglied am Kulturwissenschaftlichen
Institut in Essen, Senior Fellow am DFG 212 Exzellenzcluster "Religion und
Politik in den Kulturen der Vormoderne und der Moderne" der Universität Müns-
ter und Mitglied des Beirates des „Center for German Studies" an der Hebrew
University Jerusalem und des Beirates des „Center for German and European
Studies" an der Universität Haifa. Er war Herausgeber der Zeitschrift für Sozio-
logie und der Soziologischen Revue, bis 2008 und Vorsitzender des Beirates
‚Wissenschaft, Literatur und Zeitgeschehen' des Goethe-Institutes. Sein wissen-
schaftliches Interesse gilt der Soziologischen Theorie, der Wissens-, Kultur-,
Medien- und Religionssoziologie sowie der Theorie und Methodologie wissens-
soziologischer Hermeneutik. Publikationen u.a. *Gesellschaft ohne Baldachin.
Kultur und Religion in der pluralistischen Gesellschaft*, Weilerswist. 2000,
(Hrsg. mit Dirk Tänzler) *Figurative Politik. Zur Performanz der Macht in der
modernen Gesellschaft*, Wiesbaden 2002, *Zeitbilder. Versuche über Glück, Le-
bensstil, Gewalt und Schuld*, Frankfurt a.M./New York 2005, (Contemporary
Perspectives. Essays on Happiness, Lifestyle, Violence and Guilt), (Hrsg. mit
Sighard Neckel) *Mittendrin im Abseits. Ethnische Gruppenbeziehungen im lokalen Kontext*, Wiesbaden 2008, *Symbolische Formung. Eine Soziologie des Symbols und des Rituals*. Weilerswist 2010.

Ludgera Vogt ist Professorin für Allgemeine Soziologie an der Bergischen Universität Wuppertal. Ihre Forschungsschwerpunkte sind Handlungs- und Interak-
tionstheorien, politische Kommunikationssoziologie, Kultursoziologie und Funk-
tionsweisen der Bürgergesellschaft. Publikationen u.a. *Zur Logik der Ehre in der
Gegenwartsgesellschaft*, Frankfurt/Main 1997, *Das Kapital der Bürger*, Frank-
furt/Main, New York 2005, *Das Geflecht aktiver Bürger. ‚Kohlen' – eine Stadt-*

studie zur Zivilgesellschaft im Ruhrgebiet. Wiesbaden: VS Verlag für Sozialwissenschaften 2008 (mit. A. Dörner).

Sylvia Marlene Wilz ist Professorin für Organisationssoziologie und qualitative Methoden an der FernUniversität in Hagen. Ihre Schwerpunkte in Forschung und Lehre sind Qualitative Sozialforschung, Soziologie von Arbeit und Organisation, Geschlechterforschung, Polizeiforschung. Publikationen u.a.: *Entscheidungsprozesse in Organisationen.* Wiesbaden: VS Verlag für Sozialwissenschaften, 2010; *Entscheidungen als Prozesse gelebter Praxis.* In: Böhle, Fritz, Margit Weihrich (Hg.): *Handeln unter Unsicherheit.* Wiesbaden: VS Verlag für Sozialwissenschaften, 2009, S. 105-120.

Andreas Ziemann ist Professor für Mediensoziologie an der Bauhaus-Universität Weimar. Seine Forschungsschwerpunkte sind moderne Gesellschaftstheorie, allgemeine Kommunikationstheorie, Soziologie der Medien und Kultursoziologie. Publikationen u.a.: *Medienkultur und Gesellschaftsstruktur. Soziologische Analysen.* Wiesbaden: VS Verlag für Sozialwissenschaften, 2011; (gem. mit O. Fahle und M. Hanke) *Technobilder und Kommunikologie. Die Medientheorie Vilém Flussers.* Berlin 2009; *Soziologie der Medien.* Bielefeld: Transcript Verlag, 2006; *Die Brücke zur Gesellschaft. Erkenntniskritische und topographische Implikationen der Soziologie Georg Simmels.* Konstanz 2000.